# Gestão da Qualidade

gen
Grupo
Editorial
Nacional

O GEN | Grupo Editorial Nacional – maior plataforma editorial brasileira no segmento científico, técnico e profissional – publica conteúdos nas áreas de ciências sociais aplicadas, exatas, humanas, jurídicas e da saúde, além de prover serviços direcionados à educação continuada e à preparação para concursos.

As editoras que integram o GEN, das mais respeitadas no mercado editorial, construíram catálogos inigualáveis, com obras decisivas para a formação acadêmica e o aperfeiçoamento de várias gerações de profissionais e estudantes, tendo se tornado sinônimo de qualidade e seriedade.

A missão do GEN e dos núcleos de conteúdo que o compõem é prover a melhor informação científica e distribuí-la de maneira flexível e conveniente, a preços justos, gerando benefícios e servindo a autores, docentes, livreiros, funcionários, colaboradores e acionistas.

Nosso comportamento ético incondicional e nossa responsabilidade social e ambiental são reforçados pela natureza educacional de nossa atividade e dão sustentabilidade ao crescimento contínuo e à rentabilidade do grupo.

EDSON PACHECO **PALADINI**

# Gestão da Qualidade

## TEORIA E PRÁTICA

4ª EDIÇÃO

gen | atlas

- O autor deste livro e a editora empenharam seus melhores esforços para assegurar que as informações e os procedimentos apresentados no texto estejam em acordo com os padrões aceitos à época da publicação, *e todos os dados foram atualizados pelo autor até a data de fechamento do livro*. Entretanto, tendo em conta a evolução das ciências, as atualizações legislativas, as mudanças regulamentares governamentais e o constante fluxo de novas informações sobre os temas que constam do livro, recomendamos enfaticamente que os leitores consultem sempre outras fontes fidedignas, de modo a se certificarem de que as informações contidas no texto estão corretas e de que não houve alterações nas recomendações ou na legislação regulamentadora.

- O autor e a editora se empenharam para citar adequadamente e dar o devido crédito a todos os detentores de direitos autorais de qualquer material utilizado neste livro, dispondo-se a possíveis acertos posteriores caso, inadvertida e involuntariamente, a identificação de algum deles tenha sido omitida.

- **Atendimento ao cliente: (11) 5080-0751 | faleconosco@grupogen.com.br**



- Capa: Caio Cardoso

- Imagem de capa: theromb | 123RF

- Editoração eletrônica: IO Design

- Ficha catalográfica

**CIP-BRASIL. CATALOGAÇÃO NA PUBLICAÇÃO**
**SINDICATO NACIONAL DOS EDITORES DE LIVROS, RJ**

P177g
4. ed.

Paladini, Edson Pacheco
Gestão da qualidade : teoria e prática / Edson Pacheco Paladini. – 4. ed. [2a Reimp.] – São Paulo : Atlas, 2022.

ISBN 978-85-97-02157-8

1. Gestão da qualidade total. 2. Controle de qualidade. I. Título.

19-57014 CDD: 658.562
CDU: 005.6

Vanessa Mafra Xavier Salgado – Bibliotecária – CRB-7/6644

Para *Thaïs*.

Padrão de qualidade para além de uma vida.

# PREFÁCIO À QUARTA EDIÇÃO

É sempre gratificante, para o autor e para a Editora, apresentar nova edição de um livro.

Trata-se, na concepção mais simples, de prova eloquente da aceitação da proposta que o texto apresenta. Considera-se, também, que houve reações, por parte dos leitores das edições anteriores, que motivaram uma nova formatação dos temas abordados, o que permite criar um "produto final mais adequado" para o público ao qual se destina; ou seja: um produto final com mais "qualidade".

Por isso, até repetindo o que já foi feito em edições anteriores, cumpre agradecer a todos aqueles que, muito além de apenas ler ou estudar os assuntos abordados, preocuparam-se em oferecer retorno a este autor, relatando dificuldades encontradas; pontos que gostariam de ver mais bem esclarecidos; sugestões de configuração do texto ou de itens discutidos, entre tantas outras manifestações, todas muito úteis, relevantes e pertinentes.

Em todas essas posições, um só objetivo: aumentar o nível de atratividade do texto como um todo, o que parece crítico para quem deseja aproximar, sempre mais, o livro de seus leitores.

Já se passaram quase 20 anos desde que a primeira versão do livro foi disponibilizada. Neste período, alterações significativas nos ambientes produtivos e, mesmo, nos mercados consumidores ou no cenário acadêmico cristalizaram-se. Impossível não tê-las em conta nas novas edições que foram se sucedendo. Essa constatação é válida e oportuna tanto para os itens que compõem a obra quanto para a forma de apresentá-los.

Por isso, esta quarta edição do livro *Gestão da Qualidade: teoria e prática* traz significativas alterações em relação às edições anteriores, tanto na forma quanto no conteúdo.

No primeiro caso, o texto passou a ter o suporte de imagens representativas do conteúdo exposto. Além disso, informações importantes para a compreensão do que está sendo detalhado foram dispostas em chamadas específicas. Este é o caso das indicações "Fique atento". Informações complementares, úteis para a inserção do tema em discussão em um enquadramento mais amplo, receberam realces do tipo "Você sabia?" ou mesmo "Saiba mais". Análises que requerem ponderação mais efetiva e cuidadosa ficaram subordinadas ao tópico "Para refletir".

Até por coerência com o título da obra, a componente prática de conceitos, métodos, ferramentas e estratégias da Gestão da Qualidade foi salientada ao logo de todo o texto. Alguns itens mais particulares foram evidenciados por chamadas do tipo "Como fazer?" ou "Lições da prática". No primeiro caso, discutem-se diretrizes práticas de operação; no segundo, experiências bem-sucedidas, que consolidaram preceitos ou posturas de inegável valia e utilidade.

Como modo de exercitar o leitor na busca de efeitos multiplicadores das definições e ações estratégicas, operacionais ou táticas delas decorrentes, algumas questões foram propostas ao longo do texto, com títulos que acentuam tratar-se de "Questões para reflexão".

Quanto ao conteúdo, novos conceitos e métodos foram introduzidos, tanto decorrentes de experiências práticas recentes na área de Gestão e Avaliação da Qualidade quanto suportados por referências bibliográficas recém-publicadas. Ou seja: o conteúdo foi atualizado, sem deixar de preservar conceitos mais antigos e que continuam em plena validade e com bem-sucedido emprego. Por isso, algumas referências bibliográficas mais antigas foram mantidas como apoio à matéria em discussão. Elas contêm, na verdade, referenciais que, ao longo do tempo, foram sendo lapidados por resultados cada vez mais valiosos. Portanto, estão incorporados nas ações permanentes de produção, gestão e avaliação da qualidade.

O novo direcionamento do texto, em particular com a forma que personalizou sua apresentação nesta nova edição do livro, visa, com compreensível ênfase, atender ao inovador perfil de estudantes, docentes e profissionais que atuam na área de Gestão da Qualidade. Já adaptados aos novos hábitos criados por aplicativos e pelos dispositivos da era digital, mais e mais buscam textos rápidos e concisos; imagens esclarecedoras; esquemas, diagramas e outros mecanismos que permitam rápida e bem caracterizada compreensão do que está sendo exposto.

Além disso, priorizam-se meios que facilitem a evidenciação de informações relevantes, em meio ao universo de dados à disposição. Isso requer leitura célere e ágil; distinções pontuais; diferenciação na forma de descrever pontos que requerem (ou merecem) ser ressaltados.

Esses aspectos foram determinantes na escolha desta nova forma de apresentar os elementos que compõem os modelos atuais da Gestão da Qualidade, tanto em termos da teoria que lhe confere suporte quanto dos instrumentos práticos que a viabilizam e conferem os meios que garantem resultados palpáveis, visíveis e solidamente satisfatórios.

Gostaria de manifestar, uma vez mais, meu sincero e sentido agradecimento a todos os usuários das edições anteriores desta obra que me distinguiram, honraram e dignificaram com suas manifestações. Particularmente a alunos, a profissionais e colegas que atuam na área da Gestão da Qualidade, que mais utilizaram o livro e, por isso, externaram posições consistentes, que me permitiram redirecionar alguns tópicos, incluir ou excluir colocações, corrigir formas de expressão, enfim, tornar o texto mais adequado à finalidade a que se destina.

Ou seja: uma vez mais aplicar, em sua plenitude, os conceitos e as abordagens essenciais da qualidade a um texto que trata de... Gestão da Qualidade.

*O Autor*

# RECURSOS DIDÁTICOS

**FIQUE ATENTO**

Apresenta informações importantes para a compreensão do que está sendo detalhado.

**VOCÊ SABIA?**

Leva o leitor a aprofundar conhecimentos.

**SAIBA MAIS**

Informações complementares, úteis para a inserção do tema em discussão em um enquadramento mais amplo.

**PARA REFLETIR**

Apresenta análises que requerem ponderação mais efetiva e cuidadosa.

**COMO FAZER?**

Discute diretrizes práticas de operação, seja na viabilização de conceitos, seja na implantação de estratégias e ferramentas.

**QUESTÕES PARA REFLEXÃO**

Estimulam o leitor na busca de efeitos multiplicadores das definições e ações operacionais, táticas ou estratégicas delas decorrentes.

**LIÇÕES DA PRÁTICA**

Trazem experiências bem-sucedidas, que consolidaram preceitos ou posturas de inegável valia e utilidade.

# Material Suplementar

Este livro conta com os seguintes materiais suplementares:

- *Respostas das Questões para reflexão*;
- *Respostas das Questões práticas* (restrito a docentes).

O acesso ao material suplementar é gratuito. Basta que o leitor se cadastre e faça seu login em nosso site (www.grupogen.com.br), clicando em GEN-IO, no menu superior do lado direito.

O acesso ao material suplementar online fica disponível até seis meses após a edição do livro ser retirada do mercado.

Caso haja alguma mudança no sistema ou dificuldade de acesso, entre em contato conosco (gendigital@grupogen.com.br).

genio
GEN | Informação Online

GEN-IO (GEN | Informação Online) é o ambiente virtual de aprendizagem do GEN | Grupo Editorial Nacional

# SUMÁRIO

# GESTÃO DA QUALIDADE: CONCEITOS CONSAGRADOS PELA PRÁTICA

# 1

**OBJETIVOS DO CAPÍTULO**

*Espera-se que, ao final do texto, o leitor esteja apto a:*

- Como a Gestão da Qualidade desenvolve suas ações tendo em vista os diferentes conceitos da qualidade.
- Quais os referenciais que são utilizados para estruturar e ampliar o conceito da qualidade.
- Como a TQM e a Gestão da Qualidade no processo introduziram novas dimensões à Gestão da Qualidade tradicional.

Um conjunto de conceitos bem caracterizados suporta a estrutura e o funcionamento do processo de Gestão da Qualidade. Os mais relevantes, é evidente, referem-se à forma como se entende a qualidade, ou seja, a noção da qualidade adotada em cada organização. Esta noção é estruturada, claro, a partir de referenciais bem definidos.

Neste Capítulo, propõe-se uma abordagem específica para a qualidade, desdobrando-a em dois planos bem definidos – um "espacial" e outro "temporal". Por extensão, o processo de gestão passa a ser exercido tendo em vista ambas as direções. A partir desta abordagem, amplia-se a concepção da qualidade.

### Como se formam diferentes conceitos da qualidade?

**A EVOLUÇÃO DOS CONCEITOS**

Na sua forma mais simples, hambúrguer é um bife de carne, em geral, bovina. Era assim quando foi criado na Alemanha em meados do século XIX. Transportado para os Estados Unidos nessa mesma época, virou um sanduíche, também simples: pão e carne. Depois, alguns cozinheiros e donos de bares da época começaram a acrescentar queijo, tomate, presunto, cebola e por aí vai. Sua consagração como opção de refeição começa a ficar evidente quando grandes redes mundiais de lanchonetes passam a fazer do hambúrguer seu carro-chefe. Aí começaram a criar uma refeição à base de hambúrguer, com batatas fritas, por exemplo. Foram se agregando outros itens compatíveis com o projeto original, como refrigerantes e molhos especiais. Hoje, vários restaurantes de ponta (e mesmo redes famosas) servem o chamado ***hambúrguer gourmet***, que nada mais é do que o velho hambúrguer revestido da sofisticação própria de *chefs* renomados.

Mark Herreid | 123RF

Julian Rovagnati | 123RF

**A CONSOLIDAÇÃO DOS CONCEITOS**

Se você entra em uma loja da rede espanhola Zara em Florianópolis, em Oranjestad ou em Amsterdã, fica com a impressão de estar na mesma loja, independentemente da cidade em que se encontra. Se você acorda em um hotel da rede Ibis em Passo Fundo, ao lado do aeroporto de Congonhas ou em Fortaleza, parece que está no mesmo lugar, independentemente da cidade em que se encontra.

Siempreverde22 | iStockphoto

Tupungato | iStockphoto

Observe a primeira situação: o hambúrguer foi mudando seu conceito enquanto produto. Já na segunda situação, as redes Ibis e Zara mantêm um conceito único em todos os seus estabelecimentos. Em ambas as situações, o conceito define uma faixa de mercado a atender e, por isso, tem tudo a ver com qualidade.

## PARA REFLETIR

**O QUE É CONCEITO?**

- O que significa, exatamente, conceito? Há várias interpretações para o termo. Pode ser noção, definição, acepção. Pode ser a forma de representar um pensamento ou uma ideia, dando forma às suas características gerais. E, neste ponto, há um viés que interessa muito à Qualidade: conceito pode ser a ação de formular uma ideia por meio de palavras, transformando o abstrato (como a cultura organizacional) em concreto (como as posturas gerenciais). Desta forma, conceito é também a forma de pensar, de julgar, de ver, de entender, de interpretar, de passar da teoria à prática.
- Na linguagem empresarial, a noção de conceito muitas vezes está associada à ideia de diferenciação. Quando se diz, por exemplo, que um estabelecimento está inovando e trazendo à cidade uma nova forma de atendimento, dizemos que se trata de um novo conceito de loja ou um novo conceito de restaurante. Quando um produto passa a apresentar características que o distinguem de todos os seus concorrentes por apresentar maior operacionalidade, ou mesmo maior facilidade de uso, dizemos que se trata de um novo conceito de produto.
- Por sua capacidade de criar identidade própria para o produto ou para a organização produtiva, a atuação no mercado impacta sobre a marca e gera um fator estratégico crítico. E aí atingimos outra noção interessante de conceito. Conceito pode ser a cotação, a reputação, a fama, o nome que um produto ou uma empresa dispõe no mercado. É como se os consumidores concedessem um crédito ao serviço ou ao bem tangível adquirido em nome do seu bom histórico.
- Características essenciais de um produto são também conhecidas como o conceito de que o serviço ou o bem tangível dispõe. É a essência de sua operação, decorrente da avaliação que se faz daquilo que foi usado. Daí que conceito também se refere à opinião, à apreciação, à convicção, ao entendimento, ao julgamento ou até mesmo a um ponto de vista que se tem de alguma coisa. Não por acaso, a nota que um aluno recebe ao final de uma atividade acadêmica também se chama conceito.

Assim, conceito refere-se tanto ao espírito (intelecto, mente, pensamento) e, por extensão, à abstração, à definição, à compreensão, à formulação, à caracterização de alguma coisa, quanto às questões práticas, como o juízo de valor que um consumidor faz de um bem tangível ou de um serviço que utilizou.

Uma particularidade crítica de todas estas concepções refere-se ao fato de que os conceitos são essencialmente dinâmicos. O que é compreensível. O tempo vai passando e o que mais se nota ao nosso redor são alterações. Alterações em tecnologias, mudanças em processos econômicos, surtos de desenvolvimento, troca de governos e de comandos, picos de pujança, advento de crises, fluxo constante de capitais e por aí vai. Se tudo muda, por que não mudariam, também, os conceitos?

O texto acima pode parecer um exercício retórico. Mas basta pensar na atual abordagem da Qualidade para se perceber que tudo o que foi aqui colocado se insere, com perfeição, no desafio não apenas de "conceituar qualidade", mas também de produzir qualidade.

## 1.1 COMO SE ENTENDE QUALIDADE HOJE

Definir qualidade nem sempre é tarefa fácil. Sobretudo quando se busca um suporte conceitual válido nos dias de hoje, ou seja, um conceito atual, moderno.

Aliás, o que significa mesmo "moderno"?

| MODERNO | MODERNO |
|---|---|
|  Ilbusca \| iStockphoto |  robuart \| 123RF |

*Em épocas diferentes...*

### FIQUE ATENTO

- Em geral, moderno significa novo.
- Pode significar, também, atual, contemporâneo. Note, contudo, que ambos os termos (atual, contemporâneo) se referem ao momento em que vivemos, ou seja, em pouco tempo o moderno pode virar velho, obsoleto, ultrapassado. Essa dependência em relação ao tempo atormenta quem atua em setores produtivos competitivos, em que se buscam inovações com extrema competência, persistência e até mesmo agressividade. É o caso de quem produz equipamentos como computadores, por exemplo.
- Também aflige quem procura fixar conceitos que são dinâmicos por sua própria natureza – como é o caso da qualidade. Por isso, é fundamental entender que os conceitos aqui expostos refletem a realidade atual que vivemos
- Sua utilidade e validade, assim, referem-se muito mais a *referenciais* considerados naquele momento, que devem ser levados em conta no processo gerencial das organizações, do que a noções que deverão nortear a filosofia da qualidade de forma, se não permanente, pelo menos válida por longos períodos. Afinal, nos dias de hoje, mesmo políticas de longo alcance sofrem alterações em face de mudanças mais ou menos bruscas do mercado...

Qualidade, assim, é um termo que apresenta uma primeira característica que torna complexa sua perfeita definição: refere-se a um contexto extremamente dinâmico, tanto em termos de conteúdo como, principalmente, do seu alcance (SELAND, 2018).

Outro aspecto que complica a tentativa de definir com clareza está no fato de não ser um termo técnico exclusivo.

Por exemplo: onde você vai encontrar o conceito de citoplasma?

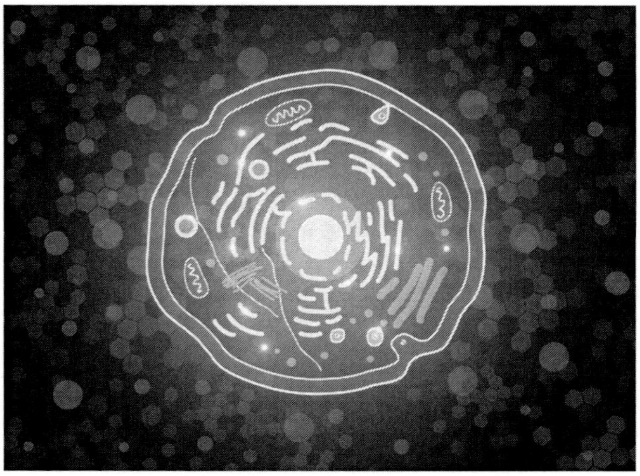

Greyfebruary | iStockphoto

Isso mesmo. Só na biologia celular...

Já *qualidade* é uma palavra de domínio público. Isso significa que não se pode entendê-la de determinado modo, certo de que as pessoas acreditarão ser este seu significado, porque o termo é conhecido em nosso dia a dia. Além disso, não é um termo empregado em contextos bem definidos.

Mas atenção:

O fato de o termo *qualidade* ser de uso comum não é, implicitamente, algo ruim. Na verdade, isso pode decorrer de profundo esforço feito em passado recente para popularizar o termo. A questão é que os conceitos usados para definir qualidade nem sempre são corretos; ou, melhor, com frequência são incorretos... E isto, sim, é um problema, porque não se pode "redefinir" intuitivamente um termo que todo o mundo já conhece; nem restringir seu uso a situações específicas, se ele for de domínio público.

Esses aspectos são cruciais na Gestão da Qualidade. Por quê?

- *Se alguém pensa que Roma é a capital da França, comete um equívoco que pode deixá-lo em situações embaraçosas em diferentes ambientes. Mas não vai além disso. Se, porém, decide passar um ano em Roma e para isso leva um longo período aprendendo francês, terá problemas muito sérios ao desembarcar na cidade. O impacto do equívoco, desse modo, parece ser maior nos reflexos gerados do que na ocorrência em si.*

O problema, assim, não está nos equívocos cometidos ao definir qualidade, mas nos reflexos críticos desses equívocos no processo de gestão. De fato: definir qualidade de forma errônea leva a Gestão da Qualidade a adotar ações cujas consequências podem ser extremamente sérias para a empresa (em alguns casos, fatais em termos de competitividade). Os quadros a seguir listam alguns exemplos:

| | **O que se pensa sobre qualidade:** | **Decorrências:** | **Reflexos em termos de Gestão da Qualidade:** |
|---|---|---|---|
| **1** | Qualidade é algo abstrato, sem vida própria, indefinido. | Qualidade é algo inatingível, um estado ideal sem contato com a realidade. | ▪ Se for um estado ideal, pode-se deduzir que nunca será atingida, e, portanto, são inviáveis e ineficazes os esforços para tanto.<br>▪ Essa postura tanto pode conduzir à acomodação quanto à decisão de evitar investir em qualidade pelo custo que esse esforço representa.<br>▪ Em muitos casos, diz-se que o investimento em qualidade não se justifica por se tratar de característica que o produto ou o serviço "deveria ter", mas não a apresenta porque está fora de alcance. |

| | | | |
|---|---|---|---|
| 2 | Qualidade é sinônimo de perfeição. | Qualidade é uma situação que não comporta mais alterações. | ■ Se for sinônimo de perfeição, a qualidade refletirá o fato de se ter atingido um valor máximo, não podendo ser alterada, ou seja, melhorada.<br>■ A gerência supõe, então, que é melhor parar por aqui.<br>■ Um serviço prestado, por exemplo, é considerado perfeito porque existe consenso, na empresa que o presta, de que ele reúne o máximo de características possíveis e imagináveis. |
| 3 | A qualidade nunca muda. | Qualidade é um conceito definitivo, imutável. | ■ Pode-se incorrer no equívoco de achar que é bobagem acompanhar tendências de mercado, ou seja, considerar que o consumidor nunca altera suas preferências.<br>■ Uma vez que ele seleciona um produto de certa marca ou de uma empresa, permanecerá sempre com ele. |
| 4 | Qualidade é um aspecto subjetivo das pessoas. | Não há como estruturar com clareza o conceito da qualidade por falta de condições de identificar, entender e classificar os muitos modos como cada consumidor a vê. | ■ Se for apenas um aspecto subjetivo de produtos e serviços, a qualidade não poderá ser mensurável.<br>■ Como consequência, não há como avaliá-la objetivamente, mas apenas em face do sentimento que alguns especialistas têm acerca do assunto. |
| 5 | Qualidade é a capacidade que um produto ou um serviço tenha de sair conforme seu projeto. | O que se considera é a relação entre o projeto e o produto, sem sequer verificar se existe relação real entre o projeto e os possíveis usuários daquilo que se projetou. | ■ Pode-se incorrer no equívoco de considerar que todo investimento em qualidade resume-se a ter fábricas capazes de desenvolver os produtos projetados.<br>■ E só. |
| 6 | Qualidade é um requisito mínimo de funcionamento. | Se o produto funciona, ele com certeza satisfará o consumidor. | ■ A administração da fábrica deve garantir as condições mínimas de operação que fazem o produto funcionar. Feito isso, a qualidade está atendida.<br>■ Do ponto de vista do processo produtivo, pode-se considerar que qualquer esforço, por menor que seja, induz à qualidade, porque produz essas condições mínimas.<br>■ Conclui-se que não vale a pena "esquentar a cabeça"... Qualidade não requer muito esforço. |
| 7 | Qualidade significa classes, estilos ou categorias de produtos ou serviços. | Qualidade é sinônimo de diversidade, sofisticação, luxo ou variedade. | ■ O processo de agregação de itens (sejam quais forem) a um produto ou serviço é suficiente para gerar qualidade nele.<br>■ Produtos mais sofisticados, mais luxuosos ou associados com grifes famosas são sempre melhores que os outros produtos...<br>■ Para ter qualidade, basta a gerência investir nesses elementos. |
| 8 | Qualidade é a área que se envolve com essa questão. | Qualidade é tarefa dos especialistas no assunto. | ■ A ação da Gestão da Qualidade parece restrita a preparar algumas pessoas para atuarem em qualidade. Essas pessoas são as responsáveis por ela e, também, as culpadas por todos os defeitos que ocorram na fábrica.<br>■ Os demais parecem isentar-se do esforço pela qualidade... |

Observe que todos os reflexos listados portam posturas equivocadas. E é neles que se encontram os riscos para uma Gestão da Qualidade inadequada...

Uma análise preliminar dos equívocos listados permite concluir que, na verdade, o elemento crítico a ser considerado não é **cada uma** das situações identificadas como equívoco. De fato, analisados individualmente, todos os aspectos citados são identificados com qualidade... Confira no quadro a seguir.

| | | | |
|---|---|---|---|
| **Pode-se considerar que a qualidade** | seja algo abstrato, | **pois** | nem sempre os clientes definem, concretamente, quais são suas preferências e necessidades. |
| | seja sinônimo de perfeição, | | exige-se absoluta falta de defeitos no produto ou no serviço prestado. |
| | nunca se altera para certos produtos ou serviços, | | eles parecem ser eternos... |
| | seja um aspecto subjetivo, | | ela varia de pessoa para pessoa, em função de especificidades que cada cliente possui. |
| | seja capacidade de fabricação, | | é necessário que um produto ou um serviço seja concretizado exatamente conforme seu projeto. |
| | seja um requisito mínimo de funcionamento, | | alguns produtos são extremamente simples... |
| | seja diversidade de opções que um produto ou um serviço oferece, | | é necessário atender diferentes necessidades. |
| | seja a área com base na qual todo o processo de "produção da qualidade" se desenvolve, | | é geralmente forçoso que alguém assuma a liderança do processo de produzir qualidade. |

## EXEMPLOS

- Quando sai de casa, o cliente quer comprar uma camisa... Mas ainda não sabe bem de que tipo... Ele não definiu sua preferência. Ele sabe que há muitos modelos disponíveis...

kitthanes | iStockphoto

- O que se espera de um produto quando em operação?

spooh | iStockphoto

- Parece eterna no mercado...

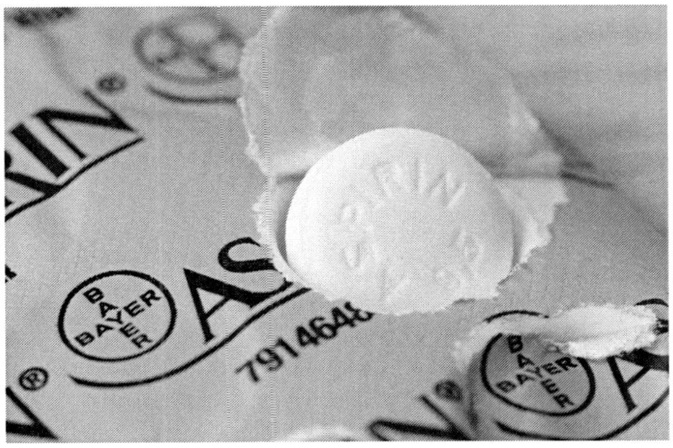


Knaupe | iStockphoto

- Questão muito subjetiva...

Rose_Carson | iStockphoto

- Produto adequado ao projeto...

YouraPechkin | iStockphoto

- Produto simples...

akinbostanci | iStockphoto

- Múltiplos usos...

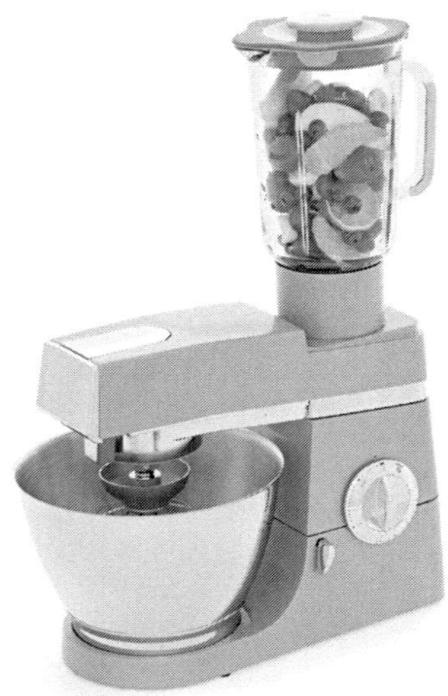

amriphoto | iStockphoto

- Liderança na equipe...

Jolkesky | iStockphoto

## MAS QUAL SERIA O MAIOR EQUÍVOCO, ENTÃO?

- *O maior equívoco está, na realidade, em considerar que algum desses itens seja, por si só, qualidade, isto é, a qualidade possa resumir-se a apenas um desses elementos.*

Adotando esse tipo de postura, podem-se identificar duas falhas básicas na ação da Gestão da Qualidade, a primeira ligada à análise individual do elemento considerado e a segunda em termos da colocação desse elemento em um contexto mais amplo.

Vamos detalhar ambos os problemas.

### PROBLEMA 1: COMO A GESTÃO DA QUALIDADE ATUA EM TERMOS DOS ELEMENTOS CONSIDERADOS.

A Gestão da Qualidade falha em sua função básica se considerar que qualidade seja *apenas* um atributo inerente ao produto ou ao serviço; um elemento que diferencie o produto dos demais; um produto mais confiável; maior diversidade de cores ou preço menor que o dos concorrentes.

De fato, pode-se centrar a atenção em um item (embalagem, por exemplo) que pode ser relevante para alguns produtos – mas, para outros, não.

Falha também, e com igual gravidade, se não considerar que *esses elementos compõem o conceito básico da qualidade*. Tendo em vista os exemplos citados, observe as decorrências abaixo listadas.

| Em que a Gestão da Qualidade pode investir? | Exemplos |
|---|---|
| Em atributos específicos que tornem o produto mais adequado ao uso. | Alteração de sabor de sucos para adequá-los às diferentes regiões do país. |
| Em itens que tornem os produtos ou serviços diferentes dos demais, de forma a deixá-los mais adequados para uso. | Um coador de café, descartável, possui enorme aceitação porque possui um detalhe de projeto (uma pequena borda) que facilita seu uso (abre-se o coador rapidamente). |
| Em itens que tornem seu produto mais confiável e, com isso, sempre disponível para uso. | Computadores com maior garantia contra falhas e defeitos (estatisticamente comprovada). |
| Em uma diversidade de itens que tornem seu produto agradável a uma parcela maior de consumidores. Com isso, aumenta sua adequação ao uso. | Azulejos com diversidade maior de estampas tendem a atrair mais consumidores. |

Conclui-se, assim, que o conceito da qualidade envolve múltiplos elementos, com diferentes níveis de importância.

**FIQUE ATENTO**

- Centrar atenção exagerada em alguns atributos do bem tangível ou do serviço, ou deixar de considerar outros, pode fragilizar estrategicamente a empresa.

### PROBLEMA 2: COMO A GESTÃO DA QUALIDADE ATUA EM TERMOS DO CONTEXTO NO QUAL OS ELEMENTOS SE INSEREM.

Analisando-se cada um dos elementos listados como equívocos, é possível identificar ações da Gestão da Qualidade que poderiam desenvolver-se com base em cada um deles, criando um contexto abrangente, favorável à produção da qualidade. Considere, por exemplo, algumas posições consagradas sobre qualidade, como as seguintes, e observe a ação da Gestão da Qualidade acerca delas.

| | O QUE SE OBSERVA NA PRÁTICA | AÇÃO ESTRATÉGICA DA GESTÃO DA QUALIDADE |
|---|---|---|
| 1 | Nem sempre os clientes definem concretamente quais são suas preferências e necessidades. | Criar mecanismos para influenciar essas preferências e necessidades. |
| 2 | A qualidade é considerada como a falta de defeitos no produto ou no serviço prestado. | Investir em melhorias do processo produtivo que evitem o aparecimento de quaisquer defeitos e falhas. |
| 3 | A qualidade nunca se altera em alguns casos. | Enfatizar a consistência de itens que são efetivamente de agrado dos consumidores já há longo tempo. |
| 4 | A qualidade é um aspecto subjetivo. | Desenvolver processos em que o cliente interfira na produção de bens ou serviços da empresa, tornando-os mais adequados às suas necessidades, preferências ou conveniências |
| 5 | A qualidade identifica-se com capacidade de fabricação. | Priorizar processos produtivos mais confiáveis. |
| 6 | A qualidade como um requisito mínimo de funcionamento. | Utilizar esses elementos mínimos e agregar-lhes itens que aumentem a qualidade do próprio produto ou serviço. |
| 7 | A qualidade envolve a diversidade de opções que um produto ou um serviço pode oferecer a seus clientes. | Ampliar o número de clientes, cujas preferências passariam a ser atendidas por essas novas alternativas de produtos ou de itens que os compõem. |
| 8 | A qualidade é uma área específica. | Estruturar um programa de qualidade na empresa a partir de um núcleo básico. |

## EXEMPLOS

1. O atendimento em uma loja que adote esse princípio pode conduzir o cliente a adquirir produtos diferentes daqueles que, inicialmente, ele tencionava adquirir (ou nem pensava adquirir). Os produtos à mostra em uma vitrine ou as vantagens listadas pelo vendedor podem influenciar sua decisão.
2. Eletrodomésticos com maior prazo de garantia ou que oferecem itens de maior confiabilidade ao cliente.
3. Determinada esponja de aço para limpeza doméstica mantém suas características básicas há muito tempo, inovando detalhes como embalagem ou rótulos. E mantém-se líder de mercado há tempo.
4. Algumas empresas que produzem bicicletas aceitam pedidos de seus clientes via aplicativos instalados em celulares. Nesse caso, o cliente desenha detalhes do projeto da bicicleta que gostaria de ver no produto, a empresa analisa a solicitação feita e informa sobre viabilidade e preço ao cliente. Trata-se, em última análise, de um modelo interativo, semelhante ao processo em que várias pessoas, em um mesmo grupo, combinam um jantar pelo WhatsApp.
5. Em muitos supermercados, costumam-se dividir as áreas de padaria e açougue com vidros transparentes, de forma que os clientes possam ver, da área de vendas, como são feitos os pães e como se prepara e embala a carne. Isso confere maior confiabilidade aos produtos vendidos, já que o cliente "vê" como são preparados.
6. O que se espera (minimamente) de uma lâmpada é que ela acenda. Se, além disso, ela possuir um número maior de horas de funcionamento e maior garantia contra queima, será, sem dúvida, um produto mais adequado (sobretudo para locais altos que dificultam a troca de lâmpadas...).
7. Um produto alimentício pode apresentar-se em diferentes "versões": mais ou menos doce, dietético; em porções maiores (tamanho família), menores ou médias; em embalagens de seis ou 12 unidades; embalado na forma convencional ou a vácuo (longa vida) etc. Com essa diversidade, atingirá maior número de consumidores.

8. Em muitas empresas (tanto nos Estados Unidos, como no Brasil) tem sido adotado um procedimento de implantação dos programas da qualidade: primeiramente, cria-se um núcleo ou um comitê da qualidade, iniciando-se por ele o processo pelo qual se irradiam as técnicas, estratégias, políticas e ações relativas à qualidade. Consideram-se como maiores vantagens desse processo a uniformização de procedimentos e a adoção de políticas únicas para todo o sistema da qualidade.

**QUESTÃO PARA REFLEXÃO**

- Analise um caso prático no setor de serviços ou no setor industrial e defina uma resposta a esta questão: Por que fixar o esforço de produção da qualidade em um único elemento pode ser uma estratégia prejudicial para a empresa?

Em todas essas ações, o **comportamento estratégico** da empresa está bem configurado. De fato, note que, em cada um dos itens citados, há um processo evolutivo bem caracterizado:

1. A empresa aproxima-se mais do mercado, oferecendo produtos e serviços que parecem mais adequados ao consumidor: pode-se observar que a opção pelo consumidor é uma decisão estratégica das organizações (GOODMAN, 2012).
2. Maior eficiência, maior produtividade, menores custos...
3. Criam-se procedimentos normalizados, elementos tidos como padrões nos produtos, e pode-se trabalhar com a fidelidade dos clientes a esses itens como estratégia básica de marketing. Até mesmo a mudança de itens complementares pode constituir-se estratégia de fixação do produto no mercado.
4. Crescente flexibilização do processo produtivo, mais direcionado e focado no cliente.
5. A melhoria do processo associada à maior confiança do consumidor.
6. A crescente adequação de todo o produto à finalidade a que se destina.
7. Aumento das faixas de atuação da empresa no mercado.
8. A ampliação da preocupação com a qualidade para toda a empresa.

Todas essas estratégias gerenciais exigem alguns cuidados em sua implantação. A experiência prática recomenda atenção, por exemplo, aos seguintes elementos:

| É verdade que | Mas também é verdade que |
|---|---|
| Nem sempre os clientes definem, concretamente, quais são suas preferências e necessidades. | Isso não quer dizer que eles não tenham preferências e necessidades (embora não expressem claramente). |
| A qualidade é considerada como a falta de defeitos no produto ou no serviço prestado. | A falta de defeitos não significa possuir qualidade (o produto pode ter cores que um consumidor considera berrantes). |
| A qualidade nunca muda. | O consumidor muda. E rapidamente. |
| Qualidade é um aspecto subjetivo. | O subjetivo pode refletir posições práticas (um cliente gosta mais de uma cor de carro porque nela a sujeira aparece menos). |
| A qualidade identifica-se com capacidade de fabricação. | Produtos bem-feitos nem sempre atendem às necessidades ou nem sempre são adequados ao uso esperado. |
| A qualidade pode ser vista como um requisito mínimo de funcionamento. | Se você faz o mínimo, qualquer pessoa pode fazer o que você faz, o que gera considerável risco para a empresa. |
| A qualidade envolve a diversidade de opções que um produto ou um serviço pode oferecer a seus clientes. | É necessário que o cliente não sinta que a "qualidade" do produto reside no excesso de penduricalhos (de utilidade quase nula). |
| Qualidade é uma área específica. | Ninguém pode omitir-se no esforço de produzir qualidade. |

**QUESTÃO PARA REFLEXÃO**

Observe o *case* abaixo e determine se houve falha no modelo de Gestão da Qualidade quando se considera que a qualidade é estruturada a partir de diversas concepções que se tem acerca dela. Se for o caso, identifique possíveis falhas e, também se for o caso, proponha melhorias para minimizar a restrição detectada.

- Um empresário conseguiu alugar um ponto central na cidade, ao lado de um estacionamento. Ali, abriu uma lanchonete. A localização central e a facilidade de as pessoas deixarem o carro no local ao lado (com taxa de estacionamento pago pela lanchonete no caso de despesas superiores a R$ 40,00) levaram o empresário a considerar esses diferenciais como críticos para seu negócio. Baseado neles, deixou de atentar para aspectos operacionais do negócio, tendo tido problemas com a Vigilância Sanitária por questões de higiene e conservação de alimentos; dificuldades na escolha dos fornecedores (nem sempre os melhores ou com preços nem sempre os menores); no atendimento, por falta de treinamento adequado dos funcionários; na determinação de preços dos produtos (pouco competitivos para a região). De todo modo, a localização e o estacionamento têm garantido bom movimento à lanchonete.

## 1.2 PRIMEIRO REFERENCIAL DA GESTÃO DA QUALIDADE: O CONCEITO BÁSICO DA QUALIDADE

Considerando-se o fato de que o termo *qualidade* é bem conhecido, e até mais do que isso (trata-se de uma palavra de domínio público e uso comum), passa a ser importante levar em conta, em sua definição técnica, a total atenção às características dos consumidores.

**FIQUE ATENTO**

- Qualquer que seja a definição proposta para a qualidade, espera-se que ela não contrarie a noção intuitiva que se tem sobre ela, isto é, o que já se sabe a respeito do assunto.
- Como a questão da qualidade faz parte do dia a dia das pessoas, não se pode identificar e delimitar seu significado com precisão.

Nesse contexto, a Gestão da Qualidade não pode deixar de ter em vista que os funcionários da empresa são, antes de tudo, pessoas comuns, que recebem fora da fábrica carga considerável de informações e sofrem os mesmos impactos em termos da qualidade de produtos e serviços como qualquer consumidor. Dessa forma, a estratégia gerencial de envolvimento dos recursos humanos com a qualidade pode tirar partido do fato de que já se tem uma noção intuitiva da qualidade. Mas como fazer isso? Com ações básicas para criar uma cultura da qualidade. Vejamos:

**COMO FAZER?**

- A regra geral consiste em evitar que conceitos convencionais utilizados para definir qualidade sejam considerados como a única base de políticas de atuação e normas de funcionamento da organização em termos da qualidade. De fato, por haver no cotidiano muitos conceitos incorretos indiscriminadamente empregados, é natural supor que eles migrem com notável intensidade para os processos produtivos das empresas.
- Por outro lado, não se pode deixar de considerar que os equívocos cometidos na definição da qualidade refletem o que se pensa, popularmente, da questão e do próprio emprego da linguagem informal para defini-la. Além disso, o conceito corrente da qualidade traduz valores que os consumidores associam com os produtos ou serviços.
- Por isso, compreende-se a origem dos equívocos aqui discutidos que fazem, com frequência, com que a qualidade seja confundida com luxo, beleza, virtudes, brilhos, cores, etiquetas, falta ou excesso de peso, volume, embalagem bonita e vistosa, moda, grife, marca, detalhes de acabamento e assim por diante.

O equívoco maior em todo este processo está em considerar que a qualidade está **restrita** a um ou a apenas alguns itens do bem tangível ou do serviço. Por isso, enfatiza-se o seguinte: para definir corretamente a qualidade, o primeiro passo é considerá-la como um conjunto de atributos ou elementos que compõem o produto ou o serviço.

**VOCÊ SABIA?**

- Entende-se "cultura" como um conjunto de **valores** que a sociedade atribui a determinados elementos, situações, crenças, ideias etc. A cultura, assim, é o conjunto de referenciais (sejam valores ou crenças) que a sociedade considera efetivamente relevante.

Vamos, agora, introduzir um conceito que vai ser crítico em todo o modelo de Gestão da Qualidade: cultura da qualidade.

## DEFININDO CULTURA DA QUALIDADE PASSO A PASSO

1. Há um processo natural de *transferência de valores*, hábitos e comportamentos do meio social externo para o interior das organizações. Por isso, quando uma pessoa tem em mente o conceito incorreto da qualidade, ela tende a transferi-lo para sua atividade produtiva.
2. Ao desenvolverem seu trabalho, essas pessoas acabam por concentrar seus esforços numa direção que nem sempre é a mais correta. Começa-se a entender, assim, por que se enfatiza tanto a preocupação com os reflexos práticos que conceitos equivocados da qualidade podem ter.
3. Exatamente por esses aspectos, tem-se direcionado a Gestão da Qualidade para a criação de uma ***cultura da qualidade***.
4. O processo cultural é uma forma de atribuição de valor à qualidade ou, mais em geral, é a atenção que se dedica à questão.
5. O primeiro passo para a criação da cultura efetiva da qualidade é entender seu conceito correto, o que nem sempre é fácil para a Gestão da Qualidade, pela influência natural que um termo de domínio público exerce sobre sua própria definição técnica.
6. Nesse contexto, o enfoque mais usual para a definição da qualidade envolve a ideia de centrar a qualidade no *consumidor*.

Cultura tem sido um tema recorrente nos modelos de gestão (por exemplo: Idowu, 2017).

## MULTIPLICIDADE

O direcionamento da organização para o consumidor abrange múltiplos itens; afinal, para o consumidor é importante o preço do produto, suas características específicas, seu processo de fabricação e até mesmo aspectos gerais que o envolvem, como sua marca. Ocorre, porém, que, dependendo do consumidor e do próprio produto, alguns itens são mais relevantes do que outros.

**EXEMPLOS**

- Em um carro, há quem considere segurança como o item mais relevante. Como há quem considere desempenho, preço ou assistência técnica. Talvez um pai de cinco filhos considere o tamanho do porta-malas como um item crítico; já o representante comercial, que usa o carro para desenvolver seu trabalho, considere mais relevante a economia de combustível.
- Alguns itens são prioritários (em um computador, por exemplo, velocidade e precisão de processamento); alguns itens, embora não essenciais, são determinantes na hora da aquisição (a cor do carro, por exemplo).

Nestes casos, a ***multiplicidade de itens*** como o aspecto básico do conceito da qualidade é bem evidente. A meta da Gestão da Qualidade nesse contexto é simples: focalizar toda a atividade produtiva para o atendimento do consumidor, considerando os (múltiplos) itens que ele considere relevantes.

E também o ***elemento evolutivo*** é bem visível, à medida que se investe em um processo de acompanhamento que visa observar como o cliente se comporta e como se alteram suas necessidades e preferências, de forma a atendê-las cada vez melhor.

**QUESTÃO PARA REFLEXÃO**

- Um garoto de 8 anos descobre que tem gosto pela natação. Ele começa a nadar *crawl* (estilo básico). Após 2 meses, seu instrutor começa a lhe ensinar o nado *de costas*. Mais 2 meses e o garoto é introduzido no nado *de peito*. Seu instrutor lhe avisa que, em seguida, passará para o "*golfinho*". O pai da criança fica indignado. Por que o menino não aprende só *crawl*, torna-se bom nisso, para poder disputar competições relevantes, por exemplo? Por que aprender vários estilos, como quer o instrutor?
- Quem tem razão – o **instrutor** ou o **pai** da criança?

## EVOLUÇÃO

Como se observou, a qualidade envolve muitos aspectos simultaneamente, ou seja, uma multiplicidade de itens. Esta seria a componente "espacial" do conceito. Entretanto, há que se observar que também a qualidade vai sofrendo alterações conceituais ao longo do tempo. Se essas transformações forem em direção a estágios melhores, tem-se um processo evolutivo. Esta seria a componente "temporal" do conceito.

Para esclarecer: o que seriam "estágios melhores"? Seriam transformações que se aproximam mais de determinado alvo ou objetivo. No caso da qualidade, estas modificações seriam evolutivas se viabilizassem crescente atendimento aos mercados para os quais os produtos foram direcionados.

Pela multiplicidade, tenta-se direcionar esforços para atender ao consumidor por meio de variados itens que ele considera relevantes.

Observa-se, contudo, que, ao longo do tempo, esses elementos vão se alterando, em função de naturais mudanças de opinião, de postura, de preferências ou de desejos do consumidor. A evolução não significa esperar as mudanças no perfil do consumidor para responder a elas, mas, sim, antecipar-se a elas.

A evolução, assim, significa uma postura proativa e não reativa...

**COMO FAZER?**

A evolução requer postura inovadora. Enfatizar a inovação, contudo, não é uma questão apenas de opinião ou de filosofia. Exige ações práticas. Como as seguintes:

- Desenvolver esforços permanentes para obter maior eficiência, maior produtividade e menores custos no processo produtivo.
- Ampliar para toda a organização a busca por procedimentos normalizados, que formalizem as ações operacionais.
- Fixar padrões crescentes de desempenho, sempre a partir de níveis já consolidados.
- Criar canais para garantir a permanente aproximação da organização ao mercado que pretende atender.
- Flexibilizar as rotinas de operação da empresa, nas áreas produtivas e nas áreas de suporte ao processo produtivo.

## PARA REFLETIR

| AS MARCHAS E CONTRAMARCHAS DA EVOLUÇÃO | |
|---|---|
| **1901** | ■ Afirmou o presidente do Michigan Savings Bank: *"O cavalo veio para ficar como meio de transporte. O carro é um modismo que passará logo".*<br>■ Aliás, nesta época havia 220.000 cavalos circulando em Nova York como meio de transporte. Os cavalos eram populares (trem: cavalo de ferro; bicicleta: cavalo de pobre; bonde: carroça sem cavalo). O *lobby* intenso dos criadores de cavalos não impediu os carros de aparecerem. |
| **1920** | ■ Manchete do *New York Times: "Um foguete jamais será capaz de deixar a atmosfera da Terra".*<br>■ Em 1969, teve que engolir sua profecia. |
| **2007** | ■ Steve Ballmer, presidente da Microsoft, disse ao *USA Today: "Não há qualquer possibilidade de o iPhone obter significativa participação no mercado".*<br>■ Sem comentários. |

Em resumo:

## QUESTÃO PARA REFLEXÃO

A TV em preto e branco, assim como os filmes no cinema, durante anos foi uma grande sensação. Depois surgiram os filmes coloridos e a TV em cores.

- A passagem do preto e branco para o ambiente colorido representa, por si só, uma grande evolução na área?

Em termos práticos, como a qualidade é estruturada a partir destas duas estratégias (multiplicidade e evolução)? Veja o quadro abaixo.

## COMO FAZER?

| Multiplicidade | Evolução |
|---|---|
| ■ Refere-se a produtos que já estão no mercado. | ■ Refere-se a produtos que serão lançados como novos. |
| ■ Estratégia que deve gerar resultados hoje. | ■ Estratégia que deve gerar resultados em futuro próximo. |
| ■ Visa consumidores que já utilizam o produto. | ■ Visa consumidores que ainda não adquirem os produtos da organização. |
| ■ Não se altera a faixa de mercado a atender. | ■ Mudam as faixas de mercado a atender. |
| ■ Ação estratégica básica: fidelização dos consumidores. | ■ Ação estratégica básica: criar novos mercados consumidores. |
| ■ Exemplo: diferentes tipos de sabão em pó, adequados a diferentes tipos de roupa, em embalagens de diferentes tamanhos e com variadas faixas de preço.<br>■ Foco: consumidores que lavam suas roupas em casa, em máquinas de lavar. | ■ Exemplo: empresas que oferecem serviços de lavagem de roupa. Buscam roupa suja e as entregam limpas e passadas no endereço definido pelo usuário.<br>■ Foco: consumidores que não se incluem na faixa de mercado especificada ao lado... |

Foi exatamente nesse contexto que se estruturaram alguns conceitos da qualidade bem aceitos (e corretos), sempre envolvendo a figura do cliente, como os seguintes:

*"Qualidade é a condição necessária de aptidão para o fim a que se destina."*

(EOQ – Organização Europeia para a Qualidade, 1972)

*"Qualidade é adequação ao uso."*

(Juran e Gryna, 1991)

*"Qualidade é o grau de ajuste de um produto à demanda que pretende satisfazer."*

(Jenkins, 1981)

Vamos analisar estas definições. Primeiro, os autores; depois, os termos que as compõem.

## OS AUTORES

### ORGANIZAÇÃO EUROPEIA PARA A QUALIDADE (EOQ)

Associação autônoma e sem fins lucrativos de direito belga, com sede em Bruxelas. Trata-se de uma organização interdisciplinar europeia que busca a melhoria efetiva nas áreas de Gestão e Avaliação da Qualidade, além de coordenar as organizações representativas nacionais da qualidade naquele continente. A EOQ é formada por representantes dos vários países membros e por associados (tanto organizações como pessoas físicas), possuindo hoje parceiros afiliados de 40 países diferentes. A organização conta hoje como cerca de 70.000 membros, envolvendo 500.000 empresas a eles ligadas.

A EOQ foi estabelecida em 1956 sob a denominação Organização Europeia de Controle de Qualidade (EOQC) e as organizações fundadoras vieram de cinco países da Europa Ocidental: França, Itália, Alemanha Ocidental, Países Baixos e Reino Unido. Espalhou depois suas ações e raio de influência para outros países da Europa Ocidental, antes de estabelecer vínculos com os países da Europa Central e Oriental, sobretudo após 1990. Mais recentemente, a organização ampliou suas atividades para incluir os países da região do Mediterrâneo do sul e leste.

A EOQ tem como missão melhorar a sociedade europeia por meio da promoção da qualidade em seu sentido mais amplo. Suas ações para tanto incluem atividades de pesquisa e desenvolvimento, transferência de conhecimento e a contínua disseminação de conceitos e técnicas de ponta na área de qualidade. Ela funciona como um centro de competência e representação para organizações, governos e, mais em geral, para a União Europeia. Promove congressos, treinamentos, atividades de formação e qualificação de recursos humanos para a qualidade.

### JOSEPH JURAN

Juran foi um dos dois maiores gurus da qualidade no século passado (o outro foi W. Edwards Deming). Nasceu em 1904, na Romênia, e morreu em 28 de fevereiro de 2008, nos Estados Unidos. Engenheiro de carreira, sua atividade básica era consultoria em Gestão da Qualidade. Foi gestor de qualidade na famosa Western Electrical Company, onde estruturou todo o modelo de Inspeção Estatística da empresa, sendo responsável pela aplicação e disseminação das novas técnicas de controle estatístico de qualidade. No final dos anos 1940, Juran deixa a empresa e inicia sua carreira como consultor, sempre investindo em estudo, pesquisa e desenvolvimentos na área de Gestão da Qualidade. Foi também professor de várias universidades americanas. É autor de um dos mais importantes livros na sua área de atuação (*Quality control handbook*), publicado pela primeira vez em 1951. Juntamente com Deming, Juran é considerado o pai da revolução da qualidade do Japão e um dos maiores colaboradores na transformação desse país em potência mundial. Em 1979, ele funda o *Juran Institute* para facilitar a disseminação de suas ideias por meio de cursos, treinamentos, livros, vídeos e os mais diversos materiais. Esse instituto é considerado um dos mais importantes centros de consultorias de gestão de qualidade do mundo.

## FRANK GRYNA

Fonte: American Society for Quality.

Por sua vez, Frank Gryna, nascido nos Estados Unidos em 1928, talvez seja o mais conhecido coautor das obras de Juran. Trabalhou ativamente nas quatro primeiras edições do *Juran's quality handbook* e também participou das duas primeiras edições do livro *Quality planning and analysis* (igualmente uma referência mundial na área de Gestão da Qualidade). Gryna foi vice-presidente sênior do Instituto Juran por mais de 15 anos. Um de seus livros mais famosos, publicado em 2004, chama-se *Work overload!: redesigning jobs to minimize stress and burnout* e é considerado *best-seller* na área de Gestão da Qualidade. Hoje, ainda sob a égide de Gryna, o Instituto Juran continua a auxiliar organizações produtivas em todo o mundo, empresas na busca da excelência em qualidade de processos, métodos e produtos. O instituto é responsável por manter acessíveis as geniais contribuições de Joseph Juran.

## GWILYM JENKINS

Gwilym Jenkins (1932-1982) foi um ilustre professor inglês, atuando, sobretudo, nos centros de excelência em Engenharias da University College of London e da Lancaster University. Atuava mais em Controle Estatístico da Qualidade e desenvolveu ferramentas ainda hoje muito utilizadas nesta área, como a abordagem Box-Jenkins para a análise de séries temporais. Em Lancaster, ele fundou e tornou-se diretor-gerente da ISCOL (International Systems Corporation of Lancaster). Deixou a carreira acadêmica em 1974, quando passou a atuar em sua própria empresa de consultoria. Jenkins foi professor visitante, em 1980, no Departamento de Engenharia de Produção e Sistemas da Universidade Federal de Santa Catarina.

## OS TERMOS

Nesses conceitos, há várias indicações de ações para a Gestão da Qualidade. A primeira, e mais evidente, é o direcionamento para o cliente. As demais parecem decorrer dele e, de certa forma, estão expressas nas próprias palavras que compõem cada definição. Vejamos:

## CONDIÇÃO

- Este termo, na primeira definição, não determina com clareza o que o produto ou o serviço deve apresentar para atender ao uso a que se destina. Será função da Gestão da Qualidade atuar para especificar que condição é essa e viabilizá-la no bem tangível ou no serviço. É evidente a abrangência dessa ação, bem como a necessidade de um referencial para determinar essa condição.

## APTIDÃO

- O que vem a ser "aptidão" nessa mesma definição também não é totalmente visível. É função da Gestão da Qualidade defini-la. A questão relevante a ser formulada é a seguinte: definir com base em quê?

## FIM A QUE SE DESTINA

- A parte final do conceito esclarece completamente as dúvidas levantadas: considera-se como referencial básico da qualidade a finalidade a que o produto se destina. A função da Gestão da Qualidade fica tanto caracterizada (determinar como o produto ou o serviço melhor se ajusta à finalidade para a qual foi desenvolvido) quanto "orientada" (todas as atividades direcionam-se para o atendimento do cliente, a quem, afinal, o produto se destina).

## ADEQUAÇÃO AO USO

- A definição de Juran segue no mesmo sentido: a qualidade é sempre definida com base no cliente, que, em última análise, faz "uso" do produto ou serviço. Tudo o que contribui para essa "adequação" é relevante. Do ponto de vista do produto, isso significa toda a diversidade de itens que ele possa dispor para melhor se ajustar a sua efetiva utilização, sejam aspectos como desempenho, durabilidade, apresentação, praticidade ou facilidade de uso, custo de utilização ou preço de compra, conformidade, confiabilidade na fabricação e assim por diante. Esta definição tem sido reafirmada continuamente nos dias de hoje (BESTERFIELD, 2011).
- Essa preocupação com a adequação ao uso conduz a Gestão da Qualidade a um processo que prioriza todos os elementos do bem ou do serviço que sejam relevantes para o consumidor, sejam eles subjetivos ou não, mensuráveis ou não, perfeitamente caracterizados ou não, expressamente declarados ou não.

## ADEQUAÇÃO ←→ RELATIVIZAÇÃO

- Essa noção de adequação mostra que a ação da Gestão da Qualidade não pode ser absoluta, mas tem sempre uma característica de relativização, com o permanente confronto entre o produto e o consumidor. A qualidade é o elemento que os une. A satisfação do consumidor, com suas necessidades e conveniências, e o sucesso da empresa, com sua capacidade de desempenho e suas estratégias de mercado, serão os itens fundamentais na avaliação da qualidade

**FIQUE ATENTO**

- Essa noção da qualidade evidencia os reflexos negativos da utilização de conceitos equivocados sobre qualidade: a adequação só será possível se um conjunto de aspectos for atendido; se supervalorizamos alguns deles, omitimos ou relegamos a segundo plano outros, tal adequação ficará prejudicada.

## GRAU

- O conceito de Jenkins investe na mesma direção das noções anteriores, mas chamando a atenção para um aspecto interessante: ao mencionar a noção de "grau", o conceito busca conferir à Gestão da Qualidade mecanismos objetivos para a avaliação da qualidade. Isso permite quantificar a qualidade, o que facilita seu planejamento e sua implantação.

## PRODUTO

- Além disso, Jenkins menciona "produto", no sentido de localizar onde deve ser obtida a qualidade, por meio do desempenho satisfatório do todo e das partes (características).

## DEMANDA

- Aqui, o termo *demanda* não é usado no sentido meramente quantitativo em termos de quantos consumidores pretende-se alcançar, mas de toda uma faixa específica de mercado a quem "se pretende satisfazer". A noção de "ajuste" aqui é a mesma de "adequação" na definição de Juran.

De certa forma, a qualidade enquanto adequação ao uso atende a ambos os aspectos – evolução e multiplicidade. E, note-se, esse conceito define um objetivo básico da Gestão da Qualidade e também uma estratégia fundamental para alcançá-lo.

**QUESTÃO PARA REFLEXÃO**

1. Os **programas** de fidelização consistem em benefícios repassados a consumidores ou usuários que compram seguidamente bens tangíveis de determinada marca ou utilizam frequentemente serviços de determinada empresa. Em termos de ações da Gestão da Qualidade, que outra estratégia poderia ser usada para obter resultados similares aos destes programas?
2. O **lançamento** contínuo de produtos muito diferentes daqueles tradicionalmente colocados no mercado por uma empresa pode ser uma política arriscada, mas, em muitos casos, é o fator que impulsiona o crescimento das organizações. Em termos de ações da Gestão da Qualidade, que estratégia justificaria esta postura?

## 1.3 SEGUNDO REFERENCIAL DA GESTÃO DA QUALIDADE: A NOÇÃO DA QUALIDADE TOTAL

UMA QUESTÃO INICIAL:

***O que significa exatamente total?***

Dois exemplos:

1. O incêndio destruiu o carro. Houve perda total.
2. O projeto hoje possui adesão total da equipe.

Parece a mesma coisa, mas não é.

No primeiro caso, total significa toda a extensão, resultado obtido de uma só vez. No segundo, parece que contribuições individuais foram se juntando para se chegar ao todo.

**PARA REFLETIR**

**UM EXEMPLO PRÁTICO**

- O combustível é o principal custo de uma companhia aérea, variando entre 30% e 40% das despesas totais da empresa. Para reduzir esse tipo de gasto, as empresas adotam as mais diversas estratégias. Uma das alternativas mais simples é reduzir o peso do avião, já que, quanto mais leve estiver, menos combustível o avião consome. Uma redução aparentemente insignificante pode gerar uma economia considerável.
- Uma companhia aérea americana adotou, recentemente, uma medida deste tipo, ao passar a utilizar folhas mais finas para as revistas de bordo que a empresa coloca nos bolsões de suas aeronaves. De acordo com uma matéria feita pelo *LA Times* em 2018, a companhia aérea United Airlines trocou a revista de bordo *Hemisphere* por uma opção com papel mais leve, economizando 28,34 gramas por unidade. O interessante foi o resultado: economia de 463 mil litros de combustível em apenas um ano, o que representou uma redução de custos de combustível da ordem de US$ 290 mil nesse período. Veja: a revista vai manter o mesmo número de páginas, mas, como passou para um tipo de papel mais leve, obteve-se a redução de peso. E de custos. E que redução...

Não se pode afirmar que a expressão *qualidade total* seja recente ou que se trate de um conceito inédito. É, antes de tudo, uma decorrência natural da qualidade definida enquanto "adequação ao uso". Essa análise torna-se particularmente válida quando se analisam as dimensões da Gestão da Qualidade e suas ações diante desse conceito. De fato, o conceito de "adequação ao uso" não determina nem identifica quais elementos estabelecem como esse ajuste se processa. A qualidade, assim, passa a ser característica que atende "totalmente" ao consumidor.

- *Veja que não se consegue atingir este "totalmente" de uma só vez... Atender "totalmente" ao consumidor só se consegue com um conjunto contínuo de esforços, que vão se somando ao longo do tempo.*

A Gestão da Qualidade Total tem duas dimensões básicas:

| | |
|---|---|
| **DIMENSÃO EXTERNA** | Busca atender a todas às necessidades, preferências e conveniências; a todos os desejos, gostos e anseios do consumidor. |
| **DIMENSÃO INTERNA** | Busca reunir todos os esforços e todas as contribuições dos recursos da organização para atingir tal objetivo. |

A dimensão externa se viabiliza com a transformação das características do consumidor em requisitos de qualidade do produto. A segunda se viabiliza, principalmente, com o envolvimento efetivo dos recursos humanos da empresa no esforço pela qualidade.

Mas há DUAS questões de ordem prática:

- Consegue-se atender um consumidor **TOTALMENTE**?
- Consegue-se obter a **TOTAL** adesão dos recursos humanos da empresa em uma ação qualquer, por mais simples que seja?

Evidente que não. O que se faz, em ambos os casos, é um processo gradativo. À semelhança de quem tem um desafio à frente e vai escalando, passo a passo, as etapas para atingir o objetivo perseguido.

De fato; a conquista do cliente, por exemplo, é gradativa e vai tornando-se consistente aos poucos. Envolve uma perspectiva dinâmica, de permanente acompanhamento do mercado, das suas tendências, das alterações que vão processando-se em suas características etc. É tipicamente uma ação evolutiva, porém constante, permanente. E que pode ser avaliada em termos de "melhoria contínua", isto é, da análise de maior "proximidade" com o cliente.

Por outro lado, a dimensão interna da Qualidade Total foca o processo produtivo. Caso seja necessário adequar um produto ou serviço inteiramente ao uso, todos os setores, todas as áreas ou todas as pessoas ou, enfim, os elementos que tiverem alguma participação, direta ou indireta, em sua produção serão igualmente responsáveis pela qualidade. Ninguém na empresa está excluído desse esforço, até porque, se a qualidade é o objetivo da organização, qualquer item de produção que não estiver comprometido com esse empenho não contribui para o objetivo em questão e torna-se, por isso, perfeitamente dispensável, seja uma pessoa, uma máquina ou uma operação.

fotostorm | iStockphoto

Essa segunda dimensão, assim, envolve a coordenação de todos os elementos da empresa, no esforço de adequar o produto ao uso, com base em suas atividades no processo produtivo, ou seja, a Gestão da Qualidade começa sua atividade básica com contribuições individuais, as quais se espera que estejam plenamente engajadas num movimento organizado e inequivocamente direcionado. Obter estas contribuições também é um processo gradativo, que envolve uma ação de Melhoria Contínua...

A figura abaixo mostra o resultado das duas dimensões.

Sjoerd van der Wal | iStockphoto

**FIQUE ATENTO**

- Guarde bem este conceito: ***Melhoria Contínua***. Ele é essencial para o entendimento da Gestão da Qualidade Total.

Estruturar programas de qualidade voltados para melhoria contínua tem sido preocupação permanente dos estudiosos da Gestão da Qualidade (ver, por exemplo, Vining, 2011; Harrington, 2011; Beckford, 2010).

## *Melhoria Contínua*

Da mesma forma que a adequação efetiva de um produto ao uso é um processo gradativo, o envolvimento de todos no esforço pela qualidade é um processo evolutivo por excelência. Como juntar ***envolvimento total*** e ***atendimento total?***

A Gestão da Qualidade Total pode utilizar o conceito de ***melhoria contínua*** nesse processo. Para efeito até de avaliação da Gestão da Qualidade, define-se aqui melhoria como o aumento do grau de ajuste do produto à demanda, em termos do atendimento a necessidades, expectativas, preferências, conveniências de quem já é consumidor, de quem poderia ser nosso consumidor ou de quem o influencia. Todos os esforços, assim, feitos nessa direção configuram-se em mecanismos cujo objetivo é melhoria. Como esse ajuste é permanente – pelo aspecto dinâmico do próprio mercado –, a preocupação com a melhoria é também constante. Será contínua à medida que esse grau de ajuste atingir valores gradativamente maiores.

**QUESTÃO PARA REFLEXÃO**

- Usando o conceito de Melhoria Contínua, analise a seguinte questão: É mesmo verdade que, quanto mais uma pessoa viaja de avião, maior probabilidade terá de sofrer um acidente aéreo?

Dois exemplos típicos de desenvolvimento do processo de melhoria que caracterizam a ação da Gestão da Qualidade envolvem a chamada otimização do processo e a generalização da noção de perda. Em ambos, notam-se procedimentos de adequação crescente do produto ao uso.

| | |
|---|---|
| **1. Otimização do processo** | ▪ Engloba os esforços destinados a minimizar custos, reduzir defeitos, eliminar perdas ou falhas e racionalizar as atividades produtivas.<br>▪ É evidente que o reflexo dessas melhorias pode migrar diretamente para os produtos, que, afinal, são resultados dos processos que foram otimizados.<br>▪ De fato, produtos que mantêm suas características básicas e são comercializados por menores preços ou sem defeitos possuem, aos olhos do mercado, maior qualidade. |
| **2. Generalização da noção de perda** | ▪ Trata-se de um mecanismo mais complexo, embora o conceito seja simples: qualquer ação, procedimento, operação ou atividade que não *acrescente valor* ao produto acabado é uma perda.<br>▪ Valor, nesse caso, é algo determinado, definido ou fixado sempre por quem consome esse produto – ou seja, pelo usuário final.<br>▪ Dessa forma, o valor refere-se à adequação do produto ao uso.<br>▪ Dito de outro modo, pode-se considerar como perda qualquer ação, procedimento, operação ou atividade que não contribui, de forma efetiva – direta ou indireta – para o *aumento* do grau de ajuste do produto à demanda, em termos do atendimento ao conjunto de necessidades, expectativas, preferências, conveniências de quem já é nosso consumidor. |

**FIQUE ATENTO**

- Veja: **aumento** de ajuste.
- Manter, simplesmente, pode significar fragilidade estratégica.

## MAS O QUE SERIA, EXATAMENTE, PERDA?

De uma perspectiva ***dinâmica***, deve-se considerar como perda a falta de ações positivas em relação a quem poderia ser nosso consumidor ou a quem o influencia.

**EXEMPLO**

Nesse sentido, produtos que poluem o meio ambiente (como um carro que solta "fumaça preta") configuram perda à medida que afetam negativamente pessoas que poderiam ser nossos consumidores no futuro.

Por sua vez, produtos que, em seu uso, causam ***danos (ou risco de danos)*** a terceiros são igualmente portadores de elementos tidos como perdas.

**EXEMPLO**

É o caso de brinquedos que parecem, aos pais, inadequados às crianças – embora estas tenham opinião inteiramente diversa. Situam-se nessa categoria carrinhos que emitem sons muito altos e desagradáveis; bonecos pré-montados que incluem peças muito pequenas (e fáceis de ser engolidas); jogos que induzem a sentimentos de violência ou competição desleal; e, enfim, brinquedos com formas agudas ou detalhes de acabamento que podem causar ferimentos em crianças.

**PARA REFLETIR**

- Note que a **adequação ao uso** é a melhoria mais relevante a considerar, já que, nesse caso, direciona-se o processo para o consumidor, isto é, determina-se uma íntima associação entre as operações de processo e os objetivos básicos da organização.

Por sua perspectiva evolutiva, a melhoria contínua tem sido considerada sinônimo da qualidade total. Por consequência:

*Gestão da Qualidade Total é o processo destinado a investir continuamente em mecanismos de melhoria, ou seja, de aumento da adequação de produtos e serviços ao fim a que se destinam.*

## 1.4 GESTÃO DA QUALIDADE TOTAL

Pelos conceitos expostos, torna-se difícil diferenciar a Gestão da Qualidade da Gestão da Qualidade Total. Isso porque essa questão envolveria diferenciar *qualidade* de *qualidade total*.

E aqui se observa um aspecto interessante dos conceitos expostos. A rigor, não há nada que a noção de "qualidade total" acrescente ao conceito básico da qualidade. O que mostra que, corretamente definida, a qualidade é uma questão abrangente, muito ampla. E pode-se até formular a seguinte questão, cuja resposta é evidente: caso adotemos a definição de Juran, existe "qualidade" que não seja "total"?

Por que, então, distinguir a Gestão da Qualidade da Gestão da Qualidade Total? Essa distinção não equivaleria a definir duas figuras chamadas "triângulo" e "triângulo de três lados"?

Na verdade, os contextos em que essas distinções são analisadas são diversos.

Veja:

- O triângulo, desde que foi definido, *sempre teve três lados*. Isso nunca mudou.
- Já a qualidade *nem sempre foi total*.

A própria evolução do conceito da qualidade mostra que se saiu de uma situação em que todo esforço pela qualidade resumia-se à **atividade da inspeção**, para um ambiente no qual a **qualidade** é definida da forma mais ampla e abrangente possível. Dessa forma, quando se menciona "Gestão da Qualidade Total" deseja-se, na verdade, lembrar que existe um **novo modelo de gestão**, baseado em um novo conceito da qualidade.

Alguns autores, entretanto, criaram características específicas para identificar a Gestão da Qualidade Total. Nesse sentido, menciona-se a noção de melhoria contínua como sinônimo de qualidade total, o que confere uma especificidade própria à Gestão da Qualidade Total.

Hoje, por exemplo, a Gestão da Qualidade Total é considerada um elemento essencial para a estruturação de modelos de excelência organizacional (GOETSCH; DAVIS, 2016).

Outra definição muito relevante de Gestão da Qualidade Total foi estruturada por um dos mais ilustres homens da qualidade de nosso tempo, Joseph Juran, o mesmo que definiu a própria qualidade. Ele criou a sigla TQM (*Total Quality Management*), que poderia ser, exatamente, traduzida por Gestão da Qualidade Total. Juran tanto definiu a Gestão da Qualidade Total como conferiu a ela uma característica bem definida, marcante, que a diferencia de outros conceitos, práticas ou atitudes. O quadro abaixo resume os conceitos de Juran sobre TQM.

| TQM | |
|---|---|
| **Conceito** | ▪ Extensão do planejamento dos negócios da empresa que inclui o planejamento da qualidade. |
| **Atividades usuais** | ▪ Estabelecer objetivos abrangentes.<br>▪ Determinar as ações necessárias para alcançá-los.<br>▪ Atribuir responsabilidades bem definidas pelo cumprimento de tais ações.<br>▪ Fornecer recursos necessários para o adequado cumprimento dessas responsabilidades.<br>▪ Viabilizar o treinamento necessário para cada ação prevista (treinar pessoal não deixa de ser uma forma de adequar o envolvimento de determinados recursos aos objetivos de todo o processo).<br>▪ Estabelecer meios para avaliar o desempenho do processo de implantação em face dos objetivos.<br>▪ Estruturar um processo de análise periódica dos objetivos.<br>▪ Criar um sistema de reconhecimento que analise o confronto entre os objetivos fixados e o desempenho das pessoas em face dele. |
| **Objetivos** | ▪ Desenvolvimento do planejamento estratégico da qualidade. |

Fonte: Juran e Gryna (1991, p. 210).

Juran deixa claro que essa sequência de atividades é típica do planejamento estratégico dos negócios da empresa e afirma que ela pode ser aplicada à administração para a qualidade.

Fica, assim, evidenciado o conceito de TQM para Juran. De fato, ele afirma textualmente: "Uma das maiores aplicações do conceito de planejamento da qualidade é o ***planejamento estratégico da qualidade***, algumas vezes chamado de Gestão da Qualidade Total (TQM)" (JURAN; GRYNA, 1991, p. 210).

Dessa forma, o elemento básico da TQM, segundo Juran, é o *Planejamento Estratégico*. Como o planejamento estratégico ocorre no nível da alta administração da organização, uma decorrência evidente desse conceito é o envolvimento do pessoal que compõe os altos escalões da empresa no esforço pela qualidade.

Esta conotação fica ainda mais evidente quando se relacionam, por exemplo, TQM e processos de inovação (HONARPOUR; JUSOH; NOR, 2017).

Em última análise, portanto, a TQM cria uma ação estratégica da qualidade, que envolve:

- o desdobramento dos objetivos gerais da companhia para incluir qualidade;
- a definição clara de responsabilidades pela qualidade em vários níveis;
- a criação de recursos exclusivos para qualidade.

Em resumo o posicionamento do esforço pela qualidade entre as grandes metas da empresa, e no nível elevado.

A implantação desse conceito de Gestão da Qualidade pode ter gerado algumas dificuldades, consideradas pelo próprio Juran como desvantagens naturais da TQM. Menciona-se, por exemplo, que a TQM:

- gera aumento de trabalho da administração superior (o que, para muita gente, é uma imensa vantagem);
- determina a possibilidade de gerar conflitos nos vários níveis organizacionais;
- não garante resultados imediatos; e
- utiliza uma abordagem que, se otimiza a ação de setores da empresa, não otimiza o funcionamento da empresa em sua totalidade.

Cabe observar, entretanto, que já existem muitos mecanismos desenvolvidos para minimizar essas restrições. Alguns exemplos são mostrados abaixo.

## COMO FAZER?

- Os processos de trabalho em grupo criaram novas divisões das atividades relativas à Gestão da Qualidade, que pulverizam a carga de trabalho sem sobrecarregar ninguém.
- A existência de conflitos entre níveis tem sido atribuída à existência de conflitos entre objetivos. Os processos de gestão baseados em políticas gerais da qualidade unificam objetivos e, por isso, minimizam conflitos. Esse mesmo procedimento tem sido desenvolvido para adequar os objetivos dos setores aos objetivos da organização, de forma a se garantir, primeiro, a otimização de todo o sistema; depois, pode-se obter a otimização das partes.
- Muitos mecanismos de Gestão da Qualidade têm investido na direção de resultados divididos em curto, médio e longo prazos. Os resultados de médio e longo prazos servem de orientação geral para o processo de gestão. Já os resultados de curto prazo envolvem situações de alta visibilidade e imediato retorno e são considerados vitais para o sucesso do programa da qualidade por seu conteúdo motivador. Em geral, esses resultados incluem redução de erros e desperdícios, minimização de custos, racionalização de atividades e alteração de rotinas de trabalho que determinam reflexos imediatos sobre itens como conforto, segurança ou bem-estar dos operários.

Juran afirma que a organização para a TQM requer a estruturação de Equipes da Qualidade Total, bem como de um Setor de Gestão da Qualidade em tempo integral (JURAN; GRYNA, 1991, p. 212). Exige, ainda, a definição do nível de envolvimento de cada setor no processo da qualidade e a estruturação de um fluxo de informações exclusivo para a qualidade. Por fim, sugere a criação de um Sistema de Avaliação de Desempenho com relação aos objetivos, que possa acompanhar permanentemente as ações que forem sendo desenvolvidas.

TQM ainda é um assunto muito em evidência na área de Gestão da Qualidade, inclusive com perspectivas de novas aplicações (GOETSCH; DAVIS, 2016; AQUILANI *et al.*, 2017; GUPTA, 2018).

**QUESTÃO PARA REFLEXÃO**

Observe o *case* abaixo e determine se houve falha no modelo de Gestão da Qualidade quando se considera que a qualidade é estruturada a partir de diversas concepções que se tem acerca dela. Se for o caso, identifique possíveis falhas e, também se for o caso, proponha melhorias para minimizar a restrição detectada.

- Na tentativa de fixar posições na faixa de carros populares, a montadora Strauss lançou um modelo mais básico de seus carros. Até aqui, a Strauss tem atuado no mercado de carros de luxo. Esses modelos têm preço médio acima de US$ 120.000,00. O modelo básico, denominado Classe X, tem praticamente os mesmos opcionais que os demais modelos, apresentando-se com um *design* mais próximo de carros menores (mais compacto, como os populares...) e menor conforto interno (bancos fixos, por exemplo). Sua faixa de preço ficará em torno dos US$ 45.000,00. A *Strauss* espera, com este modelo, disputar em pé de igualdade com os demais modelos de carros populares à venda no Brasil.

## 1.5 GESTÃO DA QUALIDADE NO PROCESSO PRODUTIVO

A Gestão da Qualidade no processo é a componente operacional que sofreu impactos mais visíveis em decorrência da implantação do conceito de Qualidade Total.

Graças a essa visibilidade, a Gestão da Qualidade no processo tem sido continuamente estudada. Observa-se, por exemplo, que os processos de manufatura podem falhar no atendimento de padrões da qualidade se as práticas de engenharia não forem uniformes em todo o processo. Neste sentido, Rich (2012) propôs um modelo baseado em seis etapas que visa dotar a ação da engenharia de processo de uma abordagem com suporte do método científico.

**FIQUE ATENTO**

- A Gestão da Qualidade no processo centra sua atenção no processo produtivo em si, partir do do pressuposto segundo o qual *a qualidade deve ser gerada exatamente nas operações do processo produtivo.*

Pode-se observar que esse pressuposto encerra o primeiro e mais elementar princípio de produção da qualidade, para o qual se direciona todo o empenho de quem busca formas adequadas para tal objetivo. Nota-se, com efeito, que a maioria das estratégias desenvolvidas para tanto prioriza o processo produtivo. Foi apenas mais recentemente que começou o esforço de criar técnicas que visam analisar outros elementos fundamentais da qualidade. O exemplo mais usual desse novo contexto é a atenção dispensada à ação de concorrentes, reflexo do clima de competitividade em que as empresas mergulharam (MONTGOMERY; JENNINGS; PFUND, 2018).

A atenção ao processo produtivo foi um estágio posterior do desenvolvimento da Gestão da Qualidade em sua totalidade. O esquema abaixo detalha esta análise.

| | Foco da Avaliação da Qualidade | Meta | Ações básicas |
|---|---|---|---|
| **ANTES** | A qualidade era avaliada *em produtos e serviços.* | Atenção em *resultados* de atividades ou *efeitos* de ações bem definidas. | ▪ Conferir confiabilidade à análise da qualidade no produto.<br>▪ Entendimento: essa era a forma pela qual o cliente avaliava toda a empresa.<br>▪ Todo o esforço visava à qualidade do produto acabado.<br>▪ Forma rudimentar de entender os padrões da qualidade adotados pelo cliente. |
| **HOJE** | A qualidade é avaliada a partir do *processo produtivo.* | A ênfase está na análise das *causas* e não mais na atenção exclusiva a *efeitos.* | ▪ Conferir confiabilidade ao processo produtivo.<br>▪ Entendimento: essa é a forma de garantir qualidade no produto final.<br>▪ Todo o esforço visa à qualidade do processo.<br>▪ *Direcionamento de todas as ações do processo produtivo para o pleno atendimento do cliente.* |

## COMO FAZER?

- Veja a seguir um roteiro prático para viabilizar a Gestão da Qualidade no processo. Envolve a implantação de atividades agrupadas em três etapas: a eliminação de perdas; a eliminação das causas das perdas; e a otimização do processo (adaptado de Paladini, 1999).

| **ETAPA 1: Eliminação de perdas** | |
|---|---|
| **Atividades características** | 1. Eliminação de defeitos, refugos e retrabalho.<br>2. Emprego de programas de redução dos erros da mão de obra.<br>3. Esforços para minimizar custos de produção.<br>4. Eliminação de esforços inúteis (como reuniões inconclusivas). |
| **Natureza das ações** | ▪ Corretivas (visam eliminar falhas do sistema).<br>▪ Ações direcionadas para elementos específicos do processo.<br>▪ Alvo: limitado, bem definido.<br>▪ Resultados: imediatos. |
| **Prioridade** | ▪ Minimizar desvios da produção. |
| **Observações** | ▪ Não se acrescenta nada ao processo.<br>▪ Eliminam-se desperdícios. |
| **ETAPA 2: Eliminação das causas de perdas** | |
| **Atividades características** | 1. Estudo das causas de ocorrência de defeitos ou de situações que favorecem seu aparecimento.<br>2. Controle estatístico de defeitos (exemplo: frequência de detecção relacionada a ambiente ou a condições de ocorrência).<br>3. Desenvolvimento de projetos de experimentos voltados para a relação entre causas e efeitos.<br>4. Estruturação de sistemas de informações para monitorar a produção e avaliar reflexos, no processo, de ações desenvolvidas (como eliminar estoques para compensar perda de peças). |

| | |
|---|---|
| **Natureza das ações** | ■ Preventivas.<br>■ Ênfase: eliminar causas de falhas do sistema.<br>■ Meta: corrigir o mau uso dos recursos da empresa.<br>■ Ações direcionadas para áreas ou etapas do processo de produção, setores da fábrica ou grupos de pessoas.<br>■ Alvo: obter níveis de desempenho do processo produtivo em função de ações que foram desenvolvidas.<br>■ Resultados: médio prazo. |
| **Prioridade** | ■ Evitar situações que possam conduzir a desvios da produção, eliminando elementos que a prejudiquem e gerando condições mais adequadas para seu funcionamento normal |
| **Observações** | ■ Aqui, considera-se perda toda e qualquer ação que não agregue valor ao produto (perda = qualquer ação que não aumente a adequação do produto a seu uso efetivo).<br>■ Esta etapa requer atividades de difícil implantação e de avaliação mais complexa, mas aqui pode-se visualizar se estão ocorrendo melhorias em termos da qualidade. |
| **ETAPA 3: Otimização do processo** | |
| **Atividades características** | 1. Novo conceito da qualidade, eliminando a ideia de que qualidade é a falta de defeitos e adotando a de que ela é a adequação ao uso.<br>2. Aumento da produtividade e da capacidade operacional da empresa.<br>3. Melhor alocação dos recursos humanos da empresa.<br>4. Otimização dos recursos da empresa (como materiais, equipamentos, tempo, energia espaço, métodos de trabalho ou influência ambiental).<br>5. Adequação crescente entre produto e processo, processo e projeto e projeto e mercado.<br>6. Estruturação de sistemas de informações para a qualidade. |
| **Natureza das ações** | ■ Atividades destinadas a gerar resultados benéficos à organização de forma permanente.<br>■ Resultados de longo prazo.<br>■ Ações abrangentes, dirigindo-se para todo o processo (alvo a atingir).<br>■ Atuação tanto nos resultados individuais de áreas, grupos de pessoas ou setores, como na interface entre eles, enfatizando contribuições (individuais ou coletivas) para o resultado global do processo. |
| **Prioridade** | ■ Definir potencialidades da produção, enfatizando o que o processo tem de melhor hoje e o que é capaz de melhorá-lo ainda mais. |
| **Observações** | ■ Esta é a única etapa que agrega, efetivamente, valor ao processo e, consequentemente, ao produto. |

Note-se que a consistência desta última etapa envolve a noção de melhoria contínua, típica da Qualidade Total. Outro aspecto relevante a considerar é o direcionamento do processo aos objetivos globais da organização. Em termos gerenciais, isso significa harmonizar metas operacionais, táticas e estratégicas. E também cabe ressaltar o uso de modelos estatísticos para garantir análises quantitativas em modelos de apoio à decisão (ANDERSON-COOK, 2017; NATARAJ; ISMAIL, 2017; WOODAL, 2017).

## DESENVOLVIMENTO DAS ETAPAS

As etapas listadas desenvolvem-se de forma evolutiva. Cada uma visa, de alguma forma, incrementar a adequação do produto ao uso:

| Eliminados os defeitos, garante-se um produto em condições de ser efetivamente utilizado. |
|---|
| ↓ |
| Eliminadas as causas, garante-se maior confiabilidade ao produto. |
| ↓ |
| Otimizado o processo, garante-se um produto com a máxima eficiência e eficácia. |

A Gestão da Qualidade no processo caracteriza-se por alterações no processo produtivo para atingir objetivos bem definidos.

A prática tem mostrado que, se bem conduzida, a Gestão da Qualidade no processo gera mudanças que têm efeitos didáticos e psicológicos muito positivos. Esses efeitos são mais imediatos e visíveis na primeira fase, quando os resultados são rápidos e mais bem caracterizados. Ao mesmo tempo em que se enfatiza a relação entre causas e efeitos, cria-se a certeza de que a qualidade no processo produz resultados benéficos para todos os envolvidos. Na verdade, o que se tem aqui são resultados de fácil percepção mas de forte impacto, que envolvem áreas sensíveis da empresa. Esses resultados têm efeito motivacional intenso, útil nas fases seguintes, em que o empenho requerido para a promoção de melhorias torna-se mais efetivo.

A Gestão da Qualidade no processo gerou alguns princípios simples de operação. Os mais usualmente citados são os seguintes:

| Gestão da Qualidade no Processo | |
|---|---|
| **Princípios básicos da operação** | ▪ Não há melhoria no processo se não houver aumento da adequação ao uso do produto.<br>▪ Quem avalia melhorias no processo é o consumidor final do produto.<br>▪ Tudo o que se faz no processo pode ser melhorado.<br>▪ Ações que não agregam valor ao produto são desperdícios e por isso devem ser eliminadas.<br>▪ Ações normais não podem gerar nenhuma falha, erro, desperdício ou perda.<br>▪ A complexidade das operações não é sinônimo de maior chance de defeitos.<br>▪ O envolvimento de muitas pessoas ou recursos não significa maior probabilidade de desperdícios.<br>▪ O ritmo intenso das atividades não pode ser visto como razão para maiores índices de perdas.<br>▪ Não há área ou elemento do processo produtivo que não seja relevante para a qualidade. |

## LIÇÕES DA PRÁTICA

Indícios mais usuais da gestão inadequada da qualidade no processo:

- desorganização do processo produtivo, com operações duplicadas, por exemplo;
- custos elevados de produção e níveis de estoque interno altos;
- necessidade frequente de retrabalho e ordens contraditórias no processo;
- níveis altos de defeitos e muitas rejeições;
- frequente uso de equipamentos para ações de reprocessamento;
- projeto de trabalho que consome mais tempo na prática do que aquele previsto;
- perda de insumos por uso indevido (energia elétrica, por exemplo);
- incapacidade de prever corretamente o tempo de execução de operações;
- planejamento da produção com necessidade de frequentes alterações, causadas por falhas de processo;
- ocorrência constante de atrasos na finalização de lotes ou grupos de peças;
- uso de mais recursos do que o necessário para cobrir perdas que são previstas como “normais”;
- trabalho muito concentrado em certas épocas e escasso em outras;
- erros de manuseio que geram perdas de materiais;

- paralisações constantes do processo de produção;
- necessidade de produzir pequenos lotes para atender "furos" de programação;
- desperdícios em termos de pessoal (exemplos: paradas na linha por falta de pessoal, realocação para outros setores a fim de contornar situações geradas por defeitos, falhas ou perdas);
- erros na pré-operação ou no ajuste de equipamentos que geram condições inadequadas de operação;
- ...

A Gestão da Qualidade no processo deve estar inserida na Gestão da Qualidade. Em outras palavras: a meta das mudanças do processo deve sempre contemplar maior adequação do produto ao uso.

Fica caracterizado o objetivo básico da Gestão da Qualidade no processo (atenção ao cliente) e fica definida a estratégia que se pretende para atingi-lo (otimização do processo produtivo).

**QUESTÕES PARA REFLEXÃO**

Com a finalidade de evitar prejuízos em função de suas altas taxas de produtos defeituosos, uma empresa têxtil resolveu comercializar peças de roupa (camisas, por exemplo) com irregularidades (manchas, falta de uniformidade nas cores, erros de comprimento de partes da peça, como mangas etc.). A ideia é conceder descontos pelo fato de os produtos portarem imperfeições. Esta estratégia gera retorno sobre produtos que seriam sucateados, reduzindo os prejuízos. Daí sua adoção.

1. A decisão da empresa foi correta?
2. Ou poderia ser adotada alguma estratégia alternativa para a situação em questão?

## GESTÃO DA QUALIDADE NO PROCESSO

1. Requisitos do consumidor

LuckyBusiness | iStockphoto

2. Requisitos do consumidor → especificações do produto

RainerPlendl | iStockphoto

3. Satisfação do consumidor com o produto

djiledesign | iStockphoto

## CONCEITOS DA GESTÃO DA QUALIDADE

### UMA VISÃO RÁPIDA DO CAPÍTULO

- Qualidade é um conceito dinâmico – ou seja, é uma noção que trabalha com referenciais que mudam ao longo do tempo, às vezes de forma bastante acentuada.
- *Qualidade* é também um termo de domínio público. Por causa de seu uso comum, com frequência ela é entendida de forma incorreta.
- As consequências mais sérias de entender qualidade de forma equivocada envolvem os reflexos gerados em termos de posturas, comportamentos, prioridades, políticas etc.
- A Gestão da Qualidade deve ter uma visão abrangente do mercado, evitando concentrar suas ações que enfatizam um único item do produto (ou do serviço) ou omitem determinado elemento (que pode ser crucial na decisão do cliente na hora de comprar). Deve, também, considerar posturas equivocadas acerca da qualidade (por parte do mercado) e passar a desenvolver estratégias de atuação com base nelas – e não contra elas (o cliente, como se sabe, costuma ter razão...).
- Os conceitos estratégicos mais relevantes para a qualidade são multiplicidade (ter vantagens estratégicas) e evolução (manter vantagens estratégicas).
- Todos têm uma noção intuitiva do que seja qualidade. Não é correto (nem sensato) ignorá-la.
- A cultura da qualidade (transformar a qualidade em um valor) é uma ação prioritária da Gestão da Qualidade.
- O conceito de qualidade mais aceito ainda é o de "adequação ao uso".
- O termo *total* pode ser considerado redundância na expressão *qualidade total*. De fato, ele serve apenas para chamar a atenção para a nova forma de definir (e gerenciar) qualidade.
- O elemento básico da Gestão da Qualidade Total é o planejamento. Esse modelo gerencial tem características organizacionais próprias.
- A Gestão da Qualidade no processo centra sua atenção no processo produtivo, partindo do pressuposto segundo o qual a qualidade deve ser gerada exatamente nas operações do processo produtivo. A meta é enfatizar as causas dos defeitos e não apenas os efeitos de ações do processo no produto.
- A Gestão da Qualidade no processo é definida como o direcionamento de todas as ações do processo produtivo para o pleno atendimento do cliente.
- Um roteiro prático para viabilizar a Gestão da Qualidade no processo envolve a implantação de atividades agrupadas em três etapas: a eliminação de perdas; a eliminação das causas das perdas; e a otimização do processo.
- As etapas desenvolvem-se de forma evolutiva: eliminados os defeitos, garante-se um produto em condições de ser efetivamente utilizado; eliminadas as causas, garante-se maior confiabilidade ao produto; otimizado o processo, garante-se um produto com a máxima eficiência.
- As etapas desenvolvem-se de forma evolutiva: eliminados os defeitos, garante-se um produto em condições de ser efetivamente utilizado; eliminadas as causas, garante-se maior confiabilidade ao produto; otimizado o processo, garante-se um produto com a máxima eficiência.

## UMA ANÁLISE AMPLIADA DOS CONCEITOS DE GESTÃO DA QUALIDADE

### A PERSPECTIVA HISTÓRICA DA GESTÃO DA QUALIDADE

É interessante notar como os elementos que fundamentam as teorias básicas da Administração têm elementos coincidentes com os processos de Gestão da Qualidade. A descrição de algumas escolas notáveis da Administração, como é o caso da Administração Científica, mostra claramente essa identificação.

*A breve descrição a seguir de modelos clássicos da Teoria da Administração enfatiza exatamente os elementos que, de alguma forma, são relevantes para a caracterização da Gestão da Qualidade como a entendemos hoje.*

### A Gestão da Qualidade e a Administração Científica

De certa forma, a abordagem clássica da Administração surgiu como uma tentativa de organizar as empresas que, com base exatamente na Revolução Industrial, vinham crescendo desordenadamente. A ideia original era conferir uma abordagem científica à Administração, até então empírica e improvisada. Havia também, nesse período, preocupação com eficiência e produtividade, considerando-se, sobretudo, a racionalização dos recursos da empresa. Supunha-se que esses seriam objetivos que se poderiam alcançar como decorrência da melhor organização.

Compõem a abordagem clássica da Administração duas grandes correntes: a Administração Científica (Taylor) e o Enfoque Anatômico (Fayol). Além dessas correntes, há outros trabalhos relacionados à abordagem, que apresentam contribuições relevantes para a formulação do modelo global de gestão estruturado neste primeiro enfoque.

### A. ADMINISTRAÇÃO CIENTÍFICA

#### Conceitos básicos

O movimento de Administração Científica utiliza-se de algumas noções básicas que dão sustentação aos mecanismos de gestão. Podem-se, mesmo, identificar três conjuntos de referenciais que a Administração Científica formulou e utilizou para fundamentar suas propostas.

| | |
|---|---|
| **Conjunto 1** | ▪ Aqui parte-se da ideia de que o homem é um ser essencialmente racional.<br>▪ Quando se defronta com uma decisão a tomar, o homem tende a conhecer todas as possibilidades de ação disponíveis e as consequências que cada uma delas gera.<br>▪ Dessa forma, o decisor pode selecionar a melhor alternativa, conseguindo os melhores resultados de sua decisão. |

A Administração Científica considera cada decisão como motivada por elementos *econômicos*. Todos os benefícios, assim, direta ou indiretamente, sempre acabam redundando em lucros. Nesse sentido, os valores do homem sempre têm base econômica.

Como se percebe, a Administração Científica traça um modelo muito elementar do homem e, por extensão, da natureza humana. Com tal simplificação, essa escola procedeu à rápida edificação de uma Teoria da Administração. De fato, se os objetivos do ser humano estão já definidos e, ao mesmo tempo, convergem sempre para uma mesma direção, qualquer ação que vá ao encontro delas tem seu sucesso garantido.

| | |
|---|---|
| **Conjunto 2** | ▪ Trata-se do processo de desenvolvimento do trabalho.<br>▪ A ideia aqui também é simples: em qualquer situação, existe uma única maneira certa de executar qualquer operação. Se essa maneira for descoberta e implantada, estará garantida a máxima eficiência do trabalho.<br>▪ Taylor admitia a execução de várias experiências como forma de definir o modo mais racional de desenvolver determinada atividade.<br>▪ Relata-se, por exemplo, um experimento que envolve vários movimentos, sendo a duração de cada um medida com precisão, até que se encontre a maneira mais rápida de executar a tarefa (MOTTA; VASCONCELOS, 2006). |

Esse raciocínio, igualmente simplificado, reduz o processo de gestão a um conjunto de decisões referentes à otimização do processo produtivo, quase fazendo com que a função única do administrador seja selecionar a maneira certa de executar cada atividade (segundo Taylor, essa maneira é única). A ideia de que existe um padrão para cada operação e, portanto, uma única maneira correta de executá-la pressupõe a identificação de alguém que a execute.

Nasce a ideia de que existem *pessoas ideais* para cada tipo de atividade. Seria, no caso, o operador-padrão, que deve ser considerado como base para o estudo do desempenho de todos os demais operadores.

Uma vez fixados os padrões de produção, o passo seguinte visa *garantir seu alcance*. A Escola Clássica sugeria, para tanto, a seleção, o treinamento, o controle por supervisão e o estabelecimento de um sistema de incentivos (MOTTA; VASCONCELOS, 2006). Pela seleção, determinavam-se aqueles que eram hábeis o suficiente para desempenhar certas funções; a eles seria conferido treinamento para que se realizassem operações simples, uma vez que havia padronização do trabalho. O controle não incluía procedimentos que conferissem resultados, mas, sim, procurava-se supervisionar o processo em sua totalidade.

| | |
|---|---|
| **Conjunto 3** | ▪ Aqui, enfatiza-se o próprio *papel da administração*.<br>▪ Segundo essa abordagem, o principal objetivo da administração seria assegurar o máximo de prosperidade ao dono da empresa e, ao mesmo tempo, o máximo de vantagens materiais ao operário.<br>▪ Criava-se, portanto, perfeita identidade de interesses entre empregados e patrões. |

É interessante notar, nos princípios de Taylor, como funcionam as relações entre a empresa e seus empregados (CHIAVENATO, 2014). Elas estão centradas em três princípios:

| | |
|---|---|
| **Princípio 1** | ▪ Atribuir a cada trabalhador a tarefa mais elevada possível, conforme suas aptidões pessoais (seleção científica do trabalhador). |
| **Princípio 2** | ▪ Exigir de cada trabalhador uma produção sempre igual ou superior ao padrão estabelecido (tempo-padrão). |
| **Princípio 3** | ▪ Conferir remuneração em relação a cada unidade produzida.<br>▪ A remuneração será maior para aqueles que alcancem – e superem – o padrão estabelecido. |

A Administração Científica iniciou a análise do trabalho e, em particular, o estudo dos tempos e movimentos. Nesse contexto, procurou-se detalhar o trabalho para otimizá-lo a partir de cada movimento elementar. Sempre com a meta de obter o maior rendimento, com o mesmo custo e esforço. A proposta de Taylor era interessante na medida em que buscava uma identidade entre interesses de operários e patrões. Para os primeiros, prometiam-se vantagens financeiras sob a forma de salários e benefícios; para os segundos, vantagens sob a forma de redução de custos e aumento da produtividade.

**FREDERICK WINSLOW TAYLOR** (1856-1915)

Engenheiro mecânico norte-americano.

Escreveu o livro *Princípios da administração científica*, publicado em 1911. Considerado "o pai" da Administração Científica, por propor a utilização de métodos científicos nos modelos de administração de empresas. Seu foco era a eficiência e eficácia operacional na administração industrial.

Chiavenato (2014) enumera várias vantagens do controle dos tempos e movimentos. Esse controle, assim, elimina movimentos inúteis, substituindo-os por outros, mais eficazes; torna mais eficaz e racional a seleção e o treinamento do pessoal; possui uma base segura para melhorar a eficiência do trabalho e, consequentemente, o rendimento da produção; distribui uniformemente o trabalho, para que não haja períodos de falta ou de excesso de atividade; apresenta uma base uniforme para a fixação de salários equitativos e para a concessão de prêmios por aumento de produção; e permite o cálculo mais preciso do custo unitário e do custo global dos produtos.

Taylor buscava substituir a ação *improvisada* pela ação *científica*. Isso era visível na seleção e formação de operários, na tentativa de gerar um modo técnico de desenvolver o trabalho, nos mecanismos básicos de divisão do trabalho e das responsabilidades.

Nesse contexto, a Administração Científica formulou princípios muito claros, como mostrados a seguir.

| PRINCÍPIOS GERENCIAIS | PRINCÍPIOS OPERACIONAIS |
|---|---|
| ▪ *Ação sobre o* ***processo***: as atividades devem ser controladas sempre em regime de confronto com padrões. Espera-se da gerência cooperação para o sucesso do esforço de atingir e superar tais padrões.<br>▪ *Ação sobre os* ***recursos***: associar a cada recurso a ação que lhe compete, garantindo perfeita disciplina e capacidade de controle sobre tais recursos. Ressalte-se a necessidade de selecionar, cientificamente, o recurso mais bem adaptado a cada tarefa e garantir sua melhor execução. No caso dos recursos humanos, oferecer a cada operador instruções técnicas sobre sua atividade (treiná-lo adequadamente).<br>▪ *Ação com* ***base técnica***: evitar procedimentos baseados em critérios que sejam específicos a certos recursos, ou confiados improvisadamente a eles, buscando ações técnicas, apoiadas em procedimentos científicos. | ▪ Analisar cada atividade antes de fixar seu padrão de operação.<br>▪ Eliminar ou reduzir movimentos inúteis e aperfeiçoar e racionalizar os movimentos úteis.<br>▪ Dividir as atividades em duas fases: preparo e desenvolvimento. A cada fase, conferir características precisas e delimitadas.<br>▪ Estabelecer prêmios e incentivos a serem conseguidos quando se atingirem determinados alvos, e prêmios e incentivos maiores, para quando os padrões forem ultrapassados.<br>▪ Dividir com todos os bons resultados (empresa, trabalhadores e consumidores).<br>▪ Facilitar o uso dos recursos mediante, por exemplo, a classificação de equipamentos, processos, informações ou materiais a serem utilizados ou produzidos, facilitando seu emprego. |

Taylor tinha uma visão muito simplificada e imediatista do processo produtivo mas, ao mesmo tempo, prática e objetiva. Isso fica evidente quando ele enuncia seus elementos de aplicação da Administração Científica que envolvem aspectos como a utilização da régua de cálculo e de instrumentos semelhantes para economizar tempo; o emprego de fichas com instruções de serviço; esquemas práticos para a classificação tanto dos produtos acabados quanto do material envolvido na fabricação etc. Na maioria dos casos, entretanto, nota-se a preocupação permanente de Taylor com o componente econômico dos sistemas produtivos.

Essa ênfase está presente em elementos como prêmios e benefícios financeiros associados à correta execução das atividades; gratificação diferenciada por atividade e por nível de responsabilidade; sistema de delineamento da rotina de trabalho voltado para a minimização de custos; e até mesmo mecanismos de cálculo de custo. Essa visão está presente em estudos de tempos e movimentos (prioridade permanente à minimização de custos; procedimentos de supervisão funcional voltados para a eficiência máxima do processo; padronização de ferramentas e dispositivos de fabricação).

***Um detalhe interessante e atual:*** os princípios que Taylor adotou para conciliar os interesses entre empregadores e empregados originaram muitos problemas. Há quem afirme que esses princípios foram a causa, inclusive, de distorções na aplicação dos dispositivos gerenciais de Taylor. A suposição básica de que o operário atua *apenas* incentivado por benefícios materiais, porém, continua como o maior equívoco da teoria.

## Reflexos na Gestão da Qualidade: confrontos × identidades

### *Confrontos*

- O modelo básico de Gestão da Qualidade hoje em uso tende a rejeitar a visão simplificada do homem que a Administração Científica propõe. A ideia do incentivo básico (por exemplo, financeiro) está, entretanto, consolidada como mecanismo de motivação. Há duas características fundamentais associadas a esse mecanismo, porém, que devem ser consideradas: (1) os reflexos desse tipo de incentivo são imediatos, visíveis e envolvem pronta resposta, a curto prazo; note-se, porém, que (2) se trata de resultados pouco consistentes, que trazem contribuição restrita e limitada para a organização.
- A noção de homem econômico pode ser prejudicial em muitos casos à Gestão da Qualidade. Considere-se, por exemplo, que a ideia do homem econômico foi mais bem utilizada pelos economistas do que pelos administradores – a Lei de Oferta e Procura, por exemplo, baseia-se na figura do homem econômico (MOTTA; VASCONCELOS, 2006). Justifica-se essa situação pela natureza dos problemas que interessam ao economista. De fato, trabalhando apenas com a componente econômica, os economistas investem em valores de ordem econômica e os consideram mais relevantes que os demais valores. Todavia, os administradores têm visão mais ampla e uma escala de valores muito mais abrangente. Além disso, tratam problemas que, com frequência, envolvem caráter que não é de natureza econômica (pelo menos, expresso de forma direta). Se os responsáveis pela Gestão da Qualidade, portanto, tratarem seus subordinados tendo em vista apenas essa componente, terão uma visão distorcida da realidade em que estão inseridos e poderão tomar decisões francamente danosas para a organização.

- Dificilmente a ideia de Taylor de que o homem é "pré-programável" seria acatada pela moderna Gestão da Qualidade. A noção de que o homem tem valores prefixados e, por isso, pode-se conhecer antecipadamente como ele reagirá em determinados casos não é aceita. Isso facilitaria as relações com os operários de uma fábrica, mas conduziria à acomodação dos gerentes (falta de empenho para buscar novas soluções). Tornaria, também, o processo gerencial um simples conjunto de movimentos do tipo "ação e reação", sendo tanto as ações conhecidas como as reações previsíveis. Seria simplista demais...
- Taylor dividia o trabalho a ser feito em duas partes: planejamento a cargo da gerência e execução a cargo dos operários e de seus superiores. As bases da gestão participativa demoliram essa divisão.
- A Administração Científica encara os recursos humanos como elementos individuais e prioriza o esforço feito por cada um deles. Há dois confrontos com a Gestão da Qualidade aqui: o primeiro de natureza geral – o homem é um ser social por excelência. A Gestão da Qualidade mais do que aceita – tira partido desse fato. O segundo é a prioridade às ações coletivas que se confere hoje no esforço pela qualidade. Admite-se, mesmo, que o principal elemento de avaliação do recurso humano na organização é sua contribuição para todo o processo, mais do que sua ação isolada e individual, que, com essas características, torna-se quase sempre limitada e restrita.

**EXEMPLO**

- Um exemplo em que se notam diferenças consideráveis entre a Administração Científica e a Gestão da Qualidade pode ser obtido analisando-se a Lei da Fadiga, de Taylor (TAYLOR, 1903). Segundo essa lei, há uma relação inversa entre a carga levantada e o tempo em que é suportada. Há, aqui, três equívocos básicos: (1) as pessoas são todas iguais; (2) a fadiga só depende de condicionamento físico; (3) as pessoas atuam da mesma forma em uma dada situação. Esses equívocos derivam da forma tradicionalmente simplista com que Taylor tratava os recursos da organização em sua totalidade – aí incluídos os recursos humanos. Desconsiderando-se esses aspectos, pode-se pensar que existe um tempo ótimo para executar qualquer atividade. Uma vez determinado cada um desses tempos, estará definida a forma correta de execução de determinado trabalho. A partir daí, ter-se-á um conjunto de movimentos e tempos padrões. Ao operário caberia, apenas, realizar a atividade na forma prescrita e sem discussão. Taylor considerava que, dessa forma, a Administração Científica substituía o antigo sistema de administração por iniciativa e incentivo. Para ele, esse sistema envolvia perda de produtividade, com prejuízo para a empresa, para a sociedade inteira e para o próprio operário (MOTTA; VASCONCELOS, 2006). A Gestão da Qualidade rejeita essa noção de igualdade e uniformidade.

### *Identidades*

- Alguns autores defendem a ideia de que a Administração Científica e os mecanismos de melhoria da qualidade partilham dos mesmos objetivos. De fato, note que a Administração Científica desenvolveu-se com base na necessidade de incrementar a produtividade em função, entre outros fatores, da carência de mão de obra no início do século XX. Taylor, de certa forma, falava em *excelência* em cada ramo da indústria. E atribuía, nesse esforço em busca da excelência, papel fundamental à gerência. Por isso, a Administração Científica (daí o nome, inclusive) considera a Administração, antes de tudo, uma ciência, mais do que um conjunto de atividades empíricas. O estudo de tempos e movimentos foi uma tentativa de sistematizar a atividade gerencial. Nesse contexto, Taylor priorizou a produtividade e, para tanto, sugeriu uma "estabilização" global do processo produtivo. É possível que seu erro capital tenha sido imaginar que os recursos humanos eram recursos como outros quaisquer nesse esforço de estabilização. No entanto, não há dúvida de que o empenho pela estabilização do processo é um dos pilares da qualidade.
- A Gestão da Qualidade sempre priorizou a ação do gerente. Taylor também ampliou a importância do administrador. De fato, com a Administração Científica, a figura do gerente passou a ser fundamental, na medida em que a ele cabia planejar, de modo bem definido, como cada operador participava da execução de cada operação na fábrica. De certa forma, há identidade com a Gestão da Qualidade em termos de importância conferida à figura do gerente.
- A ideia de otimização do trabalho conduz à noção de padrão – tanto para operações quanto para o desempenho dos operadores. A noção de padrão conduz aos mecanismos de avaliação para defini-los e determinar se foram alcançados. Essa atividade só pode ser adequadamente executada se houver uma base objetiva para ambos os casos – estruturação e análise. Está caracterizada a raiz da prioridade que se confere aos mecanismos objetivos de fixação e acompanhamento de padrões. É evidente que, no caso dos operadores considerados padrões, essa avaliação é mais complexa do que no caso das operações assim consideradas.
- Por outro lado, a preocupação com a otimização do processo está presente hoje na Gestão da Qualidade. Essa preocupação tem suas raízes nas bases da Administração Científica. Mas cabe notar que, em todos os métodos de gestão, a otimização do processo é uma etapa de um processo mais amplo; às vezes, um meio para atingir determinado fim. O que mostra que a Administração Científica ofereceu contribuições a um modelo administrativo

que, na verdade, é muito mais amplo do que o concebido originariamente. Essa análise mostra uma conclusão importante: a Administração Científica forneceu as bases para a Gestão da Qualidade em aspectos como motivação e racionalização dos processos produtivos. Todavia, em ambos os casos, essas bases mostraram-se insuficientes. Os mecanismos de motivação evoluíram para formas muito mais abrangentes do que a simples retribuição financeira, e a racionalização do processo redirecionou-se inteiramente para focar sua atenção em ambientes e elementos tão amplos como o pleno atendimento a clientes e consumidores.

- A ideia de melhoria contínua, típica da qualidade, está presente nas bases da Administração Científica. Note que, ainda que Taylor baseasse toda sua filosofia de trabalho em padrões, e afirmasse mesmo que havia elementos que determinavam a maneira ótima de desenvolver o trabalho, ele especificava que a determinação desses elementos poderia ser um processo sem fim. Gilbreth escreveu que a implantação da Administração Científica é um "processo permanente, sem fim". O texto em que esta afirmação se encontra é de 1912.. Uma edição mais recente data de 2010 (GILBRETH, 2010).
- A Administração Científica fundamentou-se em um esquema de identidade de objetivos, baseada na certeza de que há um único interesse comum ao empresário e ao empregado. O sucesso do empregador não se consolida se não for acompanhado da prosperidade do empregado. A relação inversa é também real. A Gestão da Qualidade investe pesado na busca de objetivos idênticos entre pessoas, setores e alta administração. No caso da Administração Científica, essa identidade de objetivos determina alto grau de eficiência e de produtividade; na Gestão da Qualidade, evita conflitos, prejudiciais à organização.

## Componente prática: reflexos nas estratégias e ferramentas da Gestão da Qualidade

- São muitas as restrições à teoria da Administração Científica. Elas começam, talvez, na falta de sustentação científica, algo que seria essencial, já que Taylor pretendia transformá-la em ciência, embora nunca tenha apresentado comprovação científica de suas afirmações, elementos e princípios. Outro ponto a considerar é a visão incompleta da organização, restrita a sua estrutura formal, sem se considerar a organização informal, base da cultura da empresa, elemento fundamental para a qualidade. A simplificação da análise da organização é outro elemento fundamental a considerar. A Administração Científica parece centrada na visão de fábrica, na empresa, e não considera a cultura do ambiente de onde provêm os operários. Por outro lado, traçou um perfil da "qualidade *in-line*", um conceito só definido 50 anos mais tarde.
- Se existe um conjunto de ferramentas da qualidade diretamente afetado pela Administração Científica, esse conjunto é, sem dúvida, formado pelos gráficos de controle. Esse impacto possui compreensíveis razões históricas: Walter Shewhart desenvolveu seus primeiros gráficos na década de 1920, na Western Electric Company, pouco depois da época em que Taylor havia lançado os fundamentos da Administração Científica. Shewhart usou recursos estatísticos para desenvolver seus gráficos de controle e teve seu trabalho reconhecido exatamente por um dos grandes expoentes da Administração Científica, Frank Gilbreth. Em 1923, Gilbreth afirmou que "o estudo da estatística em gráficos de controle se constitui em cuidadosa investigação do passado de processos produtivos, cujo presente permite prever o futuro" (GILBRETH, 2010). Gilbreth utilizou-se dos gráficos de Shewhart para desenvolver estudos referentes à determinação do nível da qualidade de processos industriais. Além dessa identidade histórica, há identidades conceituais entre a Administração Científica e o Controle de Processos. Como se sabe, Shewhart fundamentou todo o seu trabalho no controle das causas das variações dos processos, buscando eliminá-las sempre que essas causas determinassem variações julgadas inaceitáveis (HAYS, 1994). Essa estabilidade do processo foi uma das bases da Administração Científica.

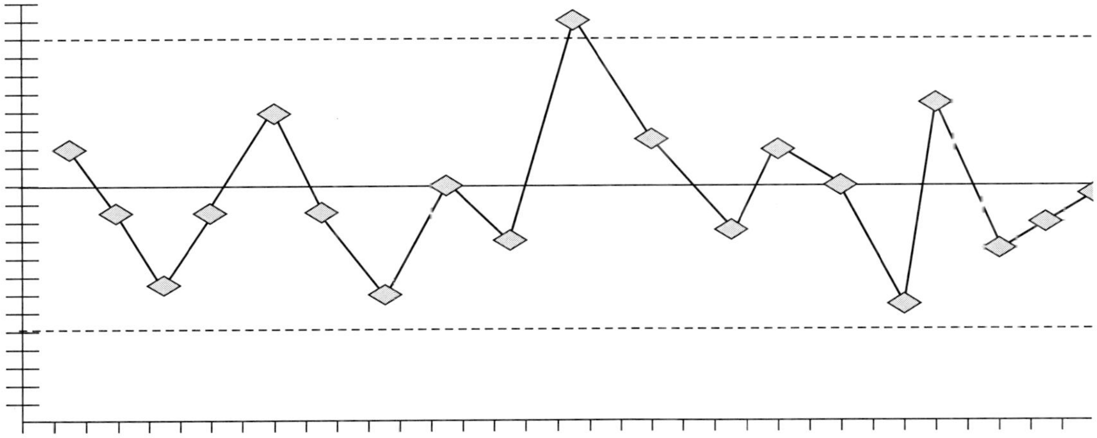

*Exemplo de gráfico de controle (Shewhart).*

- O controle das variações é uma preocupação de várias outras áreas da Gestão da Qualidade. McCooler, por exemplo, afirma que as ferramentas básicas da qualidade envolvem, fundamentalmente, a eliminação de todas as causas de variações inaceitáveis nos processos produtivos (HAYS, 1994). A determinação dessas causas está presente em ferramentas como os diagramas de Ishikawa, as árvores de decisão ou o estudo de histogramas de defeitos (PALADINI, 1995). De certa forma, todas essas ferramentas buscam desmembrar causas gerais em causas mais específicas. Nessas causas menores, mais simples, podem-se impor comportamentos que geram maior uniformidade do processo. Igual procedimento era adotado pela Administração Científica. De fato, as ideias básicas da Administração Científica (e de toda a Escola Clássica) em relação à estrutura da organização envolvem os seguintes aspectos (CHIAVENATO, 2014): (1) quanto mais dividido for o trabalho em uma organização, mais eficiente será a empresa; (2) quanto mais o agrupamento de tarefas em setores, áreas ou departamentos for feito, segundo critérios de similaridade de objetivos, mais eficiente será a empresa; (3) um pequeno número de subordinados para cada chefe e um alto grau de centralização das decisões, de forma que o controle possa ser cerrado e completo, tenderá a tornar as organizações mais eficientes. Nota-se, aqui, a tendência de trabalhar com etapas extremamente simples de trabalho, com ações uniformizadas e centralizadas. Ainda que o terceiro item seja discutível pelo aspecto concentrador, é bastante visível que a estratégia da Administração Científica era a de pulverizar as operações em passos extremamente simples que, ao se desenvolverem de forma repetitiva, não pudessem gerar desvios. A Administração Científica aparece, portanto, na raiz de muitas ferramentas modernas da Gestão da Qualidade.
- Os mecanismos da chamada abordagem clássica da motivação vêm, em grande parte, da Administração Científica. Como se sabe, essa abordagem está fundamentada em ações aplicadas diretamente aos responsáveis pelos serviços (PALADINI, 2014). Inicialmente, confia-se à gerência a função de promover contatos diretos com seus subordinados e mostrar a eles o prejuízo da má qualidade. Nesse contato deve ser destacado o custo de matérias-primas e operações realizadas, entre outros custos nos quais se incorre quando há rejeições de produtos. Ao gerente exige-se que mostre, aos funcionários, os reflexos da má qualidade para a empresa (reclamações, devoluções, perda pura e simples de clientes e a queda nas vendas) e para o empregado (perda de promoção, descontos de salários e, até, demissão). Espera-se que os gerentes responsabilizem os empregados por erros e faltas e informem a eles que serão utilizadas ações corretivas para eventuais erros. A abordagem clássica coloca em evidência bons e maus empregados. No primeiro caso, por processos de premiação e ampla divulgação dos prêmios recebidos; no segundo, por um processo de acompanhamento intenso e constante. Nota-se, assim, que a abordagem clássica faz valerem a obediência e a disciplina, privilegiando a hierarquia formal da empresa. Há muitas identidades conceituais entre essa estratégia de motivação e os mecanismos de implantação da Administração Científica. Procedimentos típicos de implantação dessa abordagem (ênfase à disciplina, destaque à relação entre a causa e o efeito, apoio à estrutura formal, contato mais direto, boa divulgação de informações, incentivo à especialização e controle mais eficiente) são elementos que provêm da Escola Clássica da Administração, como também dela decorrem muitos de seus pontos negativos (motivação pela coação, indução pelo medo, limitação da criatividade, preferência pela hierarquia, não havendo chances iguais para todos; tendência à fraude e encobrimento de erros e insatisfação gerada pela perspectiva de punição). Um aspecto importante a se considerar é o seguinte: já havia dúvidas, na Administração Científica, sobre a validade desses mecanismos: "No século XIX, a própria ideia de demissão poderia ser suficiente para motivar, embora de forma negativa, a produtividade do empregado, mas já no início do século XX tornava-se necessário um sistema de incentivos positivos" (MOTTA; VASCONCELOS, 2006).
- Há uma identidade considerável entre os objetivos básicos do controle da qualidade e a Administração Científica. Como se sabe, o controle da qualidade investe, em grande escala, na prevenção de defeitos. Essa preocupação com mecanismos preventivos estava presente nas bases da Administração Científica. Gilbreth, por exemplo, afirmava que "erros devem ser prevenidos muito antes de serem corrigidos apenas" (GILBRETH, 2010). Essa preocupação com erros e falhas está presente em todas as estratégias do controle da qualidade e integrava as bases da Administração Científica. O que se busca enfatizar, na Gestão da Qualidade, é a diferença entre a inspeção propriamente dita e o controle da qualidade. Essa mesma preocupação é notada pela ideia de que, mais importante do que tratar homens doentes, cumpre zelar por sua saúde (GILBRETH, 2010).
- A Gestão da Qualidade convencional investia na especialização dos operadores. Visando sempre à maior eficiência, a Administração Científica adotava igual postura, indo além: sugeria a divisão das operações em partes mínimas. Juntando os dois procedimentos, Taylor enfatizava a ideia de que tarefas mais simples têm condições de ser mais bem ensinadas. A competência do operador é incrementada muitas vezes. Taylor destacava aí uma vantagem: a normalização. Com atividades mais elementares, pode-se obter alto grau de padronização no desempenho de operação. Hoje, a Gestão da Qualidade não mais encara esses elementos como relevantes. O operador multifuncional tende a ser mais útil no contexto dos sistemas integrados de produção; a divisão das tarefas considera sua relação de importância no contexto do sistema e a normalização deve ser analisada num conceito globalizado e não individualizado, de mínimas tarefas. Conclui-se que a Administração Científica teve impacto no modelo convencional de Gestão da Qualidade. Hoje, esse impacto é pequeno e serve para mostrar a evolução dos processos de gerência da qualidade. Um dado importante: "A proposição de Taylor de que a eficiência administrativa aumenta com a especialização do trabalho não encontrou amparo nos resultados de pesquisas posteriores: qualquer aumento na especialização não redunda necessariamente em aumento de eficiência" (CHIAVENATO, 2014).

## B. OS PRINCÍPIOS DE FORD E AS BASES DA PRODUÇÃO EM SÉRIE DA ABORDAGEM CLÁSSICA DA ADMINISTRAÇÃO

### Conceitos básicos

Henry Ford foi um dos importantes fundadores da abordagem clássica da Administração. Sua atividade profissional iniciou-se como mecânico, atingindo depois o posto de engenheiro-chefe em uma fábrica. Em 1899, Ford fundou a primeira fábrica de automóveis, logo em seguida fechada. Entretanto, seu esforço continuou e, logo após, criou a Ford Motor Company, que, em 1913, já fabricava quase 900 carros por dia. No final da década de 1920, suas 90 empresas empregavam 140.000 pessoas e fabricavam dois milhões de carros por ano (CHIAVENATO, 2014).

**HENRY FORD** (1863-1947)

Empreendedor norte-americano.

Fundou a Ford Motor Company.

Autor de clássicos na área de Administração, como *Minha filosofia de indústria* e *Minha vida e minha obra*.

Foi o primeiro empresário a aplicar a noção de linha de montagem em série como meio de produzir automóveis em grande escala, em menos tempo e a custos menores.

A introdução do "Ford T" revolucionou os transportes e a indústria dos Estados Unidos.

Ford foi também um inventor muito fecundo, tendo registrado mais de 160 patentes nos Estados Unidos.

Ford criou mecanismos interessantes de administração. Em 1915, por exemplo, ele fundou o instituto do salário mínimo; no ano anterior, havia criado a jornada diária de trabalho (8 horas); desenvolveu um sistema de produção altamente concentrado vertical e horizontalmente, da matéria-prima ao produto acabado, e criou um processo complementar da atividade industrial, com métodos de vendas diretas ao cliente e assistência técnica ao consumidor. Esse conjunto de mecanismos, somado a alguns princípios operacionais, forma uma estrutura bem definida, que se poderia chamar de "projeto administrativo de Ford".

Um dos conceitos que sustentam esse projeto é, sem dúvida, o de produção em série ou "em massa". Para Ford, a produção em massa baseia-se fundamentalmente na simplicidade.

Alguns elementos básicos do Fordismo:

- O processo produtivo é composto por operações planejadas, ordenadas e contínuas.
- Não se deve conferir ao empregado a missão de fixar suas atividades nem de viabilizar recursos e decisões para executá-las. O trabalho deve ser confiado a ele quando estiver inteiramente definido.
- As operações, para serem corretamente executadas, devem ser decompostas em ações elementares.
- Os mecanismos de desenvolvimento do processo produtivo são eficientes exclusivamente se puderem ser operados de forma ritmada, coordenada e com a preocupação constante de reduzir custos. Nesse contexto, pode-se pensar em aumentar a velocidade de processamento.

**SAIBA MAIS**

A produção em massa, segundo Ford, tende a produzir efeitos positivos. Ford identificou os seguintes como os mais relevantes:

- *Prioridade ao controle de operações:* muito mais do que um controle em termos de recursos financeiros, o projeto administrativo de Ford prioriza o controle das atividades de fabricação. Ford entendia que era natural o envolvimento da administração nesse esforço – com essa nova ênfase.
- *Prioridade à operação racional do homem:* a atividade humana pode ser menos eficiente em determinadas ações do que a utilização de equipamentos. Por isso, em muitos casos, é preciso substituir o homem pela máquina, conferindo, a ele atividades que requerem mais raciocínio (isto em tese – Ford nunca permitiu que seus operários pensassem).
- *Prioridade ao produto acabado:* Ford visualizava a relação entre processos e produtos. Ele garantia que a repetibilidade do processo gerava alto padrão de qualidade.
- *Prioridade aos procedimentos "científicos" de trabalho:* Ford enfatizava o uso das ciências mecânicas como suporte ao desenvolvimento de crescente variedade de máquinas de produção simples, que seriam utilizadas não apenas para agregar um grande número de operações similares, mas também substituir operários, realizando atividades que requerem habilidade com alto grau de perfeição.

O projeto administrativo de Ford fica mais explícito quando se consideram seus três princípios básicos (CHIAVENATO, 2014):

1. *Intensificação*: consiste em diminuir o tempo de produção via utilização de equipamentos e matéria-prima, bem como a rápida colocação do produto no mercado.
2. *Economicidade*: consiste em reduzir ao mínimo o volume de estoque da matéria-prima em transformação. Por meio desse princípio, Ford gerou um sistema de fluxo de recursos financeiros intenso: antes de vencer o prazo de pagamento de materiais adquiridos ou antes de atingir a época de pagar salários, sua empresa já tinha recebido pelo produto acabado entregue.
3. *Produtividade*: consiste em aumentar a capacidade de produção do homem no mesmo período, pela racionalização de suas atividades.

Neste último princípio, nota-se perfeita identidade entre Taylor e Ford. De fato, trata-se da mesma ideia: o operário ganha mais, no mesmo período de tempo, e fica feliz. Já o empresário tem maior produção – e também fica feliz.

Claro que a produção em massa, hoje, conta com recursos bem mais avançados do que na época de Ford. Mas a ideia é a mesma.

Tramino | iStockphoto

## Reflexos na Gestão da Qualidade

### *Confrontos*

- Uma análise comparativa entre o modelo japonês da qualidade e os princípios de Ford evidencia diferenças e similaridades que parecem sugerir que o modelo japonês teve suas raízes calcadas nesses princípios. Os próprios confrontos mostram que se procurou evitar erros que Ford cometeu. Um confronto bem evidente, nesse sentido, pode ser identificado na questão da criatividade. Ford utilizava-se de princípios de disciplina e trabalho para evitar que as pessoas pensassem. Os japoneses, ao contrário, induzem seus operários a pensar e a criar. Por isso, incentivam a criatividade. Associada com trabalho e disciplina, criaram o conceito de criatividade direcionada, bem conduzida e com resultados predefinidos. Ford não admitia essa liberdade de criação.
- Ford parece ter aversão pela abordagem participativa da Administração. Ele parte do pressuposto de que nenhum funcionário é competente o suficiente para definir o que pode ou deve (e o que não pode ou não deve) executar. A Gestão da Qualidade rejeita tal posicionamento.
- Como outras doutrinas da Escola Clássica da Administração, Ford peca pela simplicidade com que analisa o processo administrativo. A Gestão da Qualidade comporta elementos que a visão simplificada de Ford não contempla. A componente economicista do processo (reduzir custos pura e simplesmente nem sempre significa agregar valor a processos, produtos ou serviços), a visão disciplinadora da ação do homem e a ideia de que o ritmo de produção é sinônimo de produtividade são alguns equívocos, que exemplificam essa maneira limitada de entender o processo de gestão.

### *Identidades*

- Ford fixou o princípio da simplicidade que é, também, a base do sistema de gestão japonês. De fato, todo o processo de gestão praticado no Japão parece estar alicerçado numa única ideia: as coisas são simples, sempre simples – às vezes, escandalosamente simples. Assim, as soluções para os grandes problemas são simples. Complicar pode elevar custos e dificultar o alcance da solução do problema. Daí a eficácia de técnicas simples de resolução de problemas, como a aprendizagem prática, via ações (KOVACH; HUTCHINS, 2011), ou mesmo de estratégias mais elaboradas (PULAKANAM, 2011).
- Os japoneses afirmam que, com trabalho, disciplina e criatividade, a solução para qualquer problema pode ser encontrada. Ford também enfatizava o trabalho e a disciplina.
- Ford privilegiava o processo planejado. Em particular, salientava a continuidade do processo (ausência de interrupções) como meta desse planejamento. A Gestão da Qualidade tem idênticas preocupações, embora confira prioridade relativamente menor: considera-se a operação ótima global do processo mais importante do que eventuais falhas localizadas. Paradas no processo, sob certas circunstâncias, podem ser mais adequadas ao gerenciamento de todo o processo do que desenvolver operações que, mais tarde, podem trazer danos a esse mesmo processo (exemplo: aceitação de matérias-primas pouco adequadas para não parar a fábrica, embora, mais tarde, possam ser prejudiciais ao produto acabado).
- Ford criou as bases para a automação, mostrando sua utilidade em situações bem específicas: existem critérios claros que mostram que a máquina pode substituir o homem com vantagem.
- Ford fixou alguns critérios que podem ser úteis até hoje, como a avaliação das situações e dos contextos em que os processos podem ser automatizados.

### Reflexos nas estratégias e ferramentas da Gestão da Qualidade

- Os princípios de Ford estão na raiz de alguns mecanismos de melhoria da qualidade, como no caso do *pokayoke*. Como se sabe, esse dispositivo visa prevenir a ocorrência de erros na operação. A ideia é decompor a operação em seus movimentos mais elementares e muni-los de dispositivos que forcem sua execução da maneira mais correta.
- Alguns princípios de Ford são utilizados em modelos que analisam vantagens, viabilidade, conveniência e oportunidade de automatizar operações do processo produtivo. No ambiente da Gestão da Qualidade, adotam-se critérios voltados para o aumento da qualidade e produtividade, evidentemente. Ocorre, porém, que se parte de princípios básicos de produção, aos quais se agregam critérios específicos. E esses princípios básicos têm suas raízes no projeto administrativo de Ford que, em última análise, questionou profundamente a ação dos recursos humanos na empresa.
- Técnicas mais recentes como o *just in time* parecem ter suas raízes em princípios como o da economicidade. De fato, já em sua época, Ford preocupava-se com a redução de estoques e com o desenvolvimento de um modelo produtivo puxado pelo cliente. Uma frase típica de Ford: "Extraímos a matéria-prima no sábado; na terça-feira, o cliente já recebeu o carro" (FORD, 1940).

## C. OS PRINCÍPIOS DE EMERSON: A NOÇÃO DE EFICIÊNCIA NA ESCOLA CLÁSSICA DA ADMINISTRAÇÃO

### Conceitos básicos

Diversos autores notam que Taylor priorizou a filosofia (em sua visão, a essência do sistema), que exige uma revolução mental em termos de administração e de funcionários. Já esses autores notam também que a tendência de seus seguidores foi uma preocupação maior com o mecanismo e com as técnicas do que com a filosofia da Administração Científica (CHIAVENATO, 2014).

Um exemplo que sustenta essa análise pode ser obtido analisando-se o que Gilbreth descreve como "lei ou princípio da Administração Científica", que envolve o estudo de tempo, a determinação de padrões de produção, o emprego de fichas de instrução, o uso de métodos funcionais para administração da fábrica, o emprego de formas de pagamento por compensação e até mesmo medidas sutis destinadas a evitar a "cera" no trabalho. Como descrito acima, Taylor incluíra esses aspectos no que ele chamou de "mecanismo de aplicação da Administração Científica".

Outro autor a se destacar nessa mesma linha é Emerson. Um dos mais importantes integrantes da Escola Clássica, Emerson priorizou, em sua visão administrativa da empresa, os processos de simplificação das operações industriais e dos próprios métodos propostos por Taylor.

**HARRINGTON EMERSON** (1853-1931)

Engenheiro norte-americano.

Foi um colaborador direto de Taylor.

Também foi responsável pela popularização da Teoria da Administração Científica.

Seus principais trabalhos foram a simplificação dos métodos de estudo desenvolvidos por Taylor e o desenvolvimento dos primeiros trabalhos sobre seleção e recrutamento de trabalhadores.

Ao contrário de Taylor, contudo, abordou a organização como um todo e desenvolveu princípios de eficiência, dos quais a definição de objetivos era o mais importante.

Sua obra mais relevante é *Os doze princípios da eficiência*.

Uma característica fundamental de seu trabalho foi a popularização da Administração Científica, tornando-a mais conhecida. Ele desenvolveu os primeiros esforços para gerar um processo de seleção e treinamento de recursos humanos das organizações. Emerson fixou alguns princípios voltados para a eficiência de processos e serviços (EMERSON, 1912). Em particular, 12 princípios foram mais enfatizados:

| | |
|---|---|
| **Os 12 Princípios de Emerson** | 1. Traçar um plano objetivo e bem definido.<br>2. Estabelecer o predomínio do bom senso.<br>3. Manter orientação e supervisão competentes.<br>4. Manter disciplina.<br>5. Haver honestidade nos acordos, ou seja, justiça social no trabalho.<br>6. Manter registros precisos, imediatos e adequados.<br>7. Fixar remuneração proporcional ao trabalho.<br>8. Fixar normas padronizadas para as condições de trabalho.<br>9. Fixar normas padronizadas para o trabalho.<br>10. Fixar normas padronizadas para as operações.<br>11. Estabelecer instruções precisas.<br>12. Fixar incentivos eficientes ao maior rendimento e à eficiência. |

Emerson considerava que, mesmo prejudicando a perfeição da organização, seria mais razoável incorrer em menores custos e realizar menores despesas na análise do trabalho (CHIAVENATO, 2014).

## Reflexos na Gestão da Qualidade

### *Confrontos*

- O modelo básico de Gestão da Qualidade hoje em uso tende a rejeitar a visão de Emerson, que destaca o emprego do bom senso. Em geral, a Gestão da Qualidade rejeita essa ideia. De fato, observa-se que muitas empresas orientam seus funcionários, sobretudo os que tomam decisões, a agir baseados no bom senso quando enfrentam situações que podem afetar, de alguma forma, a produção da qualidade. Esse posicionamento tende a ser entendido como sintoma de falta de políticas definidas para a qualidade. De fato, bom senso é algo subjetivo, que depende de cada pessoa. Se a política da qualidade da empresa depende de situações fortemente calcadas em subjetivismos – justamente na definição das diretrizes básicas de operação que serão usadas para determinar toda a ação na empresa –, nota-se que, na verdade, ela não está definida. É possível que a política do bom senso tenha sido criada apenas para dar uma ideia, sobretudo ao público externo, de que existe alguma diretriz para a produção da qualidade na empresa.
- A noção de Emerson para eficiência restringe-se aos mecanismos de operação. Não se nota, aqui, a preocupação com a otimização global do sistema e dos próprios recursos que o sustentam, atitude típica da moderna Gestão da Qualidade.

### *Identidades*

- Para muitos autores (como Chiavenato, 2014), Emerson antecipou-se à Administração por Objetivos, que seria proposta por Peter Drucker mais tarde, já nos anos 1960. De fato, Emerson enfatiza a importância de definir objetivos e atuar com base neles. A ênfase em objetivos bem definidos é, também, preocupação e prioridade da Gestão da Qualidade.

- Emerson enfatizava o processo de normalização, que envolvia, sobretudo, o desenvolvimento do trabalho. Essa prioridade permanece nos processos atuais de Gestão da Qualidade.

**Reflexos nas estratégias e ferramentas da Gestão da Qualidade**

- Emerson teve, na Administração Científica, um papel análogo ao de Phillip Crosby na Gestão da Qualidade. Ele preocupou-se, em primeiro lugar, em divulgar a Administração Científica e torná-la mais popular. E, nesse esforço, acabou por simplificar seus mecanismos e princípios – da mesma forma que Crosby fez em relação à Gestão da Qualidade (CROSBY, 1992). É possível, assim, identificar no esforço de Emerson raízes para as estratégias de simplificação das ferramentas da qualidade, do empenho em obter formas compreensíveis e atrativas de divulgá-las. Emerson deve ter sido a inspiração maior de Crosby e o idealizador da noção de que é necessário simplificar sempre o processo de Gestão da Qualidade para torná-lo adequado ao ambiente onde se aplica e, com isso, criar bases consistentes para a produção da qualidade.
- A questão do bom senso levantada por Emerson tem suscitado uma forma equivocada de definir políticas da qualidade – baseando-se sua formulação no bom senso. Talvez como reflexo de posicionamento inadequado, as estratégias de Gestão da Qualidade enfatizam o seguinte: as políticas da qualidade, nas quais o processo de gestão se fundamenta e operacionaliza, precisam ser (1) objetivas, (2) claras, (3) uniformes e (4) coerentes.
- Muitos princípios de Emerson salientam a ação das pessoas. A Gestão da Qualidade tem desenvolvido estratégias que vão na direção inversa: priorizar ações globais, nas quais as pessoas se inserem. A ideia é que, na mesma situação e no mesmo contexto, diferentes pessoas agiriam da mesma forma.

## D. FAYOL E A CENTRALIZAÇÃO ADMINISTRATIVA

### Conceitos básicos

Outro autor importante da Escola Clássica da Administração Científica foi Henri Fayol.

**JULES HENRI FAYOL** (1841-1925)

Engenheiro francês.

Considerado um dos maiores autores clássicos da Administração.

Autor do texto *Administração industrial e geral*, tido como uma referência básica do enfoque anatômico da Administração.

Fayol fixou alguns princípios para o desenvolvimento do trabalho (FAYOL, 1990).

Os princípios que parecem ter maiores influências na atual Gestão da Qualidade são os seguintes:

- O trabalho requer especialização.
- É fundamental que haja disciplina no trabalho.
- Existe uma relação clara entre autoridade e responsabilidade.
- Existe um fluxo único de autoridade.
- Há uma relação única entre chefes e objetivos (atividades de igual objetivo têm única administração).
- A autoridade deve ser estruturada linearmente.
- O interesse individual é menos importante do que o interesse geral.

Fayol é considerado um teórico importante da Administração mais pelo processo de sistematização de conceitos já lançados do que pela introdução de ideias novas. Mas é, também, um pensador fortemente polarizado por uma única noção: a do comando forte, centralizador e autoritário. Fayol dizia que, em relação a este último item, o administrador só deve ser autoritário se for necessário. Em seguida, ele acrescenta: "E quase sempre é..." (FAYOL, 1990).

## Reflexos na Gestão da Qualidade

### *Confrontos*

- A ênfase na disciplina é algo exagerado em Fayol. A gestão participativa parece empregar mecanismos de envolvimento menos rígidos. Em muitos casos, chega-se a sentir falta de maior obediência e sinais claros e visíveis de respeito por parte de administradores e subordinados. Fayol dizia que a disciplina é muito importante; sua falta traz o caos à administração. É possível que esse elemento, hoje considerado confronto entre Fayol e a Gestão da Qualidade, transforme-se em identidade no futuro.
- A Gestão da Qualidade tem usado o princípio da margarida para definir um fluxo de informações e de hierarquia essencialmente horizontalizado. Fayol usou a expressão *Cadeia Escalar* para estruturar uma linha de autoridade que define, claramente, uma "cadeia de superiores" do escalão mais alto ao mais baixo. Fayol dizia que seria inadequado ao subordinado desviar-se do fluxo linear de autoridade. Abriu, entretanto, uma possibilidade: caso a obediência fiel e inquestionável possa prejudicar a empresa, a cadeia hierárquica pode ser rompida. Esse posicionamento parece induzir que Fayol se referia a algumas situações específicas que ele não identificou nem detalhou – pelo menos em seus textos básicos.
- Em resumo, pode-se dizer que o grande confronto entre a Gestão da Qualidade, como é vista hoje, e a obra de Fayol envolve os seguintes aspectos: (1) a ênfase exagerada no conceito e na aplicação de "unidades de comando" e (2) o emprego de estruturas administrativas fortemente centralizadas.

### *Identidades*

- Ao pregar a especialização requerida pela eficiência da ação da mão de obra, Fayol parece cair no lugar-comum da Escola Clássica. Ocorre que ele ampliou esse conceito de especialização, envolvendo também as atividades administrativa, técnica ou de suporte. Essa abrangência é típica da Gestão da Qualidade.
- Fayol combina a autoridade "oficial" com a autoridade natural que cada pessoa possui (liderança) e menciona inteligência, experiência, valor moral, serviços prestados, senso de justiça e visão objetiva. Essa combinação é válida ainda hoje na moderna Gestão da Qualidade.
- A Gestão da Qualidade, ao envolver todos os recursos da empresa em um único esforço, coloca os interesses da organização acima dos interesses individuais. Fayol tinha a mesma ideia. Dizia ele: "Em qualquer grupo, o interesse coletivo deve sobrepor-se aos interesses dos indivíduos. Quando eles diferem, é função da administração reconciliá-los" (CHIAVENATO, 2014).

## Reflexos nas estratégias e ferramentas da Gestão da Qualidade

- O conceito de abrangência na ação da mão de obra parece ter suas raízes na ideia de Fayol segundo a qual não se pode, no esforço pela qualidade, omitir qualquer função ou atividade da empresa. Fayol, como se percebe, tinha uma visão mais ampla do que Taylor e, por isso, suas ideias têm reflexos em estratégias que visam globalizar o esforço pela qualidade.
- As estratégias que envolvem as relações entre produção e qualidade destacam a importância de evitar, a qualquer custo, conflitos entre as partes. Muitos desses conflitos derivam da ingerência de uma área gerencial em outra. Daí o princípio de que deve haver clareza na definição das relações entre superiores e subordinados e de que a Gestão da Qualidade deve utilizar-se do mecanismo de coordenação para desenvolver o processo administrativo de implantação dos programas da qualidade. Esse princípio toma por base o processo linear de autoridade de Fayol, que dizia o seguinte: "cada empregado deve receber ordens de um, e apenas um único superior. É o princípio da autoridade única, que procura evitar a confusão de ordens" (CHIAVENATO, 2014).
- Podem estar plantados em Fayol os princípios de unicidade de objetivos que a Gestão da Qualidade sugere em quase todas as suas estratégias. O chamado "Princípio da Unidade de Direção", por ele formulado, afirma que cada grupo de atividades deve ser estruturado de forma a ter o mesmo objetivo. Operacionalmente, Fayol sugere que essas atividades tenham um único chefe e sejam implantadas segundo um único planejamento. Ele propõe dois tipos de coordenação nesse caso: (1) uma unidade de direção diretamente em contato com a empresa em sua totalidade e (2) uma segunda unidade de direção relacionada com os funcionários. O projeto de Gestão da Qualidade é mais amplo do que isso em dois aspectos: não chega a

"relacionar-se" com a empresa, porque da Gestão da Qualidade faz parte a alta administração da própria empresa; por outro lado, a "unidade de direção" de que fala Fayol envolve todos os recursos da empresa e não apenas os recursos humanos.

## E. URWICK: O PRIMEIRO PASSO RUMO ÀS ESTRUTURAS FORMAIS

### Conceitos básicos

Outro autor importante da Escola Clássica foi Lyndall F. Urwick, que, para divulgar os ideais do modelo administrativo preconizado por essa escola, formulou quatro princípios básicos: (1) cada atividade deve ser desempenhada por quem melhor a conhece; (2) deve haver um fluxo de autoridade claramente definido na organização; (3) deve-se limitar o número de subordinados de cada gerente; e (4) a estrutura de funções e responsabilidades deve ser claramente definida e oficializada (URWICK, 1943).

**LYNDALL FOWNES URWICK** (1891-1983)

Consultor de administração britânico.

Foi também um grande teórico na área de gestão de negócios.

É conhecido por integrar as ideias de grandes nomes da Administração, como Henri Fayol, em uma teoria abrangente de gerenciamento.

Seu livro mais conhecido é *Elementos da administração de negócios*, publicado em 1943.

Urwick estudou profundamente o formato de liderança que ele julgava adequado para o modelo administrativo da Escola Clássica. De fato, ainda que tenha enfatizado a estrutura formal da organização, Urwick foi um dos primeiros autores dessa escola a estudar e formular um modelo de liderança. Para ele, o líder devia ser alguém que fosse a "cara" da empresa, isto é, alguém que espelhasse, personificasse e representasse sua organização. Surge, desse modo, a ideia de que o líder se identifica claramente com a organização. Conhecendo bem sua empresa, o líder pode explicar aos outros seu funcionamento, suas diretrizes e sua missão. Isso é feito no nível global, em termos de políticas gerais de funcionamento e em um nível localizado, em cada atividade desempenhada pelos operários. Segundo Urwick, o líder ajuda-os a entender suas atividades e motiva-os a executá-las da melhor maneira possível. O líder, portanto, estimula pensamentos, atitudes e comportamentos coerentes com a realidade da empresa. Urwick entendia que o líder devia atuar de forma sempre planejada, sem improvisações (URWICK, 1943).

Ao se preocupar em definir o papel do líder, Urwick deu o primeiro passo em direção à estrutura informal, que, na prática, produz qualidade nas organizações. Logo ele, que enunciara um princípio que enfatiza a oficialização de procedimentos e diretrizes de operação.

### Reflexos na Gestão da Qualidade

#### *Confrontos*

- O primeiro princípio de Urwick fixa um modelo de especialização nas organizações. Segundo esse postulado, quem exerce determinada função deve ser especialista nela. Por via inversa, pode-se afirmar que o preenchimento de cada função só deve ser feito por uma única pessoa. Confirma-se, aqui, o velho chavão da Administração Científica: a divisão especializada do trabalho. A Gestão da Qualidade rejeita esse modelo, tendo em vista a integração de todos no processo produtivo e a responsabilização coletiva em preferência à individual.

- A ideia de que seja necessária uma linha de autoridade claramente definida está mais centralizada nas pessoas do que nas funções. O projeto de Gestão da Qualidade tende a fixar atividades e funções com maior ênfase do que as características das pessoas que vão exercê-las. Parece aceitável, entretanto, a ideia de Urwick de que a linha de comando na empresa seja conhecida e reconhecida por todos. A única diferença é que se trata de uma linha funcional e não de pessoas colocadas em postos definidos.

- Parece ser um tanto fora de propósito limitar o número de subordinados, principalmente se cada um deles sabe o que fazer e pouco depende de um gerente fisicamente presente. Urwick assegurava que cada superior "não devia ter mais do que cinco a seis subordinados, uma vez que o superior não tem apenas pessoas para supervisionar, mas também e principalmente as relações entre as pessoas" (URWICK, 1943). O modelo japonês de autogestão soaria absurdo diante desse princípio.

### *Identidades*

- Urwick pode ter sido o precursor do modelo administrativo que divide funções em atividades de linha, de *staff* e funcionais. Essa divisão é usada na definição dos ambientes *in-line* e *off-line*.
- A oficialização de atividades e de funções é sempre desejável. Segundo Urwick, "os deveres, autoridade e responsabilidade de cada cargo e suas relações com os outros cargos devem ser definidos por escrito e comunicados a todos" (CHIAVENATO, 2014). A Gestão da Qualidade possui um projeto formalizado que exige essa definição de forma clara e oficializada.

### Reflexos nas estratégias e ferramentas da Gestão da Qualidade

- É possível que os reflexos dos princípios de Urwick em estratégias da Gestão da Qualidade sejam mais visíveis por seu aspecto negativo. Analisando-se os confrontos listados, podem-se reformular os quatro princípios como segue:
- Todas as atividades devem ser conhecidas por todos. Detalhes técnicos podem ser repassados em treinamentos, dirigidos a quem vai desempenhá-los.
- Deve haver um fluxo de funções e atividades a desempenhar (com as respectivas responsabilidades) claramente definido na organização.
- Cada subordinado deve conhecer suas atividades e depender o menos possível de seu gerente.
- A estrutura de funções e responsabilidades deve ser claramente definida e oficializada.

Urwick tinha as mesmas preocupações que outros teóricos da Escola Clássica e investia na especialização e nas relações fortes entre autoridade e subordinados. As estratégias atuais da Gestão da Qualidade não parecem enfatizar esses aspectos. Já a oficialização das funções é um elemento importante na Gestão da Qualidade – e esse é um mérito do modelo de Urwick.

**SAIBA MAIS**

- Paradoxalmente, Urwick introduziu conceitos em direção às estruturas informais da qualidade. Sua definição de líder produz um primeiro elemento no perfil do gerente da qualidade que talvez se pudesse chamar de "ideal": o conhecimento e sua identificação pessoal com a empresa.
- De fato, pode-se afirmar que o gerente da qualidade deve ser alguém que tenha "a cara" da empresa. O passo seguinte envolve repassar informações aos subordinados para fazê-los trabalhar num modelo perfeitamente adequado ao que deles se espera.
- Urwick sugere como o gerente da qualidade deve atuar: "de forma sempre planejada, sem improvisações". É possível que ele tenha definido um elemento que liga a Escola Clássica à Escola Humanística.

## QUESTÕES PRÁTICAS

### CONCEITOS DE GESTÃO DA QUALIDADE

1. Por que o conceito da qualidade depende do contexto a que ele se refere?
2. Por que o conceito da qualidade depende do momento em que se vive?
3. Qual o conceito da qualidade adequado aos dias de hoje?
4. Como tirar vantagem estratégica desse conceito?
5. Qual o maior reflexo prático dos equívocos ao definir qualidade?
6. Por que os equívocos ao definir qualidade podem transformar-se em um diferencial estratégico positivo para a empresa?
7. Por que definir qualidade como ausência de defeitos revela fragilidade estratégica da organização?
8. Por que o termo *total* na expressão *qualidade total* parece redundante?
9. Por que a qualidade definida como multiplicidade tem características estratégicas para as organizações?
10. Por que a qualidade definida como evolução tem características estratégicas para as organizações?
11. O que seria a "cultura da qualidade"? Como criá-la? Que vantagens teria?
12. Por que o conceito da qualidade enquanto adequação ao uso define, por si próprio, uma estratégia para produzi-la?
13. No contexto da qualidade total, que papel estratégico se atribui ao esforço da "melhoria contínua"?
14. Quais os dois elementos básicos que o conceito da qualidade total agrega ao processo gerencial da empresa?
15. Como definir melhoria de forma objetiva?
16. O que caracteriza, fundamentalmente, a Gestão da Qualidade Total?
17. Qual a principal característica da Gestão da Qualidade no processo?
18. O que caracteriza, essencialmente, cada uma das três etapas da Gestão da Qualidade no processo?
19. Das três fases citadas, qual delas gera resultados consistentes, que permanecem por longo prazo?
20. Estratégias que envolvem ações de prevenção de defeitos conduzem, automaticamente, à maior qualidade?

# MÉTODOS E ESTRUTURAS DA GESTÃO DA QUALIDADE CONSAGRADOS PELA PRÁTICA

2

**OBJETIVOS DO CAPÍTULO**

*Espera-se que, ao final do texto, o leitor esteja apto a:*

- Constatar como as múltiplas concepções de qualidade determinam posturas práticas bem definidas nas organizações produtivas.
- Compreender elementos técnicos que inseriram o conceito da qualidade desde o projeto do produto.
- Perceber a utilidade efetiva de conceitos que, a partir de generalizações de noções básicas, edificaram a dimensão social da qualidade.
- Entender modelos gerais de planejamento e controle da qualidade, bem como assimilar o funcionamento das estruturas que suportam esses modelos.
- Caracterizar os métodos de economia da qualidade que atuam tanto no projeto quanto na conformação dos produtos.

Os métodos e as estruturas da Gestão da Qualidade procedem dos conceitos que foram descritos no capítulo anterior e de algumas noções deles decorrentes. Esses métodos têm sido testados, na prática, e são considerados como os mais adequados para a nossa realidade. Este capítulo analisa as múltiplas abordagens da qualidade a partir de dois referenciais, quais sejam, aqueles introduzidos pelas propostas de Garvin e aqueles que decorrem do chamado impacto social da qualidade. Alguns novos conceitos são desenvolvidos e, a seguir, analisam-se elementos operacionais da Gestão da Qualidade, como o processo gerencial em si e a estrutura de organização que sustenta a produção da qualidade. O envolvimento de recursos é também considerado – sobretudo por tratar-se de elemento crucial de todo o esforço para gerar qualidade nas organizações.

**Concepção Social da Qualidade**

KatarzynaBialasiewicz | iStockphoto

Observe o produto ao lado. Quem o utiliza considera que ele tem qualidade (= adequação ao uso). Mas quem está perto da pessoa que faz uso do produto pode sentir-se incomodado com a fumaça e o cheiro do produto em uso... Tem-se, assim, a caracterização do consumidor e do cliente, do mercado e da sociedade.

Este é um tema fundamental do presente Capítulo.

## 2.1 AS MÚLTIPLAS CONCEPÇÕES DA QUALIDADE

Como decorrência de sua própria dinamicidade, várias têm sido as abordagens conceituais empregadas para definir qualidade. Em geral, todas confluem para os referenciais descritos no capítulo anterior. Ou seja, para o ajuste do produto à demanda que pretende satisfazer.

**PARA REFLETIR**

tarras79 | iStockphoto

*Todos os produtos da figura ao lado servem para a mesma coisa.*
*Mas são dirigidos para diferentes demandas.*
*Todos eles têm "adequações específicas ao uso".*
*E inserem-se em conceitos próprios de qualidade.*

Ocorre, contudo, que a generalização do conceito da qualidade gerou restrições na forma de entender qualidade exclusivamente como adequação ao uso. A ideia é simples: esse modelo cria uma relação direta entre as áreas produtivas e os setores consumidores, sem considerar o ambiente global onde ambos estão presentes. Daí surgirem outras abordagens conceituais, além da simples adequação ao uso.

**FIQUE ATENTO**

- As organizações produtivas mantêm relação direta com o mercado por meio de produtos direcionados a ele (ajustam os produtos ao uso desse mercado).
- Mas as organizações produtivas e os mercados são subconjuntos de um ambiente mais amplo, chamado sociedade.
- Esta ampliação nas relações das organizações com o ambiente externo determinou novos conceitos da qualidade.

A visão da sociedade, e não apenas dos mercados, criou uma generalização que acabou por ampliar a relação entre quem produz e quem consome, criando enfoques mais amplos, que dilatam essa interação.

Neste contexto, consideram-se três novas abordagens conceituais da qualidade:

- o modelo ampliado da adequação ao uso;
- o modelo de "impacto de produtos e serviços na sociedade como um todo";
- o modelo da "qualidade globalizada".

Cada um deles será discutido a seguir.

### 2.1.1 Uma visão generalista da adequação ao uso

A ideia de que a qualidade envolve uma multiplicidade de itens procede de uma visão ampla do que seja adequação ao uso. Segundo esse enfoque, são muitas as variáveis que o consumidor considera quando decide adquirir um produto ou utilizar um serviço. Considerar essas variáveis, assim, tem impacto estratégico sobre a organização. De fato, o consumidor seleciona um produto ou um serviço pelas características que eles têm, mas a seleção de quais dessas características (ou de outras) estarão presentes nesse produto ou serviço é uma decisão da empresa. Dessa decisão dependerá a venda. E vender, como se sabe, é o componente estratégico fundamental – é disso que depende a sobrevivência da empresa.

**Quando um consumidor escolhe um**

fernandoks | iStockphoto

| **Ele pode querer** | | |
|---|---|---|
| Com porta-malas grande | **porque** | Ele tem 4 filhos. |
| Alta economia de combustível | | Ele é representante comercial. |
| De cor verde | | Ele adora esta cor. |
| Um modelo esportivo | | Ele é jovem e solteiro. |
| Um modelo popular | | Ele só tem o dinheiro para comprar este tipo de carro. |
| Da marca X1A | | Toda sua família sempre teve carros desta marca. |

**PARA REFLETIR**

- Na figura acima, cada elemento da coluna da direita representa uma faixa de mercado. A empresa que tiver produtos com as características da coluna da esquerda vai cobrir todas essas faixas... E vender mais...

Dessa forma, surge uma pergunta básica:

*O que o consumidor considera na hora de adquirir um bem ou um serviço?*

Essa é uma questão para a qual tem sido procurada resposta continuamente. Um dos modelos mais usados para criar conceitos para tanto foi fornecido por David Garvin, quando, em 1984, ele definiu o que considerou como abordagens conceituais fundamentais da qualidade (GARVIN, 1984).

Fonte: Harvard Business School.

**DAVID GARVIN** (1952-2017)

Nasceu em Nova York e morreu em Lexington, também nos Estados Unidos, em 30 de abril de 2017.

Ph.D. em economia pelo M.I.T., foi professor de Administração Empresarial em Harvard, inspetor do Prêmio de Qualidade Malcolm Baldrige. Atuou na Comissão de Estudos Industriais do Conselho de Pesquisa Nacional (EUA). Foi também consultor de grandes empresas pelo mundo. É considerado um dos gurus mais recentes da qualidade.

## VOCÊ SABIA?

- É bem possível que, em um primeiro momento, Garvin tenha atirado no que viu e acertado, em cheio, no que não viu. Garvin pensava classificar os conceitos da qualidade em diferentes grupos.
- Assim, suas abordagens eram, na verdade, classes de conceitos, entre aqueles disponíveis na literatura.
- Como contribuição teórica, seu esforço foi bastante interessante. Mas, na prática, seu trabalho rendeu contribuição maior ao ser interpretado como "razões de consumo", isto é, elementos que o consumidor considera ao adquirir um produto.

Razões de consumo: essa é a primeira questão básica para a qual as abordagens de Garvin definem uma resposta bem definida.

Um segundo aspecto a considerar é que essas abordagens confirmam a característica dinâmica do conceito da qualidade. As razões pelas quais um consumidor seleciona um produto hoje podem mudar amanhã. Podem também mudar de produto para produto, de pessoa para pessoa, de momento para momento e assim por diante. Manter-se atualizado, assim, é um elemento necessário à sobrevivência da empresa, mas nem sempre isso é suficiente porque, quase sempre, o concorrente já está usando outras abordagens que podem resultar em perda de mercado para nossa empresa. A meta passa a ser, então, estar à frente, com uma visão de novas abordagens do conceito da qualidade sendo repassadas a produtos e serviços.

Há, ainda, uma terceira contribuição prática do trabalho de Garvin: cada enfoque pode ser visto como uma etapa pela qual a organização passa, no esforço de fixar seu produto ou serviço no mercado. De fato, as abordagens de Garvin podem ser consideradas como um conjunto de ênfases que a qualidade vai tendo simultaneamente às atividades de concepção, projeto, fabricação e comercialização do produto.

O desenvolvimento do processo produtivo, o histórico das decisões gerenciais da empresa ou seu modo de atuação no mercado, dessa forma, vão gerando um modelo evolutivo da organização, cuja avaliação, periódica e cuidadosa, pode mostrar se estamos avançando em direção a produtos que se ajustam mais ao uso ou, ao contrário, se esses produtos perdem competitividade porque não representam melhoria para o mercado consumidor.

## PARA REFLETIR

- A dinamicidade do conceito da qualidade decorre, também, do progresso da humanidade.
- É só observar como aconteceu, por exemplo, o desenvolvimento dos meios de transporte...

Kvasay | iStockphoto

Larysa Marchenko

Anthonycz | iStockphoto

Serhii Brovko | iStockphoto

Infadel | iStockphoto

warmworld | iStockphoto

rustemgurler | iStockphoto

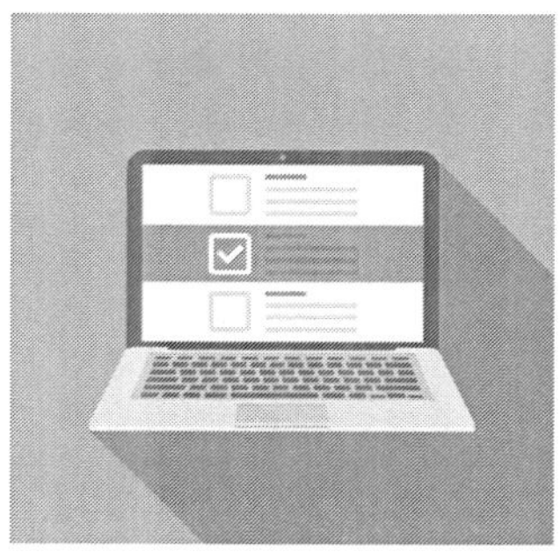
Jane_Kelly | iStockphoto

*Evoluções que deram certo...*

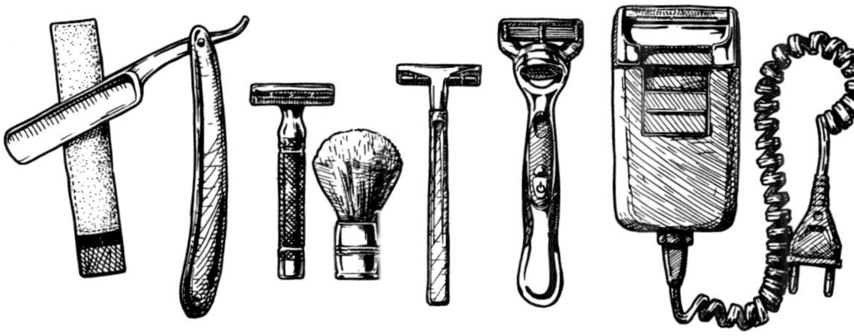
suricoma | iStockphoto

*Uma evolução que não deu muito certo... As lâminas continuam com maior preferência...*

Em linhas gerais, as cinco abordagens originais de Garvin são descritas a seguir, revestidas dessa nova visão, ou seja, como elementos de decisão do consumidor na hora de adquirir um produto ou serviço. Isso equivale a responder à seguinte pergunta: por que o consumidor adquire determinado produto? A seguir, são listadas cinco respostas possíveis.

## 1 CONFIANÇA NO PROCESSO DE PRODUÇÃO

- Observe um açougue. Estas lojas vendem produtos (carnes) que pouco se diferenciam entre si. Mas uma forma de diferenciar o atendimento da loja é mostrar, aos consumidores, como o açougue trabalha, ou seja, o processo produtivo, desenvolvido com características de higiene, limpeza, formação adequada dos recursos humanos etc. Esta é a abordagem centrada no processo.

andresr | iStockphoto

| CARACTERÍSTICAS DA ABORDAGEM | |
|---|---|
| Por que um consumidor adquire um produto? | ▪ O consumidor sabe como o produto é feito e por isso resolve adquiri-lo. |
| Exemplo | ▪ O consumidor conhece a cozinha do restaurante e por isso confia na forma como os pratos são preparados. |
| Prioridade do setor produtivo | ▪ Esforço feito, em termos de processo produtivo, para que produtos e serviços atendam a especificações básicas, seja em termos de projeto, seja em termos do processo de produção, envolvendo, por exemplo, segurança, higiene, precisão, prazos, custos etc. |
| Princípios de operação da abordagem | ▪ Se o processo de produção não puder desenvolver um produto conforme suas especificações, automaticamente a qualidade estará comprometida.<br>▪ Associam-se a essa abordagem noções como o empenho para produzir, logo no primeiro esforço, um produto que atenda plenamente a suas especificações, isento de defeitos, sem erros, falhas ou defeitos. Como se trabalha com o processo, criam-se normas específicas para seu desenvolvimento. |

### ABORDAGEM CENTRADA NO PROCESSO: AS LIÇÕES DA PRÁTICA

- O sistema ISO 9000, bem conhecido, é um exemplo de ações desenvolvidas com a ênfase que essa abordagem confere à qualidade (embora hoje usada mais como instrumento de marketing do que como elemento técnico de operação, a ISO 9000 é uma certificação que nasceu no âmbito da abordagem centrada no processo). O sistema ISO 9000 produziu muitos efeitos multiplicadores, sob forma de normas específicas e aplicadas, com sucesso, em situações específicas (ver, por exemplo, SCHMUTTE; THIELING, 2010).
- Considerada de forma intensa, e até exclusiva, essa abordagem pode levar à falsa ideia de que o projeto de um produto é imutável, cabendo ao setor produtivo, apenas, obedecer às especificações fixadas (não é por outra razão que considerar uma única abordagem é sempre um erro).

### OUTROS EXEMPLOS

- Modelos de produção sob encomenda, em que uma empresa precisa mostrar que tem capacidade de produzir seus bens e serviços de acordo com as especificações recebidas do cliente. É o caso também de empresas que operam com produtos que precisam ser usados em conjunto com outros, por encaixe ou algum outro tipo de ajuste (uma empresa produz parafusos; outra, as porcas). Nota-se, aqui, grande ênfase na normalização.

- Produtos que devem manter uniformidade ao longo de todo o processo de utilização – caso de tinta aplicada em grandes superfícies; azulejos e pisos utilizados em um mesmo ambiente; madeiras e plásticos de revestimento etc.

Em todos esses casos, como se nota, a ênfase é sempre o processo de produção. Em geral, esse costuma ser o primeiro modelo conceitual adotado pela empresa, cuja preocupação mais comum costuma ser a própria forma de fabricar produtos e gerar serviços. O momento seguinte enfatiza o produto, resultado do esforço feito no processo.

## 2 ACEITAÇÃO DO PRODUTO

Um consumidor observa várias camisetas em uma loja. Ele gosta da estampa e da cor de uma camiseta. O tecido lhe parece confortável. O tamanho é adequado. Então ele compra – pelo que viu no produto. Esta é a abordagem centrada no produto.

Theeradech Sanin | 123RF

| CARACTERÍSTICAS DA ABORDAGEM | |
|---|---|
| **Por que um consumidor adquire um produto?** | ▪ Essa é uma forma usual utilizada pelo consumidor para selecionar um produto a adquirir: as características que ele vê no produto. |
| **Exemplo** | ▪ Em termos da multiplicidade, o caso de multiprocessadores, equipamentos que desempenham várias funções simultaneamente, é um exemplo a considerar nesta abordagem. |
| **Prioridade do setor produtivo** | ▪ Todo esforço da qualidade desenvolvido pela empresa está concentrado, dirigido e priorizado no produto. |
| **Princípios de operação da abordagem** | ▪ A avaliação do consumidor é feita com base nas características do produto.<br>▪ Em geral, ele cria modelos comparativos, confrontando os elementos que compõem o produto que ele vê com outros, similares, e opta por um deles por ser "o mais bonito dentre todos".<br>▪ Esta é a abordagem que produz o melhor modelo de avaliação quantitativa da qualidade, porque, neste caso, as diferenças da qualidade são observáveis no produto pela natureza, diversidade ou características que o produto possui.<br>▪ Podem-se, assim, definir as cores de maior preferência, as estampas de maior aceitação, os tamanhos mais usuais.<br>▪ Em termos de multiplicidade, essa abordagem considera que melhor qualidade seria, aqui, sinônimo de mais e melhores características que um produto apresenta. |

### ABORDAGEM CENTRADA NO PRODUTO: AS LIÇÕES DA PRÁTICA

- Contribuição prática que a abordagem traz para o conceito da qualidade: como se enfatiza a quantificação de características, pode-se criar um modelo de avaliação da qualidade baseado em padrões objetivos. Isso contraria a ideia, comum, de que a qualidade é subjetiva e por isso não se mede.

- Considerada de forma isolada – isto é, sem levar em consideração a avaliação do processo produtivo –, essa abordagem induz à ideia de que sempre se incorre em maiores custos quando se tenta melhorar a qualidade, já que isso só ocorre pela agregação de novas características ao produto ou da melhoria das atuais. Combinada com a abordagem anterior, contudo, essa ideia pode ser facilmente derrubada. O que se acrescenta no produto pode ser compensado por melhorias no processo produtivo.

**OUTROS EXEMPLOS**

- Várias linhas de produtos visam atender largas faixas de consumidores, cobrindo o mercado verticalmente. É o caso dos carros de uma mesma marca, que podem ser modelos populares, esportivos, carros para famílias grandes, utilitários etc.
- A cobertura horizontal do mercado, com a oferta de tecidos das mais variadas cores e padronagens, também se situa como um esforço inserido nessa abordagem.
- Essa abordagem refere-se, ainda, a itens suplementares de um produto, caso do ar-condicionado em automóveis; televisores com controle remoto; calculadoras portáteis dotadas de memória etc.

Ambas as abordagens apresentadas evidenciam esforços operacionais, feitos no lado produtivo na relação de consumo, e refletidos em elementos práticos que aparecem em produtos, serviços, métodos e processos. As três abordagens seguintes enfatizam aspectos mais gerais, que evidenciam o comportamento do consumidor, movido por aspectos nem sempre completamente racionais.

## 3 VALOR ASSOCIADO AO PRODUTO

- Produtos vendidos por preços muito abaixo dos normais (liquidações) sempre atraem consumidores.
- Produtos caros também atraem o consumidor.
- Produtos antigos podem ter algum valor sentimental para o consumidor. Independentemente do preço...

| | CARACTERÍSTICAS DA ABORDAGEM |
|---|---|
| **Por que um consumidor adquire um produto?** | ▪ Um consumidor pode comprar um produto porque considera o valor que o produto tem, seja em termos de utilidade, preço, dificuldade de aquisição, elementos afetivos etc. |
| **Exemplo** | ▪ Um consumidor dispõe-se a pagar 100 dólares por um velho CD, que tem músicas antigas de que ele gosta muito; outro paga um milhão de dólares por um quadro (que, cá entre nós, é bem feinho...) de um pintor famoso; um terceiro adquire uma máquina que custa cinco vezes mais que outra, similar, baseado nos custos de manutenção e confiabilidade do equipamento.<br>▪ Há consumidores que compram produtos só porque eles estão muito baratos. E outros que só compram produtos caros – exatamente porque são caros. |
| **Prioridade do setor produtivo** | ▪ Agregar valores relevantes para o consumidor no produto.<br>▪ Investir em faixas específicas de preços. |
| **Princípios de operação da abordagem** | ▪ Essa abordagem, na verdade, trabalha com diferentes visões de valor, indo bem além do mero valor financeiro.<br>▪ A ideia é que o consumidor adquire algo que, para ele, vale a pena, seja por que razão for (ou seja, trata-se de um valor).<br>▪ Assim, a abordagem opera tanto com níveis de preço quanto com características culturais, que conferem valor a certas especificidades locais. |

**ABORDAGEM CENTRADA NO VALOR: AS LIÇÕES DA PRÁTICA**

- Do ponto de vista estritamente operacional, essa abordagem atua de várias maneiras. Pode-se, por exemplo, agregar o conceito da qualidade aos custos de produção, e considerar que um produto é de boa qualidade se apresentar alto grau de conformação a um custo aceitável. Como consequência, o produto pode ser vendido a um preço razoável, que, no final, é o que interessa.
- Assim, um produto apresenta qualidade se oferecer melhor desempenho a um preço aceitável, ou seja, bom e barato.

- Por outro lado, podem-se agregar a um produto cores que lembram determinados clubes de futebol e, assim, apelar para o sentimento de um consumidor, que adquire o produto mais caro por conta de uma preferência (que, para outras pessoas, é absurda).
- Pode-se imaginar que esse enfoque gera uma confusão considerável, já que preço e qualidade são coisas que parecem relacionar-se entre si, mas são diversas, tanto em sua origem quanto em sua estrutura.
- Na verdade, essa abordagem define preço como uma função de mercado e custo como uma função de produção. Em alguns casos, subordina-se uma à outra, ou reduzindo custos para gerar produtos baratos ou aumentando custos por agregar elementos que induzem ao consumo por motivos pessoais.

**OUTROS EXEMPLOS**

***O que significa "valor"?***

- Pode-se considerar o valor financeiro (baixo preço, visto como oportunidade de aquisição, ou preço elevado, visto como *status*).
- Ou também o valor afetivo ou sentimental (razões subjetivas, como se vê).
- Há, ainda, o valor moral (evita-se adquirir produtos que induzem a hábitos inadequados – como um quadro que mostra uma bonita senhorita fumando...).
- Considerem-se referenciais cívicos – o valor para um cidadão (adquirir réplicas de bandeiras ou símbolos nacionais).
- Em termos culturais, peças de conotação religiosa, por exemplo, também envolvem a abordagem centrada no valor.
- A abordagem que enfatiza o valor chama a atenção também para "níveis de aceitação do preço". Por essa ótica, nota-se que produtos que parecem muito bons não são vendidos por serem muito caros (um carro "popular" que faz 30 quilômetros por litro de gasolina e custa 50 mil dólares), ou por serem muito baratos (um relógio que, com uma grande quantidade de funções adicionais, é vendido por 15 reais). Não deixa de ser uma ideia de valor – aquela que faz o consumidor associar preço e qualidade.

A generalização da ideia de valor surge com a visão transcendental do produto, uma abordagem muito mais complexa.

## 4 CONFIANÇA NA IMAGEM OU NA MARCA

A marca pode ser determinante para que um consumidor adquira um produto.

| CARACTERÍSTICAS DA ABORDAGEM | |
|---|---|
| **Por que um consumidor adquire um produto?** | ▪ O consumidor adquire um produto porque já conhece a marca, porque confia na imagem da empresa ou ainda porque desenvolveu uma relação de fidelidade com a empresa por experiências anteriores. |
| **Exemplo** | ▪ Certas marcas são tão conhecidas que se confunde o nome do produto com a própria marca (xerox, gilete). Essas marcas, assim, surgem como referenciais para todos os produtos similares. E fixam-se, na cabeça do consumidor, como as melhores do setor. |
| **Prioridade do setor produtivo** | ▪ A organização investe na sua marca ao longo do tempo. À medida que a marca vai se consolidando, confere-se maior responsabilidade à operação do processo. |
| **Princípios de operação da abordagem** | ▪ Essa abordagem não pode ser considerada subjetiva, isto é, dependente de preferências pessoais (não quantificáveis). O que não exclui a ideia de que qualidade é um conceito nem sempre fixado com precisão.<br>▪ A abordagem aqui analisada costuma ser chamada de "transcendental", porque considera que a qualidade não está no produto, mas parece estar além dele.<br>▪ Nesse contexto, qualidade é uma característica, elemento, atributo ou situação que faz com o que o produto atenda plenamente ao que dele se espera, embora esse atendimento decorra não de constatações e avaliações objetivas, mas da constatação prática, derivada, em geral, da experiência do próprio usuário.<br>▪ A qualidade, assim, é inequivocamente reconhecida, embora não haja maiores estudos sobre o produto ou serviço considerado.<br>▪ É como se a qualidade fosse derivada não do produto, mas de elementos que o cercam – como sua marca ou a imagem da empresa que o produziu. A qualidade, assim, é inata ao produto. |

### ABORDAGEM TRANSCENDENTAL: AS LIÇÕES DA PRÁTICA

- Essa abordagem tem sido muito usada no Brasil por determinadas empresas que possuem marcas largamente conhecidas.
- Sempre que lançam um produto novo, sua estratégia de marketing tem sido evidenciar que se trata de mais um produto da marca X.
- Como a marca é reconhecida e bem aceita no mercado, mesmo que não se conheça o novo produto deve-se considerar que ele é bom justamente por ser da marca X.

### OUTROS EXEMPLOS

- Em muitas organizações produtivas, a marca vale mais do que os ativos físicos da empresa. Isto ocorre, com frequência, em empresas da área de Tecnologia da Informação.
- Empresas tradicionais, que estão no mercado há longo tempo, costumam usar esta abordagem como forma de associar qualidade a sua sobrevivência no mercado.
- Algumas obras de arte são, digamos assim, esteticamente discutíveis. Mas se atentarmos para o autor do quadro ou da escultura, podemos observar que, por se tratar de um pintor muito famoso ou um escultor muito conhecido, a obra pode adquirir uma conotação muito diversa, tornando-se muito valiosa.

De certa forma, essa abordagem trabalha com a ideia de que a marca ou a imagem da empresa transmite a ideia de adequação ao uso. Uma abordagem mais simples, ainda que mais geral que as demais, é que define o verdadeiro agente que avalia a adequação ao uso – o usuário do produto ou do serviço.

## 5 ADEQUAÇÃO AO USUÁRIO

Hábitos alimentares dos consumidores podem definir faixas de marcado muito particulares. Alguns exemplos são vistos abaixo.

Karandaev | iStockphoto

courtneyk | iStockphoto

fcafotodigital | iStockphoto

peredniankina | iStockphoto

| CARACTERÍSTICAS DA ABORDAGEM | |
|---|---|
| **Por que o consumidor adquire um produto?** | ■ O que realmente faz com que o consumidor adquira um produto é o fato de o produto atender às suas necessidades. E, além disso, satisfaz preferências, conveniências e gostos. |
| **Exemplo** | ■ Sucos de frutas, naturais ou não, têm seu sabor fortemente associado às características regionais. Por isso, mesmo sucos de uma mesma fruta (como laranja, por exemplo) podem ter um sabor bem adocicado em determinadas regiões do país e mais amargo em outras. |
| **Prioridade do setor produtivo** | ■ Como se percebe, essa abordagem elege o consumidor como fonte de toda a avaliação sobre a qualidade de um produto: ninguém pode pensar em qualidade se não se fixar, primeiro, no que o consumidor deseja e, daí, procurar desenvolver um produto que o atenda.<br>■ A qualidade, assim, tem sua definição condicionada ao grau com que produtos e serviços atendem o consumidor.<br>■ Esta adequação ao uso passa ao processo produtivo: a Gestão da Qualidade no Processo. |
| **Princípios de operação da abordagem** | ■ Produtos que superam o que o consumidor espera, não apenas atendendo a suas expectativas, mas indo além delas, são os que estrategicamente tendem a garantir a sobrevivência da empresa.<br>■ Evidencia-se, assim, o conceito de adequação ao uso – a qualidade é definida, avaliada e fixada por quem consome o produto e não por quem o produz. |

## ABORDAGEM CENTRADA NO USUÁRIO: AS LIÇÕES DA PRÁTICA

- A prática mostra que muitos produtos – provenientes de sofisticados processos de produção, lindas embalagens, notáveis padrões de desempenho, sem nenhum defeito (aparente ou não), portadores de marcas famosas – parecem sair das fábricas destinados a ser *top* de marketing. No entanto, acabam tendo índices quase ridículos de aceitação, com vendas inexpressivas.
- Esse foi o caso de uma empresa têxtil, de grande presença no mercado, que lançou uma linha de camisetas com intenso suporte promocional e não conseguiu vender porque as estampas foram consideradas agressivas pelos consumidores.
- O que enfatiza a ideia de que a qualidade depende de fatores que parecem pouco relevantes para quem produz, mas são cruciais para quem consome.
- E, como se sabe – mas com frequência se esquece –, quem consome é que decide se compra ou não.

## OUTROS EXEMPLOS

Produtos destinados a mercados específicos costumam ter boa aceitação:

- xampus para certos tipos de cabelo;
- rações especiais para animais;
- comida para bebês;
- refrigerantes e alimentos dietéticos;
- roupas de tamanho grande.

Essa abordagem é a mais geral das cinco. Há quem diga mesmo que ela engloba as demais.

### *Uma análise comparativa das abordagens*

A caracterização das abordagens evidencia os dois primeiros aspectos citados no início deste item – as razões de consumo e o componente dinâmico da qualidade. O terceiro aspecto – etapas na produção da qualidade – também aparece com certa nitidez.

De fato, cada uma das abordagens reflete preocupações pelas quais a empresa vai passando em momentos diversos, como mostra o quadro abaixo.

| VISÃO DA EMPRESA | |
|---|---|
| **Etapa 1** | ▪ Ao projetar um produto, a empresa investe muito na marca ou no nome de fantasia que dará a ele – até porque deseja mantê-lo vivo na lembrança de seus consumidores em potencial. |
| **Etapa 2** | ▪ Há, também, grande preocupação com o preço, porque o valor de venda é fator relevante na definição da faixa de mercado em que se pretende atuar. |
| **Etapa 3** | ▪ Da mesma forma, deseja-se que o provável consumidor veja, no produto, um conjunto de características que o motivem a adquiri-lo. |
| **Etapa 4** | ▪ Por fim, desde que o projeto foi desenvolvido para adequar o produto a determinada faixa de mercado, espera-se que ele seja fabricado exatamente de acordo com as especificações fixadas. |

Isso identifica as quatro primeiras abordagens. Todavia, em cada uma delas havia preocupação com o consumidor, que vem a ser a última abordagem. Como se vê, presente em todas as outras.

Igual procedimento norteia a preocupação do consumidor ao escolher o produto.

| VISÃO DO CONSUMIDOR | |
|---|---|
| **Ao adquirir o produto, o consumidor verifica:** | ▪ Se a marca é conhecida.<br>**EXEMPLO**: Marcas japonesas de eletrodomésticos são preferidas por causa de uma confiança implícita que o produto traz. |
| | ▪ Se a origem do produto inspira confiança.<br>**EXEMPLO**: Relógios fabricados na Suíça costumam ter maior aceitação exatamente por sua origem. |
| | ▪ Se existem características no produto adequadas ao que ele procura.<br>**EXEMPLO**: Se o veículo é útil para a cidade, para o campo ou para a praia com igual conforto, espaço no porta-malas, economia de combustível etc. |
| | ▪ Se o preço lhe parece razoável.<br>**EXEMPLO**: Não tão barato que pareça falsificação nem tão caro que pareça muito sofisticado para o uso que dele se espera. |
| | ▪ Se o produto lhe parece conveniente.<br>**EXEMPLO**: Em termos de facilidade de uso ou praticidade de transporte. |

## COMO FAZER?

Algumas considerações podem ser feitas em termos operacionais em relação a essas abordagens. Note, por exemplo, que:

- **A abordagem que enfatiza o processo fornece uma boa dica de como começar um programa da qualidade.**

  É um ponto de partida mais seguro que as demais abordagens, porque envolve uma situação com maior número de variáveis controladas pela própria empresa.

- **A abordagem que enfatiza o produto fornece uma boa dica de como entrar no mercado.**

  O consumidor ainda não conhece o produto. Ele será "fisgado" se o produto passar uma imagem de que é útil porque possui características relevantes. E essas características são visíveis.

- **A abordagem que enfatiza o valor deve aparecer em um segundo momento, e sempre trabalhar com múltiplos conceitos de valor.**

  Ater-se ao preço constitui uma estratégia perigosa, porque outras empresas podem facilmente superar os níveis que você pratica, oferecendo maiores descontos.

- **A abordagem transcendental é a mais difícil de ser atingida.**

  Só o tempo confere certa confiabilidade ao produto, a ponto de que se consiga transferir essa confiança para a marca, ou seja, para todos os demais produtos da empresa.

- **A abordagem que se centra no atendimento ao usuário é a mais geral de todas, no sentido de que contém as outras quatro.**

  Entretanto, pode envolver itens bastante específicos, que garantem maior fidelidade do cliente ao produto por força da atenção a elementos que ele não encontra em outros produtos.

É fácil ver que o conceito da qualidade aqui utilizado, apresentado no primeiro capítulo, decorre da primeira abordagem. E que ele considera, também, todas as demais.

**QUESTÕES PARA REFLEXÃO**

- Qual a principal utilidade prática das abordagens de Garvin?
- Como ela poderia ser usada no projeto de uma loja de confecções femininas, por exemplo?

## 2.1.2 O impacto da qualidade na sociedade

Embora tenha larga aceitação e seja citada por quase toda literatura da área, a noção da qualidade enquanto adequação ao uso apresenta uma restrição importante. De fato, esse conceito cria uma relação direta entre quem produz e quem consome (produtores e consumidores). Essa relação parece excluir todos os demais componentes da sociedade.

Uma situação comum pode ser usada para exemplificar essa restrição. Uma empresa que produz um perfume pode agradar determinado consumidor, mas irritar pessoas a sua volta, já que em muitas delas o cheiro produz alergia. Pode-se pensar que o produtor não se importa com elas, porque, afinal, não gostam mesmo de perfumes. Aí se evidencia, porém, uma falha no modelo estratégico da empresa. Simplesmente porque, agindo assim, a empresa não cria esforços para conquistar novos consumidores, mas, ao contrário, parece afastá-los, como se só quisesse contar com os consumidores que já tem – o que evidencia a falta de preocupação com seu crescimento no mercado, elemento fundamental para sua sobrevivência.

A primeira generalização do conceito da qualidade decorre da adoção de um conceito que diferencia clientes e consumidores. Veja no quadro abaixo como a ideia aqui é simples.

| | **CONSUMIDORES** | | **CLIENTES** |
|---|---|---|---|
| **Conceito** | São todos aqueles que consomem nossos produtos. | | São todos aqueles que sofrem o impacto do uso de nossos produtos. |
| **Exemplos** | Os passageiros de um ônibus. | X | As pessoas nas calçadas, que sofrem com o barulho intenso do motor do ônibus ou com a fumaça que ele solta no meio ambiente. |
| | As pessoas que estão comprando um produto na loja. | | As pessoas que passam no corredor do *shopping*, observando as lojas. |
| | As pessoas que almoçam no restaurante. | | As pessoas que, do lado de fora, sentem o cheiro de comida do restaurante. |
| | As pessoas que dançam em uma boate. | | Os vizinhos da boate, que não dormem por causa do barulho. |

Deste modo:

| **Os consumidores** | **Os clientes** |
|---|---|
| ▪ São os que utilizam nosso produto hoje. | ▪ São, assim, os que poderão utilizar nosso produto amanhã. |
| ▪ Para eles são direcionados os esforços para que permaneçam com nosso produto. | ▪ Para eles são direcionados os esforços para que se tornem nossos consumidores. |
| ▪ Assim mantemos nossa faixa de mercado. | ▪ Assim aumentamos nossa faixa de mercado. |
| ▪ Para eles dirigimos esforços para que nossos produtos tenham multiplicidade de elementos, que garantam sua manutenção como nossos consumidores. | ▪ Para eles dirigimos esforços para que nossos produtos tenham evolução em seus elementos. |
| ▪ A empresa depende do consumidor hoje. | ▪ A empresa depende do cliente para garantir seu futuro. |

### OS CONCEITOS DE CONSUMIDOR E CLIENTE NA PRÁTICA:

*COMO A EMPRESA SE MANTÉM NO MERCADO?*

- Investe no consumidor.
- Estratégia: multiplicidade.
- Resultado esperado: fidelidade do consumidor.

*COMO A EMPRESA AMPLIA SEU MERCADO?*

- Investe no cliente.
- Estratégia: evolução.
- Resultado esperado: conquista de novas faixas de mercado.

*A META DE QUALQUER EMPRESA QUE DESEJA CRESCER:*

- Transformar clientes em consumidores.

### *UM PONTO CRÍTICO A DESTACAR:*

- Há quem diga que os clientes, na verdade, são os consumidores em potencial.
- Mas essa definição está equivocada. O conceito correto é:
- *Clientes são os consumidores em potencial.* ***Ou não.***
- Note que esse elemento adicional "ou não" é crítico.
- Porque dele depende nossa sobrevivência. Ou não...

### PARA REFLETIR

O impacto estratégico do conceito de cliente é bem evidente. De fato, os clientes:

- São aqueles que serão responsáveis pelo fato de que, no futuro, ainda estaremos no mercado – ***ou não***.
- São aqueles que permitirão que ampliemos nossa faixa de mercado – ***ou não***.
- São aqueles que garantirão a substituição de consumidores que, por razões diversas, deixarão de adquirir nossos produtos – ***ou não***.
- São aqueles que permitirão que injetemos novos recursos na empresa – ***ou não***.
- São aqueles que garantirão nosso crescimento – ***ou não***.

- A organização hoje depende de seus consumidores para ***viver***.
- Todavia, depende de clientes para ***sobreviver***.

Por isso, o conceito de cliente tem importância crítica para as empresas, mas, ao mesmo tempo, é um conceito que amplia a noção de adequação ao uso, passando a evidenciar preocupações também com as faixas de mercado que não consomem nossos produtos – e que poderiam (lembre-se: ou não) vir a consumi-los.

Torna-se fácil, com base nesse raciocínio, generalizar a ideia de que a qualidade tem impacto em toda a sociedade.

Inicialmente, observe que:

| | | |
|---|---|---|
| ▪ Homens não costumam usar produtos femininos – como saias, por exemplo. | | ▪ Eles podem comprar saias para dar de presente. |
| ▪ Crianças não depositam dinheiro em bancos. | | ▪ Podem influenciar seus pais a fazê-lo se tiverem uma simpatia especial pela empresa (por força de uma publicidade dirigida a elas, por exemplo). |
| ▪ Meninos não compram carros. | ***MAS*** | ▪ Se passarem a familiarizar-se com a marca que patrocina o time de futebol da escola, poderão fazê-lo quando crescerem. |
| ▪ Meninas não adquirem eletrodomésticos. | | ▪ Poderão fazê-lo quando crescerem, lembrando-se da marca que havia na casa da mãe. |
| ▪ Estudantes não compram computadores. | | ▪ Poderão optar pela marca que usaram na escola. |

Em outras palavras, sempre uma pessoa poderá transformar-se em consumidor, ou influenciar outras pessoas a se transformarem em consumidores.

Assim, pode-se perceber que toda a sociedade é cliente da empresa. Afinal, é da sociedade que saem pessoas que poderão (ou não) ser futuros consumidores.

Há, ainda, outro aspecto a considerar.

A ação social da empresa pode ser um elemento fundamental para transformar clientes em consumidores (ou não). De fato, institutos de marketing têm mostrado que muitos consumidores priorizam produtos de empresas que possuem ações de alcance social, como, por exemplo, programas que incentivam crianças de escolas públicas a plantar árvores ou cultivar hortas, em casa ou na própria escola.

Ações sociais são, em geral, investimentos que a empresa faz em sua imagem, que costumam produzir resultados rápidos nas marcas de seus produtos. Evidentemente, essas ações devem ser feitas de modo adequado à cultura local (JACOBSEN, 2017).

Em particular, é relevante considerar que a parcela da sociedade mais próxima da empresa é composta pelos próprios funcionários. Dessa forma, não se pode visualizar ação social mais significativa do que investimentos da empresa em seus próprios funcionários, em termos, por exemplo, de condições de trabalho, salários adequados, benefícios básicos, formação e qualificação do pessoal.

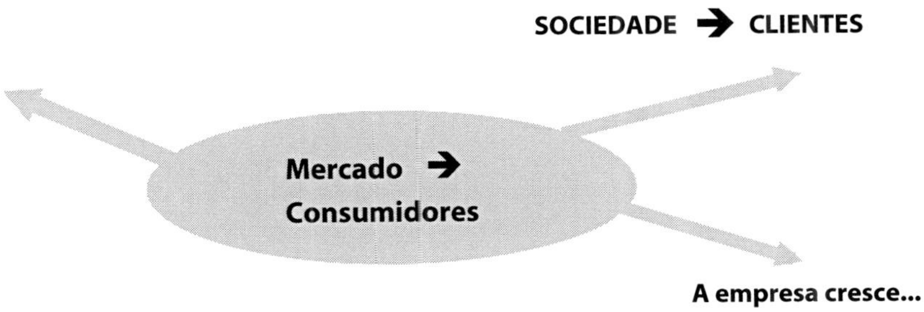


## 2.1.3 Globalização da ação produtiva

O conceito da globalização nem sempre é bem entendido, gerando mais temor do que uma visão de que ela seja benéfica. Na prática, tem sido vista como aumento de concorrência e, por isso, uma abertura perigosa para as empresas locais. De fato, uma maneira simples de ver a questão é considerar que produtos e serviços podem ser oferecidos a qualquer consumidor, em qualquer parte do mundo. Ou seja, a globalização caracteriza, com maior ênfase, a facilidade de acesso do consumidor às mais variadas ofertas.

NicoElNino | iStockphoto

Isso não significa necessariamente riscos de sobrevivência para as empresas. Significa muito mais um desafio que as empresas devem passar a considerar. Em tese, esse desafio refere-se à necessidade de criar maior fidelidade de consumidores a produtos e serviços. Maior adequação ao uso e impacto social da empresa – os dois itens vistos antes – têm papel relevante nesse esforço.

**PARA REFLETIR**

Quais os limites da sociedade? Ou seja:

- Em quanto tempo uma informação gerada em uma parte do mundo pode propagar-se pelo resto do planeta?
- Em quanto tempo uma pessoa que porta uma doença contagiosa pode contaminar outras pessoas em qualquer parte do planeta?
- Em quanto tempo uma imagem pode ser vista por milhões de pessoas em diferentes regiões do planeta?
- Em resumo: sociedade = planeta...

Por outro lado, a globalização representa oportunidade de atuar em novos mercados. É evidente que essa atuação dependerá exatamente da qualidade dos próprios produtos e serviços a serem oferecidos, já que concorrer com produtos locais sempre representa uma experiência que precisa de monitoramento crescente, sobretudo para passar, ao mercado, uma noção de que o produto é melhor por características que sejam imediata e continuamente visíveis pelos consumidores locais.

anyaberkut | iStockphoto

É importante observar que argumentos nacionalistas estão crescentemente perdendo força e importância. Os consumidores hoje preferem, com frequência cada vez maior, características do produto, como preço e qualidade, à nacionalidade do produto.

Talvez seja conveniente lembrar que hoje não se pode mais pensar em mercados fechados (a não ser em países muito atrasados, onde *ainda* existem reservas de mercado). Dessa forma, é hora de mudar a visão que se pode ter a respeito da globalização. Não se trata mais de ter opiniões a respeito do assunto; isso é perda de tempo, trata-se de um fenômeno irreversível. Em vez disso, é melhor investir em qualidade para aproveitar oportunidades e minimizar riscos.

### *Não há mais como construir proteção em torno de mercados...*

Alguns pontos podem ser destacados:

- A ação da empresa em relação ao meio ambiente costuma ser considerada uma característica de impacto considerável no papel "globalizante" que as empresas queiram desempenhar.
- Agressões ao meio ambiente têm reflexos muito abrangentes e comprometem a empresa com gravidade e amplitude.
- Bens tangíveis e serviços gerados em condições de preservação a recursos naturais costumam ter muita aceitação em qualquer parte do mundo.
- Agressões ao meio ambiente, ao contrário, simplesmente inviabilizam a entrada desses produtos.

As relações de processos de fabricação, de produtos durante e após seu uso e do desenvolvimento de serviços com o meio ambiente têm sido consideradas como um indicador crucial da qualidade das empresas. Seu impacto sobre o consumo já está consolidado em variadas pesquisas de mercado. Em determinadas faixas, como consumidores crianças ou adolescentes, a exigência da preservação ambiental tem sido considerada de crítica importância, pelo crescente papel que cuidados com o meio ambiente desempenham para os jovens.

Rawpixel | iStockphoto

É provável que a visão abrangente do conceito da qualidade, que analisa seu impacto sobre a sociedade e sobre o meio ambiente, tenha origem na visão que um dos mais ilustres autores da qualidade de nosso tempo – Genichi Taguchi – tinha do assunto.

**GENICHI TAGUCHI** (1924-2012)

Taguchi nasceu no Japão, em 1924, e morreu, também no Japão, em 2012.

Foi engenheiro e estatístico de grande renome.

Desde a década de 1950, atuou em Qualidade e desenvolveu vários métodos que utilizavam a aplicação de modelos estatísticos, sempre visando melhorar a qualidade dos produtos e processos industriais.

Taguchi tornou-se conhecido a partir do início dos anos 1980, quando desenvolvia suas atividades na AT&T Bell Laboratories, nos Estados Unidos.

**VOCÊ SABIA?**

- Taguchi tornou-se conhecido a partir do início dos anos 1980, quando desenvolvia suas atividades na AT&T Bell Laboratories, nos Estados Unidos.
- Sua primeira contribuição foi exatamente um novo conceito da qualidade, no qual ele enfatizava, bem ao contrário de tudo o que se fazia na época, o aspecto "negativo" da qualidade: para ele, "a qualidade é a perda monetária imposta à sociedade a partir do momento que o produto sai da fábrica", ou seja, do ponto de vista de valor agregado, pode-se conceber a qualidade de um produto como determinada "pelas perdas econômicas" que ele impõe à sociedade, em sua totalidade, desde o instante em que ele é colocado à venda (TAGUCHI *et al.*, 1990, p. 3).
- Definido dessa forma, o conceito de Taguchi para a qualidade contrastava com o ponto de vista tradicional, segundo o qual qualidade era algo intrinsecamente bom, que associava ao produto características desejáveis.
- Os métodos de Taguchi partem de um mesmo ponto, que poderia ser chamado de dimensão social da qualidade.
- Pode-se considerar que a qualidade envolve uma grande multiplicidade de aspectos; Taguchi considera que um dos mais importantes é aquele que se refere ao conjunto de danos ou prejuízos que um produto pode determinar à sociedade que for, por ele, de alguma forma, afetada.
- O esforço pela qualidade pode ser definido como o empenho que se desenvolve para que, desde o instante em que o produto deixa a empresa, sejam minimizados tais danos ou prejuízos.

Os reflexos desse conceito sobre o sistema produtivo são evidentes – passa a ser papel da Gestão da Qualidade desenvolver todos os meios destinados a gerar "economia" para a sociedade.

**PERDA IMPOSTA À SOCIEDADE**

Milehightraveler | iStockphoto

stellalevi | iStockphoto

Taguchi enfatiza perdas associadas ao produto. Não especifica que perdas são essas. Tampouco restringe-as à falta da qualidade ou a danos determinados. A noção de perdas, assim, está associada a uma gama muito ampla de pessoas ou áreas afetadas. Poderiam ser o consumidor, que utiliza o produto; o fabricante do produto; o círculo social no qual se encontra o consumidor ou a sociedade.

A que perdas Taguchi se refere?

- Insatisfação de um consumidor em particular (com o baixo rendimento de seu carro, por exemplo).
- Prejuízos impostos ao grupo social em que ele vive (os vizinhos estão irritados com o barulho do carro).
- Danos à sociedade (o carro polui o meio ambiente).
- Ao próprio fabricante (há um desgaste natural da imagem do produtor do carro pela má qualidade do produto – isso pode impor perdas em negócios futuros).

Taguchi considera que o objetivo básico da empresa é o de minimizar quaisquer custos que possam advir da utilização do produto. Torna-se, assim, necessário repassar ao setor produtivo a mesma visão e o mesmo sentimento que a sociedade tem de nossos produtos; torna-se, além disso, necessário incorporar ao produto todos os elementos que possam melhorar sua utilização. É a responsabilidade social da empresa (PERSIC; MARKIC; PERSIC, 2018).

kate_sept2004 | iStockphoto

SeventyFour | iStockphoto

A noção evolutiva de ***perda imposta à sociedade***:
A criança que recebe tudo da sociedade e
o profissional que passa a contribuir com ela.

Como se nota, Taguchi trabalha com uma visão de longo prazo, consistente e abrangente.

O ambiente sob consideração é a sociedade, em todo o seu contexto, amplo e complexo, e os argumentos utilizados são aqueles para os quais normalmente se associa maior atenção e sensibilidade: custos.

Só isso já garante uma motivação particular à metodologia. Por fim, pode-se notar que se trata, sem dúvida, de uma visão muito mais ampla – e sólida – da própria economia da qualidade, já que a insere na economia social, em sua totalidade.

## 2.2 A QUALIDADE DO PROJETO AO PRODUTO

**Quando vemos um produto, o primeiro impacto gerado vem da visão do produto como um todo. Daí a importância do que chamamos comumente *design* do produto.**

Vladimiroquai | iStockphoto

Esta seria uma avaliação geral do produto: uma avaliação em nível macro. Esse tipo de avaliação envolve dois conceitos básicos: Qualidade de Projeto e Qualidade de Conformação.

Em um segundo momento, podemos nos deter em detalhes do produto. Aqui, detalhes funcionais do produto são considerados.

AndreyPopov | iStockphoto

Esta seria uma avaliação detalhada do produto; uma avaliação em nível micro. Tal tipo de avaliação envolve três conceitos básicos: Característico da Qualidade, Avaliação da Qualidade feita por Atributos e Avaliação da Qualidade feita por Variáveis.

Estes são os itens aqui discutidos.

**SAIBA MAIS**

- Assim como ocorre no ambiente interno das organizações, o conceito da qualidade tem se alterado no contexto das atividades produtivas, ou seja, no interior das empresas. De fato, a fixação da qualidade já enfatizou, por exemplo, o próprio produto, concentrando esforços na forma como ele é apresentado ao consumidor. Era a época em que a inspeção de produtos acabados parecia ser o elemento básico da qualidade. A visão "externa" da qualidade (o produto) impactava sobre a concepção da qualidade no processo produtivo (inspeções).
- Em uma fase seguinte, a Gestão da Qualidade no processo, também por reflexo de alterações no mercado consumidor, passou a enfatizar as linhas de produção e a forma como os produtos são fabricados. Esse enfoque não perdeu força, mas passou a ser crescentemente associado à qualidade fixada também no projeto. Surge daí a ideia da qualidade desde o projeto, ou seja, o empenho de produzir qualidade no produto considerando-se o projeto e o processo de produção como partes fundamentais dessa ação.
- A qualidade de projeto e a qualidade de conformação são os dois conceitos que mais bem refletem essa preocupação abrangente. Ambos trabalham com avaliações globais do produto, que envolvem aspectos amplos. Outros dois conceitos trabalham mais com a avaliação detalhada das características do produto – trata-se da avaliação por *atributos* e da avaliação por *variáveis*.

## 2.2.1 Avaliação abrangente do produto

Sob um ponto de vista abrangente, bens tangíveis e serviços podem ser analisados em termos do projeto, que determina suas características básicas, e do processo de produção, que viabiliza o projeto estruturado.

### *Qualidade de projeto*

Denomina-se "**qualidade de projeto**" a análise que se faz do produto, em termos da qualidade, a partir da estruturação de seu projeto. Como a qualidade representa a adequação ao uso, essa análise representa a avaliação de como os requisitos do mercado estão sendo atendidos pelas especificações de projeto.

Veja estes produtos:

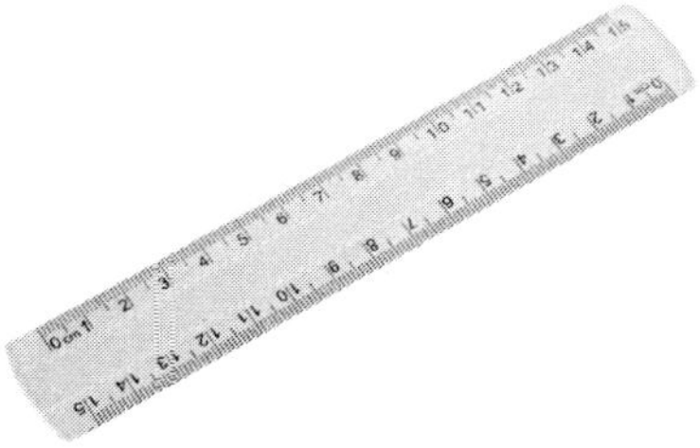

nortongo | iStockphoto

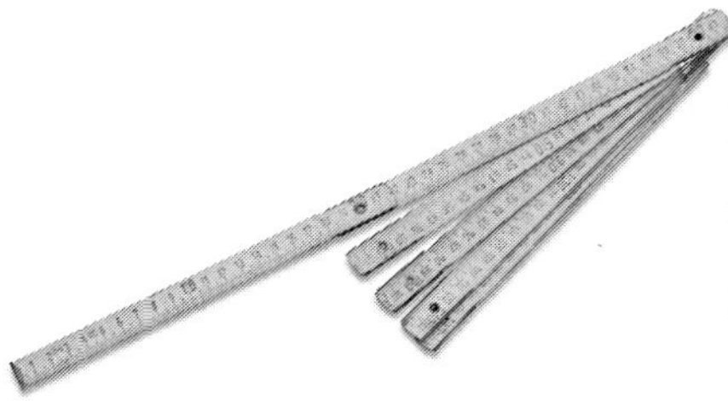

Hajohoos | iStockphoto

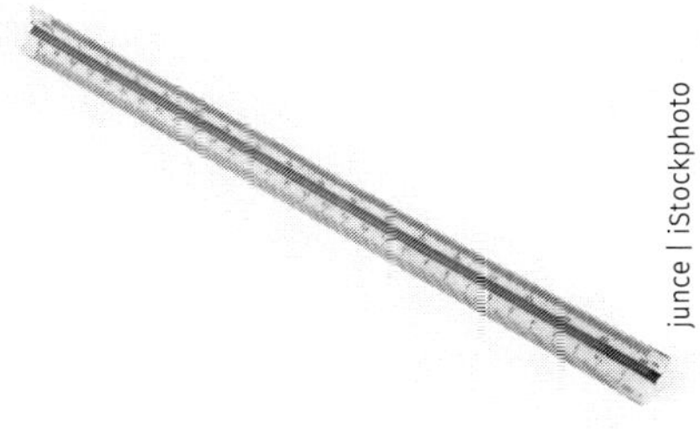

junce | iStockphoto

Eles são usados para a mesma coisa – mas em situações, aplicações e contextos diversos. Por isso têm preços diferentes, decorrem de processos produtivos diversos e destinam-se a faixas de mercado igualmente diferentes. Eles são bons exemplos de Qualidade de Projeto.

De fato: uma forma simples de avaliar a qualidade do projeto é feita ao comparar diversas formas de apresentação e as características funcionais de um mesmo produto ou de produtos similares, nos quais as diferenças aparecem sempre por alterações realizadas nos projetos respectivos.

### *Qualidade de projeto: análise vertical*

Analisada de forma vertical, a qualidade de projeto fica evidente quando uma mesma marca oferece variados tipos de modelo – como determinada montadora que oferece carros populares e sofisticados; sedãs e compactos; esportivos e de uso, digamos, familiar. A qualidade de projeto vertical visa disponibilizar variados modelos do produto para atingir várias faixas diferentes de mercado.

Veja estes quatro produtos:

Nerthuz | iStockphoto

Blade_kostas | iStockphoto

Vladimiroquai | iStockphoto

nerthuz | 123RF

Eles se destinam a usos diferentes. E, portanto, inserem-se em faixas de mercado diferentes. Mas se forem todos eles da mesma marca, então temos aqui a cobertura vertical do fabricante.

### *Qualidade de projeto: análise horizontal*

Analisada de forma horizontal, a qualidade de projeto pode ser identificada na concorrência de produtos similares, que atuam em uma mesma faixa de mercado. No exemplo citado, é o caso de várias marcas de carros disputarem o mercado de carros populares. Cada marca, assim, investe em melhorias no produto até determinado limite, considerando, por exemplo, o preço final ao consumidor. A ideia, portanto, é aumentar a qualidade do projeto, conservando-se as características básicas do modelo.

Veja estes quatro produtos:

twmedia | iStockphoto

Rawpixel | iStockphoto

tupungato | iStockphoto

Tramino | iStockphoto

Eles se destinam a usos similares. E, portanto, inserem-se na mesma faixa de mercado. São de marcas diferentes. Esses fabricantes disputam, horizontalmente, a mesma faixa de mercado.

**EM RESUMO:**

| | | | |
|---|---|---|---|
| **Análise vertical** | Mantém a marca e o fabricante. | Mudam as faixas de mercado. | Oferta de produtos. |
| **Análise horizontal** | Mantém a faixa de mercado. | Mudam as marcas e os fabricantes. | Disputa por consumidores. |

**FIQUE ATENTO**

- O conceito de qualidade de projeto está associado à definição da faixa de mercado que o produto pretende atender.
- De forma geral, pode-se constatar que a qualidade de projeto é observada quando são confrontados dois ou mais tipos ou modelos de um mesmo produto, ou, ainda, produtos similares quanto a seu uso.

Por suas próprias características, a qualidade de projeto tem algumas restrições operacionais que tornam seu gerenciamento um tanto complexo. A qualidade de projeto, por exemplo, é agregada ao produto antes mesmo que ele exista fisicamente, ou seja, é fixada *a priori*.

Feita em uma fase preliminar de produção, a qualidade de projeto fixa o modelo de produtos que nem sempre se viabilizam na prática. As diferenças entre projeto e produto decorrem de variações ocorridas ao longo de seu processo de fabricação. Os reflexos dessas variações sobre o projeto do produto determinam duas situações:

| Situação observada | Ação estratégica |
|---|---|
| Se os desvios entre o produto e o projeto forem aceitáveis, isto é, se as variações ocorridas provocarem alterações de pequeno porte, o projeto poderá absorvê-las. | ■ Nesse caso, o projeto refletirá essas pequenas mudanças, que são toleradas porque, nesse caso, considera-se que o consumidor as aceitará. |
| Se os desvios entre o produto e o projeto forem inaceitáveis, isto é, se forem alterações significativas que determinem provável rejeição do produto, haverá dois caminhos. | ■ O projeto é modificado (o produto final será diferente daquele que havia sido concebido inicialmente, o que pode determinar até mesmo a mudança da faixa de mercado em que o produto vai atuar).<br>■ O processo produtivo é adaptado para o projeto original (o que implica, em geral, considerável elevação de custos de produção). |

**COMO FAZER?**

Existem ações e considerações a fazer nos três casos:

| Situação observada | Riscos e cuidados |
|---|---|
| Desvios aceitáveis. | ■ Pequeno risco de rejeição pelo mercado.<br>■ Necessário o monitoramento do produto no mercado. |
| Desvios inaceitáveis:<br>Projeto modificado. | ■ Risco de o mercado não aceitar o produto.<br>■ Controle sobre as ações de mercado (a empresa não tem controle sobre o processo). |
| Desvios inaceitáveis:<br>Processo produtivo adaptado. | ■ Pequeno risco de rejeição pelo mercado.<br>■ Dificuldade em manter os preços originais do produto.<br>■ A empresa pode investir muito, mas tem o processo sob seu controle. |

Como se percebe, a qualidade de projeto não pode ser analisada de forma independente em relação ao processo que gera o produto. Por isso, a qualidade de projeto é sempre associada a outro conceito – qualidade de conformação – que será visto a seguir.

**PARA REFLETIR**

- É bem visível a importância que a qualidade de projeto desempenha para a definição do nível da qualidade do produto final.
- O padrão da qualidade do produto vai determinar que tipos de consumidor se espera atingir ou que nível de satisfação se pretende oferecer, além de outros aspectos relevantes a considerar, como o próprio preço do produto.
- Isso ocorre porque, em geral, melhor qualidade de projeto acarreta custos mais elevados de produção. Para aumentar a eficácia da qualidade de projeto, já foram desenvolvidas ferramentas que investem na melhoria contínua da Gestão da Qualidade no projeto (SHEFFREY, 2011).

## *Qualidade de projeto: exemplos práticos*

- Produtos que se destinam a faixas específicas de mercado costumam ser apontados como exemplos de qualidade de projeto. É o caso de alimentos dietéticos.
- Outros exemplos envolvem facilidades que se agregam aos produtos aumentando seu valor. É o caso de controles remotos para a operação de aparelhos de ar-condicionado; eletrodomésticos dotados de dispositivos que reduzem o consumo de energia ou produtos que dispõem de mecanismos que absorvem bruscas variações da corrente elétrica, aumentando sua confiabilidade contra a queima.
- Os brinquedos são bons exemplos de Qualidade de Projeto: eles "criam" a necessidade nas crianças (público alvo específico).

- Agregar itens a um produto básico também é função da Qualidade de Projeto, como no caso de canetas com relógio, apontador laser, minicalculadora...
- Na mesma linha de raciocínio situam-se fogões com acendimento automático, tampa em acrílico, luzes direcionadas no forno, viradores etc.
- Agregar aromatizantes em inseticidas é uma ação que não afeta sua função básica, mas torna o uso mais agradável. Outro exemplo de Qualidade de Projeto.
- Alterações genéticas na produção de suínos, frangos adequados a certos mercados, criando produtos com maior pernil, mais peito, maior carcaça.
- Coleta de sangue em um centro clínico infantil requer certas adaptações no ambiente. Isto também é Qualidade de Projeto.

Note que esses elementos diferenciam produtos, atingindo diferentes faixas de mercado, sempre com a preocupação de aumentar a adequação ao uso.

**VOCÊ SABIA?**

- A qualidade de projeto também representa uma contribuição relevante aos demais conceitos da qualidade. Projetos de produtos que minimizam riscos de uso, reduzem ruídos ou eliminam a emissão de gases poluentes representam preocupação objetiva com o ambiente onde os produtos serão usados.
- O mesmo se pode dizer das chamadas fábricas limpas, isto é, dotadas de processos de produção ecologicamente corretos. O acesso ao produto pode ser uma função social. Melhorar o projeto de forma a criar produtos bons e baratos é uma ação que tem impacto de grande alcance. E essas melhorias representam ganhos consistentes para as empresas que os produzem.

Pode-se observar que a qualidade de projeto relaciona o produto ao mercado. Já a relação entre projeto e produto é analisada no contexto da qualidade de conformação.

### *Qualidade de conformação*

A característica básica do que se conhece como "**qualidade de conformação**" é o esforço para o pleno atendimento às especificações de projeto, ou seja, a qualidade definida em termos do processo de produção. A qualidade de conformação, assim, pode ser definida como a medida de fidelidade com que o produto fabricado atende às especificações do projeto. Essa fidelidade reflete a natureza, a intensidade, a forma, a frequência e a gravidade de alterações ocorridas durante a fase de produção. A qualidade de conformação, assim, resulta de desvios que o processo produtivo gera em relação ao projeto original.

**FIQUE ATENTO**

A qualidade de conformação trabalha com conceitos e elementos típicos da Gestão da Qualidade no processo, que envolve:

- pleno atendimento às especificações de projeto;
- ausência de defeitos;
- características gerais do processo de produção (exemplo: capacidade de operação);
- conhecimento e gerenciamento do processo, isto é, elementos do processo produtivo que favorecem ao controle de variações de produção;
- potencialidades e fragilidades do processo (em especial aquelas que favorecem o aparecimento de defeitos ou podem ser utilizadas especificamente para eliminá-los);
- análise e avaliação de operações de fabricação.

Como se verá a seguir, a ocorrência de um defeito no produto, seja qual for sua natureza, prejudica a perfeita utilização do produto e compromete sua qualidade. Por isso, a qualidade de conformação investe na ação de correção e, sobretudo, na prevenção de defeitos.

Um exemplo largamente utilizado para mostrar o que significa qualidade de conformação de um produto é a operação de uma impressora. Teoricamente, todas as folhas impressas deveriam sair iguais. Se existem diferenças, isso ocorre por variações na máquina, no papel, nas tintas, na operação, nas fontes..., ou seja, no processo produtivo. Esforços feitos para reduzir essas variações, que determinem um processo uniforme de impressão, estão relacionados exatamente à qualidade de conformação.

## *Exemplos de qualidade de conformação*

- A qualidade de conformação está presente no esforço para manter a uniformidade dos produtos. É o caso da estabilidade cromática em tintas, plásticos, tecidos. De fato, o grande desafio para os fabricantes de tintas é fabricar um produto que mantenha a tonalidade em longas áreas de aplicação. Também observa-se grande empenho da qualidade na estabilidade dimensional em tecidos (após lavá-los ou deixá-los expostos ao sol).
- A qualidade de conformação está presente em produtos que precisam manter suas características originais sob pena de produzir riscos enormes a quem os utiliza. É o caso das propriedades químicas de um remédio, como facilmente se compreende.

Elen11 | iStockphoto

- Alguns produtos só funcionam adequadamente se forem produzidos exatamente conforme o projeto. É o caso dos circuitos elétricos. Neste caso, a fidelidade ao projeto é crítica para a operação do produto.

SolStock | iStockphoto

- A necessidade de provar sapatos e roupas no momento da aquisição é evidente sinal de falta de qualidade de conformação. Em tese, não deveria ser preciso fazer esse teste. Todos os sapatos de tamanho 40 deveriam ser ajustados a quem calça este número.

ugurv | iStockphoto

- Redes de *fast-food* priorizam a qualidade de conformação como marca registrada de suas operações. Não importa onde você come um sanduíche da rede: ele deve ter as mesmas características. Às vezes, peculiaridades regionais alteram um pouco o sabor (mais ou menos temperado, por exemplo). Mas as características gerais do produto são sempre mantidas.

YouraPechkin | iStockphoto

- Produtos intercambiáveis só conseguem atender a finalidade a que se destinam se portarem qualidade de conformação. Afinal, trata-se de peças diferentes, mas que atendem a esta finalidade quando atuam juntas.

xenotar | iStockphoto

- A montagem de um carro envolve peças muito diversas entre si e que provêm de um grande número de fornecedores. Mas todas elas vão operar juntas, no mesmo produto. Os requisitos de qualidade de conformação em um processo deste tipo são bem visíveis.

michaeljung | iStockphoto

- A qualidade de conformação está presente no processo de prestação de serviços. Em um banco, por exemplo, o atendimento aos usuários deveria ser o mesmo, independentemente do movimento na agência. A meta da qualidade de conformação, aqui, é manter o mesmo padrão de operação em todas as agências. O mesmo ocorre no atendimento das várias filiais de uma rede de lojas.

**PARA REFLETIR**

- Separar bons dos maus produtos ao final da linha de produção é uma solução onerosa.
- A qualidade de conformação propõe a prevenção dos defeitos, um conjunto de ações que reduz custos.

### *Qualidade de conformação na prática*

- **Viabilidade:** a qualidade de conformação passa a ser viável se, pelo menos, um produto foi fabricado com dado padrão da qualidade, ou seja, se há, pelo menos, uma unidade do produto que atenda plenamente ao projeto. Nesse momento, outros produtos semelhantes podem ser produzidos.
- **Alterações de processo:** se, porém, forem detectados desvios entre os produtos e os respectivos projetos, terão ocorrido alterações no processo produtivo, o que não ocorreria se nenhum dos produtos tivesse saído conforme previsto no projeto – nesse caso, o processo seria incapaz de atender ao projeto.
- **Formas de avaliação:** a análise da qualidade do produto, do ponto de vista de sua conformação ao projeto, é utilizada quando se trata de avaliar as variações da qualidade de um mesmo tipo de produto, de uma unidade para outra, de um lote para outro, de um dia para outro etc.
- **Custos:** qualidade de conformação mais consistente significa produto mais uniforme e não determina, necessariamente, custo de produção mais elevado, mas, ao contrário, tende a gerar produtos mais baratos.
- **Utilização:** a qualidade de conformação é particularmente relevante em ambientes de produção sob encomenda ou em situações em que a produção é relativamente simples, o que a torna um referencial relevante, capaz de diferenciar o produto. É o caso da produção de alimentos, por exemplo, em que nem sempre há recursos tecnológicos de elevado suporte envolvidos. Detalhes de produção para garantir a uniformidade do sabor de alimentos podem, sem dúvida, desempenhar papel decisivo na operação de um restaurante ou de uma padaria.

### *Qualidade de projeto × qualidade de conformação*

Qualidade de conformação e qualidade de projeto são dois conceitos que se complementam. De fato, note, na tabela abaixo, como os conceitos relacionam-se:

| AÇÃO | QUALIDADE DE PROJETO | QUALIDADE DE CONFORMAÇÃO |
|---|---|---|
| **Avalia...** | Se o produto atende a determinada faixa de mercado. | Se o produto está perfeitamente adequado ao projeto. |
| **Investe...** | No processo de adequação do produto ao uso a que se destina. | No processo de adequação do produto ao projeto que o originou. |
| **Referencial básico:** | Faixa de mercado a atender. | Projeto definido para o produto. |
| **Elemento básico de avaliação:** | Satisfação do consumidor. | Compatibilidade entre projeto e produto. |
| **Informação básica:** | Comportamento do mercado consumidor. | Comportamento do processo produtivo. |
| **Modelo de gerenciamento:** | Centrado em pesquisas de mercado consumidor. | Gestão da Qualidade no processo produtivo. |
| **Ênfase:** | Expectativas do consumidor. | Requisitos de projeto. |

Outros dois conceitos relevantes no esforço de conferir qualidade do projeto ao produto é o da avaliação da qualidade feita por dois modelos: atributos e variáveis.

**QUESTÕES PARA REFLEXÃO**

- Qual a característica básica da qualidade de projeto? Como ela cria uma interface entre a empresa e o mercado?
- Qual a importância que a qualidade de conformação desempenha para a definição da qualidade do produto final?

### 2.2.2 Avaliação particularizada do produto

Para esse segundo tipo de avaliação, a ênfase da análise concentra-se em detalhes que podem diferenciar os produtos, agregando a eles características específicas. Esse tipo de avaliação foca os "**característicos da qualidade**".

*Característicos da Qualidade*

São os elementos de decisão que um consumidor elege para adquirir um produto. Se um carro é adquirido por causa de sua cor, por exemplo, esse é um elemento de decisão. Controlar esse característico no processo produtivo, assim, passa a ser tarefa de dimensões estratégicas.

**EXEMPLO**

Um consumidor chega a uma concessionária e informa que deseja um carro cinza. Este é o carro apresentado a ele. Ele gosta do modelo e da cor e adquire o carro.

Vladimiroquai | iStockphoto

Um segundo consumidor chega a uma concessionária e informa que deseja um carro cinza. Este é o carro apresentado a ele. Ele gosta do modelo, mas acha que a cor está muito clara. Pergunta se tem um carro cinza, porém mais escuro.

Vladimiroquai | iStockphoto

Este é o carro apresentado a ele. Ele gosta da tonalidade do cinza e adquire o carro.

Vladimiroquai | iStockphoto

No primeiro caso, cinza é o característico da qualidade. Foi esta a cor que levou à decisão da compra. No segundo, cinza passa a ser uma característica – cinza-claro e cinza-escuro é que são os característicos, porque estes são os elementos de decisão. Aqui, claramente, há três faixas de mercado definidas – uma no primeiro caso e duas no segundo.

## FIQUE ATENTO

- O característico da qualidade é um elemento básico de controle no processo de produção, já que ele tem reflexo direto e fundamental na adequação do produto ao uso.
- Dito de outra forma, um característico da qualidade é tudo aquilo que for relevante para o produto ou serviço, sendo, por isso, inerente a ele (isto é, possui a capacidade de caracterizá-lo, identificá-lo, individualizá-lo).
- Em geral, o característico da qualidade é um item qualquer do produto que requer atenção.

Em termos práticos, como identificar um característico da qualidade?

O característico pode ser uma propriedade essencial para que possa ser definida a natureza de um produto (exemplo: capacidade de conduzir corrente elétrica) ou de um serviço (por exemplo: especificidades de atuação de um grupo de consultores). Definidos de forma mais ampla, os característicos são todos os itens dos quais depende o perfeito funcionamento do produto acabado ou da operação de um dado serviço.

O característico é o aspecto primário da qualidade, ou seja, é o que se atinge quando se decompõe o produto em seus itens elementares, em suas menores partes. É evidente que do controle desses elementos, e da ação que conjuntamente desempenham, depende toda a operação do produto.

## PARA REFLETIR

**CARACTERÍSTICA × CARACTERÍSTICO**

- É interessante notar que o termo *característico* foi criado para diferenciar de característica da qualidade, que corresponde ao conjunto de vários característicos.
- Se um consumidor, por exemplo, pede café com açúcar, então "açúcar" é um característico. Se ele pede com açúcar mascavo, então açúcar passa a ser característica e os tipos – branco, mascavo, cristal, por exemplo –, os característicos.
- Quando uma característica vira um característico, significa que os elementos de decisão do consumidor se transferiram para itens mais detalhados ou mais específicos.
- A utilidade prática da diferenciação entre característica e característico, assim, consiste exatamente em determinar o elemento fundamental de decisão – no processo, isso passa a ser um elemento que requer atenção prioritária (o que antes não ocorria).

Em geral, criar mecanismos detalhados de avaliação de todos os característicos é inviável. Assim, há diferentes modos de proceder à avaliação dos característicos da qualidade de um produto, considerando sua natureza, importância para o funcionamento do produto, intensidade de ocorrência etc.

Há duas formas básicas de se proceder à avaliação dos característicos de qualidade: por atributos e por variáveis.

### 2.2.3 Avaliação da qualidade por atributos

São as seguintes as características gerais da **avaliação da qualidade feita por atributos**:

- Os característicos não são medidos.
- Não há técnicas quantitativas associadas à execução da avaliação em si.
- Utilizam-se escalas discretas, quase sempre binomiais, próprias dos processos de classificação.
- O característico recebe um rótulo, em geral um adjetivo, para identificar seu nível da qualidade.
- Não fica determinada a intensidade de um defeito, mas apenas sua presença ou ausência.
- Trata-se de um modelo tipicamente utilizado para associar produtos a classes ou grupos.
- Expressões como "defeituosa" ou "perfeita" são típicas desse tipo de controle.
- Podem ser usados instrumentos (como calibradores, por exemplo) perfeitamente aferidos. Todavia, o resultado da inspeção não cria uma medida para os característicos, apenas uma classificação (como passa/não passa).

**EXEMPLOS**

São controles típicos por atributos:

- degustação de vinhos, cervejas, licores etc.;

Gilaxia | iStockphoto

- análise de perfumes ou odores em geral;

PeopleImages | iStockphoto

- avaliação de sons (afinando pianos de ouvido, por exemplo);

syolacan | iStockphoto

- verificação da presença de quebras, manchas, trincas ou outros defeitos na face do produto;

EyeJoy | iStockphoto

- análise de granulometria feita por peneiras em minerais, areia, grãos em geral, apenas para verificar, por exemplo, se uma pedra de carvão passa ou não passa por certo padrão;

mputsylo | iStockphoto

- testes simples de funcionamento – como uma lâmpada (acende ou não), ou uma caneta (escreve ou não).

CreativaImages | iStockphoto

Também se incluem na avaliação da qualidade feita por atributos:

- testes de umidade feitos pelo tato (madeira ou fumo, por exemplo);
- análise de cores ou tonalidades;
- presença de imperfeições de acabamento;
- testes com calibradores do tipo "passa/não passa", "cabe/não cabe", "entra/não entra";
- ensaios comparativos (maior ou menor, mais ou menos intenso etc.);
- classificação de peças (por similaridade de cores, por exemplo).

Uma imagem de uma pessoa selecionando frutas e verduras em um supermercado ilustra bem a avaliação da qualidade feita por atributos. Trata-se de uma escolha meramente "visual"...

Steve Debenport | iStockphoto

## 2.2.4 Avaliação da qualidade por variáveis

São as seguintes as características gerais da **avaliação da qualidade por variáveis**:

- Os característicos são medidos.
- Usam-se mecanismos e dispositivos para medir o valor exato do característico (técnicas quantitativas associadas à avaliação feita).
- Utilizam-se escalas contínuas, próprias dos sistemas de numeração.
- O característico recebe um número que identifica o valor exato de seu nível da qualidade.
- Fica claramente determinada a intensidade de um defeito, não apenas sua presença ou ausência.
- É um modelo tipicamente utilizado para individualizar produtos.
- A expressão que caracteriza a qualidade é sempre um valor exato, acompanhado da unidade respectiva.
- Sempre são usados instrumentos (como medidores de pressão, por exemplo) perfeitamente aferidos. O resultado da inspeção cria uma medida exata para cada característico (o peso é 654 gramas, por exemplo).

**EXEMPLOS**

Alguns exemplos típicos de avaliações feitas por variáveis:

- valores da temperatura que medem a febre de uma criança;

- testes que envolvem dimensões básicas, como altura, profundidade, volume, peso e comprimento;

- fixação de valores de liquidificação, fusão ou evaporação;

Toa55 | iStockphoto

- pressão arterial.

MIND_AND_I | iStockphoto

Também se incluem na avaliação da qualidade feita por variáveis:

- determinação da capacidade de produtos de conduzir ou isolar corrente elétrica ou calor;
- medidas de propriedades físicas como resistência ao risco ou à flexão, energia acumulada e torção, ou químicas, como o pH e o teor de determinada substância em um composto;
- valores que caracterizam um ambiente (umidade relativa do ar, temperatura ou pressão, por exemplo);
- capacidade de sustentação.

## Avaliação da qualidade feita por atributos × Avaliação da qualidade feita por variáveis

Observa-se que a avaliação por variáveis é feita por técnicos que dispõem de **instrumentos específicos** para tal fim.

THEGIFT777 | iStockphoto

Já a avaliação por atributos é realizada com o uso dos **cinco sentidos do operador**.

YakobchukOlena | iStockphoto

PeopleImages | iStockphoto

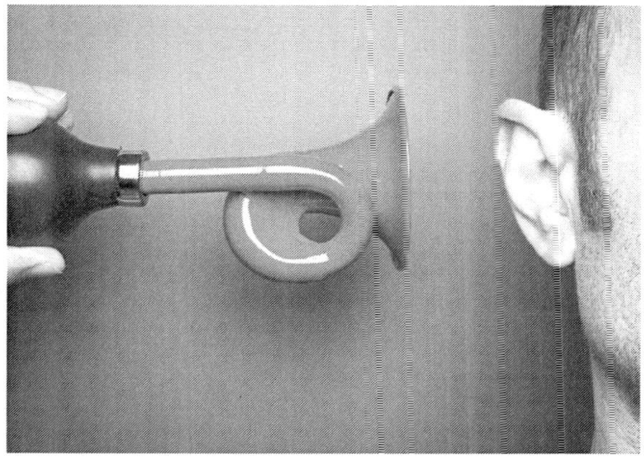

ThomasVogel | iStockphoto

fcscafeine | iStockphoto

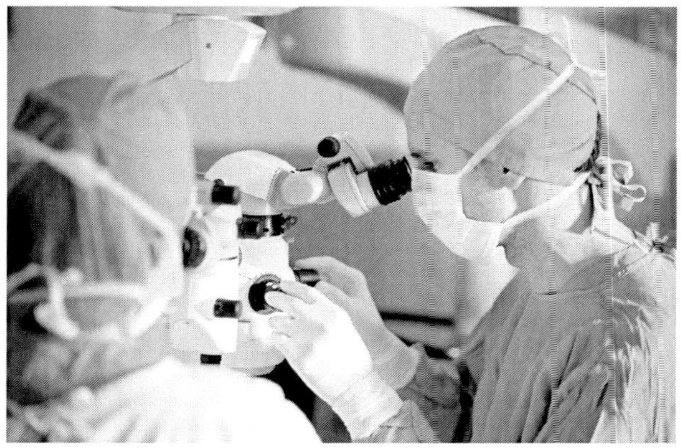

andresr | iStockphoto

Assim, tem-se, por exemplo, na avaliação da qualidade feita por atributos:

- o controle do teor de umidade de produtos como carvão ou fumo, pelo manuseio do produto;
- a constatação da presença de determinada substância em gases ou líquidos, feita pelo controle do cheiro do produto;
- o controle do sabor de bebidas ou alimentos feito por degustadores experientes;
- a distinção de sons, em agradáveis ou não, de sinetas, campainhas, buzinas, instrumentos musicais; e
- a observação de tonalidades de azulejos ou pisos.

**FIQUE ATENTO**

- Confrontando-se ambos os modelos de avaliação, nota-se que, para o controle por variáveis, a base de decisão tende a ser muito mais objetiva do que no caso do controle por atributos.
- Na maioria das vezes, a classificação por atributos tem uma base subjetiva para a tomada de decisão, o que significa dizer que, em muitos casos, a avaliação do característico depende fortemente de quem a executa.

Como se observa (na tabela apresentada a seguir), existem diferenças notáveis entre a avaliação dos característicos de qualidade de um produto feita por atributos e a feita por variáveis.

Isso requer que se analise, com cuidado, qual avaliação adotar em cada situação. Essa confrontação envolve tanto o característico quanto o modelo adequado a ele. Em geral, há um conjunto de informações requerido para cada um deles.

| Avaliação por atributos | Avaliação por variáveis |
|---|---|
| ▪ Costuma fornecer conclusões mais rápidas. | ▪ A demora da avaliação por variáveis pode decorrer do uso de instrumentos de medida, ou testes e ensaios de laboratório, que podem durar várias horas. |
| ▪ Os padrões de qualidade não são claramente definidos. | ▪ Os padrões da qualidade são valores numéricos, intervalos ou valores de uma escala. São perfeitamente definidos. |
| ▪ A avaliação produz informações gerais sobre o característico que está sendo estudado. | ▪ Fornece informações mais completas e detalhadas, o que confere pistas mais seguras e rápidas para a correção de defeitos. |
| ▪ Execução mais simples e direta. | ▪ Avaliação muitas vezes sofisticada, dependendo de materiais e equipamentos. |
| ▪ Requer poucos cálculos. | ▪ Pode exigir cálculos demorados e complexos. |
| ▪ Tende a utilizar muito mais amostras para oferecer certo padrão de confiabilidade em seus resultados. | ▪ Poucas amostras definem uma tendência para a população sob análise, e podem possibilitar sua completa avaliação. |
| ▪ Exige maior investimento na formação de recursos humanos. | ▪ Exige maior investimento em termos de equipamentos e materiais de avaliação. |
| ▪ Exige treinamento que pode durar muitos anos. | ▪ Exige treinamento técnico que pode ser razoavelmente rápido. |
| ▪ É mais usada, pela facilidade de uso. | ▪ Reservada para itens específicos do processo. |
| ▪ Possui grande número de característicos a controlar. | ▪ Pequeno número de característicos a controlar. |
| ▪ Não há como medir o característico. | ▪ A avaliação só faz sentido se for medida. |
| ▪ Pelo porte e importância relativa do produto, não se justifica medir o característico. | ▪ O característico influi criticamente no produto. |
| ▪ Tem ritmo elevado de produção, o que exige testes mais simples e rápidos. | ▪ Ritmo de produção permite testes quantitativos. |
| ▪ A avaliação feita pelos sentidos é suficiente. | ▪ Exige-se mais do que uma avaliação qualitativa. |
| ▪ É mais cara a médio prazo para todo o processo de produção. | ▪ Mais cara apenas em inspeções individuais de peças. |
| ▪ O investimento em pessoal é diluído ao longo dos anos. | ▪ Investimento em equipamentos é feito de uma só vez (impacto maior na empresa). |
| ▪ Principal dificuldade prática: determinação de padrões objetivos. | ▪ Principal dificuldade prática: necessidade de investir em equipamentos e mantê-los. |
| ▪ Perfil do avaliador: conhecimento do processo, do produto e da empresa. Requisito básico: experiência. | ▪ Perfil do avaliador: conhecimento técnico. Requisito básico: treinamento específico. |

## COMO FAZER?

- Cuidados com seleção, preparação e utilização das amostras são comuns a ambos os modelos de avaliação. Na avaliação por variáveis, contudo, o avaliador precisa também de atenção e cuidados especiais com a correta colocação delas nos equipamentos de medição e avaliação dos resultados. Além disso, aspectos como aferição, manutenção e cuidados ao manusear equipamentos são igualmente requeridos.
- Em geral, a avaliação por variáveis pode ser adequadamente desenvolvida a partir de programas (formais ou informais) de treinamento. Também como norma geral, uma vez adquiridos o conhecimento, o domínio e o controle da técnica, a atividade tende a se transformar em rotina. Com uma frequência muito acentuada, essa rotina pode levar à negligência de cuidados vitais a serem tomados na execução do teste. Esse aspecto requer a execução de formas de treinamento e avaliações periódicas.
- O quadro muda na avaliação por atributos. O que torna um avaliador competente é sua intimidade com produtos, processos e característicos da qualidade. Ou seja, o que se exige, aqui, é experiência, tempo de atividade na função. É compreensível que seja assim – afinal, trabalha-se com decisões qualitativas, com forte conotação subjetiva. Só o tempo de contato e o envolvimento com o produto, e seu processo produtivo, permitem criar bons avaliadores, capazes de separar o que é aceitável do que não é.

É importante lembrar que, em muitas situações típicas da avaliação por atributos, o padrão não existe fisicamente, mas está "dentro da cabeça" do avaliador. O problema maior, como se percebe, é que essa competência, por derivar da experiência, não pode ser transferida de um avaliador para outro em treinamentos formais ou cursos teóricos. É como se fosse um "*feeling*" desenvolvido lentamente, ao longo do tempo, que faz com que se chegue a uma conclusão "sentindo" as características do produto avaliado. Essa e outras razões vistas acima evidenciam a importância da ação dos recursos humanos no processo de avaliação por atributos e a necessidade de atenção específica de quem a gerencia.

**LIÇÕES DA PRÁTICA**

Das últimas análises, parece evidenciar-se a importância de decidir corretamente a respeito de qual tipo de avaliação utilizar. Essa é uma decisão importante. De fato, note que:

- Cada tipo de avaliação tem características próprias. Não se pode exigir precisão em uma avaliação por atributos; não se podem requerer padrões subjetivos (gosto, por exemplo) de uma avaliação por variáveis.
- Cada característico requer um tipo de controle por exigência de sua própria natureza ou por motivos de conveniência. Assim, não se pode exigir que um médico receite remédios para uma doença que não possui sintomas aparentes sem solicitar exames complementares. Um dermatologista, por exemplo, pode (eventualmente) criar um processo terapêutico correto baseado na simples imagem de uma mancha no braço. Um cardiologista não tem a mesma facilidade.
- O método de avaliação escolhido costuma servir de base para a determinação do nível da qualidade de um produto que pode, por exemplo, estar em via de ser lançado no mercado. Um equívoco na escolha da avaliação pode gerar um nível incorreto de qualidade do produto e afetar de forma crucial a imagem da empresa.
- Os métodos e as técnicas do controle estatístico da qualidade, aplicados a processos ou a produtos, são específicos para cada caso. Cada avaliação possui estratégias próprias, que exibem profundas diferenças teóricas e práticas entre si.
- Sempre que uma avaliação for escolhida de forma incorreta, existirão reflexos em termos de custos. Ou uma avaliação cara demais para um característico irrelevante (é o que se chama de matar mosquito com canhão) ou decisões baseadas em informação imprecisa ou incorreta (é o que se chama de prever, em setembro, se choverá no dia de Natal).

**QUESTÕES PARA REFLEXÃO**

- Qual a maior dificuldade prática para a implantação da avaliação por atributos?
- Qual a maior dificuldade prática para a implantação da avaliação por variáveis?

Os quatro conceitos apresentados – qualidade de projeto, qualidade de conformação, avaliação por atributos e avaliação por variáveis – geram novas definições e até mesmo nova ênfase em ações usuais de produção. O conceito de defeito, por exemplo, fica mais bem caracterizado se os conceitos citados forem considerados simultaneamente.

## 2.3 NOÇÃO E AVALIAÇÃO DOS DEFEITOS

O conceito mais simples de defeito é aquele que o caracteriza como a *falta de conformidade* de um produto quando determinado característico da qualidade é comparado com as suas especificações. Ou seja: um produto é classificado como defeituoso *sempre* em relação a um ou mais característicos da qualidade. Nesse caso, pode-se observar que foram identificados um ou mais defeitos associados a cada característico.

Conclui-se, dessa forma, que o conceito de defeito é relativo e pressupõe a análise do produto com base em seus característicos da qualidade (essa avaliação pode ser feita por processos de inspeção na fábrica ou verificação dos níveis de funcionamento do produto, em campo) e considera a definição de padrões da qualidade para os vários característicos da qualidade do produto. O defeito, assim, aparece sempre pela confrontação de cada característico a seu respectivo padrão.

Os seguintes aspectos são fundamentais para a definição de um defeito:

- Não existe "**produto defeituoso**". O que existe é característico defeituoso. Produto defeituoso é uma expressão que não possui nenhum sentido. Um carro com farol queimado está defeituoso; outro, com o motor fundido, também. Só que um possui condições de operação e o outro não. Para evitar confusões, assim, sempre se associa o defeito ao característico – jamais ao produto.
- Não existe defeito se não houver sido definido, primeiro, um **padrão**. Isso porque o defeito não é igual para todos. Um consumidor pode deixar de comprar um carro porque este possui, apenas, cores de que ele não gosta. Nesse caso, todas as cores disponíveis são defeitos, na sua visão. Ainda que não tenham nenhum defeito de operação, o consumidor classifica os carros como defeituosos. E, o que é pior – muda de marca.
- Ao mencionar especificações, o conceito de defeito exige que um característico tenha padrão de **análise mensurável**. O defeito, assim, é sempre avaliado de forma quantitativa. Mesmo na avaliação por atributos, em que se consideram elementos como percentual de peças defeituosas ou número de defeitos por produto.

## CLASSIFICAÇÃO DE DEFEITOS

Os defeitos devem sempre ser classificados. Isso porque se deve priorizar a alocação de recursos para defeitos mais relevantes ou de maior impacto sobre o produto. Todos os defeitos são importantes, sem dúvida – mas alguns deles requerem mais recursos e atenção e, por isso, devem ser analisados com maior atenção e rapidez.

Em geral, podem-se classificar os defeitos de acordo com sua ocorrência ou com sua importância.

Em termos de ocorrência, os defeitos são classificados segundo seu impacto na apresentação ou na operação do produto. Analisando cada caso:

### Apresentação do produto

Nesse caso, os defeitos envolvem desvios na face do produto, incluindo ações de acabamento, aparência e formas de apresentação do produto. São exemplos desse tipo de defeito:

- quebras em fechos de malas e sacolas;
- arranhões na lataria de um carro;
- trincas em peças de porcelana;
- lascas em peças de madeira;
- quebras em pontas de peças de revestimento cerâmico;
- rebarbas em materiais metálicos;
- falta de alinhamento em ponteiras;
- alterações de tonalidade em azulejos;
- imperfeições de acabamento em parafusos que prejudicam seu encaixe nas porcas.

Esse tipo de defeito costuma apresentar impacto psicológico negativo no usuário. Um carro zero quilômetro com riscos na lataria pode determinar sua rejeição pelo consumidor, porque revela falta de cuidado com o produto.

Um cachorro de raça que apresenta sarna, sendo vendido em uma loja, certamente causará péssima impressão e dificilmente será adquirido.

Por isso, os cuidados com esse tipo de defeito devem ser intensos. Certos tipos de produto são julgados, primeiro, pela aparência e, a seguir, por suas qualidades intrínsecas. É o caso dos pratos que constam do cardápio de um restaurante, por exemplo. O consumidor avalia a comida pelo que vê, antes de prová-la. O mesmo ocorre em alimentos expostos em um balcão de supermercado.

### Operação do produto

Nesse caso, os defeitos estão relacionados ao funcionamento do produto, às suas características funcionais. Impactam sobre o produto porque envolvem característicos vitais para que o produto desempenhe sua função básica, isto é, impedem que seja atingida sua finalidade essencial. São exemplos desse tipo de defeito:

- furos em reservatórios de líquidos ou gases;
- um carro com a bateria descarregada;
- falhas no sistema de vedação e isolamento de embalagens térmicas;
- falta de isolamento adequado em câmaras frias;
- ruptura dos fios de alimentação de um produto elétrico;
- pane em motores de veículos;
- curto-circuito numa instalação elétrica;
- perda progressiva de potência do motor que aciona um ventilador;
- fuga de corrente elétrica em fios;
- perda de calor em uma garrafa térmica;
- consumo exagerado de combustível de um carro;
- perda da cor de um tecido.

Esse tipo de defeito é de relevância compreensível. Afetando a função básica do produto, ele inviabiliza seu uso. Por isso o esforço em evitá-lo.

Em termos da importância do defeito, há três classificações usualmente empregadas:

a) defeitos críticos;
b) defeitos maiores;
c) irregularidades.

Detalhando cada um deles tem-se:

**a) Defeitos críticos**

Há dois grupos de defeitos críticos:
1. os que impedem o uso do produto, afetando sua função essencial;
2. os que não impedem o uso do produto, mas afetam as condições de contorno relativas ao uso.

**GRUPO 1**

Joebelanger | iStockphoto

**GRUPO 2**

Toa55 | iStockphoto

No primeiro caso, tem-se os defeitos associados à **função essencial do produto**, que impedem sua utilização efetiva e inviabilizam seu emprego para aquilo a que se propõe o produto.

No segundo caso, observam-se os defeitos que atentam contra a **vida do usuário**, ou de terceiros; os que põem em risco a **integridade física do usuário, ou de terceiros**; e os que agridem o meio ambiente.

EXEMPLOS

| Grupo 1 | Grupo 2 |
|---|---|
| ▪ Produtos elétricos com o motor queimado.<br>▪ Carros com o mecanismo de ignição danificado (não dá a partida).<br>▪ A falta de freios em um veículo.<br>▪ Uma lâmpada queimada.<br>▪ Um relógio, para uso comum, sem o ponteiro das horas. | ▪ Produtos elétricos com vazamento de corrente.<br>▪ Carros que soltam gases tóxicos no meio ambiente.<br>▪ Condições dos pneus que prejudicam a frenagem.<br>▪ Uma lâmpada utilizada no painel de um avião que pode queimar com facilidade. Deixando a lâmpada de acender, o comandante não é alertado para uma situação que requer ações imediatas. Note que é uma situação diferente da queima da lâmpada usada em sua sala.<br>▪ Um relógio cuja pulseira, de aço, pode provocar ferimentos no usuário. |

**b) Defeitos maiores**

alexey_ds | iStockphoto

Esse tipo de defeito não inviabiliza o uso do produto de imediato, mas ou o custo de operação é muito alto, ou o funcionamento fica comprometido. Ou seja: defeitos maiores são os que não impedem a utilização efetiva do produto em dado momento, mas tendem, a curto ou a médio prazo, a inviabilizar essa utilização. Isto é, são defeitos que comprometem a vida útil do produto e, também, atingem a eficiência do produto, reduzindo sua capacidade de operação ou provocando desgastes mais altos que os normais devido aos problemas que acarretam ao seu funcionamento normal.

EXEMPLOS DESSE TIPO DE DEFEITO

- produtos elétricos que consomem muita eletricidade;
- carros com pontos de ferrugem na lataria;
- consumo excessivo de combustível por um motor;
- uma lâmpada com defeito de vedação que aumenta a probabilidade de queimar;
- um relógio cuja pilha se gasta muito mais rápido que o normal.

**c) Irregularidades**

Veja a imagem a seguir. Trata-se de uma lâmpada acesa (funcionando). Mas o produto está sem a especificação da potência impressa. Este defeito não chega a afetar diretamente o uso do produto e é uma irregularidade.

Os defeitos nessa categoria não afetam o uso do produto. Eles não chegam a provocar alterações substanciais na função essencial do produto, mas podem ser atribuídos a imperfeições de acabamento.

shutswis | iStockphoto

**EXEMPLOS DESSE TIPO DE DEFEITO**

- produtos elétricos com pequenas falhas em sua área externa – por exemplo, falta dos indicadores de velocidade em um liquidificador;
- carros com riscos na lataria;
- um relógio, para uso comum, sem o ponteiro dos segundos.

Muito mais relevante do que classificar corretamente o tipo de cada defeito analisado em um produto é considerar a importância prática da classificação de defeitos, isto é, a real utilidade de classificá-los.

## Qual a vantagem de classificar defeitos?

Todo defeito deve ser eliminado. Como esse pressuposto é muito bem aceito, surge a seguinte questão, colocada com certa frequência: se todo defeito é um defeito, por que classificá-lo?

A ideia faz sentido. De fato, o empenho em detectar, corrigir e, principalmente, evitar defeitos é uma meta prioritária no esforço de produzir qualidade. Ocorre, contudo, que usualmente não há recursos disponíveis para considerar todos os defeitos ao mesmo tempo. Há defeitos que requerem ações mais imediatas, ou mais abrangentes ou, ainda, que demandam mais tempo em sua análise. A classificação de defeitos, assim, não visa minimizar esforços em defeitos menos importantes, mas criar um conjunto de prioridades nas ações a serem desenvolvidas. E, com isso, direcionar esforços para situações mais críticas.

Outra justificativa para a classificação de defeitos refere-se à natureza das ações a desenvolver. Uma classificação bem estruturada pode conduzir, com maior rapidez e segurança, às causas prováveis de ocorrência dos defeitos. E agilizar o impacto das ações selecionadas. Dessa forma, pode-se aumentar a eficiência dos esforços para situações mais críticas.

**SAIBA MAIS**

- Em geral, a classificação de defeitos tem impacto didático muito positivo sobre a Gestão da Qualidade no processo. O pessoal envolvido passa a considerar o peso de determinadas decisões no gerenciamento de suas atividades, observando, por exemplo, que, historicamente, certas ações costumam induzir a defeitos que podem ser considerados críticos. Cria-se, assim, um comportamento preventivo ao longo das operações usuais de produção.
- Esses aspectos, se por um lado justificam a classificação de defeitos, por outro não diminuem a importância de evitar defeitos considerados menores, ou seja, as irregularidades.
- A meta real deve ser combater todos os defeitos. A classificação apenas ajuda a racionalizar os esforços nessa direção.

**QUESTÃO PARA REFLEXÃO**

- Por que não é suficiente definir qualidade como a ausência de defeitos?

## 2.4 UM MODELO BÁSICO PARA O CONTROLE DA QUALIDADE

Tradicionalmente, define-se o controle da qualidade como um "sistema dinâmico e complexo, sistema este que envolve – direta e indiretamente – todos os setores da empresa, com o intuito de melhorar e assegurar economicamente a qualidade do produto final" (PALADINI, 2018).

Este conceito associa o controle da qualidade a uma estrutura.

**DECORRÊNCIAS DO CONCEITO**

- A estrutura que melhor se ajusta ao controle da qualidade é a de sistema (com suas características perfeitamente definidas).
- O controle da qualidade é dinâmico porque seu referencial básico, o cliente, é dinâmico.
- Trata-se de uma ação complexa porque, entre outras razões, envolve muitas pessoas, recursos, métodos, elementos de produção etc.
- Envolvem-se todos no esforço de melhorar e assegurar a qualidade. Não importa se agem direta ou indiretamente sobre a produção.
- Não se deseja apenas melhorar – é fundamental assegurar o que se conquistou.
- A análise da qualidade tem componentes econômicos. Isso insere a qualidade no contexto da empresa em sua totalidade. Porque reduzir custos ou aumentar o valor econômico de uma ação é algo que requer múltiplos elementos. Certamente, nenhum aspecto do sistema produtivo pode ser deixado de lado – não importa tratar-se de pessoas, ambientes, equipamentos ou de informações. A experiência mostra que todo empenho realizado em uma área da empresa com vista em reduzir custos pode ficar comprometido pela falta de atenção a alguma outra área, setor ou elemento. Assim, para que um programa seja realmente econômico, o controle da qualidade deve ser parte de todo o processo produtivo.
- A avaliação da ação do controle da qualidade aparece no produto final, mas o produto final decorre do processo que o gerou. Por isso, o controle da qualidade enfatiza o processo, única forma de garantir o produto final com qualidade.

Costuma-se dizer que esse conceito associa o controle da qualidade a uma estrutura. De fato, ainda que abrangente, a ideia de sistema cria a imagem de esforços organizados em certa maneira.

Essa ideia provém do conceito clássico de Controle da Qualidade Total, formulado por Armand Feigenbaum no início dos anos 1960. Segundo essa abordagem, trata-se de um "sistema efetivo para integrar esforços relativos ao desenvolvimento, manutenção e melhoria da qualidade a todos os grupos da organização, de forma a habilitar áreas essenciais da empresa – como marketing, engenharia, produção e serviços – a desenvolver suas atividades a um nível mais econômico possível, com a finalidade primeira de atender, plenamente, às necessidades do consumidor" (FEIGENBAUM, 2012).

**VOCÊ SABIA?**

- O conceito reforça a noção de sistema como estrutura básica para o controle da qualidade.
- A abordagem sistêmica da qualidade é, portanto, considerada básica. De forma clara, o conceito evidencia a qualidade gerada no próprio processo produtivo.
- Quando foi definido, esse conceito deslocou a estratégia vigente, que buscava concentrar toda a avaliação da qualidade no produto, especialmente no produto acabado.
- Feigenbaum mostrou que é no processo que devem ser concentrados os esforços para a produção da qualidade. Isso transformou a atividade de inspeção em uma ação secundária, já que, para produzir qualidade, tornou-se insuficiente apenas controlar o produto.

Com a determinação da estrutura, passa-se a definir a **função básica** do Controle da Qualidade. Se for apenas a de corrigir defeitos, essa função torna-se muito restrita, incapaz de atender até mesmo ao que a própria estrutura requer. Além disso, corrigir defeitos é uma ação vinculada a produtos, e deseja-se que o controle da qualidade atue nos processos que os geram.

Surge, então, a verdadeira função do controle da qualidade: analisar, pesquisar e prevenir a ocorrência de defeitos. A análise e a pesquisa são atividades-meio; a prevenção é a atividade-fim do Controle da Qualidade.

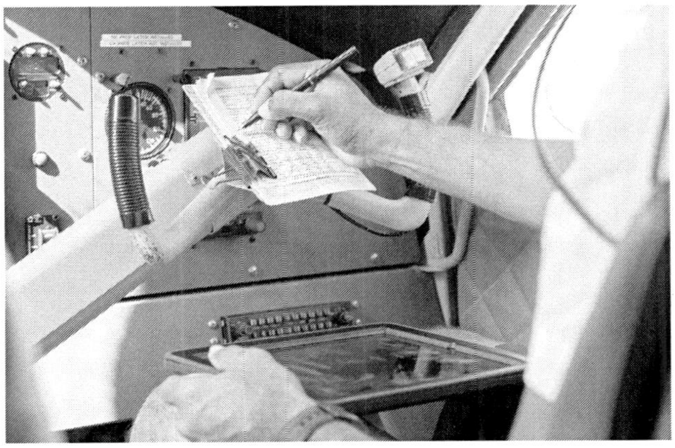

Mlenny | iStockphoto

E o que significa ***prevenir***? Em primeiro lugar, atuar antes que as coisas ocorram. Isso inverte a ação tradicional: quando se corrige um erro, ele já ocorreu; trabalha-se, portanto, com os olhos voltados para o ontem. Ao *prevenir*, o controle da qualidade passa a atuar com a visão de futuro, própria da definição básica da qualidade.

## PARA REFLETIR

- A prevenção parece associada apenas a defeitos. Ainda que priorizando ações voltadas para o futuro, o conceito de prevenção está contaminado com a noção de defeito, fortemente afetado por ele. Talvez, em certo sentido, direcionado para ele. É um avanço notável investir em esforços que visem a melhorias no futuro. Todavia, há ainda uma abordagem restritiva associada à ação. Por isso, o controle da qualidade evoluiu para uma terceira ideia, igualmente básica.
- Essa nova abordagem nasce da ideia correta do que seja controlar. Como se sabe, controlar significa confrontar uma atividade planejada com o resultado que ela produziu.
- Como o resultado decorre do que foi feito, efetivamente, e não do que foi apenas planejado, pode-se considerar que controlar significa comparar o que foi planejado com o que foi feito. É o caso típico do "controle de produção", que, em termos muito gerais, compara o montante de produtos planejado com o que a fábrica realmente produziu.

Assim, define-se controle da qualidade como um processo no qual se compara o que foi planejado, em termos da qualidade, com o que foi produzido.

Em resumo: confrontar o que foi planejado com o que foi produzido.

Está consolidada a **atividade básica** do controle da qualidade na organização.

Há três decorrências básicas desse conceito:

- Se for para comparar o produzido com o planejado, obriga-se a organização a planejar a qualidade. Isso é altamente positivo, já que se pensa, com frequência, que a qualidade não requer planejamento. Basta fazer um esforço para produzir zero por cento de peças defeituosas e está tudo bem.
- Por outro lado, para determinar a qualidade produzida é preciso definir mecanismos objetivos para avaliar a qualidade. Definem-se, assim, indicadores objetivos da qualidade e métodos quantitativos para avaliá-los.

- Em ambas as hipóteses, há a necessidade de definir um padrão ou um referencial básico. Compõem esse referencial básico as necessidades, as exigências, as preferências e as conveniências do consumidor. Dessa forma, caberá ao controle da qualidade determinar até que ponto o consumidor está sendo atendido em suas reivindicações básicas; o que mais podemos fazer para atendê-lo e, até mesmo, o que deve ser feito para superar suas expectativas.

Note que esse referencial requer que todos os elementos do processo produtivo se integrem em um esforço único. Assim, o controle da qualidade passa a integrar as bases, atender às diretrizes e, enfim, viabilizar a qualidade.

Por fim, tendo em vista o rápido desenvolvimento das operações industriais, criou-se um conceito mais recente de controle da qualidade. De fato, tem-se observado que confrontar o planejado com o produzido reduz a ação de avaliação a dois momentos bem definidos de um intervalo – o início e o término do período. Com frequência, essa limitação é insuficiente para analisar o desenvolvimento da operação, e há necessidade de controlar o que ocorre no interior do intervalo, ou seja, durante a execução de todas as fases da operação. Requer-se, dessa forma, um novo conceito de controle da qualidade, qual seja, o monitoramento de todo o processo.

Está consolidado, assim, por um raciocínio muito mais amplo e consistente, o conceito de **Controle da Qualidade Total** para nossos dias.

**FIQUE ATENTO**

- Na verdade, o controle de qualidade não se restringe apenas às ideias de monitoramento, ou de sistema, ou de confronto entre qualidade planejada e qualidade produzida, ou, ainda, de ações de prevenção. Mas, antes, o controle de qualidade envolve o conjunto de todas essas ideias.
- De fato, o novo conceito da qualidade investe em um modelo em constante evolução, em que cada conceito subsequente acrescenta uma nova formulação, postura ou noção ao que já se sabia e praticava.
- Note, portanto, que não há conflito na evolução do conceito de controle da qualidade, mas agregação de valor.

**QUESTÃO PARA REFLEXÃO**

- Historicamente, o controle da qualidade sempre focou a eliminação de defeitos. Sempre visou a eliminação das causas dos defeitos. Sempre enfatizou o alto custo dos defeitos e por isso investiu em sua erradicação.
- Por que, então, associa-se uma visão negativa ao conceito de controle da qualidade enquanto prevenção de defeitos?

## 2.5 PLANEJAMENTO DA QUALIDADE

A atividade de planejamento é considerada fundamental no esforço de produzir qualidade. Essa área, inclusive, tem recebido grande atenção no modelo atual de Gestão da Qualidade – parte por sua importância natural, parte porque foi uma área considerada de pouca relevância em passado recente.

**PARA REFLETIR**

- É possível que a ação de planejamento seja a mais relevante na arte de gerenciar a qualidade. Há muitas razões para isso.
- Inicialmente, observe que gerenciar é tomar decisões.

- E planejar significa exatamente tomar decisões sem as pressões que a urgência do momento requer, ou seja, tomam-se decisões com certa folga em relação ao momento em que deverão ser implantadas. Isso, obviamente, gera decisões tomadas com maior tempo para análise, maior segurança para decidir o que fazer, avaliação mais cuidadosa sobre possíveis efeitos etc.
- Planejar a qualidade significa tomar decisões gerenciais antes que as máquinas parem por defeitos, antes que montes de refugo sejam gerados, antes que os fornecedores nos deixem sem abastecimento, antes que nossos consumidores reclamem, antes que os custos disparem. Planejar a qualidade significa também escolher a melhor forma de fazer as coisas, selecionar os recursos mais adequados para cada ação, envolver a mão de obra mais bem qualificada. Significa, principalmente, definir a melhor maneira de adequar nossos produtos ao uso que deles se espera, significa estruturar serviços fundamentais a serem agregados a nosso modelo de atuação, significa determinar melhores estratégias de competitividade. E significa, principalmente, selecionar, com calma e convicção, a melhor forma de atender ao mercado.

Desta forma, o planejamento da qualidade elimina ações improvisadas, decisões com base intuitiva e subjetivismo.

É muito relevante chamar a atenção para o fato de que há ainda quem pense que qualidade é o esforço para obter zero defeito e isso não depende de planejamento, mas de ações sequenciais, em direção à eliminação de defeitos. Ocorre, contudo, que zero defeito não é um percentual como outro qualquer. Tampouco é uma meta.

### VOCÊ SABIA?

- Zero defeito não é, nem nunca foi, uma meta. Na verdade, é apenas decorrência de um conjunto de ações que não têm como ser desenvolvidas de forma intuitiva.
- Não se busca o zero defeito como se fosse um objetivo a alcançar. Na verdade, investe-se em melhoria contínua, gradativa, evolutiva, constante. O zero defeito advém desse esforço.
- Além do mais, como se tem chamado a atenção continuamente ao longo de todo este livro, produtos sem defeitos não são sinônimos de produtos de qualidade.
- Zero defeito em termos de produção é uma coisa, em termos de relação com o mercado é outra.

O planejamento exige que o processo de produção da qualidade tenha memória. Caso contrário, não se pode planejar o futuro com base no que vem ocorrendo ao longo do desenvolvimento das operações da empresa. Exige, também, que se tenha sempre medidas objetivas de análise da qualidade – caso contrário, não se pode avaliar se o que foi planejado está sendo efetivamente executado.

A maior dificuldade de implementação do planejamento da qualidade no processo gerencial não está relacionada à forma de execução do planejamento, mas ao reconhecimento da importância de planejar. Daí a importância de mostrar que o planejamento traz resultados altamente compensadores, e que dificilmente se pode gerenciar qualidade se não houve um processo de planejamento claramente estruturado e efetivamente colocado em prática.

Um modelo usualmente empregado para o planejamento da qualidade envolve um esquema de atividades específicas. Esse esquema deve atender aos requisitos gerais do processo de gerenciamento da qualidade e praticamente independe do tipo de empresa. O modelo mostrado a seguir, testado na prática com bons resultados, possui seis fases (PALADINI, 1999):

| | |
|---|---|
| **1. Política da qualidade** | Envolve a definição da política da qualidade da companhia, uma atribuição da alta administração. Com base nessa definição, tomam-se decisões de longo alcance, como o nível global de investimentos que serão feitos no sistema, as estratégias a adotar no processo produtivo, os objetivos gerais do sistema e sua abrangência. |
| **2. Diagnóstico** | Aqui, é feita uma avaliação precisa dos recursos disponíveis, do potencial em termos de recursos humanos e materiais, das carências observadas no sistema, bem como uma avaliação da estrutura formal, da fábrica, do processo produtivo, a estrutura de apoio etc. |

| | |
|---|---|
| **3. Organização e administração** | Essa fase complementa, praticamente, a fase anterior. Nela, são definidos aspectos importantes para a qualidade, considerando-se a política da empresa, que envolve (1) a infraestrutura para a qualidade; (2) as atribuições e (3) a estrutura do setor da qualidade; (4) a organização de sistemas de informações específicos para a Gestão da Qualidade; (5) o processo gerencial da qualidade; (6) as ações de impacto externo (clientes, consumidores, concorrentes, fornecedores, meio ambiente); e (7) a alocação, a formação e a qualificação dos recursos humanos. |
| **4. Planejamento propriamente dito** | Essa fase envolve a estruturação do plano de ação, que viabiliza a política da empresa e a implanta. A definição das atividades a serem desenvolvidas, a alocação dos recursos necessários para tanto, as estratégias operacionais, objetivos específicos, atribuições e responsabilidades a serem conferidas ao pessoal da produção e cronogramas são aspectos a serem considerados nessa fase. Em linhas gerais, essa etapa deve preparar os elementos básicos do sistema da qualidade, envolvendo os requisitos básicos para a qualidade em termos de materiais, equipamentos, recursos humanos, ambientes, informações e métodos de produção. Além disso, essa fase define aspectos específicos do controle da qualidade, como estruturação dos laboratórios, desenvolvimento do Controle Estatístico de Processos, planos de inspeção, formação técnica do pessoal etc. |
| **5. Implantação** | A primeira ação a ser executada nessa fase refere-se à reestruturação da organização e administração. Os sete aspectos citados no item 3, por exemplo, devem ser analisados novamente, de forma a se tornarem adequados às necessidades do planejamento. Essa é a fase operacional, em que são executadas as atividades previstas nas fases anteriores. Por isso, é conveniente dividir sua execução em três áreas distintas: projeto, processo e produto. Os resultados da implantação devem ser todos documentados. São, assim, estruturados os manuais da qualidade, que reúnem as atividades planejadas e o roteiro prático de sua efetivação. Torna-se conveniente editar os manuais somente após a implantação experimental do que foi planejado e sua completa avaliação. |
| **6. Avaliação** | Essa etapa é extremamente importante, apesar de incluir atividades aparentemente simples, como reuniões para discussão do processo de implantação, resultados alcançados, dificuldades a serem contornadas e assim por diante. Estão incluídas nessa fase, ainda, as auditorias a serem processadas. Essas auditorias servirão para avaliar os resultados das ações implantadas em termos da melhoria do processo de produção, ou de desenvolvimento mais organizado de atividades de suporte, ou de relações com fornecedores mais bem estruturadas, ou, ainda, de rotinas de administração mais ajustadas à empresa e, é claro, de um relacionamento mais intenso com nossos clientes. |

Um aspecto fundamental do planejamento da qualidade é a necessidade de associá-lo à melhoria contínua. Esse é um processo fundamental. Visa conferir qualidade ao planejamento. E visa, particularmente, incluir o próprio planejamento no esforço de melhoria contínua, aspecto fundamental do próprio esforço pela qualidade.

**PLANEJAMENTO** ←→ **MELHORIA CONTÍNUA**

## LIÇÕES DA PRÁTICA

- Um entrave que tem sido considerado crítico, e apesar disso comum, à consolidação de programas da qualidade refere-se à criação de uma sensação, por parte das pessoas, de que o programa não é duradouro, mas apenas direcionado para objetivos limitados, com duração definida.
- Acredita-se, por exemplo, que o programa foi estruturado para impressionar um grupo de clientes e vai durar até que eles passem a ser nossos consumidores, isto é, até a assinatura do contrato.
- Em outros casos, existe a certeza de que o programa durará até que determinados níveis de defeitos sejam atingidos, uns 3%, por exemplo.
- Ainda há casos em que se sente que o programa pretende descobrir causas de reclamações – uma vez que as reclamações cessem, o assunto será esquecido.
- Sempre há casos em que existe clareza quanto ao tempo de duração do programa – ele durará enquanto o superintendente estiver maravilhado com os resultados fantásticos desse negócio chamado qualidade. Bastará aparecerem algumas dificuldades e não se falará mais na questão. E, como cansamos de ouvir, há quem afirme que o programa da qualidade dura enquanto for à base da boa vontade. Quando alguém tiver de colocar a mão no bolso, o esforço pela qualidade passará a ser apenas uma recomendação genérica de postura a adotar.

Cabe ao planejamento da qualidade fixar os meios para evitar que essa sensação não apareça na empresa. Isso pode ser viabilizado associando-se o planejamento à melhoria contínua, caracterizando as atividades planejadas como etapas para um processo contínuo de aprimoramento do processo, das atividades de suporte a ele e, principalmente, das relações com o mercado.

Direcionar o planejamento para a melhoria contínua é um processo com algumas características que geram, em primeiro lugar, a visibilidade do que elas de fato pretendem: a melhoria contínua. O planejamento, assim, de forma claramente percebida por todos, foi estruturado com base em atividades que requerem contínua atenção, contínuos esforços e geram resultados cada vez melhores.

Em termos práticos, direcionar o planejamento para a melhoria contínua significa que suas atividades:

- sejam de longo prazo;
- sejam de longo alcance;
- não possuam um fim, em termos de tempo, fixado;
- permitam sempre novas ações agregadas a elas;
- sejam de natureza mais estratégica do que tática ou operacional.

### CUIDADOS NA IMPLANTAÇÃO DAS CARACTERÍSTICAS:

| | |
|---|---|
| **Ações de longo prazo** | O planejamento deve envolver ações de longo prazo, mas não pode descuidar dos resultados de curto prazo para manter o processo de motivação. Planejar a melhoria da eficiência do processo produtivo inclui, por exemplo, desenvolvimento de tecnologias, o que leva tempo. Por isso, é fundamental fixar etapas intermediárias, com resultados de curto prazo. A ideia aqui é otimizar todo o processo (ação de longo prazo) a partir de melhorias em pontos que são críticos para o processo hoje (ações de curto prazo) e da integração dessas ações em um processo global de otimização (ação de médio prazo). |
| **Ações de longo alcance** | Deve-se considerar que ações de longo alcance costumam ser complexas por envolverem muitas variáveis. Um procedimento sugerido aqui é o de desenvolver ações por etapas. É o caso, por exemplo, de um programa de qualificação de fornecedores, que pode começar pela análise de causas de defeitos da matéria-prima, chegar até a especificação de normas de operação do processo para o fornecedor e prosseguir indefinidamente com um programa de análise contínua de seus processos e produtos. |
| **Desenvolvimento das etapas** | As etapas devem ter um cronograma bem definido. Todavia, o planejamento geral deve ficar em aberto. Podem ser fixados prazos para etapas de um processo de eliminação de perdas em termos de (1) eliminação de defeitos de produtos, (2) eliminação de causas de defeitos de produtos e (3) determinação de mecanismos de prevenção da ocorrência dessas causas. Pode-se, porém, fixar a inserção de testes periódicos para verificar se o processo está imune à ocorrência de situações que conduzam ao aparecimento de causas de defeitos. Essa ação, como se vê, é importante e não está limitada no tempo, dando a ideia de melhoria contínua. |
| **Efeitos multiplicadores das ações** | Novas ações costumam ser derivadas de novos conceitos que se tem de como fazer as coisas. Por exemplo: a noção de perda hoje é associada a defeito. E isso gera um conjunto de ações. Se o planejamento passar a priorizar a noção de perda como inadequação ao uso, estará claramente superada a fase de caça a defeitos e começará uma fase nova – a da análise das reais condições de uso do produto pelo consumidor. Novas ações automaticamente surgem daí. |
| **Características estratégicas das melhorias** | É importante ressaltar o aspecto estratégico da melhoria. É o caso, por exemplo, de considerar que, antes de investir na melhoria da forma como se executa uma ação, é fundamental verificar até que ponto essa ação será efetivamente relevante no futuro. Caso contrário, podemos estar fazendo melhorias no projeto e na produção de uma máquina de escrever, cujo futuro é bem conhecido. |

Definido o planejamento da qualidade, o passo seguinte no processo da produção da qualidade é definir a estrutura que vai viabilizar as ações dele decorrentes.

## 2.6 ESTRUTURAS PARA A PRODUÇÃO DA QUALIDADE

Qualquer que seja a ideia adotada para as estruturas de suporte à produção da qualidade, ela deverá, necessariamente, ser compatível com os conceitos da qualidade aqui discutidos.

Exatamente por conta dessa premissa, tem sido proposto e aplicado um modelo básico de estrutura para a qualidade, perfeitamente ajustado à ideia de que essa estrutura deve envolver o esforço para priorizar a qualidade e não para criar um aparato físico. Para essa filosofia, o enfoque sistêmico aplicado à qualidade tem-se mostrado totalmente adequado.

**SAIBA MAIS**

- A utilização da abordagem sistêmica como referencial para o desenvolvimento de uma estrutura para a produção da qualidade decorre de um ajuste notável: observou-se que os conceitos básicos da teoria geral dos sistemas são perfeitamente aderentes aos princípios da qualidade.
- A partir dessa adequação, surgiu, como decorrência elementar, a utilização da estrutura de sistema à estrutura que deve planejar, gerenciar, desenvolver e avaliar a qualidade. De forma ampla, assim, pode-se definir a abordagem sistêmica da qualidade como a aplicação da abordagem, das características básicas e dos elementos de um sistema ao processo de produção da qualidade.

A adequação da Teoria dos Sistemas à qualidade torna-se mais evidente quando se utiliza o conceito da qualidade. Aqui, são visíveis as vantagens do emprego da estrutura "sistema" como modelo para a organização em que se reúnem os esforços para a produção da qualidade.

| | |
|---|---|
| ADEQUAÇÃO CONCEITUAL | QUALIDADE ←→ SISTEMA |
| AGREGAÇÃO ESTRUTURAL | QUALIDADE ← SISTEMA |

A aplicação da noção de sistema em qualquer situação, área – ou mecanismo – de desenvolvimento de uma atividade exige que se respeite cada elemento que o define. De fato, define-se "sistema" como uma estrutura organizada, cujos elementos são bem definidos e cujo funcionamento segue uma lógica determinada. Embora não se saiba claramente como ocorrem as mudanças internas de um sistema, de forma tal que as entradas fornecidas sejam transformadas nas saídas desejadas, sabe-se que existe uma organização perfeita, que garante o sucesso da operação. A semelhança com o funcionamento de seres vivos é imediata – até porque foram eles os inspiradores maiores dos sistemas tal qual os conhecemos hoje.

O rigor conceitual com o qual se define um sistema evidencia as exigências que devem ser satisfeitas: apenas as organizações bem definidas, cujas estruturas envolvem elementos que as caracterizem de determinada forma, com certo funcionamento e uma filosofia de atuação igualmente bem identificada, podem ser classificadas como sistemas. Sem esses aspectos estarem perfeitamente atendidos, não há sistema, mas outra estrutura qualquer. Por isso a atenção requerida para a utilização do conceito de sistema.

Os elementos que caracterizam um sistema são:

- entradas;
- saídas;
- interação organizada das partes;
- princípios básicos de funcionamento;
- busca de objetivos comuns; e
- realimentação.

Aplicados aos sistemas da qualidade, esses elementos têm características próprias, perfeitamente definidas. Assim, tem-se:

<table>
<tr><th>ELEMENTOS DE UM SISTEMA</th><th>ELEMENTOS DO SISTEMA DA QUALIDADE</th></tr>
<tr><td rowspan="3">Entradas</td><td>▪ Políticas da qualidade.<br>▪ Diretrizes de funcionamento do sistema produtivo, de modo a priorizar a qualidade.<br>▪ Normas de interação com o mercado consumidor.</td></tr>
<tr><td>Em resumo: informações relativas a um processo de decisão que confere prioridade à qualidade nas ações da empresa.</td></tr>
<tr><td>Observação: considera-se ainda como entrada do sistema da qualidade o conjunto de informações referentes a dados sobre a realidade de mercado e estudos e pesquisas sobre preferências do consumidor.</td></tr>
<tr><td rowspan="2">Saídas</td><td>▪ Produtos acabados que atendam às necessidades, conveniências e expectativas dos clientes – isto é, produto com qualidade.</td></tr>
<tr><td>Observação: consideram-se também como saídas as ações que visam à produção da qualidade, decorrentes da alteração cultural da mão de obra da empresa e transformadas em comportamentos, hábitos e atitudes.</td></tr>
<tr><td rowspan="2">Interação<br>Organizada das Partes</td><td>▪ No sistema da qualidade, também há setores físicos específicos (caso de laboratórios ou áreas de inspeção), mas a organização das partes envolve a coordenação de esforços pela qualidade de todas as áreas da fábrica.</td></tr>
<tr><td>Observação: por isso, a estrutura usual é a de uma grande malha, com interligação e troca de informações entre setores. Busca-se, assim, uma grande integração entre todas as partes da empresa. Parte daqui a ideia de que se podia fazer com que cada setor fosse cliente do setor anterior e fornecedor do seguinte (forma como opera a malha).</td></tr>
<tr><td>Princípios<br>Básicos de Funcionamento</td><td>▪ Formas de operacionalizar as políticas gerais da qualidade da organização. Envolvem procedimentos e normas a serem adotados por toda a empresa.<br>▪ Os sistemas da qualidade priorizam, como princípio de funcionamento, o atendimento ao cliente (modelo da Qualidade Total).</td></tr>
<tr><td>Busca de<br>Objetivos Comuns</td><td>▪ A qualidade é meta e tarefa de todos.<br>▪ Os sistemas da qualidade exigem que o mercado deseje o produto, isto é, vão além de objetivos do tipo “o mercado aceita o que fazemos”.</td></tr>
<tr><td rowspan="3">Realimentação</td><td>▪ Nos sistemas da qualidade, a realimentação é feita com base nas reações do mercado. Prioriza-se a prevenção de defeitos que afetem a utilização plena do produto.</td></tr>
<tr><td>Em resumo: os sistemas da qualidade caracterizam-se por um grande número de pequenas realimentações, feitas a cada fase do processo produtivo.</td></tr>
<tr><td>Observação: a realimentação caracteriza o processo de evolução contínua nos sistemas. Esta característica é própria da qualidade.</td></tr>
</table>

Note, portanto, que a abordagem sistêmica da qualidade, definida ao pé da letra, reúne as ações fundamentais do esforço pela qualidade com uma nova abordagem, determinada pela utilização de conceitos extraídos da Teoria dos Sistemas. As principais características dessa abordagem são:

- a estrutura organizacional utilizada para a produção da qualidade – com entradas e saídas bem definidas;
- os processos interativos planejados, organizados e adequados uns aos outros e aos objetivos globais do próprio sistema;
- a convergência de ações direcionadas para a qualidade;
- a fixação de objetivos únicos, comuns a todos;
- a atenção às especificidades das partes;
- a evolução contínua (ou seja, a melhoria contínua).

Dessa forma, o sistema da qualidade é a estrutura que define e agrega as funções da qualidade.

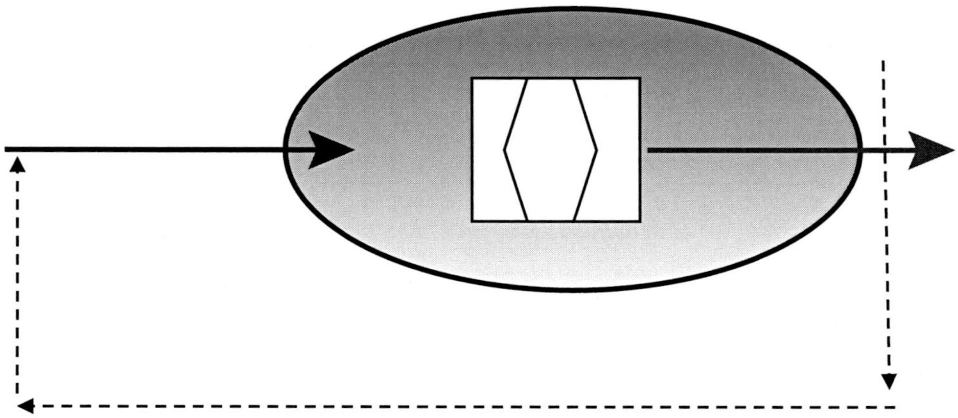

## 2.7 ECONOMIA DA QUALIDADE

Em uma definição abrangente, conceitua-se a economia da qualidade como a expressão dos benefícios da qualidade sob a forma de unidades monetárias, tanto em termos de receitas (ou benefícios) quanto de despesas (ou custos).

Há duas maneiras básicas de observar como essa expressão é desenvolvida, como se vê no quadro abaixo.

| ECONOMIA DA QUALIDADE | |
|---|---|
| **Efeitos da produção da qualidade** | **Efeitos da redução de custos via otimização de processos produtivos** |
| ▪ Maior atuação da empresa no mercado consumidor, o que gera vendas e, portanto, produz receitas.<br>▪ Maior competitividade, o que significa ganhos de novas faixas de mercado e, portanto, aumento de receitas.<br>▪ Operações com preços mais estáveis, já que produtos bons mantêm preços, evitam descontos e mantêm receitas.<br>▪ Relações de maior fidelidade de consumidores, que assegura um fluxo estável de receitas.<br>▪ Colocação da empresa em posição de vanguarda no mercado, o que significa futuras receitas. | ▪ Eliminação de custos devidos à má qualidade, caso, por exemplo, de custos que produzem defeitos, perdas, erros, falhas, paralisações, atrasos, quebras, demoras e paradas de processo, perda de eficiência, redução do rendimento, retrabalho, reprocessamento, reinspeção, materiais adicionais, execução de atividades extras para compensar falhas ou erros, excesso de produção (para compensar perdas), excesso de controles pela facilidade da tendência ao erro.<br>▪ Listem-se, ainda, os custos decorrentes de esforços para pesquisar causas de defeitos, testes necessários, ações corretivas, controle de peças com defeitos etc. |
| → Note que essa análise tanto envolve uma atuação mais consistente hoje quanto garante a sobrevivência da empresa (seu futuro). | → Note que essa análise tanto envolve a redução de custos devidos à falta da qualidade quanto a redução de custos associados ao empenho da empresa em evitar a ocorrência de situações favoráveis ao aparecimento de defeitos. |

Note que a economia da qualidade, assim, trabalha com dois elementos: o valor da qualidade e a redução de custos. Caracterizando cada elemento:

| | |
|---|---|
| **Valor da qualidade** | ▪ Efeitos da produção da qualidade.<br>▪ Refere-se a ganhos. |
| **Redução de custos** | ▪ Efeitos da redução de custos via otimização de processos produtivos.<br>▪ Refere-se a "deixar de perder". |

Observe que a ênfase ao valor da qualidade gera uma situação bem diferente daquela determinada pela redução de custos, embora esta segunda possa ser vista como vantagem financeira da qualidade.

## FIQUE ATENTO

- Em rigor, deixar de perder não significa melhorar. Significa, apenas, atingir o mínimo desejável. Assim, esta segunda forma da economia da qualidade não chega a acrescentar, efetivamente, parte significativa ao esforço da empresa por obter produtos mais adequados ao uso.
- É importante lembrar, contudo, que reduzir defeitos é uma ação que produz efeitos didáticos consideráveis e tem elevado potencial de motivação – ensina como podemos melhorar e, mais importante que isso, mostra que temos capacidade de melhorar. Esse impacto não pode ser desprezado. A dificuldade é como medi-lo em termos econômicos.

Medir redução de custos com a eliminação de defeitos, assim, é fácil. Difícil é medir o reflexo positivo sobre a motivação do pessoal. Note que, em geral, a fase de redução de custos parece simples do ponto de vista de economia da qualidade. Já a análise do valor da qualidade é mais complexa.

Inicialmente, é preciso observar que o valor da qualidade mede ganhos e eles nem sempre são claramente identificados. Além disso, para ser gerado, o valor da qualidade tem custos, que se referem às ações de produzir e, principalmente, manter a qualidade. Esses custos poderiam ser, por exemplo, os custos de avaliação da qualidade, os custos de prevenção, os custos de garantia da qualidade e os custos de informação. Dessa forma, nesse modelo, a economia da qualidade decorre do confronto entre custo e valor da qualidade.

## COMO FAZER?

| TIPO DE CUSTOS | AÇÕES QUE OS CARACTERIZAM |
|---|---|
| **Custo para a Realização do Processo de Avaliação da Qualidade** | ▪ Fixação de padrões para os produtos e processos.<br>▪ Análise da conformidade de peças com padrões.<br>▪ Identificação e análise de defeitos básicos.<br>▪ Análise do atendimento a requisitos básicos da qualidade.<br>▪ Recursos e estrutura para a avaliação da qualidade (laboratórios, por exemplo).<br>▪ Realização da inspeção, ensaios e testes.<br>▪ Controle de processos.<br>▪ Definição e aplicação de planos de amostragem. |
| **Custos de Prevenção** | ▪ Elaboração de manuais.<br>▪ Execução de experimentos na área de confiabilidade.<br>▪ Divulgação de informações.<br>▪ Estudos de capacidade de processo.<br>▪ Avaliação técnica de fornecedores.<br>▪ Planejamento e controle de processos.<br>▪ Ensaios preventivos.<br>▪ Calibração de equipamentos de laboratório.<br>▪ Programas de manutenção especial de equipamentos.<br>▪ Formação de grupos para análise de falhas.<br>▪ Programas de treinamento e conscientização.<br>▪ Programas de motivação.<br>▪ Programas internos de auditoria.<br>▪ Avaliação e seleção de recursos tecnológicos.<br>▪ Projetos de experimento. |

| | |
|---|---|
| **Custos de Garantia da Qualidade** | ■ Acompanhamento do produto em campo.<br>■ Análise das reações dos clientes.<br>■ Auditorias da qualidade.<br>■ Desenvolvimento de estudos de mercado.<br>■ Monitoramento dos concorrentes. |
| **Custos com Informações** | ■ Seleção das informações a coletar.<br>■ Coleta e organização de informações.<br>■ Desenvolvimento de análises.<br>■ Estrutura do fluxo de informações. |

## LIÇÕES DA PRÁTICA

Pode-se ver, com facilidade, que nem sempre é fácil determinar o valor de cada custo e benefício da qualidade. Mais complexa, assim, é a tarefa de confrontá-los. Algumas metodologias têm sido propostas, mas todas exibem alta sofisticação e dificuldade considerável de implantação.

Daí a sugestão, ditada pela prática, de começar pela fase da redução de custos com a não qualidade. Algumas razões para tanto:

- A redução de custos devidos à não qualidade é uma atividade que depende, totalmente, de ações desenvolvidas no processo produtivo. Essas ações devem reduzir desperdícios, refugos etc. Não se trata de uma ação efetivada exclusivamente pelo controle da qualidade, mas, ao contrário, depende de todos os integrantes do processo produtivo. Torna-se, assim, um excelente sensor para avaliar o nível de engajamento de todos no projeto da qualidade e os resultados decorrentes dessa integração.
- A redução de custos é uma atividade de resultados visíveis. Corretamente estruturada, mostram-se, a cada passo, sua evolução, consistência e progressos conquistados em função dos benefícios financeiros obtidos. Pode-se, assim, utilizá-la como avaliação das ações do processo produtivo quanto à qualidade.
- Também devido à visibilidade e à clara percepção dos resultados obtidos, pode-se apelar para a utilização de programas de redução de custos da não qualidade como elemento de motivação à qualidade. De fato, os resultados alcançados evidenciam os progressos feitos, que, por sua vez, induzem as pessoas a investir cada vez mais em suas atividades, para a obtenção de resultados ainda melhores.
- Esse programa, assim, abre caminho para a ação básica da gestão econômica da qualidade, que é a de associar valor aos produtos em termos da qualidade. Considera-se que a obtenção de resultados somente a médio e longo prazos pode ser um fator desestabilizador deste esforço: a utilização de programas de redução de custos devidos à não qualidade é uma forma de obter respostas mais imediatas. Sem dúvida, são atividades-meio para a atividade-fim (valor da qualidade).

Dois outros modelos básicos da economia da qualidade são mostrados a seguir.

## ECONOMIA DA QUALIDADE DE PROJETO

O conceito da qualidade de projeto induz a um confronto entre dois elementos básicos: o custo do produto, definido pelas características de seu projeto (daí o nome de custo do projeto) e o preço que será associado ao produto acabado (daí o nome de **retorno**). A figura abaixo mostra o modelo, descrito a seguir.

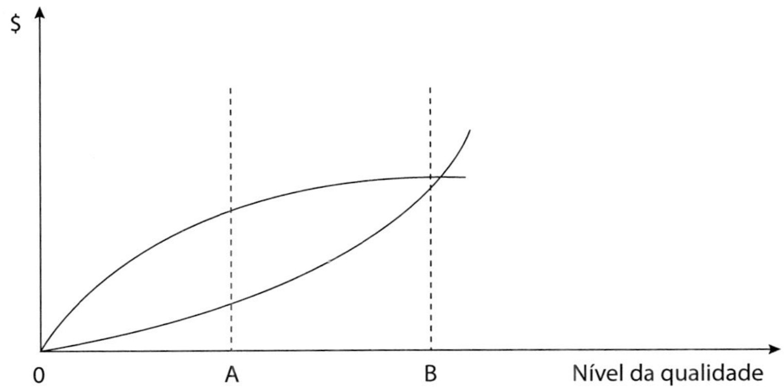


O modelo considera os seguintes pressupostos:

| | |
|---|---|
| **Custo do projeto (curva de baixo)** | ▪ Melhorias no projeto implicam aumento de custos, sobretudo aqueles decorrentes do acréscimo de itens no produto. Isso aumenta o custo do projeto.<br>▪ O custo do projeto cresce exponencialmente, à medida que melhorias mais avançadas e sofisticadas têm custos cada vez maiores.<br>▪ Sob o ponto de vista do projeto, assim, enquanto o nível da qualidade vai aumentando observa-se que o custo da qualidade aumenta também, só que de forma exponencial. |
| **Retorno do produto (curva de cima)** | ▪ Já o retorno do produto depende de sua aceitação pelo mercado. E o mercado impõe limites em termos de preço.<br>▪ Dessa forma, até determinado valor há um retorno acentuado; a partir daí, há um decréscimo na taxa de retorno embora o custo continue a aumentar e, agora, de forma muito mais intensa. |

- Conclui-se que existe um ponto intermediário até o qual pequenos investimentos em qualidade produzem altos níveis da qualidade e retornos elevados. A partir daí, a melhoria dos níveis da qualidade tem um custo mais elevado – pode-se imaginar que são melhorias ou refinamentos. O retorno não acompanha a curva de custos.
- Em dado instante, o custo passa a ser superior ao retorno previsto.
- Há, portanto, um nível da qualidade que associa a maior diferença entre valor da qualidade e custo da qualidade, que determina o que poderia ser o "ponto ótimo", momento de maior rentabilidade do produto.

**EXEMPLO**

- Um relógio custa 30 vezes mais caro do que relógios comuns por possuir muitos acessórios.
- Algumas pessoas acham os acessórios interessantes e adquirem o relógio; a maioria, contudo, gostaria de ver o produto com um preço menor, excluindo os acessórios.
- A diferença mais significativa, assim, ocorre quando a diferença entre o valor do produto (retorno associado ao preço) e o custo de sua fabricação (decorrente de certo número de acessórios agregados ao produto) for a maior possível.

Em sua forma convencional, assim, a qualidade de projeto encarece o produto porque eleva seus custos graças a melhorias de projeto. Ocorre, contudo, que essas melhorias podem ser compensadas por um processo de produção mais eficiente (e de menor custo), ou por alterações no projeto, que podem implicar menor preço devido à maior operacionalidade do produto, ou mesmo simples substituição de materiais.

Em geral, assim, melhoria da qualidade de projeto implica aumento de preço. É bom lembrar, contudo, que aumentar preços pode ser uma estratégia temerária. Daí a ênfase no papel da Gestão da Qualidade de processo, responsável pela redução dos custos operacionais. Cabe notar, entretanto, que essa solução é a mais difícil, porque representa um grande desafio para a empresa: manter a qualidade e reduzir os custos... É evidente que aumentar preços é a saída mais cômoda.

Fica definido qual o movimento desejável aqui: em vez de subir a curva do retorno, pode-se baixar a curva dos custos. Provavelmente terá sido essa a grande lição que os japoneses deram ao mundo: manter a qualidade reduzindo custos e, assim, baixar preços sem comprometer a adequação do produto a seu uso.

Dito de outro modo, pode-se afirmar que aqui está a evolução da qualidade para a área de projeto. Porque esse movimento depende de investimentos na produção da qualidade, num esforço conjunto que envolve homens, máquinas, métodos, materiais e, enfim, todos os elementos do processo.

**FIQUE ATENTO**

- Tem-se chamado atenção para um fato interessante aqui. O mercado possui uma força que impede que os preços sejam fortemente reduzidos, sob pena de descaracterizar o produto.
- Valores de preço muito abaixo de uma dada expectativa podem criar uma imagem pobre do produto. Acredita-se que essa força vem perdendo intensidade ao longo do tempo.
- Isso, na verdade, já ocorreu com as indústrias de computadores, eletrodomésticos e outros equipamentos que praticam, hoje, preços considerados inviáveis há apenas alguns anos.

## ECONOMIA DA QUALIDADE DE CONFORMAÇÃO

O conceito da qualidade de conformação induz a um confronto entre dois elementos básicos: o custo gerado pelo produto isento de defeitos e o custo gerado pela presença de defeitos no processo ou no produto. A figura abaixo mostra o modelo.

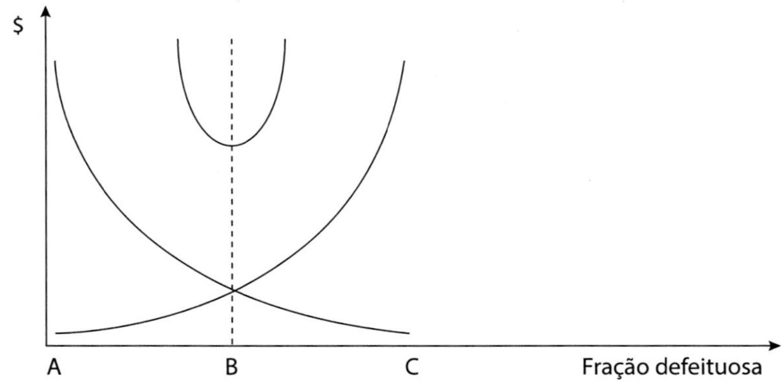


O modelo considera os seguintes pressupostos:

| | |
|---|---|
| **CUSTO DE PRODUTO SEM DEFEITO (Curva de +∞ para zero)** | ■ O custo de um processo sem nenhuma peça defeituosa é, teoricamente, infinitamente elevado, já que essa situação seria devida aos controles intensivos que deveriam ser desenvolvidos. |
| **Custo de defeitos observados (Curva de zero para +∞)** | ■ Se existem 100% de peças defeituosas, o custo é, igualmente em tese, infinito, já que toda a produção está perdida (custo da ocorrência de peças defeituosas). |
| ■ Quando o percentual de peças defeituosas aumenta, há redução das ações de controle e, claro, dos custos correspondentes. Entretanto, os custos totais tendem a subir devido ao aumento da ocorrência de peças defeituosas, que serão refugadas. | |
| ■ Quando a redução de peças defeituosas decorre do aumento de controle, se é verdade que os custos com peças defeituosas caem, também é real que aumenta o custo com controles, provocando, igualmente, o aumento dos custos totais. | |

Esse raciocínio parece conter uma contradição ante tudo que tem sido visto aqui. De fato, aceitar a ocorrência com determinados percentuais de peças defeituosas contraria todas as ideias da qualidade.

De certa forma, o modelo parece induzir à ideia de que pode ser um objetivo econômico da qualidade produzir peças defeituosas.

### *Análise prática*

- A conclusão é óbvia: o modelo mostra que deve existir uma fração ótima de rejeição, em que o custo total é menor (somando custos de controle com custos de rejeição). Esse percentual vai depender, naturalmente, do processo, do tipo de indústria e de outros fatores.
- Decorrência: visto isoladamente, esse modelo pode induzir à ideia de que é economicamente inviável exigir-se zero por cento de produtos defeituosos. Uma análise dos custos para obter tal resultado certamente levaria a aceitar-se uma meta mais realista.
- Na verdade, essa interpretação não está correta (o modelo está correto; errada é a interpretação simplista decorrente do confronto de custos). Inicialmente, observe que produzir peças defeituosas custa muito mais caro do que se imagina. Além dos custos das perdas, há custos mais importantes (e com impacto mais forte na empresa) que envolvem perda de mercado pela insatisfação dos consumidores, que não só deixam de adquirir o produto como passam a trabalhar contra ele, divulgando suas impressões e excluindo a entrada de novos consumidores no processo.
- Isso indica que não parece adequado comparar custos de controle com custos de peças defeituosas, devido às diferenças consideráveis de ordem de grandeza entre os elementos básicos que compõem cada um dos custos.
- Por outro lado, nem sempre o aumento de guardas de trânsito reduz o número de acidentes nas ruas. Ou seja: aumentar controle não é uma ação que determina, automaticamente, redução de defeitos. Aliás, a meta da Gestão da Qualidade nunca foi aumentar controle, mas investir na produção da qualidade. Ações que geram qualidade costumam ser a meta dos processos gerenciais e nunca ações que fiscalizam, controlam ou conferem. Nesse sentido, a própria avaliação da qualidade está destinada a gerar novas formas de produção da qualidade e não novas formas de controle.

O modelo, assim, apresenta um paradoxo. Possui um componente didático importante, que mostra que a existência dos controles está relacionada com a ocorrência de peças defeituosas, uma visão negativa do processo produtivo. Daí a nova visão do controle da qualidade, mostrada antes, na qual se avalia a qualidade em termos do que foi produzido (visão positiva) em relação a um dado planejamento, evitando-se analisar controles e defeitos (visão negativa). Ao mesmo tempo, contudo, o modelo tem enorme fragilidade estratégica: ele tende a perder sua validade a médio ou a longo prazo, parecendo ter utilidade restrita às fases da história da empresa nas quais se investe na minimização de defeitos, erros e falhas.

É fácil ver que o conceito da qualidade utilizado no primeiro capítulo deste livro decorre da primeira abordagem. E que ele considera, também, todas as demais.

## QUESTÕES PARA REFLEXÃO

- Os modelos de economia da qualidade (Qualidade de Projeto e Qualidade de Conformação) permitem várias análises. Em ambos os casos, contudo, só uma delas é adequada.

1. No modelo representativo da economia da qualidade de projeto, por que só o decréscimo da curva de custos é considerado um procedimento adequado à estabilização da empresa no mercado?
2. Qual a maior utilidade prática do modelo representativo da economia da qualidade de conformação? E qual sua maior restrição?

## UM MODELO GERAL DE CUSTOS DA QUALIDADE

Essa análise pode ser generalizada para um modelo mais amplo que descreve os custos da qualidade.

Nesse novo modelo, parte-se dos custos de um sistema de controle da qualidade, que podem ser classificados como segue:

| | |
|---|---|
| **1** | Análise de potencialidades de mercado. |
| **2** | Análise estratégica de produtos e serviços. |
| **3** | Análise de características do produto desejadas pelo mercado. |
| **4** | Projeto dos produtos. |
| **5** | Viabilização do projeto em face das características e políticas da empresa. |
| **6** | Planejamento do processo de produção. |
| **7** | Desenvolvimento do processo produtivo. |
| **8** | Avaliação geral do produto acabado. |
| **9** | Testes com o produto acabado. |
| **10** | Controle de defeitos – ações corretivas. |
| **11** | Controle de defeitos – ações preventivas. |
| **12** | Controle de erros, falhas, perdas. |
| **13** | Análise de desempenho. |
| **14** | Controle do produto em campo. |
| **15** | Atendimento a consumidores com problemas. |

Pelo que se percebe:

- Em todos os casos, o que se está considerando são os itens da qualidade inerentes a cada um.
- Os custos de 1 a 8 são inevitáveis. Referem-se à viabilização da qualidade de projeto, da qualidade de conformação e à fixação das bases da garantia da qualidade.
- Os custos de 9 a 15 serão "evitáveis" se os defeitos, as falhas ou os desperdícios forem eliminados. Entretanto, pode-se pensar que, em certos casos, alguns desses custos são também inevitáveis, já que não é econômico reduzi-los a situações abaixo de determinado nível, em função dos controles requeridos.

Esta última conclusão pode ser válida em situações com condições de contorno bem definido: produtos com tecnologia não inteiramente dominada, por exemplo. No entanto, vê-se claramente que não possui potencial estratégico. A Gestão da Qualidade tem mostrado que, na prática, se os itens 1 a 8 forem bem-feitos, a eliminação dos demais custos ocorrerá naturalmente, ou seja, qualidade gera qualidade. E, por isso, reduz controles. É a melhoria contínua.

## MÉTODOS E ESTRUTURA DA GESTÃO DA QUALIDADE

### UMA VISÃO RÁPIDA DO CAPÍTULO

- Há três conjuntos básicos de abordagem conceitual da qualidade: o modelo ampliado da adequação ao uso; o modelo ampliado de impacto de produtos e serviços na sociedade em sua totalidade; e o modelo da "qualidade globalizada".
- O primeiro modelo utiliza cinco abordagens conceituais, que refletem o que o consumidor considera relevante quando adquire um produto e envolvem a confiança no processo de produção, aceitação do produto, valor associado ao produto, confiança na imagem ou na marca e adequação ao usuário.

- A caracterização das abordagens evidencia dois aspectos – as razões de consumo e o componente dinâmico da qualidade. Mostra, também, a evolução da empresa em busca da qualidade.
- A primeira generalização do conceito da qualidade decorre da adoção de um conceito que diferencia clientes e consumidores. Os consumidores são todos aqueles que consomem nossos produtos; os clientes são todos aqueles que sofrem o impacto do uso de nossos produtos.
- Em termos estratégicos, é relevante notar que clientes são os consumidores em potencial. Ou não. Sempre uma pessoa poderá transformar-se em consumidor, ou não. Ou influenciar outras pessoas a se transformarem em consumidores – ou não.
- A globalização representa mais uma oportunidade de atuar em novos mercados do que um risco à empresa. É evidente que isso depende do grau de competitividade da empresa.
- A ação da empresa em relação ao meio ambiente costuma ser considerada uma característica de impacto considerável no papel "globalizante" que as empresas queiram desempenhar.
- Denomina-se "qualidade de projeto" a análise que se faz do produto, em termos da qualidade, a partir da estruturação de seu projeto, ou seja, a avaliação de como os requisitos do mercado estão sendo atendidos pelas especificações de projeto.
- A característica básica da qualidade de conformação é o esforço para o pleno atendimento às especificações de projeto, ou seja, a qualidade definida em termos do processo de produção.
- Característico é o aspecto primário da qualidade, isto é, é o que se atinge quando se decompõe o produto em seus itens elementares, a suas menores partes. É também o elemento de decisão do consumidor ao adquirir um produto.
- A avaliação da qualidade por atributos procede a uma análise qualitativa do característico; já a avaliação da qualidade por variáveis faz uma análise quantitativa. Cada tipo de avaliação tem utilidade que depende exatamente da seleção da situação a considerar.
- Defeito é a falta de conformidade de um produto quando determinado característico da qualidade é comparado a suas especificações. Há várias classificações de defeitos, úteis para priorizar esforços exatamente na prevenção e na determinação de suas causas.
- O conceito de controle da qualidade total envolve não apenas a ideia de monitoramento, ou de sistema, ou do confronto planejado × produzido ou, ainda, de ações de prevenção, mas, antes, o conjunto de todas essas ideias.
- A atividade de planejamento é considerada fundamental no esforço de produzir qualidade.
- É possível que a ação de planejamento seja a mais relevante na arte de gerenciar a qualidade. O planejamento da qualidade elimina ações improvisadas, decisões com base intuitiva e subjetivismo. A maior dificuldade de implementação do planejamento da qualidade no processo gerencial não está relacionada à forma de execução do planejamento, mas ao reconhecimento da importância de planejar.
- Um modelo usualmente empregado para o planejamento envolve aspectos como os seguintes: política da qualidade, diagnóstico, organização e administração, planejamento propriamente dito, implantação e avaliação.
- É fundamental direcionar o planejamento para a melhoria contínua.
- A estrutura mais adequada para a produção da qualidade é a de sistemas.
- Os elementos que caracterizam um sistema da qualidade são entradas, saídas, interação organizada das partes, princípios básicos de funcionamento, busca de objetivos comuns e realimentação.
- Pela forma como foi definido, fica claro que o sistema da qualidade não existe fisicamente. É, na verdade, o próprio sistema de produção, com novas prioridades.
- De forma geral, a economia da qualidade trata da expressão dos benefícios da qualidade sob a forma de unidades monetárias. Os modelos, nesse caso, envolvem tanto a análise do valor das qualidades quanto a minimização de custos pela eliminação da má qualidade.
- O conceito da qualidade de projeto induz a um confronto entre dois elementos básicos: o custo do produto, definido pelas características de seu projeto (daí o nome de custo do projeto) e o preço que será associado ao produto acabado (daí o nome de retorno).
- O conceito da qualidade de conformação induz a um confronto entre dois elementos básicos: o custo gerado pelo produto isento de defeitos e o custo gerado pela presença de defeitos no processo ou no produto.
- Esses confrontos geram modelos que devem ser cuidadosamente interpretados. E induzem a um modelo mais amplo, que descreve os custos da qualidade.

## UMA ANÁLISE AMPLIADA DAS ESTRUTURAS DA GESTÃO DA QUALIDADE

### SISTEMAS DA PRODUÇÃO E SISTEMAS DA QUALIDADE

Um caso notável de adequação entre conceitos ocorre com as noções de qualidade e sistemas. De fato, sistemas são estruturas que aperfeiçoam as ideias de conjuntos e processos – no primeiro caso, agregados estáticos; no segundo, grupos de elementos dinâmicos. Os sistemas englobam esses dois conceitos, mas vão além, gerando estruturas organizadas nas quais os elementos que as compõem são bem definidos e cuja operação e funcionamento seguem procedimentos lógicos. Nem sempre se compreendem exatamente esses mecanismos, mas sabe-se que eles funcionam segundo regras bem determinadas (caso, por exemplo, dos seres vivos).

O fato é que a organização dos sistemas garante os resultados esperados em determinadas situações ou reações previsíveis ante determinados estímulos, situações para as quais se podem prever estratégias a adotar. Por outro lado, pode-se determinar quais elementos constituem um sistema. Em geral, os mais comuns são: entradas, saídas, interação organizada das partes, normas e diretrizes de operação, integração de esforços para o alcance de objetivos comuns e realimentação.

A identidade entre sistemas e qualidade começa com duas noções básicas comuns a ambos: evolução e multiplicidade. A realimentação, por exemplo, garante a evolução do sistema, pela capacidade de progredir com base em seus erros; os vários elementos, interagindo organizadamente, caracterizam a multiplicidade da qualidade de produtos e serviços, cuja adequação final ao uso depende de todos e de cada um dos itens que os compõem. A seguir, pode-se observar outra forma de identidade quando se verifica que os sistemas fornecem o modelo perfeito para a estrutura que deve produzir qualidade nas organizações.

Esta última identidade já fora tentada com o conceito de Sistema da Produção. A ideia foi organizar processos produtivos de modo a garantir resultados melhores e, sobretudo, consistentes das operações que geram produtos e serviços. Ocorre, porém, que o conceito de qualidade alterou a estrutura dos sistemas de produção, fazendo com que ocorressem contrastes entre os sistemas tradicionais e os sistemas gerados pelo novo conceito da qualidade.

Na verdade, examinar confrontos entre os dois sistemas é uma forma didática de entender o que é e como opera o sistema da qualidade, e consiste, exatamente, em confrontar seus elementos com os sistemas tradicionais da produção. Essa confrontação permite que se obtenha uma conclusão interessante a respeito de ambos.

A tabela a seguir resume esse confronto.

| ELEMENTOS DE UM SISTEMA | SISTEMA DE PRODUÇÃO | SISTEMA DA QUALIDADE |
|---|---|---|
| **Entradas** | Matérias-primas, energia ou trabalho. | Políticas da qualidade, diretrizes de funcionamento, normas de atendimento preferencial aos clientes etc. |
| **Saídas** | Produto acabado. | Produto acabado adequado ao cliente. |
| **Interação Organizada das Partes** | Sequência linear de atividades, setor após setor. | Setores organizados em malhas. |
| **Princípios Básicos de Funcionamento** | Otimização do processo e aumento da produtividade. | Otimização do atendimento ao mercado consumidor e aumento da qualidade. |
| **Busca de Objetivos Comuns** | O produto é aceito pelo mercado. | O produto é desejado pelo mercado. |
| **Realimentação** | 1. Pequeno número de grandes realimentações.<br>2. Realimentação centrada na fábrica. | 1. Grande número de realimentações.<br>2. Realimentação feita a partir das reações do mercado. |

Note:

- As entradas do sistema da qualidade incluem as do sistema tradicional de produção.
- As saídas do sistema da qualidade acrescentam um elemento crítico às saídas do sistema tradicional de produção.
- No caso da interação entre as partes, o sistema da qualidade tem um conceito que generaliza aquele utilizado pelos sistemas de produção.

- Conceito amplo de qualidade inclui o de produtividade – a otimização do processo é, de fato, um dos pré-requisitos da adequação do produto ao uso.
- Produto aceito pode ser substituído por outro; o produto desejado reflete uma fidelidade do consumidor que vai além de simples aceitação.
- Realimentações constantes, menores e frequentes podem ser vistas como um acompanhamento detalhado do processo produtivo. Além disso, observa-se que a realimentação a partir do mercado inclui a realimentação feita pela própria empresa.

A análise dos confrontos apresentada, aprofundada em várias situações, induz a uma conclusão interessante:

*Os sistemas da qualidade, na verdade, não existem.*

Como não existem?

Porque, na verdade, sistemas da qualidade são, apenas, um aperfeiçoamento do conceito de sistemas da produção.

Dito de outra forma: sistemas da qualidade são sistemas da produção nos quais a qualidade é uma noção estratégica, prioritária, essencial a seu funcionamento. Muitos dos elementos tidos como parte dos sistemas de produção tradicional passam a integrar a nova estrutura, que também é um sistema de produção. Essa nova estrutura, assim, não nega o que existe, mas integra-o numa nova concepção.

Percebe-se, desse modo, que o conceito tradicional de sistema de produção não está errado nem porta nele alguns equívocos inaceitáveis, insuperáveis ou incompatíveis com a filosofia da qualidade. Na verdade, o conceito tradicional é insuficiente, requer novos conceitos, mais abrangentes, que englobem os atuais. E a ideia de sistema da qualidade, assim, não entra em conflito nem produz incoerências em face da noção tradicional de sistemas de produção: em vez disso, completa-a e, sobretudo, torna-a mais abrangente em termos espaciais e temporais, ampliando suas atividades e projetando seu desenvolvimento para o futuro.

Essa ideia é perfeitamente coerente com várias outras expressas ao longo deste livro. Dois pequenos exemplos são vistos a seguir.

## APRENDENDO COM A PRÁTICA

### Como motivar para a qualidade?

- Simples: basta fazer as pessoas entender que devem fazer o que sempre fizeram, apenas com uma nova filosofia, pensando de forma diferente, com novas prioridades e, sobretudo, novos valores.

### Quais são as estratégias específicas da Gestão da Qualidade?

- Na verdade, não há. Este livro mostra que as noções atuais de Gestão da Qualidade baseiam-se em modelos clássicos da Administração e estão intimamente relacionados com eles. Mostra, também, que liderança e procedimentos gerenciais básicos das organizações são os alvos principais das estratégias da Gestão da Qualidade, no que se refere, por exemplo, a envolvimento de recursos humanos ou otimização de processos.

Conclui-se, assim, que Gestão da Qualidade é, na verdade, um aperfeiçoamento da Gestão da Produção. Daí a questão: onde está o conflito entre elas?

## QUESTÕES PRÁTICAS

### MÉTODOS E ESTRUTURAS DA GESTÃO DA QUALIDADE

1. Qual a restrição que se observa no conceito da qualidade enquanto adequação ao uso?
2. Por que o componente dinâmico da qualidade é um fator estratégico para as organizações?
3. Qual a característica básica de cada uma das abordagens de Garvin? E por que cada uma delas pode ser estratégica?
4. Que riscos estratégicos podem ser observados, para a organização, quando se analisa cada abordagem de Garvin de forma isolada em relação às demais?
5. Além das cinco abordagens de Garvin discutidas, que outras abordagens para conceituar qualidade têm sido usadas, hoje, como elementos de decisão por consumidores e clientes? Exemplifique sua resposta.
6. Quais os danos estratégicos para as empresas ao não considerarem o impacto de seus produtos na sociedade, ou seja, se elas se preocuparem apenas com seus consumidores?
7. O que difere o consumidor do cliente? E qual o benefício estratégico dessa diferenciação?
8. Que impacto a ação social da empresa exerce em sua atuação no mercado? Trata-se de impacto relevante?
9. Por que a globalização da ação produtiva pode ser vista como uma oportunidade estratégica para a empresa?
10. O que caracteriza, basicamente, a qualidade do projeto e a qualidade de conformação? O que mais difere uma da outra? E como elas se relacionam entre si?
11. Qual a importância que a qualidade de projeto desempenha para a definição da qualidade do produto final?
12. Quando se pode afirmar que a qualidade de conformação é viável?
13. Quais as vantagens de analisarem-se conjuntamente a qualidade de projeto e a de conformação?
14. Quais consequências adversas podem vir de um erro decorrente da utilização da avaliação por atributos quando se deveria utilizar a avaliação por variáveis? E no caso contrário?
15. Que impacto estratégico exerce nas organizações o modelo de avaliação da qualidade por atributos? E o que dizer do modelo de avaliação da qualidade por variáveis?
16. O modelo de prevenção e classificação de defeitos tem algum impacto estratégico na organização?
17. Por que defeitos na apresentação do produto são considerados importantes?
18. Esforços de prevenção de defeitos determinam, automaticamente, maior qualidade para os produtos?
19. Qual a maior vantagem de investir-se na eliminação de defeitos?
20. Qual a principal utilidade prática da classificação de defeitos?
21. O que caracteriza o controle da qualidade em termos de estrutura?
22. O que caracteriza a função básica do controle da qualidade?
23. Quais as vantagens de conceituar o controle da qualidade como o confronto entre a qualidade produzida e a qualidade planejada?
24. Qual a maior dificuldade prática para viabilizar o planejamento da qualidade?
25. Por que planejar a qualidade? Não seria mais fácil buscar, a qualquer preço, zero defeito na fábrica?
26. Que estratégias básicas são usadas no planejamento da qualidade?
27. Qual elemento caracteriza, com maior visibilidade, o planejamento da qualidade?
28. Quais as principais vantagens da "qualidade planejada"?
29. Quais as formas mais usuais de implantar as atividades previstas no planejamento da qualidade? Quais as vantagens e desvantagens de cada uma?
30. Que elemento deve definir o direcionamento das melhorias?
31. Que características a abordagem sistêmica conferiu ao conceito moderno da qualidade?
32. Qual o pré-requisito mais relevante para uma estruturação adequada de sistemas da qualidade?
33. Por que o conceito de sistema é adequado à noção da qualidade? Que tipos de adequação existem entre ambos – sistema e qualidade? E quais as vantagens dessa adequação?
34. Além dos custos listados, que outros prejuízos a má qualidade pode trazer para a empresa que podem ser traduzidos em termos financeiros?
35. Por que a minimização de custos não pode ser considerada, diretamente, benefício financeiro da qualidade? E quando isso passa a ocorrer?

# PROCESSO E AGENTES DA GESTÃO DA QUALIDADE

3

| OBJETIVOS DO CAPÍTULO | *Espera-se que, ao final do texto, o leitor esteja apto a:*<br>▪ Compreender quais as características básicas e como operam os modelos gerenciais da Qualidade.<br>▪ Perceber como o modelo de Gestão da Qualidade Total influenciou e alterou processos tradicionais da Gestão da Qualidade e como consolidou as novas práticas da área.<br>▪ Entender qual o perfil do agente de decisão da Qualidade neste novo contexto.<br>▪ Avaliar com precisão o papel de dois outros agentes críticos na Gestão da Qualidade das organizações produtivas: o de transformação (recurso humano) e o de consolidação do processo (cultura da organização). |
|---|---|

Embora seja um processo com especificidades bem definidas, a Gestão da Qualidade é viabilizada por um grande número de agentes. Muitos desses agentes desenvolvem ações técnicas (os gerentes, por exemplo).

Mas, como se verá, dada a abrangência da Gestão da Qualidade, seu desenvolvimento não poderia ficar restrito a esse grupo de profissionais.

Em uma visão geral, o esquema a seguir mostra como a Gestão da Qualidade se viabiliza.

| Processo da Gestão da Qualidade | | | | | | |
|---|---|---|---|---|---|---|
| Características<br>Diretrizes<br>Normas de operação | → | Agente 1<br>Agente 2<br>..............<br>Agente n | → | Ações 1<br>Ações 2<br>............<br>Ações n | → | Resultados |

Rawpixel | iStockphoto

## 3.1 PROCESSOS GERENCIAIS

Os sistemas de gestão apresentam características gerais e especificidades que lhes conferem um modelo conceitual diversificado e uma estrutura organizacional bastante complexa.

### PARA REFLETIR

- O que significa "modelo conceitual diversificado"?

  Simples. A base do sistema de gestão envolve múltiplas definições e guia-se por diversos conceitos.
- Por que a estrutura organizacional dos sistemas de gestão costuma ser complexa?

  Simples. Porque envolve elementos complexos, como os recursos humanos, por exemplo.
- Essa abrangência não torna muito difícil o estudo desses sistemas?

  Em princípio, sim. Mas cabe observar que todos os sistemas gerenciais têm dois objetivos comuns: desenvolver mecanismos que, em um primeiro momento, garantam a sobrevivência da organização e, a seguir, possibilitem sua permanente e contínua evolução. Por isso, se é verdade que eles diferenciam-se em termos de natureza e referenciais de operação, também é verdade que convergem para as mesmas finalidades.

Sistemas de gestão com esses objetivos (sobrevivência e evolução) compõem o processo de gestão de qualidade. Em particular, e até com maior ênfase do que qualquer outro, são esses os sistemas que integram o processo de Gestão da Qualidade – que, obviamente, precisa ser, antes de tudo, uma gestão de qualidade.

O processo de gestão, portanto, apresenta uma uniformidade em termos de direcionamento. Para tanto, esse processo concebe as empresas como sistemas, visando conferir a elas características globais únicas, ainda que compostas de múltiplas partes que interagem entre si.

Fazer a organização operar em busca de um único objetivo constitui, como seria de se esperar, notável dificuldade para a operação dos sistemas de gestão. Mas este não é o único espinho no caminho do desenvolvimento do processo. A componente interativa da empresa também é uma restrição a considerar. E o que seria esta dimensão do modelo gerencial? Veja a seguir.

| A COMPONENTE INTERATIVA DA GESTÃO DA QUALIDADE | |
|---|---|
| **O que é?** | Conjunto de mecanismos de interação interna e externa que tornam a organização viva e atuante. |
| **Como funcionam esses mecanismos?** | Esses mecanismos regulam formas como os recursos humanos atuam de maneira integrada na organização. Eles determinam métodos, situações e ambientes de atuação muito diversos e, com frequência, são pouco ou, até mesmo, não formalizados. |
| **Por que eles são relevantes?** | Em geral, a descrição pura e simples das estruturas formais é insuficiente para descrever a organização e possibilitar o entendimento de como ela atua. De fato, são as interações entre recursos humanos que particularizam a operação de qualquer ação coletiva – como é o caso do funcionamento de uma empresa, por exemplo. |

### FIQUE ATENTO

- Esta componente interativa torna o processo de gestão mais do que uma simples ciência; na verdade, pode-se conceituar o processo de gestão como uma *arte*. Ou seja, o processo depende menos de conceitos teóricos e regras formais e mais de ações intuitivas, inerentes a cada agente de decisão. Por isso sempre se afirma que as características pessoais do gerente têm peso significativo no processo de gestão.

A atividade de gestão, dessa forma, envolve um objetivo que garanta a *sobrevivência* da empresa, em um ambiente essencialmente dinâmico e diversificado, com desafios constantes e crescentemente diferenciados em natureza e intensidade. Para tanto, caberá ao processo de gestão administrar recursos, para tirar deles o melhor proveito possível, e determinar um nível de ação que garanta pleno aproveitamento das potencialidades da organização.

A concepção de empresa como sistema envolve, também, a ideia de subsistemas, ou seja, dos sistemas que operam internamente à empresa. Nesse contexto, a empresa passa a ser um sistema global, constituída de subsistemas, cujas estruturas e propriedades apresentam características comuns. Esse conceito de empresa torna possível analisar elementos típicos dos diversos subsistemas (respeitam-se suas especificidades) e adequá-los ao sistema em sua totalidade. Tendo em vista os dois conceitos – sistema e subsistema –, o processo de gestão pode produzir informações e análises que permitam uma ação coerente e direcionada para os objetivos da organização.

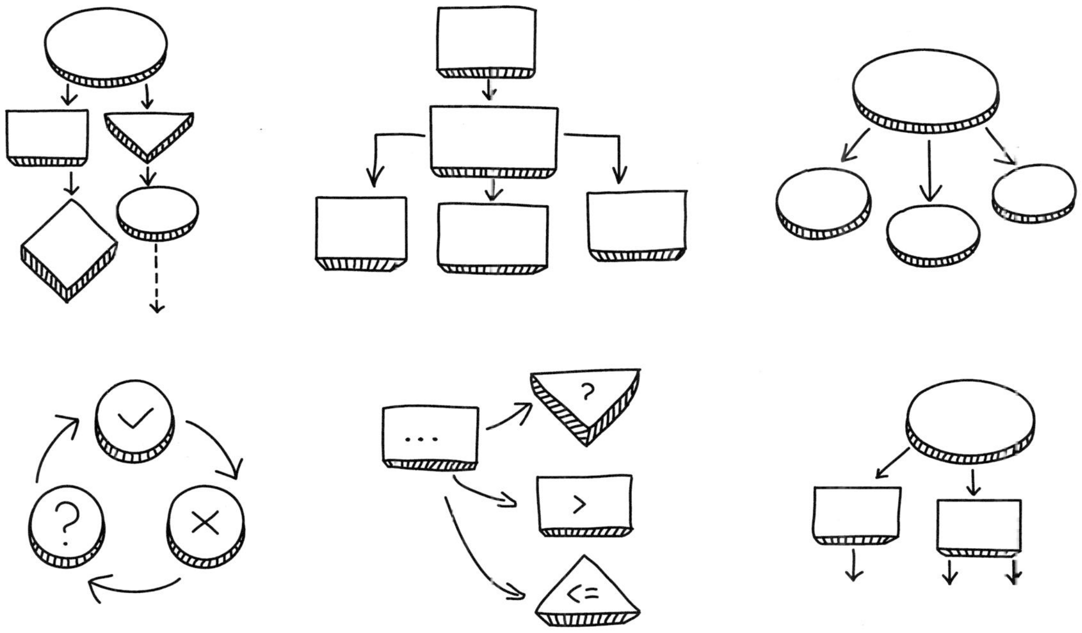


pseudodaemon | iStockphoto

## SISTEMAS DE GESTÃO

Por sua vez, a atividade de gestão pode constituir um sistema de gestão. Pode-se conceituar esse sistema como "um conjunto de regras, de procedimentos e de meios que permitem aplicar métodos a um organismo (o sistema físico) para a realização de determinados objetivos" (MELÈSE, 1993). Nessa mesma referência encontram-se exemplos de sistemas de gestão, como os que são listados a seguir.

**EXEMPLOS**

- *Sistema de gestão da produção*: aplica ao sistema físico da empresa métodos de programação, desenvolvimento, avaliação e controle.
- *Sistema de gestão de pessoal*: aplica aos recursos humanos da organização métodos de seleção, formação, qualificação, promoção...
- *Sistema de controle e arrecadação*: aplica aos chamados "agentes econômicos" métodos de distribuição de rendas.

### *Sistema de Gestão da Qualidade*

Nesse contexto, o sistema de Gestão da Qualidade aplica à organização métodos de produção, avaliação e melhoria da qualidade.

## ESTRUTURA DOS SISTEMAS DE GESTÃO

Os sistemas de gestão envolvem normas, métodos e procedimentos. As características de cada um dos componentes do sistema de gestão são descritas a seguir.

| COMPONENTE | CARACTERÍSTICAS | NÍVEL DE GESTÃO |
|---|---|---|
| Normas | Política global da organização, suas diretrizes de funcionamento e as regras específicas, aplicáveis aos recursos da organização em situações definidas | Estratégico |
| | Para a Gestão da Qualidade, o conjunto de *normas básicas* de operação é definido pela política da qualidade da organização. | |
| | Em muitos casos, a Gestão da Qualidade restringe-se ao processo de implementação dessa política. | |
| Métodos | Modo como são operados os recursos gerais da organização, para que sejam atingidos os objetivos propostos | Tático |
| | A concepção e a aplicação dos métodos são sempre reguladas pelas normas; o direcionamento de suas atividades é definido pelos objetivos fixados. | |
| Procedimentos | Os procedimentos de um sistema referem-se às operações necessárias para a aplicação efetiva dos métodos. | Operacional |
| | Eles devem atender às regras aplicadas no contexto em que essas operações são realizadas. | |

**SAIBA MAIS**

- As normas definem as grandes diretrizes da organização.
- Nos métodos estão identificadas as grandes metas do sistema produtivo, tanto em termos de objetivos globais quanto setoriais; a política de funcionamento da empresa e sua forma usual de atuação; o nível de envolvimento dos diversos recursos; e, enfim, como a empresa opera e para onde se move.
- Os procedimentos viabilizam os métodos.

Ainda que interligados, as normas, os métodos e os procedimentos são definidos em ambientes diversos das organizações e seguem sempre o modelo *top-down*: os métodos são definidos a partir das normas; e os procedimentos guiam-se pelos métodos estabelecidos.

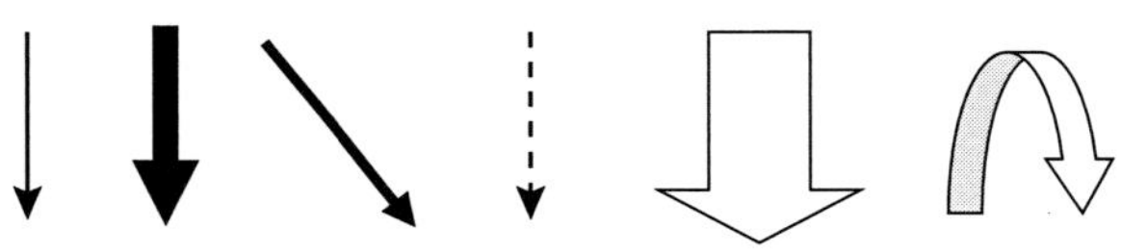

**COMO FAZER?**

- As normas precisam estar contidas no Planejamento Estratégico da organização e são definidas pela alta administração.
- Tendo em vista o caráter informal do funcionamento de muitas organizações, a seleção e a aplicação de métodos de trabalho podem não seguir um processo explícito. Podem, inclusive, não estar formalizadas – às vezes, parece que sequer é conveniente que sejam oficializadas. Para entrar em operação, porém, os métodos devem ser expressos em normas operacionais, compatíveis com a natureza dos recursos da organização.
- Esse aspecto é essencial para a Gestão da Qualidade. De fato, como a qualidade abrange elementos de cultura da organização, é fundamental que a definição dos métodos de operação considere a realidade dos recursos da organização.

No que se refere, por exemplo, aos recursos humanos, observe o exemplo das empresas japonesas, que definem métodos de trabalho com base em procedimentos consolidados no piso de fábrica. Só a partir dessa consolidação, que envolve, por exemplo, conhecimento, adesão e motivação, é que os métodos são oficializados.

Cria-se, assim, um movimento de baixo para cima, que solidifica a qualidade a partir da base e não a torna apenas mais uma imposição da empresa. A administração do tempo é também um bom exemplo de práticas que reúnem um conjunto de estratégias com impacto na cultura das organizações (HOPEN, 2011).

## 3.2 PROCESSO DA GESTÃO DA QUALIDADE

O conceito tradicional de Gestão da Qualidade sempre envolve duas áreas básicas de atuação: uma no âmbito global e outra no âmbito operacional. Na visão geral, tem-se:

| GESTÃO DA QUALIDADE | |
|---|---|
| **Contexto global** | À Gestão da Qualidade cabe colaborar decisivamente no esforço da alta administração da empresa em definir as políticas da qualidade da organização. |
| **Cotexto operacional** | À Gestão da Qualidade cabe desenvolver, implantar e avaliar programas da qualidade. |
| **Visão integrada** | *A Gestão da Qualidade é o processo de definição, implantação e avaliação de políticas da qualidade.* |

Anna Bizoń | 123RF

Olena Yakobchuk | 123RF

É bem evidente a dependência da ação da Gestão da Qualidade à questão das **políticas da qualidade**. Há, mesmo, um conceito de Gestão da Qualidade como, essencialmente, a viabilização, em termos operacionais, das diretrizes gerais da qualidade da empresa – diretrizes estas que são decorrentes da própria política da qualidade.

Esse posicionamento leva a concluir que *não é possível estruturar o processo de Gestão da Qualidade sem que seja definida, conhecida e bem entendida a política que a organização adotará em relação à qualidade.*

O nível em que se define a política da qualidade é sempre o da *alta administração*, já que essa política reflete objetivos e normas de funcionamento de toda a organização. Ela definirá as formas de atuação no mercado, o nível de tecnologia no processo produtivo, o grau de qualificação da mão de obra e assim por diante. E, principalmente, define a direção em que todos seguirão na empresa. Isso envolve decisões cujo porte não permite que sejam tomadas em áreas operacionais.

O quadro a seguir resume as principais características das políticas da qualidade.

| CARACTERÍSTICAS DAS POLÍTICAS DA QUALIDADE | |
|---|---|
| **Elementos a definir** | ▪ Estratégias de atuação da empresa no mercado.<br>▪ Recursos, ou formas de operação, da empresa.<br>▪ Nível de prioridade para investimentos e valor associado a cada um deles.<br>▪ Suporte tecnológico a ser transferido ao processo produtivo, em termos de gestão, habilitação do pessoal, equipamentos, materiais, operações, informações ou ambientes de trabalho.<br>▪ Formas e níveis de intensidade de envolvimento da mão de obra, além de métodos de alocação, formação ou qualificação do pessoal. |
| **Decisões fundamentais a tomar** | ▪ Utilização da qualidade como estratégia de administração, e não como um conjunto de técnicas específicas de avaliação de produtos e processos.<br>▪ Prioridade à qualidade nas decisões da empresa, independentemente do momento.<br>▪ Conjunto de normas, métodos e procedimentos devidamente formalizados, cujo acesso deve ser garantido a todos (para tanto, é indispensável que a política seja clara, objetiva e bem compreendida).<br>▪ Prioridade aos recursos, às situações e aos pontos mais críticos da empresa em relação à produção da qualidade (por isso, dá-se tanta ênfase aos recursos humanos da empresa, aos processos de avaliação do desempenho do processo produtivo e à entrada de materiais nas fábricas).<br>▪ Definição de uma noção abrangente de perda, incluindo os desperdícios e a inadequação do produto ao uso (é com base nessa noção que a política da qualidade define os métodos de otimização do processo produtivo).<br>▪ Introdução da qualidade como um hábito, um procedimento usual e rotineiro e, ao mesmo tempo, algo que seja prioritário em qualquer situação. |

Para estruturar uma política da qualidade devem ser considerados alguns princípios básicos, justificados pela própria prática das empresas, como se pode ver na tabela a seguir:

| JUSTIFICATIVA | PRINCÍPIO DA POLÍTICA DA QUALIDADE |
|---|---|
| A qualidade é um fenômeno dinâmico. Deve sempre alterar-se na direção de melhorias contínuas. | A qualidade é um processo ***evolutivo***. |
| A qualidade depende de mudanças na forma de pensar, nas prioridades e nos valores.<br>Não é um processo abrupto, rápido. | A qualidade é obtida a partir de ações cada vez mais ***amplas*** e ***efetivas***. |
| A qualidade depende de todos os esforços.<br>Ninguém pode omitir-se. | A qualidade envolve ***todos***. De cada um esperam-se ***resultados*** que devem ser bem definidos e conhecidos. |
| Não se produzem melhoras significativas de forma intuitiva, em um processo de ensaio e erro. | A qualidade requer base ***técnica*** e exige ***competência*** de quem se propõe a produzi-la. |
| Não se pode excluir nada nem ninguém no esforço pela qualidade. | A ação pela qualidade é ***abrangente***. |
| É necessário o efetivo envolvimento de todos os recursos da organização para produzir qualidade. | A ação pela qualidade é ***participativa***. |
| Não há forma de excluir quem quer que seja do esforço pela melhoria contínua. Não há justificativas para omissões ou envolvimentos "parciais". | A ação pela qualidade é ***compulsória***. |
| A sobrevivência da empresa depende de seu direcionamento para o mercado. | O ***cliente*** é a razão de ser da empresa. |

## GESTÃO DA QUALIDADE NA PRÁTICA

Que ações seriam típicas para viabilizar, em termos operacionais, os resultados das políticas da qualidade que envolvem a atuação da Gestão da Qualidade?

Algumas situações práticas exemplificam estas ações.

| SITUAÇÃO PRÁTICA | EXEMPLOS |
|---|---|
| **Relações com fornecedores** | Substitui-se a seleção por preços e passa-se à seleção por critérios técnicos. |
| **Relações com o mercado** | Análise de níveis de satisfação dos consumidores e de ações usuais dos concorrentes. |
| **Desempenho do processo** | Avaliação da qualidade com base no posicionamento dos consumidores e usuários sobre serviços e bens tangíveis fornecidos pela empresa. |
| **Otimização dos recursos da empresa** | Política de formação e qualificação dos recursos humanos da empresa ou os métodos de seleção, aquisição e manutenção de equipamentos. |

A vantagem mais evidente do emprego de políticas da qualidade bem definidas diz respeito a um processo consistente de operação da empresa.

Trabalha-se de forma planejada, bem definida e de modo a otimizar o uso dos recursos, o que reflete em redução de custos tanto pela eliminação de desperdícios que requerem correções, quanto pela necessidade de alterar decisões que se mostram equivocadas.

**SAIBA MAIS**

Outros benefícios apontados da utilização de políticas da qualidade:

- ênfase em procedimentos que racionalizam recursos como tempo, energia, trabalho e materiais;
- investimentos para obter-se um entendimento único do que deve ser feito e como ser feito;
- caracterização técnica das ações, isto é, eliminam-se ações motivadas por razões subjetivas, emocionais;
- caráter permanente das ações, eliminando-se decisões determinadas por momentos ou situações específicas;
- objetividade na avaliação da qualidade.

Ainda que alocada no nível de alta administração, a definição das políticas da qualidade da organização abrange o esforço da Gestão da Qualidade, uma ação que costuma ser associada à atividade tática da organização.

Esse esforço ocorre em duas dimensões:

| | |
|---|---|
| **DIMENSÃO 1** | ▪ Enfatiza-se o processo de sensibilização da alta administração para a importância de definir, da forma mais objetiva e clara, as políticas da qualidade da organização.<br>▪ **Importante**: em geral, essa fase vem sendo substituída por sinais inequívocos que o mercado emite em direção às organizações que pouco priorizam qualidade de produtos e serviços. |
| **DIMENSÃO 2** | ▪ Espera-se que, por sua competência técnica e conhecimento da questão, a Gestão da Qualidade tenha decisiva influência na formulação dessa política.<br>▪ **Importante**: aqui a competência técnica e o conhecimento da questão fazem toda a diferença. |

Além de influenciar a alta administração para garantir a definição da política, caberá à Gestão da Qualidade preservá-la de forma adequada à realidade do momento, isto é, zelar por sua contínua melhoria

Definida a política da qualidade, está determinado o modelo básico de atuação da Gestão da Qualidade. Passa-se, então, às ações operacionais, e define-se uma função na empresa que se pode chamar de Gerência da Qualidade, a qual vem a ser a área técnica da empresa que, em última análise, viabiliza a política da qualidade da empresa.

É evidente, assim, até pelo que foi exposto até aqui, que a atuação da Gestão da Qualidade e, em particular, dos gestores da qualidade depende fortemente da definição da política da qualidade da empresa.

## VOCÊ SABIA?

- A maioria dos textos que descreve o modelo clássico de Gestão da Qualidade considera que sua atuação envolve, fundamentalmente, o desenvolvimento, a implantação e a avaliação de um programa da qualidade na empresa.
- Textos clássicos na área de Gestão da Qualidade já preconizam esta posição, como, por exemplo, Juran e Gryna (1991); Besterfield (2011); Walton (1989).
- Textos mais recentes que envolvem diversas estratégias da Gestão da Qualidade também enfatizam a necessidade de estruturar programas para gerenciar a qualidade, como, por exemplo, Hagenau e Uber (2018); Keim (2018) (neste caso, unindo Gestão da Qualidade e Produção Enxuta) e Wand e Zhou (2018) (aqui, trabalhando com modelos discretos de monitoramento do processo).
- O programa alcança todas as áreas da organização, em seus diversos ambientes – processo produtivo, relações com mercado e atividades de suporte.

Pode-se considerar que os objetivos de um programa da qualidade envolvem a eliminação de perdas, considerada em seu sentido mais amplo, ou seja, o conceito atual.

Esses objetivos, portanto, vão além de procedimentos para eliminar defeitos ou evitar sua ocorrência, mas incluem também os que visam adequar permanentemente o produto ao uso.

A ação da Gestão da Qualidade apresenta três áreas básicas, com atividades específicas em cada uma delas: gestão técnica da qualidade, gestão integrada de recursos e gestão interativa com o mercado. As ações usuais de cada área são descritas abaixo.

| ÁREA | AÇÕES USUAIS |
|---|---|
| **Gestão técnica da qualidade** | ▪ Estruturar um setor que atue como órgão de suporte técnico à produção e à avaliação da qualidade.<br>▪ Definir um modelo básico para a avaliação da qualidade, que envolve todo o processo produtivo, bem como suas partes, considerados os níveis individuais de desempenho.<br>▪ Estruturar um modelo de análise dos custos da qualidade e seus benefícios (economia da qualidade).<br>▪ Desenvolver o planejamento das ações típicas da qualidade.<br>▪ Definir responsabilidades pela qualidade em todos os níveis e garantir a divulgação dessas atribuições. |
| **Gestão integrada de recursos** | ▪ Estruturar o sistema geral de informações para a qualidade, que integra todos os setores da organização, com informações específicas para ela, que envolvam tanto resultados parciais do processo produtivo como o posicionamento dos clientes acerca dos produtos e serviços da empresa.<br>▪ Definir um modelo de avaliação global da qualidade, que envolve os objetivos gerais da organização e a contribuição de cada setor, ou área do processo produtivo, para seu efetivo alcance.<br>▪ Definir modelos de seleção e alocação de equipamentos e materiais, em função de especificações técnicas fornecidas pelos setores de engenharia ou processos, de forma a priorizar a qualidade como elemento básico de escolha.<br>▪ Estruturar programas de envolvimento dos recursos humanos no esforço pela qualidade, acompanhar seu desenvolvimento e implantação e avaliar o desempenho da mão de obra.<br>▪ Definir objetivos e metas da qualidade, tanto globais (organização inteira) como setoriais.<br>▪ Determinar formas efetivas para acompanhar o desenvolvimento das atividades destinadas a atingir os objetivos fixados, avaliando-se o nível de alcance destes objetivos e as ações necessárias para tanto. |

| | |
|---|---|
| **Gestão interativa com o mercado** | ▪ Acompanhar os níveis de aceitação do produto no mercado e o grau de satisfação dos clientes e repassar essas informações a cada área da organização.<br>▪ Monitorar o mercado para definir tendências de consumo.<br>▪ Viabilizar meios para quantificar os níveis de satisfação do mercado com produtos e serviços da empresa.<br>▪ Acompanhar a ação dos concorrentes no mercado, para definir um modelo de *benchmarking*. |

É possível que, das atividades descritas, a mais complexa seja a de *coordenar os esforços* de todos para a obtenção da qualidade, já que o sucesso dessa atividade depende de quanto as pessoas se disponham para tanto. De fato, os recursos humanos podem ser vistos como uma área específica da ação da Gestão da Qualidade, com características próprias, em geral de difícil estruturação, mas absolutamente fundamentais para o sucesso do programa da qualidade.

## 3.3 PROCESSO DA GESTÃO DA QUALIDADE TOTAL

O modelo tradicional de Gestão da Qualidade enfrenta uma restrição relevante: considera-se que, se a ação básica da Gestão da Qualidade é desenvolver, implantar e avaliar um programa da qualidade, desde que esse programa esteja em um processo de funcionamento que se julga ser adequado, a função da Gestão da Qualidade estará extinta. Por outro lado, pode-se pensar que o próprio programa *é finito*, acaba em determinado momento.

### LIÇÕES DA PRÁTICA

- A evolução do conceito de Gestão da Qualidade começa a se caracterizar quando se percebe a extrema abrangência do programa em termos físicos, isto é, procura-se alcançar todos os setores, ou, em termos organizacionais, procura-se alcançar todas as áreas e funções da empresa.
- Definem-se, assim, as características "espaciais" da Gestão da Qualidade.
- Se, agora, forem agregadas as características dinâmicas dos sistemas da qualidade, tem-se uma nova dimensão, que envolve a evolução contínua do próprio sistema.

Está caracterizada a ideia de qualidade total e definido o novo modelo de gestão, conhecido pela sigla TQM (*Total Quality Management*) ou como o gerenciamento da qualidade por toda a empresa.

As características da Gestão da Qualidade Total foram discutidas no Capítulo 1. Por elas, nota-se que, além da abrangência em termos espaciais e temporais, a TQM enfatiza uma função organizacional específica da qualidade, nem sempre visível no conceito usual de gerenciamento.

De fato, a TQM enfatiza o gerenciamento da qualidade por toda a empresa, ou seja, uma abordagem sistemática para estabelecer e atingir metas de qualidade. A ideia básica que suporta esse conceito é exatamente a visão "espacial" da qualidade total, que enfatiza o envolvimento de todos os setores, áreas e, principalmente, recursos em um esforço único pela qualidade, com contribuições específicas, segundo as características de cada recurso.

Esse conceito pode ser decomposto em etapas, que descrevem sua implantação prática.

| | |
|---|---|
| **Etapa 1** | **Meta:**<br>Definir o direcionamento da organização.<br>**Ação:**<br>Estabelecer políticas globais da qualidade; a seguir, são definidos objetivos e metas. |
| **Etapa 2** | **Meta:**<br>Estruturar as fases operacionais.<br>**Ação:**<br>Fixar normas, métodos e procedimentos usuais para qualquer processo de gestão. |

| | |
|---|---|
| **Etapa 3** | **Meta:**<br>Compor o suporte para as operações.<br>**Ação:**<br>Selecionar os recursos necessários para executar as atividades. |
| **Etapa 4** | **Meta:**<br>Monitorar o desempenho do processo.<br>**Ação:**<br>Escolher e implantar os modelos de avaliação que deverão controlar o desenvolvimento das atividades tendo em vista os padrões e objetivos fixados. |
| **Etapa 5** | **Meta:**<br>Envolver recursos humanos.<br>**Ação:**<br>Desenvolver programas de motivação e treinamento no contexto das estratégias mais adequadas para estimular a mão de obra a atingir as metas propostas para a qualidade. |
| **Etapa 6** | **Meta:**<br>Criar um processo de revisão periódica.<br>**Ação:**<br>Fixar um plano para proceder à revisão periódica das atividades desenvolvidas. |

**FIQUE ATENTO**

- Nesse processo há, implicitamente, a função organizacional do planejamento, como bem ficou destacado no primeiro capítulo.
- O processo que viabiliza a TQM inclui o planejamento estratégico da qualidade, com o envolvimento da alta administração e de todos os setores da empresa.

Fica claramente identificada a relação que a Qualidade Total guarda com planejamento, a função organizacional que a TQM mais enfatiza. De fato, em todos os conceitos mostrados, a preocupação com planejamento é bem evidente. Isso permite estruturar, de forma resumida, o processo da Gestão da Qualidade Total: conjunto de atividades destinadas a viabilizar a política da qualidade e os objetivos gerais da organização em termos da qualidade. Tais atividades são estruturadas de forma planejada, abrangente e evolutiva.

Esse é o conceito de Gestão da Qualidade mais aceito hoje. Pela natureza dos termos que o compõem, prevê-se que essa aceitação permanecerá por longo período.

## 3.4 CARACTERÍSTICAS DO MODELO DE GESTÃO DA QUALIDADE

A noção de TQM introduziu alterações relevantes no modelo de gestão tradicional. Em primeiro lugar, existem as diferenças assinaladas no item anterior, que incluem abrangência maior para a função, ideia de evolução contínua e compromisso com o planejamento.

Há, porém, outras especificidades do processo de Gestão da Qualidade que o diferenciam do modelo tradicional. Essas características decorrem direta ou indiretamente dos três elementos citados. Dentro do mesmo contexto que os definiu, pode-se desenvolver uma análise comparativa dos processos de gestão e identificar outras características que geram ações específicas. Esta análise contempla oito perspectivas nas quais o modelo de Gestão da Qualidade se desdobra.

| PERSPECTIVA 1: CONTRIBUIÇÃO DOS SETORES | |
|---|---|
| **A visão da gestão tradicional:** | ▪ A ação da Gestão da Qualidade considerava a empresa como um conjunto de setores. Cada um deles possui objetivos e métodos próprios de atuação.<br>▪ O alcance desses objetivos é responsabilidade de cada setor. |
| **A visão da Gestão da Qualidade:** | ▪ A missão de cada área da empresa é contribuir decisivamente para o alcance dos objetivos da organização em sua totalidade. |

| | |
|---|---|
| **Ações prioritárias da Gestão da Qualidade:** | ▪ A avaliação do desempenho de cada área da empresa deve considerar sua participação efetiva no processo de alcance dos objetivos gerais da organização. A meta primeira da Gestão da Qualidade é a otimização do todo. Note: a otimização das partes não garante a otimização do todo.<br>▪ É fundamental estabelecer um processo de intensa interação entre setores, evitando-se que eles permaneçam isolados.<br>▪ A competição entre setores é pouco recomendada. Devem ser priorizadas ações globais, com contribuições bem definidas e caracterizadas.<br>▪ A Gestão da Qualidade trabalha com um único objetivo, válido para todos os setores, e especifica a participação de cada um em seu alcance. Evitam-se objetivos setoriais.<br>▪ A característica básica da ação dos setores é a integração, única forma de alcançar objetivos globais.<br>▪ Confere-se um grau uniforme de competência e especialização a todos os setores.<br>▪ Não há interesse, na empresa, em manter setores superespecializados, tampouco setores com funcionamento precário. |

| **PERSPECTIVA 2: ESTRUTURA DAS OPERAÇÕES** | |
|---|---|
| **A visão da gestão tradicional:** | ▪ A estrutura das operações é linear, contínua e sequencial. |
| **A visão da Gestão da Qualidade:** | ▪ A estrutura das operações é interativa. |
| **Ações prioritárias da Gestão da Qualidade:** | ▪ Cada setor é definido como fornecedor do setor seguinte e cliente do setor anterior.<br>▪ A meta maior continua sendo os clientes externos, mas a meta imediata é o setor seguinte.<br>▪ Os primeiros objetivos de cada setor incluem o atendimento das necessidades do setor seguinte no fluxo de produção.<br>▪ Esse processo amplia-se e cada setor tem alguma relação cliente-fornecedor com os demais setores da empresa.<br>▪ Priorizam-se as relações horizontais entre setores (mais do que as verticais). |

| **PERSPECTIVA 3: RECURSOS HUMANOS** | |
|---|---|
| **A visão da gestão tradicional:** | ▪ Compõe a empresa, igualmente, um conjunto de pessoas. Cada uma delas possui especificidades, interesses, objetivos e métodos próprios de atuação. O alcance de níveis ótimos de desempenho de cada pessoa é responsabilidade dela mesma. |
| **A visão da Gestão da Qualidade:** | ▪ A missão de cada recurso humano da empresa é contribuir decisivamente para o alcance dos objetivos de toda a organização. |
| **Ações prioritárias da Gestão da Qualidade:** | ▪ A avaliação do desempenho de cada funcionário da empresa considera sua participação no alcance dos objetivos gerais da organização (procedimento idêntico ao adotado em relação aos setores) e seu nível de integração a grupos e áreas da empresa.<br>▪ É fundamental estabelecer um processo de intensa interação entre pessoas, evitando-se a qualquer preço que elas permaneçam isoladas ou entrem em conflito entre si.<br>▪ A competição entre pessoas ou grupos de pessoas é pouco recomendada. Devem ser priorizadas ações globais, com contribuições bem definidas e caracterizadas.<br>▪ A Gestão da Qualidade deve harmonizar objetivos e interesses individuais com objetivos e interesses da organização. Não há outra forma de envolver as pessoas em um esforço pela qualidade que não seja a da identidade de objetivos.<br>▪ Espera-se que haja um nível uniforme de competência, motivação e especialização de todos os recursos humanos da organização. Não há interesse em manter profissionais superespecializados, tampouco pessoas despreparadas para desempenhar suas funções.<br>▪ Enfatizam-se as relações hierárquicas e a atribuição, a cada funcionário, de igual importância na produção da qualidade e chances efetivas de todos trabalharem para esse fim. |

| PERSPECTIVA 4: PROJETO DE BENS TANGÍVEIS E SERVIÇOS | |
|---|---|
| **A visão da gestão tradicional:** | ■ O projeto de produtos e serviços é estruturado por setores especializados. |
| **A visão da Gestão da Qualidade:** | ■ O projeto de produtos e serviços é estruturado com base em necessidades de clientes e consumidores. |
| **Ações prioritárias da Gestão da Qualidade:** | ■ A pesquisa de mercado, em termos das características atuais dos clientes ou de suas tendências, baliza a ação da gerência e define o rumo da empresa.<br>■ A Gestão da Qualidade prioriza sua própria interação com setores comerciais (vendas ou pesquisa de mercado, por exemplo) da empresa e considera subordinada a eles, e decorrente deles, a ação dos setores de projeto da organização. |

| PERSPECTIVA 5: PLANEJAMENTO ESTRATÉGICO | |
|---|---|
| **A visão da gestão tradicional:** | ■ O planejamento estratégico da organização prioriza seus pontos fortes, isto é, as potencialidades da empresa em termos de processos, serviços e produtos. Por isso, o crescimento da empresa está sempre voltado para si mesmo.<br>■ O planejamento estratégico deve enfatizar a eliminação de defeitos no processo de fabricação, reduzir custos de produção e minimizar causas que comprometam o alcance de determinados níveis de produção previstos. |
| **A visão da Gestão da Qualidade:** | ■ O planejamento estratégico da organização prioriza oportunidades de atuação no mercado. Por isso, o crescimento da empresa está sempre voltado para fora, em direção a mercados consumidores bem definidos.<br>■ O planejamento estratégico deve enfatizar a eliminação de fontes de inadequação do processo ao uso, reduzir a zero elementos que não agreguem valor ao produto e minimizar causas que comprometam o alcance de determinados níveis de satisfação do cliente. |
| **Ações prioritárias da Gestão da Qualidade:** | ■ A Gestão da Qualidade atual prioriza diferenciações de produtos e serviços que atendem a necessidades e preferências de segmentos específicos ou grandes áreas do mercado.<br>■ A Gestão da Qualidade hoje considera o processo produtivo um meio para atingir os verdadeiros objetivos da empresa: atender ao cliente. Acredita que só se justificam investimentos no processo se, de alguma forma, tais investimentos contribuem para aumentar a adequação do serviço ou do produto ao uso.<br>■ A Gestão da Qualidade hoje prioriza a eliminação de perdas – mas entende como perda tudo o que não contribui para manter ou aumentar a adequação do produto ou do serviço ao uso. |

| PERSPECTIVA 6: CONTROLE DA QUALIDADE – VISÃO DE LONGO PRAZO | |
|---|---|
| **A visão da gestão tradicional:** | ■ A qualidade é construída pela correção de defeitos, em ações de resultados imediatos. |
| **A visão da Gestão da Qualidade:** | ■ A qualidade é construída pela prevenção de defeitos, em ações de resultados consistentes, obtidos a longo prazo. |
| **Ações prioritárias da Gestão da Qualidade:** | ■ Priorizam-se ações de longo alcance, longo prazo, que envolvam um grande número de pessoas.<br>■ Ações de resultados imediatos são relevantes como elementos motivacionais para o alcance de resultados mais amplos. |

| PERSPECTIVA 7: PLANEJAMENTO E CONTROLE DA QUALIDADE | |
|---|---|
| **A visão da gestão tradicional:** | ▪ Os controles são fixados em pontos críticos do processo, onde ocorrem, usualmente, os defeitos.<br>▪ O controle é definido como um processo que visa corrigir falhas e impor comportamentos ao processo.<br>▪ O controle operacionaliza-se pelo acompanhamento de limites máximos de peças defeituosas, níveis médios de peças defeituosas e intervalos de tolerância de defeitos. |
| **A visão da Gestão da Qualidade:** | ▪ Os controles são fixados em função do planejamento.<br>▪ O controle é definido com um processo que visa confrontar a qualidade obtida com a qualidade corrigida.<br>▪ O controle operacionaliza-se pela evolução do processo rumo à perda zero. |
| **Ações prioritárias da Gestão da Qualidade:** | ▪ O planejamento da qualidade é uma ação prioritária da Gestão da Qualidade. Sem ele, não há como desenvolver o processo de controle.<br>▪ O planejamento é um processo evolutivo, gradativo, que tende para zero, único percentual de defeituosos admissível: qualquer outro percentual compromete a adequação do produto ou do serviço ao uso. |

| PERSPECTIVA 8: DIRECIONAMENTO DA AÇÃO DA QUALIDADE | |
|---|---|
| **A visão da gestão tradicional:** | ▪ Quem determina a qualidade são as pessoas que atuam na fábrica.<br>▪ São elas que estruturam a Gestão da Qualidade. |
| **A visão da Gestão da Qualidade:** | ▪ Quem determina a qualidade são os clientes.<br>▪ São as informações sobre o comportamento deles que estruturam a Gestão da Qualidade. |
| **Ações prioritárias da Gestão da Qualidade:** | ▪ A gestão tende a tornar-se um pouco independente das pessoas, e depende mais das informações disponíveis.<br>▪ Idealmente, qualquer pessoa, em dada situação, tomaria a mesma decisão tendo em vista as informações disponíveis.<br>▪ As informações, distribuídas, constituem-se na base do processo de delegação da autoridade, em um processo inverso ao da gestão tradicional, para a qual o segredo da uniformidade de ação era a centralização da autoridade. |

**FIQUE ATENTO**

- No contexto do atual modelo de Gestão da Qualidade, as pessoas se diferenciarão umas das outras pelo que acrescentarem às decisões tomadas com base nas informações disponíveis.
- O modelo, assim, garante um resultado mínimo, gerado pelo conjunto de informações disponíveis.
- Ao mesmo tempo, o modelo particulariza as pessoas pelo que elas acrescentam a este nível mínimo.

Note-se:

- Em se tratando da Gestão da Qualidade, conceitos corretos são cruciais para o sucesso de sua implantação; conceitos inadequados são meio caminho andado para o fracasso.
- Em se tratando da Gestão da Qualidade, não há conceito que não envolva ação prática, bem definida, bem estruturada e com notável capacidade de ser avaliada objetivamente.

## 3.5 O AGENTE DE DECISÃO NA GESTÃO DA QUALIDADE: O GERENTE DA QUALIDADE

No processo de gestão, existe um elemento básico: o agente de decisão, ou seja, aquele que define as metas da qualidade e as formas de envolver os recursos da organização no esforço de atingi-las.

E o que seria este agente de decisão?

Esse agente de decisão pode ser:

- um grupo de pessoas, como ocorre em muitas empresas japonesas (SCHONBERGER, 1984);
- uma área técnica da empresa, como se observa, com frequência, em empresas americanas (WALTON, 1989);
- uma função administrativa periodicamente ocupada por determinadas pessoas (como se observa em algumas empresas francesas) (JURAN, 1995);
- uma única pessoa (como é comum no Brasil).

Mark Bowden | 123RF

rawpixel | 123RF

dotshock | 123RF

gstockstudio | 123RF

**VOCÊ SABIA?**

- Quando se define "gerente da qualidade", não se deve entender apenas uma pessoa, mas também um grupo de pessoas, uma área ou uma função.
- Sempre se costuma pensar no gerente da qualidade como um profissional que reúne características que não existem na maioria dos mortais. Esse conceito é falso.
- Ampliado o conceito de gerência da qualidade, passa-se a pensar em um conjunto de super-homens ou em uma função comparável à de diretor superintendente de uma empresa do porte da IBM. Não é bem assim.

Independentemente da situação, o agente de decisão na Gestão da Qualidade deve ter um perfil. Para simplificar, chamemos de "perfil do gerente da qualidade". Este perfil abrange três características básicas: as características comuns, as características desejáveis e as características necessárias. São características que se desenvolvem de um ambiente mais geral para um contexto mais específico.

Conceituando:

| CARACTERÍSTICAS | CONCEITO | FORMA DE AVALIAÇÃO |
|---|---|---|
| **Comuns** | ▪ São aquelas que qualquer gerente (ou área gerencial) deve possuir. | ▪ A avaliação do nível de deficiência em qualquer dessas características envolve os mesmos procedimentos de análise da capacidade administrativa de todo funcionário da empresa. |
| **Desejáveis** | ▪ Incluem especificidades relevantes para o exercício da função. | ▪ Essas características podem ser transferidas ao gerente, por exemplo, via intercâmbio de informações ou em treinamentos formais (formação, qualificação ou simples atualização).<br>▪ Dessa forma, a deficiência dessas características pode ser detectada em processos de avaliação que envolvem mecanismos de inspeção por meio de testes ou provas e ensaios desenvolvidos no próprio processo produtivo. |
| **Necessárias** | ▪ São os elementos imprescindíveis ao exercício da função. | ▪ Dificilmente são transferíveis, porque envolvem atributos de caráter e personalidade dos ocupantes da função.<br>▪ A deficiência dessas características só pode ser detectada em processos de avaliação que se estendem por longos períodos de observação e acompanhamento das atividades do dia a dia das pessoas.<br>▪ Mecanismos de inspeção via testes, ou provas, dificilmente revelam o grau de aptidão de um candidato a gerente nesses casos. |

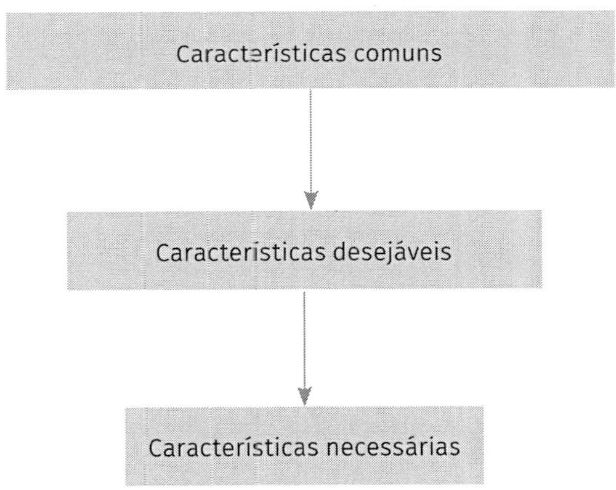


## ASPECTOS QUE DEVEM ESTAR PRESENTES EM CADA CONJUNTO:

| CARACTERÍSTICAS COMUNS | |
|---|---|
| **Liderança** | ▪ Trata-se da habilidade de influenciar pessoas, conduzindo-as em determinada direção. |
| **Oportunidade de motivação** | ▪ Não há gerente que consiga motivar quem quer que seja, porque motivação não se transfere.<br>▪ Ocorre, porém, que qualquer gerente deve ser capaz de criar condições favoráveis à motivação das pessoas.<br>▪ Pela motivação, as pessoas aderem às metas que o gerente propõe. Sem ela, não há como garantir esforços consistentes para alcançar essas metas. |

| | |
|---|---|
| **Controle da informação** | ■ Essa capacidade inclui tanto a captação quanto a transmissão de informações.<br>■ São evidências dessa característica a objetividade, o poder de síntese, a capacidade de identificar os aspectos mais relevantes de cada elemento, a uniformidade da comunicação etc. |
| **Dinamismo** | ■ É evidente que qualquer gerente deve ser dinâmico, porque dinâmico, aliás, deve ser todo funcionário da empresa.<br>■ Ocorre, porém, que há um sentido específico para dinamismo aqui: como é o gerente quem toma decisões, a mais perfeita tradução desse dinamismo envolve agilidade e rápida percepção da realidade. |
| **Planejamento** | ■ Com a finalidade de introduzir o hábito do planejamento da qualidade, é necessário que o gerente atue de forma planejada, até como forma de mostrar aos outros a importância e, principalmente, as vantagens do trabalho com planejamento. |

| CARACTERÍSTICAS DESEJÁVEIS | |
|---|---|
| **Competência técnica** | ■ De certa forma, esse requisito deveria ser relevante para qualquer funcionário da empresa.<br>■ Considera-se, aqui, como característica desejável porque se pode, com certa facilidade, fazer com que o gerente conheça a empresa, em toda a sua extensão física e administrativa.<br>■ Essa visão é recomendada para todos os funcionários da organização a partir de sua contratação, como nos casos dos chamados "programas de integração".<br>■ O que se espera dessa característica é que cada gerente conheça perfeitamente a empresa, com suas especificidades, relações internas, fluxos etc. |
| **Visão horizontal da empresa** | ■ Compreende a capacidade técnica do gerente para conceber, viabilizar, implantar e avaliar o programa e o modelo da qualidade total.<br>■ Atividades táticas: definidas pelo planejamento tático da organização, como a definição do modelo de controle para a avaliação da qualidade na empresa ou a organização do fluxo de informações da qualidade.<br>■ Atividades operacionais: definidas pelo planejamento operacional da organização, como a seleção técnica de fornecedores.<br>■ O conceito da qualidade requer do gerente, ainda, sua capacidade de avaliar o produto no mercado para, daí, obter a determinação do nível desejado (e efetivamente obtido) de sua qualidade. |
| **Conhecimento do produto e do processo** | ■ O pleno conhecimento do processo produtivo deriva da característica anterior e é fundamental para garantir o correto direcionamento de todos os esforços que são feitos nas operações produtivas.<br>■ Como o produto decorre do processo, torna-se imprescindível conhecer o produto, única forma de garantir que o processo adquira características que reflitam em um produto plenamente adequado para uso. |

| CARACTERÍSTICAS NECESSÁRIAS | |
|---|---|
| **Relacionamento humano** | ■ A essência dessa função é a capacidade do gerente em garantir, de todos os funcionários da organização, mais do que adesão aos programas da qualidade: o que se quer é seu esforço e empenho para produzir qualidade em todas as suas atividades. E isso apesar das diferenças entre pessoas, grupos, situações e contextos.<br>■ É necessário, aqui, diferenciar o que significa *integrar pessoas em esforços coletivos* de *ingerência indevida* em setores, funções ou mesmo hábitos e diretrizes pessoais de ação.<br>■ Caberá ao gerente da qualidade não apenas integrar as pessoas no esforço pela qualidade, mas também qualificar sua contribuição a esse esforço, tornando-o eficiente (máxima rentabilidade) e eficaz (direcionado para o cliente). Essa característica compreende, ainda, superar resistências e conflitos, sobretudo porque se requer, do gerente, a alteração de comportamentos, hábitos, atitudes e valores. |

| | |
|---|---|
| **Capacidade de interação** | ■ Envolve a habilidade do gerente em interagir com autoridades formais da organização, para influenciá-las em suas decisões (como no caso da definição de políticas da qualidade).<br>■ Como também para sensibilizá-las para objetivos básicos da qualidade (como priorizar a qualidade em qualquer momento, independentemente do momento vivido pela empresa).<br>■ Se a característica anterior for bem atendida, esta aqui fica facilitada enormemente. |
| **Capacidade de compreensão do mercado** | ■ Refere-se à definição do que é qualidade na visão e percepção dos clientes da empresa.<br>■ É um processo já difícil para os casos em que os clientes sabem o que querem (porque, às vezes, não sabem expressar o que querem).<br>■ É muito mais complexo nos casos (extremamente frequentes) em que o cliente não sabe o que quer. Neste último caso, apresenta-se uma notável oportunidade para a empresa: definir um produto ou serviço e influenciar o consumidor para utilizá-lo (ou seja, convencê-lo de que o produto ou serviço lhe atende).<br>■ O conhecimento do mercado é o referencial com base no qual o gerente define sua ação em relação ao desenvolvimento do processo produtivo. |

Cabe notar que essas características não são isoladas, mas, ao contrário, integram-se perfeitamente. Por exemplo:

*Se o gerente não conhece o mercado* →
Não pode direcionar o processo para atendê-lo de forma adequada.
*Se não conhece o processo* →
Não há como ajustá-lo para atender às especificações do cliente.

Daí afirmar-se que o gerente da qualidade (seja ele uma pessoa, um grupo de pessoas ou uma área) deve constituir-se em um todo harmonioso, com características igualmente atendidas.

Podemos destacar alguns pontos:

- Historicamente, o gerente da qualidade tem sido considerado o elemento mais crítico do processo de implantação de programas da qualidade nas organizações.
- Isso se deve tanto à sua importância quanto à histórica dificuldade que as empresas detectam na resistência do gerente a integrar-se no processo de produção da qualidade, mas decorre, também, da pouca relevância que se conferiu ao cargo em passado recente.
- De fato, por muitos anos o gerente da qualidade era um cargo intermediário, poleiro onde se acomodavam encarregados que deveriam ser promovidos (mas não havia vaga nas gerências técnicas), supervisores que caíam nas graças da alta administração, mas não pareciam preparados para a função de gerência ou, simplesmente, apadrinhados.

Estamos, hoje, pagando caro por esses erros. Daí a necessidade de avaliar, com cuidado e precisão, quem deve ocupar o cargo. Os modelos mais em uso hoje, para tanto, confrontam o perfil desejado e o perfil do candidato, determinando a distância entre ambos. Candidatos para os quais essa distância é a menor possível são selecionados. Um modelo desse tipo pode ser encontrado em Paladini (1999).

### PARA REFLETIR

- Como regra geral, características comuns são básicas em qualquer gerente e não há muito o que discutir.
- Características desejáveis são compensatórias. Ou seja: se o profissional não as possui, pode compensar com outra. Se não tem, por exemplo, competência técnica em uma área, mas tem disposição, vontade e motivação para aprender, a deficiência será rapidamente minimizada.
- Características necessárias são inerentes à pessoa e, por isso, não são transferíveis, como as características desejáveis o são, por exemplo. Aqui, em um teste para o exercício da função de gerente da qualidade, o avaliador pode apenas detectar se o candidato possui ou não possui essas características. Não há como transferir para ele esses atributos.

## 3.6 O AGENTE DE TRANSFORMAÇÃO NA GESTÃO DA QUALIDADE: O RECURSO HUMANO

Não há como deixar de observar que os recursos humanos sempre desempenharam um papel relevante no esforço pela qualidade nas organizações. Trata-se de uma contribuição única: eles são os agentes de transformação, ou seja, aqueles que mudam efetivamente a história da organização em termos da qualidade.

Continuamente percebe-se, na literatura técnica da área, estratégias que evidenciam esse papel transformador dos recursos humanos na Gestão da Qualidade (SMITH, 2011). O estudo dessa questão, contudo, revela aspectos curiosos. De fato, os recursos humanos da organização constituem um elemento, no mínimo, interessante no processo de Gestão da Qualidade. Essa atenção aos recursos humanos torna-se evidente pelo contínuo desenvolvimento de estratégias e ferramentas para garantir seu efetivo envolvimento no suporte da Gestão da Qualidade (TIGANI, 2012).

### AS LIÇÕES DA PRÁTICA

A prática das organizações revela que o recurso humano é um elemento com características muito particulares.

| POR UM LADO: | POR OUTRO LADO: |
|---|---|
| ▪ É o de mais difícil compreensão, porque envolve, por exemplo, aspectos subjetivos que, em geral, não podem ser descritos por dispositivos teóricos ou procedimentos analíticos.<br>▪ É o de mais difícil avaliação, porque seu processo de aprendizagem, por exemplo, depende de sua motivação – o que pode acelerar ou retardar, de forma intensa e pouco previsível, todos os mecanismos de reação ao conhecimento transmitido.<br>▪ É o que requer as mais complicadas formas de envolvimento, porque, por exemplo, possui vontade própria e capacidade de proceder a análises críticas.<br>▪ É o que requer maior investimento em seu processo de integração às metas da empresa, porque seu engajamento pode depender de estratégias de formação e motivação cujo resultado efetivo só aparece depois de um longo tempo.<br>▪ É, enfim, o mais complexo recurso da organização. | ▪ É o recurso capaz de oferecer as mais altas taxas de retorno.<br>▪ Consegue determinar formas de trabalhar com eficiência (o que muitos recursos na organização conseguem – mas não todos).<br>▪ Tem condições de determinar as formas mais eficazes de direcionar seu trabalho para objetivos específicos (o que, talvez, metade dos recursos da organização consiga fazer).<br>▪ Pode prever situações que certamente trarão problemas para a organização e desenvolver meios para evitar sua ocorrência (o que poucos recursos da organização conseguem).<br>▪ Pode ser criativo e desenvolver, sozinho, as formas mais adequadas para resolver as situações de dificuldade que se afiguram a sua frente – quaisquer que sejam elas (o que nenhum outro recurso da organização consegue). |

Esses dois aspectos – complexidade e taxas elevadas de retorno – sempre fascinaram os estudiosos e pesquisadores da Administração. De um lado, pelo desafio que representam; de outro, pela crescente necessidade de se gerarem novos benefícios para a organização.

Igual raciocínio aplica-se à Gestão da Qualidade. Lidar com as especificidades dos recursos humanos é o maior desafio da Gestão da Qualidade. Todavia, considera-se, aqui, que esse desafio não é encarado apenas por possíveis benefícios que ele possa gerar se for adequadamente gerenciado: a realidade das coisas ensinou aos gerentes que, sem o efetivo envolvimento dos recursos humanos da organização, não se produz qualidade.

Dessa forma, pouco adianta teorizar sobre a importância dos recursos humanos para a qualidade. É melhor investir nos processos que garantam seu envolvimento nesse esforço.

De fato, não vale a pena investir tempo na defesa da importância desse papel. Ela é bem evidente. Basta lembrar que se fala da qualidade, ou seja, das relações da empresa com o mercado, que garante a sobrevivência da própria empresa. E também não custa lembrar que, sem o empenho das pessoas, a qualidade não é sequer produzida. O problema, assim, não é discutir a importância do envolvimento das pessoas no esforço pela qualidade, mas tentar definir formas de criá-lo.

Os recursos humanos não chegam a ser recursos quaisquer da organização, mas também não chegam a ser recursos diferenciados de tudo o que existe. Assim, a forma mais adequada para envolvê-los no empenho de produzir qualidade é considerá-los como eles são, com suas especificidades e características. Nem mais, nem menos.

Considera-se que o envolvimento das pessoas no empenho em produzir qualidade depende do atendimento a três pré-requisitos básicos: objetivos, ambientes e recursos. Seu desenvolvimento opera-se por quatro ações: alterações de posturas e de estrutura, treinamento, motivação e relações de reciprocidade.

Esses elementos constituem um modelo básico para a Gestão da Qualidade, como pode ser visto a seguir.

| MODELO BÁSICO DA GESTÃO DA QUALIDADE | | |
|---|---|---|
| PRÉ-REQUISITOS | | AÇÕES |
| Objetivos | | Comportamento |
| ↓ | | ↓ |
| Recursos | → | Treinamento |
| ↓ | | ↓ |
| Ambientes | | Motivação |
| | | ↓ |
| | | Reciprocidade |

## PRÉ-REQUISITOS BÁSICOS DO PROGRAMA DE ENVOLVIMENTO

| | | |
|---|---|---|
| *1. OBJETIVOS* | *O que fazer* | **Direcionamento do envolvimento** |
| *2. RECURSOS* | *Com o que fazer* | **Viabilidade do envolvimento** |
| *3. AMBIENTES* | *Onde fazer* | **Contexto do envolvimento** |

### 1. Objetivos

Todo o processo de envolvimento começa na definição do que deverá ser feito. Isto é, para onde serão direcionados os esforços. Esse é o elemento mais importante do envolvimento, e, ao contrário do que se pensa, não chega a ser difícil defini-lo.

Por sua importância, devem-se tomar cuidados especiais na definição dos objetivos.

**COMO FAZER?**

- Os *objetivos* dependem apenas de *decisões*. Por isso, não se trata de uma ação de alta complexidade.
- Contudo, nem sempre se podem controlar tais decisões. É comum a área responsável pela Gestão da Qualidade alterar toda a sua estratégia por causa da ação dos concorrentes e, com isso, criar novos objetivos.
- É evidente que a função primordial da Gestão da Qualidade é envolver os recursos humanos no alcance dos objetivos fixados.
- Para isso, sugere-se que esse processo parta sempre de uma identidade: cada pessoa deve considerar que os objetivos propostos coincidem com seus próprios objetivos ou concorrem para eles, de forma direta ou não. Esse processo de conciliação é fundamental para a qualidade. Em geral, cabe à Gestão da Qualidade desenvolvê-lo.
- Criar objetivos conflitantes (pessoas × organizações) é, certamente, o atalho mais curto para o fracasso.

## 2. Recursos

O envolvimento começa a se tornar efetivo se existirem recursos para realizar as ações que o caracterizarão. Lembre-se: ninguém quer o envolvimento das pessoas em termos de adesão às ideias, apoio moral ou solidariedade. Desejam-se ações que se viabilizam com recursos.

### COMO FAZER?

- Os recursos dependem de investimentos. O montante de investimentos depende da estratégia de ação da empresa em termos de mercado. É comum encontrar-se, nesse item, uma limitante de forte intensidade à qualidade. Cabe à Gestão da Qualidade obter o melhor desempenho da mão de obra com os recursos que puderem ser disponibilizados. É uma tarefa que, em muitos casos, pode comprometer totalmente a busca da qualidade.
- Restrições tecnológicas e níveis salariais são dois exemplos bem evidentes aqui. Sugere-se uma análise típica da Engenharia de Produção: a relação entre custo e benefício. Não há método mais eficaz para esse tipo de análise. A restrição ao uso desse processo é a dificuldade em quantificar certos tipos de benefício.
- Em geral, a disponibilidade de recursos é um problema de decisão, salvo se envolve materiais, tecnologia, equipamentos, pessoal ou, enfim, recursos ainda não viáveis por questões teóricas, pela existência de características não conhecidas ou, ainda, não totalmente dominadas. Todavia, nesse caso, tende a ser uma restrição para todas as empresas e não para uma em particular.
- O que passa a ser relevante, assim, é a questão dos recursos disponíveis no mercado ou em centros de pesquisa e desenvolvimento que, por causas diversas, não estão disponíveis na empresa neste momento.
- A não disponibilidade de recursos está relacionada a custos ou investimentos na maioria dos casos. O recurso requer investimento inicial considerado elevado para a realidade da empresa ou, caso mais frequente, não estão caracterizadas a justificativa técnica, a necessidade, a prioridade ou simplesmente a conveniência da empresa em disponibilizar um dado recurso. Nos dois casos, trata-se de uma análise custo *versus* benefício.
- Os recursos dão partida a um processo de envolvimento. Não disponibilizá-los, assim, pode significar o adiamento de seu desenvolvimento.

## 3. Ambiente

A estruturação de um ambiente adequado ao envolvimento das pessoas numa ação bem definida depende de dois aspectos básicos: a *interação* entre as pessoas e das pessoas com a organização. No primeiro caso, o processo de convivência gera um clima que nem sempre pode ser formalmente definido. Sabe-se que, positivamente caracterizada, essa interação cria um contexto de forte impacto motivacional sobre as pessoas, levando-as a atuar com espírito de equipe, de forma a colaborar com seus companheiros e obter deles a ajuda para desempenhar sua própria atividade. No segundo caso, consideram-se as condições de trabalho que a organização oferece a seus empregados. Estão listados, aqui, aspectos como higiene e segurança do trabalho, conforto ambiental, condições de proteção a sua saúde ou integridade física ou mental, elementos que lhes convêm para permanecerem em determinados locais etc.

### COMO FAZER?

- Cabe à Gestão da Qualidade incentivar e zelar pela convivência adequada das pessoas, o que favorece a criação de um clima de cordialidade indispensável para o bem-estar delas; cabe, igualmente, à Gestão da Qualidade definir os benefícios que ambientes adequados ao trabalho geram em termos da qualidade. Da análise quantitativa desses benefícios nascem as justificativas para os investimentos requeridos pela estruturação desses ambientes. É importante ressaltar que nem todos os benefícios listados incluem valores financeiros – com frequência, eles têm alcance maior que estes.

- Uma forma eficiente de avaliar a ação do ambiente sobre o trabalhador refere-se à questão dos erros por inadvertência. Em função desses elementos, as ações que visam eliminar os erros por inadvertência e as situações que se mostram favoráveis à sua ocorrência envolvem, em geral, a avaliação do ambiente de trabalho. De fato, as ações corretivas sugeridas para esse tipo de erro incluem alterações no processo produtivo (para obter certa garantia de funcionamento); alterações no processo de execução do trabalho (lugares mais adequados, mais tempo, menos perturbações); utilização de equipamentos de proteção visual ou sonora; melhor organização do ***layout*** etc. Já as ações preventivas recomendadas para erros por inadvertência sugerem a estruturação de ambientes de trabalho que favoreçam a atenção, a facilidade de observação e a capacidade de concentração, o que exige permanente análise do processo de produção.
- Note que gerar um ambiente de trabalho adequado ao envolvimento é, em grande parte, um problema de decisão. De fato, no caso do ambiente físico, ele depende fundamentalmente de investimentos. Esses investimentos costumam ser justificados por duas razões: inicialmente, o bem-estar da mão de obra (é pouco provável que seja necessário listar argumentos para defender este aspecto); a seguir, cabe observar o reflexo, já devidamente comprovado, da inadequação do ambiente de trabalho sobre a produtividade e, por extensão, a qualidade. Eventualmente, caberia aqui um estudo da relação entre o custo da alteração do ambiente e os benefícios dela decorrentes. Ocorre, porém, que, com frequência, é difícil quantificar esses benefícios; além disso, investe-se em certas alterações sem maiores discussões por respeito à mão de obra e pela evidente necessidade que ela exibe (proteção contra acidentes, por exemplo).
- Um ambiente adequadamente estruturado é um elemento que motiva a participação, o engajamento e o envolvimento. O contrário também é verdadeiro.

**SAIBA MAIS**

**A HIERARQUIA DOS ERROS**

- Como se sabe, existem três tipos clássicos de erro observados na ação da mão de obra no processo: (1) o erro técnico (deriva da falta de capacidade, competência, habilidade ou aptidão); (2) o erro intencional (gerado propositadamente); e (3) o erro por inadvertência.
- Este último tipo de erro é caracterizado por sua forma não intencional e decorre, em geral, de desatenção. É o caso do operador de máquina que não percebe um furo feito a mais numa peça.
- Considera-se que o erro por inadvertência é inerente ao comportamento humano. Pode ser causado por situações individuais, momentâneas, que envolvem causas psicológicas ou falhas de percepção, mas também pode ser afetado pelo ambiente de trabalho.
- Há situações estruturais, como no caso do fluxo de produção (o funcionamento acelerado do processo libera impurezas para o ambiente – poeira, por exemplo) ou da operação dos equipamentos (ruídos em excesso, por exemplo).
- No entanto, ocorrem também falhas organizacionais, como na inadequação de *layouts* (a disposição das linhas tende a provocar contínuas interrupções do trabalho, por exemplo).

## AÇÕES FUNDAMENTAIS DO PROGRAMA DE ENVOLVIMENTO

| | | |
|---|---|---|
| 1. ALTERAÇÕES COMPORTAMENTAIS E ESTRUTURAIS | Exemplos para fazer | Definição de referenciais |
| 2. TREINAMENTO | Saber fazer<br>Como fazer | Geração de competências |
| 3. MOTIVAÇÃO | Por que fazer<br>Querer fazer | Criação de motivos |
| 4. RECIPROCIDADE | Benefícios para fazer | Processos de negociação |

### 1. Alterações comportamentais e estruturais

Projetos de envolvimento da área operacional só se consolidam se houver alterações efetivas na postura gerencial e na estrutura da organização. Por que essas alterações são críticas? Pelo fato de servirem como exemplo.

De fato, o envolvimento baseado em palestras, programas de conscientização, incentivos, orientações, até mesmo normas, tem um impacto relativo. Para as pessoas que são o alvo do projeto, parece tratar-se mais de retórica do que de ação. Quando, porém, começam a surgir diferenças de postura na atuação dos gerentes, a situação passa a ser outra. Agora, há fatos concretos que consolidam a ideia de que as coisas estão mudando e de que o engajamento na nova situação parece mais do que desejável – parece irreversível.

*Exemplos simples para ilustrar essa mudança de postura:*

- O gerente passa a participar das reuniões dos grupos de trabalho na fábrica.
- O gerente passa a frequentar o grêmio dos funcionários.
- O gerente passa a ouvir as pessoas (e falar menos).
- As ideias antigas dos funcionários passam a ser discutidas pelo gerente.
- A mesa do trabalho do gerente passa a ser organizada.
- Muda-se a postura em face de erros cometidos – eles agora passam a ser discutidos.

**COMO FAZER?**

Impacto maior ocorre se houver alterações estruturais. Não se trata de alterações de organograma, que os operários pouco percebem, mas de casos como:

- mudanças na forma de remunerar as pessoas, associando-se salários a benefícios por desempenho;
- regras mais bem definidas para promoções;
- eliminação de distinções em áreas de estacionamento;
- unificação dos restaurantes da empresa – um só para todos;
- programa formal de sugestões;
- incentivo à formação de grupos para discutir problemas específicos;
- premiações (formais) para grupos envolvidos em ações com bons resultados.

Note que, a rigor, nem todas essas ações (comportamentais ou estruturais) chegam a evidenciar diretamente um esforço pela qualidade. Entretanto, mostram que há uma nova postura na empresa, consolidada pelo exemplo. Nenhuma outra ação tem tanto reflexo na intensidade do envolvimento quanto essa. E nenhuma outra ação possui carência tão sentida quanto essa.

### 2. Treinamento

- O treinamento pode ser um instrumento de envolvimento, ou não.
  Depende da forma como foi concebido (concebido – não executado, que é outra coisa).

- O treinamento pode ser um instrumento de envolvimento.
  Se ele for planejado, desenvolvido e aplicado *com base na demanda*.

- O treinamento pode prejudicar o envolvimento.
  Se ele for planejado, desenvolvido e aplicado *com base na oferta*.

Dito de outra maneira:

- O treinamento contribui efetivamente para o engajamento das pessoas se ele resulta de uma solicitação que as pessoas fizeram.

- Se ele foi imposto – pela disponibilidade de pessoas que podem realizar o treinamento ou porque a gerência o considerou relevante –, só vai causar danos ao processo de envolvimento.

Dessa forma, para que o treinamento seja útil ao processo:

- Deve-se partir da ideia de que ele deve ser uma resposta ao interesse que as pessoas manifestaram sobre determinada questão.
- Um gerente pode, evidentemente, de forma sutil, induzir as pessoas a solicitar treinamento, ressaltando deficiências na operação de um equipamento; mostrando a necessidade de atualização – conhecer conceitos novos sobre qualidade, marketing, custos etc.; evidenciando a possibilidade de introduzir melhorias em algumas áreas se certas estratégias ou técnicas fossem conhecidas. Um gerente que usa um diagrama para planejar e executar uma atividade pessoal sua, na fábrica, pode ser suficiente para induzir as pessoas a solicitar dado treinamento.

Garantido o interesse das pessoas em dado treinamento, é fundamental definir a forma como ele se dará.

**COMO FAZER?**

- A meta do treinamento é fornecer competência.
- A competência depende da arte e da ciência de transferência de informações. Inclui, diretamente, formas e estratégias de treinamento, seja ele formal ou informal.
- Cabe à Gestão da Qualidade a tarefa fundamental de selecionar estratégias que melhor se ajustem à natureza da mão de obra envolvida com conteúdos, situações, contextos, enfim, as formas utilizadas e os ambientes envolvidos no processo de formação e qualificação do pessoal.
- Os treinamentos devem sempre estar voltados para elementos que permitam associá-los a situações práticas da empresa. Devem, portanto, estar relacionados à realidade em que o treinando está acostumado.
- Esse item é mais facilmente atendido sempre que o treinamento decorre de solicitação feita pelos operários. Se bem estruturado, o treinamento deve permitir imediata aplicação das técnicas discutidas. Isso gera uma ideia clara de que as técnicas da qualidade realmente são úteis, podem ser usadas com facilidade e produzem bons resultados.

## INTEGRANDO VISÕES...

Juntando-se a primeira ação descrita com a que está sendo discutida agora, nota-se que é importante considerar o processo de treinamento informal, considerado essencial nos processos de consolidação da qualidade.

De fato, mais do que qualquer curso ou programa de treinamento, é o exemplo do dia a dia que evidencia o engajamento das pessoas no esforço pela qualidade e, mais até do que isso: é o exemplo que deixa claras as vantagens que a qualidade traz para pessoas e empresas.

## 3. Motivação

A motivação é um fator determinante do envolvimento. Não são poucos os autores que a consideram crítica, imprescindível, até. De fato, a motivação é essencial. Ela refere-se ao motivo pelo qual as pessoas fazem as coisas – o *porquê* de envolverem-se em um dado esforço.

A motivação só se caracteriza como tal ser for um motivo que induz à ação.

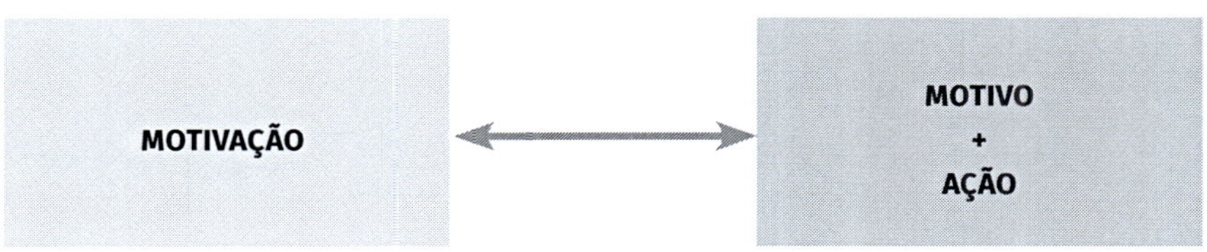

Além de sua relevância, a motivação apresenta outra característica crítica: ela não depende de decisões (como no caso dos recursos) ou de transferência (como no caso de treinamento – na verdade, transferência de informações).

A motivação é um processo mais complexo, que não depende da vontade de quem quer motivar, mas ***de disposição intrínseca daqueles a quem se dirige a estratégia motivacional.***

Um conceito muito aceito diz que a motivação é uma *energia interna*.

De fato, nada mais correto. A energia gera nas pessoas a capacidade de produzir ações; o fato de ser interna mostra que a motivação é uma característica da pessoa, que vem de dentro dela e que, por isso mesmo, não depende de outras pessoas.

**PARA REFLETIR**

- Talvez esteja aqui a principal característica da motivação: ela não é transferível. Uma pessoa altamente motivada não consegue, automaticamente, contagiar as pessoas que a rodeiam, por exemplo.
- Por isso, costuma-se dizer que a motivação é uma energia interna das pessoas, algo que vem de dentro delas e as faz mover-se em direção a um objetivo.

**COMO FAZER?**

- Se não se pode gerar motivação, como se pode fazer para que as pessoas a desenvolvam?
- Só há uma forma: criar condições favoráveis à motivação.
- Nesse sentido, deve-se, inicialmente, definir como os demais elementos aqui relacionados – como objetivos e ambientes, por exemplo – podem contribuir para motivar as pessoas a produzir qualidade; a seguir, definir quais estratégias são mais adequadas para a mão de obra distribuída pelos vários setores da fábrica.
- É necessário, ainda, determinar formas de acompanhamento e avaliação que permitam definir, de forma simples e objetiva, tanto o grau atual de motivação quanto a evolução desse processo.
- Em geral, utilizam-se indicadores como a participação do pessoal em projetos individuais, sua adesão espontânea a atividades específicas ou, ainda, sua contribuição a equipes informais ou grupos formais da organização.

A ênfase no estudo da motivação tem sido discutida já há muito tempo, especialmente no âmbito das teorias e escolas clássicas da Administração. No caso brasileiro, as ações pela qualidade têm conferido ao efetivo envolvimento da mão de obra nesse processo a maior parcela de atenção. Em geral, o que se pretende são alterações conceituais quanto à qualidade, que se reflitam em novos padrões comportamentais e, assim, obter-se garantia real de que os recursos humanos da empresa estão imbuídos do propósito de buscar níveis melhores da qualidade.

Há várias abordagens para gerar condições favoráveis à motivação (cinco delas estão descritas em Paladini, 2018). Essas abordagens parecem sempre apontar para um mesmo fim: gerar um ambiente que crie condições favoráveis a que as pessoas se motivem.

Três exemplos de abordagem que partem de hipóteses bem definidas têm sido utilizados na prática, com êxito.

## APRENDENDO COM A PRÁTICA

### *A. A motivação decorre da participação*

- A ideia de que a motivação decorre da participação é antiga. Ela provém da estratégia segundo a qual se deve tornar o esforço pela qualidade tarefa de todos, evidenciando-se que só a participação e o empenho de todos garantem o sucesso desse esforço.

- Assim, parte-se da hipótese de que todos têm inteligência e criatividade, independentemente da posição hierárquica que ocupem. Além disso, acredita-se que quem melhor conhece o problema é quem lida com ele no dia a dia, podendo-se esperar propostas viáveis de soluções daqueles que vivem perto dele.
- Na prática, a abordagem participativa é aplicada sob forma de Programas Integrados de Qualidade, que envolvem a criação de grupos de trabalho como o instrumento básico de envolvimento do pessoal nas atividades que está realizando. Aos participantes desses grupos será oferecido treinamento adequado como parte integrante do programa, e ficará evidenciado, desde logo, que existe apoio por parte da Administração da empresa a seu trabalho. Adotar-se-á, como filosofia da abordagem, o desenvolvimento das pessoas – ou seja, deseja-se contar com a participação, e não o uso, das pessoas numa atividade que dará reflexo positivo a elas mesmas.
- Os participantes de um Programa Integrado de Qualidade trabalham, pois, em equipe, procurando resolver problemas e não apenas identificá-los. As equipes ou grupos apresentam características específicas, com estrutura bem definida, elementos bem determinados e sua implantação segue um roteiro que vai da descoberta da estratégia até a revisão periódica de todo o programa.
- São muitos os pontos positivos dessa proposta. De fato, a abordagem participativa, como é conhecida, gera o desenvolvimento das pessoas; tem uma tendência de envolver todos e produz boa integração; permite adaptação fácil, sem mudar a estrutura da empresa; cria maior conscientização e reflexos paralelos (custos e PCP – Planejamento e Controle da Produção –, por exemplo), com minimização de conflitos; possibilita uma comunicação mais eficiente entre pessoas; incentiva o trabalho em equipe e investe na resolução de problemas, não apenas na identificação.
- Suas deficiências residem no fato de que respostas concretas podem demorar; há distorções devidas à independência da hierarquia; o nível dos funcionários às vezes exige disciplina; há exigência de treinamento a custos altos; acusa-se a abordagem de promover a exploracão do empregado (não reconhece o empenho) e de nem sempre retribuir a quem mais se esforça. É possível, também, que a discussão se desvie para outros assuntos e tenha-se certo desprezo pela hierarquia formal.

### B. *A motivação decorre de incentivos promocionais*

- Outra abordagem é a que utiliza "campanhas motivacionais" para melhorar a motivação do operário para a produção da qualidade. Essa abordagem usa a clássica forma de, utilizando artifícios promocionais, obter motivação de pessoas pela fixação de sua atenção em determinadas atividades.
- A hipótese básica de uma campanha para motivar é a de que todo empregado tem uma contribuição útil a fazer. Ele pode reduzir seus próprios erros; pode apontar deficiências no processo; pode dar ideias criativas para melhoramentos. Ele deixa de fazer essas contribuições porque as considera sem importância, ou está percebendo pouco interesse da administração neste esforço.
- Assim, uma série de eventos chamará a atenção, despertará interesse nas pessoas e, dessa forma, incentivará um novo nível de ação. Em geral, a campanha destina-se a garantir novas ações do pessoal de produção. Cabe à administração operacional planejar a campanha, dando e recebendo comunicações, revisando resultados e estimulando ações. Todas as estratégias disponíveis para chamar a atenção são úteis, mas não se pode fixar apenas nisso a abordagem.
- Torna-se necessário convencer o pessoal envolvido da importância específica que a qualidade desempenha para a empresa e para si mesmo. Pode-se destacar essa importância por meio da realização de competições que visam descobrir *slogans* e frases sobre qualidade, divulgando-se as melhores, além de premiá-las.
- Pontos positivos detectados com a aplicação dessa abordagem: redução de erros por inadvertência; polarização da atenção e resultados mais rápidos; e certa evidência de confiança no funcionário.
- Como restrições, costuma-se mencionar o excesso de publicidade, que pode levar à saturação; o fato de a colaboração ser obtida de forma artificial; a obtenção de uma participação induzida, não espontânea; a colaboração restrita à existência de recompensa e, em muitos casos, o concurso de incentivos "massacrantes".

### C. *A motivação decorre de obstáculos a superar*

- Essa abordagem busca motivar uma pessoa a transpor obstáculos sucessivos, apresentados sob a forma de desafios, ou seja, provocações a sua capacidade de reação. Assim, estipulam-se índices a alcançar e superar, níveis a obter, limites móveis a perseguir, de forma que o grupo responsável pelas atividades relativas à obtenção desses valores sinta-se motivado a melhorá-las. Tem-se, assim, uma progressiva melhoria da qualidade observada pelos índices para os quais se apresenta, às pessoas, o desafio de atingi-los e superá-los. A aplicação dessa abordagem requer, preliminarmente, a fixação de bases objetivas da avaliação da qualidade e a plena conscientização do pessoal de que não basta obter melhorias em seu desempenho, mas é preciso assegurar o que se conquistou – desejam-se índices melhores –; no entanto, só se pode obtê-los quando estão garantidos aqueles que atualmente se apresentam como reais (progredir quando se está certo de que não se regredirá no futuro). São índices usuais dessa abordagem os níveis de qualidade, o pleno atendimento às especificações do projeto, os índices de eficiência de processos, a manutenção de processos sob controle, os custos menores etc.
- A utilização da abordagem progressiva traz o problema da determinação correta dos valores dos índices que serão apresentados para o pessoal produtivo como "desafio" a vencer. Por isso, exige-se uma adequada base teórica para que se possa implementar tal enfoque. As desvantagens da abordagem centram-se na visão muito estreita de valores a serem superados, sendo que neste caso a produção parece trabalhar "aos solavancos", motivada exclusivamente por sinalizadores que devem ser atingidos e superados. Como vantagens podem ser citadas a determinação, por parte do pessoal envolvido, de buscar novas e mais racionalizadas formas de desenvolver o trabalho e a permanente necessidade de se apelar para a criatividade como forma de superar os novos desafios apresentados. O risco maior consiste em melhorar o desempenho sem assegurar o que se conquistou.

## INTEGRANDO VISÕES...

- Juntando-se as três ações consideradas, produz-se um resultado muito mais consistente. De fato, motivado, um funcionário pode requerer treinamento em determinada área e, assim, melhorar consideravelmente suas atividades. Essa motivação pode ter sido gerada no funcionário apoiada no exemplo de um gerente. Durante um treinamento bem executado, pode-se gerar, no funcionário, a motivação para produzir uma melhoria em dada atividade. O funcionário pode estar participando do treinamento pela influência da ação de um gerente.
- Juntam-se, assim, a vontade de fazer com a competência, respaldadas em um referencial concreto: o comportamento gerencial.

**QUESTÕES PARA REFLEXÃO**

- Muitos elementos concorrem para gerar um ambiente favorável à motivação.
- Mas que fator, na área de Relações Humanas, determina, fundamentalmente, a motivação à qualidade? E como ele é viabilizado?

## 4. Reciprocidade

A quarta ação proposta é a mais simples de todas, pelo menos teoricamente. Consiste na ideia de que o envolvimento decorre de benefícios diretos que os resultados das ações trazem para os envolvidos. Se o esforço está associado a um benefício bem definido, e este benefício é compensador, pode-se esperar empenho na busca de dado resultado. Caso contrário, não.

Cria-se, assim, um processo de negociação: a empresa informa ao empregado o que ela deseja; o empregado formula uma expectativa em termos de benefício pelo esforço. Se as partes entrarem em acordo, pode-se esperar pleno envolvimento do funcionário na ação proposta.

**COMO FAZER?**

- A proposta de negociação está ancorada em uma ideia de reciprocidade entre as partes. Essa ideia considera o seguinte: a organização tem necessidades em relação à mão de obra; esta, por sua vez, tem necessidades em relação à empresa.
- A empresa, assim, exige de seu pessoal competência, vontade, entusiasmo, motivação, entendimento pleno e total adesão aos objetivos da organização. Com esses elementos, garante-se, da mão de obra, uma contribuição eficiente, eficaz e ajustada à organização.
- As pessoas requerem que a empresa lhes ofereça oportunidade e estratégias de formação, qualificação e atualização; visão de médio e longo prazos; existência e disponibilidade de recursos para que possam desempenhar as atividades e as funções que lhes são confiadas; situações favoráveis à motivação; objetivos especificados, conhecidos e válidos; bom ambiente de trabalho e reconhecimento e retribuição compatíveis com a atividade e a responsabilidade confiada a elas.
- Com esses elementos, garantem-se condições para que as pessoas desempenhem de forma satisfatória as responsabilidades que lhes forem destinadas.

À Gestão da Qualidade compete tanto gerar condições para que ambos os conjuntos de necessidades sejam atendidos, de forma plena, quanto determinar formas de avaliar se o atendimento existe e tem evoluído de forma satisfatória.

Assim, o modelo propõe vários indicadores para cada conjunto. No primeiro conjunto, avalia-se a obtenção de menores custos de produção, a fabricação de produtos melhores (em termos de maior aceitação pelo mercado), trabalho mais produtivo (em termos de menor uso de recursos), contribuições individuais para a solução de problemas etc.

No caso do segundo conjunto, podem-se utilizar indicadores como índices de rotação de emprego; engajamento dos operários na empresa (por exemplo, com a redução de atrasos ou faltas); comportamento participativo; satisfação no trabalho (medida por paralisações, repreensões, distribuição de prêmios e pelo clima que as pessoas criam na organização).

**EXEMPLOS**

Alguns elementos favorecem a aplicação desse modelo e até permitem que se avalie se existe, efetivamente, um processo de interação efetivo e positivo entre a organização e seus funcionários. São exemplos desses elementos:

- canais de comunicação permanentes entre a organização e os funcionários;
- acesso permanente às informações que sejam relevantes para a atuação do operário;
- oportunidades de desenvolvimento pessoal e progresso funcional;
- retribuição concreta, oferecida pela empresa, a quem se esforça pela qualidade;
- responsabilidade efetiva conferida pela empresa ao funcionário;
- geração de oportunidades de participação para todos;
- exemplo positivo da administração em termos da qualidade;
- existência de perspectivas de longo prazo para o empregado na empresa;
- políticas, diretrizes e normas coerentes com os valores das pessoas e da organização;
- qualidade de vida no trabalho.

## AS LIÇÕES DA PRÁTICA

A rigor, o modelo de negociação parece simples na teoria, mas há algumas dificuldades práticas bem acentuadas. No entanto, elas podem ser minimizadas, como se vê a seguir.

| DIFICULDADES OBSERVADAS | SOLUÇÕES PRÁTICAS ADOTADAS |
|---|---|
| ▪ As empresas insistem em considerar que o maior benefício que podem conceder ao empregado é a manutenção do emprego. | ▪ Esse argumento pode ser correto. Todavia, pelo princípio da reciprocidade, indica que a empresa está entrando com o mínimo. Logo, o que esperar do funcionário? O mínimo de esforço.<br>▪ Empenho por melhorias, nem pensar. Isso gera uma situação estática, sem perspectivas de evolução efetiva.<br>▪ Perdem ambos: empresa e empregado. |
| ▪ Há uma histórica falta de tradição em negociações entre patrões e empregados no Brasil. | ▪ Correto. Mas já são muitos os casos relatados de empresas que possuem bons processos de negociação com seus empregados no Brasil.<br>▪ E, além disso, com o fim do modelo de emprego como conhecemos hoje cada vez mais perto, é bom começar a negociar. |
| ▪ A negociação aumenta custos de produção. | ▪ Correto. Mas pode trazer inúmeras vantagens para a organização – como maiores retornos do investimento feito. |
| ▪ A negociação torna o processo gerencial mais difícil. | ▪ Não necessariamente. Difícil só no começo.<br>▪ Pelo que se tem visto, o processo pode encaminhar-se rapidamente para um modelo de rotina. |
| ▪ A negociação torna o empregado muito forte na empresa. | ▪ Bobagem.<br>▪ Qualquer negociação pode enfraquecer ou fortalecer um dos lados.<br>▪ Depende de como é feita. |
| ▪ Não se sabe o que propor de benefícios. | ▪ Seja criativo. |
| ▪ Não se sabe se o benefício é elevado em face do resultado do trabalho. | ▪ Aprenda a lidar com análises de custo e de benefício. Aliás, já está mais do que na hora. |
| ▪ Não se sabe dimensionar o resultado. | ▪ Isso é um sinal de que o Planejamento e Controle da Produção (PCP) está uma bagunça. Aproveite a oportunidade e arrume a casa. |

O processo de negociação envolve, evidentemente, o problema de reconhecimento pelo empenho das pessoas. Há muitas dúvidas de como criar um sistema de reconhecimento, mas a experiência prática já permite formular algumas recomendações e propostas, listadas a seguir.

### *Diretrizes para um programa de reconhecimento pelo empenho das pessoas*

- É crítico no processo de retribuição eliminar sistemas "o ganhador leva tudo". Isto pode gerar disputas entre os grupos – com perdedores sabotando vencedores. Da mesma forma, o sistema de retribuição deve cuidar para que não ocorram objetivos conflitantes – quer entre pessoas, quer entre setores ou entre estes elementos e a organização como um todo.
- O sistema de retribuição deve ser formulado de forma a garantir iguais chances de participação em projetos que envolvam algum tipo de recompensa imediata. Em caso de prêmios abertos a toda a fábrica, devem ser criados critérios iguais para todos.
- Recomenda-se empregar sempre normas de participação claras, objetivas e compreensíveis.
- Não é recomendável premiar pessoas – devem-se sempre premiar grupos de pessoas, de forma que os projetos bem-sucedidos sejam produto de trabalho em equipe e não de esforços individuais.
- No começo do programa, podem ser criadas retribuições imediatas como ações específicas, isoladas, limitadas, de resultados de curto prazo. A médio prazo, porém, a premiação deve estar associada a projetos abrangentes.
- O sistema de retribuição deve separar claramente o que são benefícios concedidos a todos os funcionários (como salários, planos de saúde, vale-transporte ou alimentação) dos benefícios relativos a resultados de ações e projetos bem definidos.
- O sistema de avaliação de resultados deve ser claramente estruturado. É fundamental que não haja dúvidas quanto à avaliação dos resultados obtidos.

- O sistema de retribuição deve prever benefícios claramente identificados. Benefícios difíceis de serem medidos devem ser evitados – é o caso, por exemplo, da distribuição de lucros.
- Recomenda-se coletar sugestões entre os envolvidos sobre os benefícios a serem concedidos. Muitas vezes, eles são mais simples (e baratos) do que pensa a alta administração.
- Todo o projeto de distribuição de benefícios deve estar inserido em um esforço de melhoria contínua, evolução constante, progresso permanente. Não se desejam ótimos resultados agora para depois tudo voltar ao normal.
- Manter um processo aberto de análise, com os envolvidos, sobre eventuais falhas, injustiças ou distorções do modelo de avaliação de resultados é importante. Isso evita que sejam gerados e propagados conceitos e sentimentos contrários ao projeto.

A experiência tem confirmado dois princípios básicos nesse processo:

1. enfatizar o fato de que os benefícios reais da qualidade são para a organização e de que eles se transferem para as pessoas, ou seja, os benefícios da qualidade revertem para quem se esforça em conquistá-la; e
2. a consolidação de um processo de melhoria contínua, que incentive a evolução permanente das pessoas.

A negociação é o caminho natural das relações de trabalho. É difícil reverter essa tendência. E, convenhamos, parece ser muito mais simples do que investir em motivação, por exemplo.

## UMA VISÃO INTEGRADA

Nada impede que as várias ações propostas sejam desenvolvidas em conjunto. De fato: gerentes podem dar exemplo negociando tarefas de pequeno porte com benefícios cuja concessão esteja em sua alçada; pode-se mesmo desenvolver um programa de treinamento sobre processos de negociação por solicitação do pessoal que já está envolvido informalmente no processo ou pretende nele ingressar; técnicas que visam criar condições para a motivação podem incluir as relações esforço/benefício. Note que esta última técnica é mais objetiva, direta, efetiva. Não depende de muitos elementos, mas, é claro, não dispensa os pré-requisitos listados.

**SAIBA MAIS**

O projeto de envolvimento aqui proposto enfatiza alguns elementos básicos, reconhece a importância crítica desses elementos, embora não exclua outros aspectos. Entre esses aspectos destacam-se:

- relações hierárquicas bem definidas;
- confiança dos subordinados para com chefes e vice-versa;
- estruturas informais fortemente enraizadas e bem conhecidas.

O envolvimento de pessoas sempre pareceu um elemento crítico de envolvimento. Sempre teve ares de complexidade também. No entanto, parece que a experiência prática está mostrando que a tendência pode ser revertida. Estamos aprendendo muito como lidar com esse processo (mais com nossos erros, é verdade), mas estamos evoluindo.

**QUESTÕES PARA REFLEXÃO**

- A efetivação prática da reciprocidade é dificultada, no Brasil, pela falta da cultura da negociação. Há quem diga que esta situação decorreu da animosidade histórica entre patrões e empregados, cujas raízes remontam à criação da CLT via Decreto-lei nº 5.452, de 1º de maio de 1943, sancionada pelo então presidente Getúlio Vargas, unificando toda legislação trabalhista existente no Brasil.
- Esta posição está correta e justifica os entraves práticos para a implantação do modelo de reciprocidade em nossas empresas?

## 3.7 O AGENTE DE CONSOLIDAÇÃO DA GESTÃO DA QUALIDADE: A CULTURA DA ORGANIZAÇÃO

Muito se tem discutido sobre quais são os elementos mais relevantes para a efetiva implantação de programas da qualidade nas organizações – tanto em termos dos que podem oferecer maior contribuição quanto em termos daqueles que mais oferecem restrições e apresentam obstáculos ao sucesso dos programas da qualidade.

Há correntes que defendem a normalização como única forma possível de garantir o sucesso dos programas da qualidade; outras garantem que a otimização dos recursos é o elemento-chave de sucesso; outras, ainda, conferem à estatística esse papel. Há quem aposte suas fichas em reengenharia, engenharia simultânea e estratégias ou filosofias similares. E há até quem sustente que controles rigorosos são o único meio para que a implantação dos programas da qualidade tenha êxito.

Cada um do seu modo (cada estratégia se sustenta em conceitos específicos), dependendo do contexto (fatores globais), da natureza da situação em estudo (fatores locais) ou mesmo do momento vivido (influência de aspectos válidos em períodos de tempo bem definidos), é possível que cada grupo de defensores dessas diversas correntes tenha certa dose de razão.

Com base na experiência prática, sustenta-se aqui que o fator determinante não só da implantação mas, principalmente, da consolidação de programas da qualidade é a *cultura local.*

**SAIBA MAIS**

- O que significa cultura?
- O conceito adotado aqui é o de Schein, extremamente enriquecido por Fleury (FLEURY, 1989, p. 22): *"Cultura organizacional é um conjunto de valores, expressos em elementos simbólicos e em práticas organizacionais, que em sua capacidade de ordenar, atribuir significações, construir a identidade organizacional, tanto agem como elemento de comunicação e consenso, como expressam e instrumentalizam relações de dominação."*
- Muitos autores consideram, em diferentes contextos, a importância da cultura. Em termos, por exemplo, de evolução e aprendizagem, A. C. Fleury e M. T. Fleury afirmam que *"compreender as formas de interação, as relações de poder no interior das organizações e sua expressão ou mascaramento através de símbolos e práticas organizacionais é fundamental para a discussão de como acontece o processo de aprendizagem na organização"* (FLEURY; FLEURY, 1995).

No caso específico da Gestão da Qualidade, pode-se dizer o seguinte: a qualidade depende, fundamentalmente, do quanto a organização (representada pela alta administração) e seus integrantes (representados por seus funcionários) consideram a qualidade como algo relevante.

E aqui se define, com perfeição, talvez o que se pode chamar de a mais importante atribuição que se pode conferir à Gestão da Qualidade: inserir qualidade na cultura da organização, ou seja, transformar a qualidade em um valor para todos. Em outras palavras: fazer com que as pessoas se tornem intimamente convencidas de que a qualidade vale a pena.

Esse aspecto pode ser analisado tanto no ambiente em que a organização atua quanto no interior da própria organização.

### *A cultura da qualidade no ambiente externo à empresa*

Considere a seguinte questão: quem pode mudar a qualidade em um país?

O quadro a seguir traça um conjunto de respostas possíveis, ao lado de algumas observações que a prática da qualidade se encarregou de fundamentar.

| AGENTES DE MUDANÇA | CONSTATAÇÕES PRÁTICAS |
|---|---|
| **O governo** | ▪ O governo não tem sido um exemplo de qualidade. Seu modelo administrativo, que envolve tanto políticas, estratégias, decisões e ações quanto suas avaliações e controles, não tem sido considerado como paradigma da qualidade, nem sequer é considerado como referencial.<br>▪ Há diferentes razões e variados contextos que poderiam ser analisados, mas pode-se concluir pela inadequação dessa hipótese pelo simples fato de que o governo não prioriza a qualidade em suas próprias atividades.<br>▪ Por isso, é difícil considerar-se válido qualquer incentivo para a qualidade que parta dele. |

| | |
|---|---|
| **O empresário** | ▪ Quem dirige uma empresa tem como meta torná-la rentável, para garantir sua sobrevivência.<br>▪ Se hoje a empresa está em boas condições, se seus resultados garantem sua permanência no mercado e até s nalizam o crescimento de sua atuação, não há por que mudar nada.<br>▪ Em geral, o empresário não muda por mudar: ele só altera sua rota se for forçado a tanto, como, por exemplo, pela ação de concorrentes.<br>▪ Costuma-se dizer que o empresário se ajusta ao mercado e move todas as suas decisões com base nesse ajuste. |
| **O mercado** | ▪ Não serão encontradas muitas alternativas fora dessa para resolver esta questão<br>▪ Mas quem é o mercado? Uma parte da sociedade.<br>▪ Estaria aí a resposta? |
| **A sociedade** | ▪ Pode-se afirmar que a sociedade transcende, compõe e inclui o mercado consumidor. E ela decide quem vai e quem não vai comprar.<br>▪ Essa seleção determina o comportamento do empresário.<br>▪ Quem define a composição do governo em ambientes democráticos é a sociedade.<br>▪ Se ela escolher com determinados critérios, rejeitará quem faz governos inadequados a seus objetivos e manterá os grupos que estão fazendo um bom trabalho. |

Conclusão:

> Se a sociedade em sua totalidade adquirir a cultura da qualidade, a implantação de valores que privilegiam a qualidade no país estará garantida.

Esse foi o caminho escolhido pelo Japão. Porque pode-se observar, na prática, que valores sociais de uma comunidade migram para a empresa, mas o inverso quase sempre é falso.

Observe que esse é o caminho mais difícil para implantar programas da qualidade no país, porque pressupõe a mudança de crenças e valores de seu povo. Todavia, qualidade é algo difícil. Por isso, é necessário, primeiro, mostrar a todos que vale a pena. Quando a sociedade exige qualidade, na verdade está exercendo um direito sagrado que é seu: ser bem atendida. E, além disso, está gerando fontes de muitos benefícios efetivos para si própria.

Talvez esse fato explique por que foram gastos, no Brasil e em vários países da América Latina, entre 1986 e 2002, milhares de dólares para que algumas fundações treinassem e sensibilizassem empresários, atingindo um público-alvo de grande porte. Apesar disso, os resultados foram surpreendentemente fracos. Hoje se sabe que o investimento falhou porque, na verdade, não visava transformar a qualidade em cultura nacional.

## *A cultura da qualidade no ambiente interno à empresa*

Como ainda não se conseguiu criar uma cultura nacional da qualidade, torna-se necessário criar uma cultura local, desenvolvida, em geral, no interior das organizações. O processo inicial, para tal fim, é sempre desencadeado pela Gestão da Qualidade.

A estratégia aqui sugerida envolve a determinação dos reais valores, hábitos e atitudes usualmente considerados pela mão de obra. Para tanto, devem ser utilizados processos de diagnóstico extremamente flexíveis, na medida em que a cultura local é formada por aspectos dinâmicos, cuja ordem de prioridade e atenção tende a variar de forma rápida ao longo do tempo, às vezes de forma incompreensível.

Processos flexíveis de diagnóstico abrangem três elementos básicos, descritos a seguir.

| **PROCESSOS FLEXÍVEIS DE DIAGNÓSTICO** | | |
|---|---|---|
| **Modelo** | **Características** | **Ênfase** |
| **1**<br>**Monitoramento** | ▪ Conjunto de mecanismos de acompanhamento permanente da mão de obra.<br>▪ Esse conjunto deve analisar a realidade local e, a seguir, com maior ênfase, as características que possam permitir determinar suas tendências imediatas bem como aquelas mais de médio e longo prazos. | ▪ **Ação permanente.**<br>*Isso indica:*<br>▪ A necessidade de evitar dispositivos específicos ou muito relacionados a contextos ou períodos de tempo bem definidos. |

| | | |
|---|---|---|
| **2 Estratégias** | ■ Estratégias que estejam diretamente relacionadas à mão de obra.<br>■ Essas estratégias devem permitir atingir de forma inequívoca quem pode fornecer elementos para que se entenda a cultura local.<br>■ Como também devem ser perfeitamente compreendidas por quem deve, com suas respostas, sinalizar e identificar valores realmente considerados como tal pelas pessoas. | ■ **Atingir diretamente.**<br>*Isso indica:*<br>■ Que se devem evitar dispositivos que não sejam bem compreendidos tanto por quem deve respondê-los quanto por quem deve interpretar os resultados obtidos. |
| **3 Ambientes** | ■ Levar em consideração o ambiente dinâmico da organização e das próprias pessoas. | ■ **Ambiente dinâmico.**<br>*Isso indica:*<br>■ Que se deve evitar dispositivos que não estejam atualizados ou que estejam em uso já há muito tempo. |

Determinados e identificados os *valores locais*, estará estruturada a cultura com a qual se convive.

## LIÇÕES DA PRÁTICA

- Os modelos atuais de Gestão da Qualidade propõem a continuação da análise de forma diversa da que tem sido adotada nestes tempos de reengenharia. Em vez de ignorar o que existe, propõe-se exatamente partir do que existe para, de forma lenta e gradual, implantar uma nova realidade na organização.
- A experiência em empresas brasileiras nos últimos anos leva a crer que esse caminho é mais lento; oferece, porém, resultados mais consistentes, de retorno mais efetivo e concreto. Definida essa filosofia de trabalho, pode-se utilizar o diagnóstico, cuja finalidade inicial era apenas descobrir valores, de modo a identificar as formas mais adequadas para promover as mudanças desejadas. Tem-se, pois, uma utilidade a mais que pode ser obtida com a mesma ferramenta.

No contexto da qualidade total, a nova cultura deve trazer um claro direcionamento para a ênfase que se atribui à contribuição das pessoas para as metas globais da organização.

Como essas metas estão voltadas para o atendimento do mercado, torna-se evidente que o que se deseja na nova cultura é tornar o cliente o valor maior da organização.

## SAIBA MAIS

- É muito difícil imaginar que seja possível proceder à implantação de uma nova cultura sem planejamento.
- Não há como conceber que ações improvisadas, feitas conforme o sabor do momento, possam ter, como reflexo, a alteração de hábitos antigos, conceitos arraigados e, enfim, valores solidificados, antes de tudo, pela ação do tempo.
- Afinal, é bom considerar que, na nova cultura, o que se pretende é introduzir novas prioridades em decorrência de novos valores.

A análise da cultura, o elemento mais importante para a consolidação da qualidade nas organizações, sinaliza o modelo mais adequado para implantar a Gestão da Qualidade: um processo de transformação (não apenas de desenvolvimento ou crescimento), que parte da realidade existente e migra para a realidade desejada. Como se dizia nos anos 1970, de modo lento, seguro e gradual.

## UMA VISÃO RÁPIDA DO CAPÍTULO

### PROCESSOS E AGENTES DA GESTÃO DA QUALIDADE

- Os sistemas de gestão apresentam características gerais e especificidades que lhes conferem uma estrutura conceitual e organizacional bastante complexa e diversificada. No entanto, sempre há dois objetivos básicos: devem desenvolver mecanismos que garantam a sobrevivência da organização e possibilitem sua permanente e contínua evolução. Sistemas de gestão com esses objetivos compõem o processo de gestão de qualidade.
- A atividade de gestão pode constituir um sistema de gestão.
- O sistema de Gestão da Qualidade aplica à organização métodos de produção, avaliação e melhoria da qualidade.
- Em termos globais, a Gestão da Qualidade colabora decisivamente no esforço da alta administração da empresa em definir as políticas da qualidade da organização.
- Em termos operacionais, cabe à Gestão da Qualidade desenvolver, implantar e avaliar programas da qualidade.
- A Gestão da Qualidade pode ser conceituada, de forma sintética, como o processo de definição, implantação e avaliação de políticas da qualidade.
- Políticas da qualidade têm elementos típicos, princípios de operação, são sempre definidas pela alta administração, envolvem decisões fundamentais para o funcionamento da empresa e geram benefícios bem caracterizados.
- A Gerência da Qualidade é a função que operacionaliza a Gestão da Qualidade.
- A ação da Gestão da Qualidade apresenta três áreas básicas, com atividades específicas em cada uma delas: gestão técnica da qualidade, gestão integrada de recursos e gestão interativa com o mercado.
- O gerenciamento da qualidade por toda a empresa é uma abordagem sistemática para estabelecer e atingir metas de qualidade.
- A viabilização da Gestão da Qualidade Total – TQM (*Total Quality Management*) – envolve: atividades e objetivos que tornam a TQM uma ação estratégica da qualidade, incluindo o desdobramento dos objetivos gerais da companhia para incluir qualidade; a definição clara de responsabilidades pela qualidade em vários níveis; e a criação de recursos exclusivos para a qualidade.
- A noção de TQM introduziu alterações relevantes no modelo de Gestão da Qualidade tradicional, com diferenças em pelo menos três áreas: (1) abrangência maior para a função, (2) a ideia de evolução contínua e (3) o compromisso com o planejamento.
- O gerente da qualidade é o agente de decisão no processo de Gestão da Qualidade.
- O perfil de um gerente da qualidade abrange três características básicas: as características comuns, as características desejáveis e as características necessárias.
- São características *comuns*: liderança, oportunidade de motivação, controle da informação, dinamismo e planejamento.
- São características *desejáveis*: competência técnica, visão horizontal da empresa e conhecimento do produto e do processo.
- São características *necessárias*: relacionamento humano, capacidade de interação e capacidade de compreensão do mercado.
- O agente de transformação na Gestão da Qualidade é o recurso humano.
- Os recursos humanos têm características próprias, que requerem gerenciamento específico. Ocorre, porém, que é o recurso capaz de oferecer as mais altas taxas de retorno.
- Lidar com as especificidades dos recursos humanos é o maior desafio da Gestão da Qualidade.
- O problema não é discutir a importância do envolvimento das pessoas no esforço pela qualidade, mas tentar definir formas de criá-lo.
- Considera-se que o envolvimento das pessoas no empenho em produzir qualidade depende do atendimento a três pré-requisitos básicos: objetivos, ambientes e recursos.
- Seu desenvolvimento opera-se por quatro ações: alterações de posturas e de estrutura, treinamento, motivação e relações de reciprocidade.
- O agente de consolidação da Gestão da Qualidade é a cultura da organização.
- A cultura envolve os valores da empresa. No caso específico da Gestão da Qualidade, a qualidade depende, fundamentalmente, de quanto a organização (representada pela alta administração) e seus integrantes (representados por seus funcionários) consideram a qualidade como algo relevante.

- A mais importante atribuição da Gestão da Qualidade é inserir qualidade na cultura da organização, ou seja, transformar a qualidade em um valor para todos. Em outras palavras: fazer com que as pessoas se tornem intimamente convencidas de que a qualidade vale a pena. Esse aspecto pode ser analisado tanto no ambiente em que a organização atua quanto no interior da própria organização.
- A análise da cultura, o elemento mais importante para a consolidação da qualidade nas organizações, sinaliza o modelo mais adequado para implantar a Gestão da Qualidade: um processo de transformação (não apenas de desenvolvimento ou crescimento), que parte da realidade existente e migra para a realidade desejada.

## UMA ANÁLISE AMPLIADA

### QUAIS AS FALHAS DA GESTÃO DA QUALIDADE?

A preocupação com programas da qualidade que não deram certo começou a se acentuar no início da década de 1990. Parece que passou um pouco a euforia que conceitos, ferramentas e estratégias da qualidade total trouxeram nos primeiros tempos de implantação, e as coisas começaram a se revelar mais difíceis do que se pensava a princípio.

Depoimentos de profissionais que atuam em empresas brasileiras de diferentes setores conduzem a uma constatação praticamente consolidada: nas organizações onde programas da qualidade foram implantados e a experiência parece não ter dado certo, a segunda tentativa tornou-se particularmente mais difícil.

Atuando em atividades de ensino, pesquisa, orientação de trabalhos acadêmicos e de estágios curriculares, além de ações de extensão, desde 1989, o Núcleo de Garantia da Qualidade da Universidade Federal de Santa Catarina acompanhou a situação de mais de 700 empresas brasileiras (industriais e de prestação de serviços), que operam em variados ramos, com portes pequeno e médio em termos de faturamento e um corpo de funcionários diversificado (entre 10 e 5.000).

Em comum, todas tinham um fato em suas histórias: em algum momento, começou-se um programa da qualidade e, em alguns períodos, esse programa enfrentou dificuldades no seu processo de implantação ou mesmo de consolidação. Todas as empresas pesquisadas implantaram seus programas a partir de quatro fontes:

- Com base em cursos oferecidos por Instituições de Ensino Superior, pelas federações patronais ou ainda por agentes de formação e qualificação, como o Sebrae.
- A partir da contratação de consultores externos, com recursos da própria empresa ou de alguma agência de fomento.
- Algumas empresas enviaram funcionários para fazer cursos nos mais variados centros (inclusive no exterior) e começaram seus programas de qualidade a partir do retorno desses profissionais.
- Por iniciativa e determinação de alguns de seus executivos.

Em mais de 90% dos casos analisados, o programa da qualidade originou-se de pressão externa: ou exigência de consumidores ou imposição pela ação da concorrência. Neste contexto, a busca de uma imagem mais consolidada no mercado também aparece como razão para investir em qualidade. Apenas em menos de 10% dos casos observa-se que as empresas começaram seus programas de qualidade por iniciativa própria.

Ainda que não se possa precisar um percentual, pode-se afirmar que, na grande maioria das empresas, os programas da qualidade nasceram em cursos gerais, não diretamente desenvolvidos para suas realidades e culturas. Os programas, então, foram "adaptados".

Em grande parte dessas empresas, a implantação dos programas da qualidade passou por etapas que foram da euforia ao desânimo; para muitas delas, ainda hoje a qualidade parece um sonho distante, e, em quase todas, há uma certeza: será bem mais difícil recomeçar ou adotar um novo programa da qualidade se o atual falhar.

É importante relatar a metodologia da pesquisa. Na verdade, não se criaram amostras segundo determinados critérios. Utilizaram-se, como amostras, cinco conjuntos de empresa:

- Empresas cujos funcionários participaram de treinamento em Engenharia da Produção, Segurança do Trabalho, Qualidade e Produtividade oferecidos pelo Departamento de Engenharia de Produção da UFSC, não só em Santa Catarina mas também em diversos estados brasileiros, sob forma de atividade de extensão universitária
- Empresas cujos funcionários participaram de cursos de treinamento, em diversas áreas, oferecidos por várias instituições, onde foram ministradas disciplinas pelo Departamento de Engenharia de Produção da UFSC Situam-se nesse caso empresas de Santa Catarina e de, pelo menos, mais 16 estados brasileiros.
- Empresas que interagiram diretamente com o Departamento de Engenharia de Produção da UFSC sob a forma de consulta, contato informal, assessoria técnica, consultoria ou participação em eventos técnicos, como congressos e seminários. Situam-se nesse caso empresas de praticamente todo o país.
- Empresas que receberam alunos de diversas Instituições de Ensino Superior para o desenvolvimento de trabalhos acadêmicos, em níveis de graduação, mestrado ou doutorado, e também para a realização de estágios curriculares ou extracurriculares de graduação.
- Empresas que interagiram com Instituições de Ensino Superior para a realização de projetos de pesquisa e desenvolvimento tecnológico, em geral, com apoio de agências de fomento nacionais e internacionais (na maioria dos casos, essas agências são governamentais, estaduais ou federais no Brasil, e de cooperação internacional, no caso das estrangeiras).

A todas essas empresas aplicaram-se variados instrumentos de pesquisa, como seminários interativos, questionários eletrônicos, entrevistas, observações temporárias *in loco,* visitas técnicas, discussão em mesas redondas, levantamento de campo por meio de coleta estruturada de informações etc. Em razão de o processo de contato estar sempre centrado em profissionais específicos de cada empresa, o índice de resposta foi altíssimo para pesquisas desse porte: cerca de 80%.

Ao longo das diversas fases da pesquisa, dividiram-se as respostas conforme o público-alvo a que foram destinados os instrumentos de coleta de dados. Criaram-se três conjuntos de respostas:

- A classe 1 envolveu funcionários de piso de fábrica e com cargos de chefia no nível de produção e operação básica (chefes, supervisores, mestres e encarregados).
- A classe 2 compreendeu a área gerencial (gerentes de setores, áreas ou divisões).
- A classe 3 incluiu a alta administração (gerentes gerais, diretores e superintendentes).

Assim, tem-se:

- Classe 1: Gestão Operacional.
- Classe 2: Gestão Tática.
- Classe 3: Gestão Estratégica.

Do total pesquisado, cerca de 30% das respostas vieram da classe 1, cerca de 50% da classe 2 e em torno de 20% da classe 3.

Desde o primeiro momento, houve uma preocupação bem específica: analisar se os resultados associados ao programa da qualidade referem-se a sucesso, fracasso ou alguma situação intermediária.

Em particular, conferiu-se atenção ao caso "fracasso". Além das razões que contribuíram para esta avaliação específica, desejava-se entender com precisão o que significa, para as empresas pesquisadas, fracasso. Assumiu-se o seguinte: "fracasso" é o não atendimento de objetivos, metas ou resultados pretendidos ou esperados no início da implantação do programa.

Diante dessa definição, é evidente a importância que se conferiu à forma como foram fixados tais objetivos ou determinados tais resultados. Daí concluir que a formulação incorreta de objetivos, ou resultados esperados, é também causa do fracasso do programa.

O diagnóstico obtido foi muito amplo. Listar-se-ão, aqui, somente resultados ligados diretamente à Gestão da Qualidade – se é que existem resultados totalmente independentes dela. São enfatizados os resultados da pesquisa mais recente, dentro de um período que começa em 2002, em que a pesquisa foi mais bem estruturada. E dedica-se particular interesse, claro, não tanto a motivos para os fracassos, mas às dificuldades encontradas no caminho.

Das respostas obtidas, foi possível listar um conjunto de indicadores básicos relativos à ação da Gestão da Qualidade na empresa e sua participação num possível fracasso do programa da qualidade.

| DIFICULDADES ENCONTRADAS |
| --- |
| **FONTE DE RESPOSTAS: Gestão Operacional (*Funcionários*)** |
| ▪ Faltou atenção para com os clientes.<br>▪ Pouca participação efetiva da alta administração no esforço pela qualidade.<br>▪ Foi pequeno o envolvimento da média gerência nesse processo.<br>▪ O programa não conseguiu criar o conceito correto da qualidade nem divulgá-lo adequadamente. Faltou incluir a figura do cliente nas fases intermediárias do processo. O programa, assim, parecia direcionado apenas a produzir menos custos e mais lucros.<br>▪ Faltou o exemplo dos níveis mais altos da administração da empresa.<br>▪ Nem toda a mão de obra foi envolvida de forma igual. Por exemplo: não houve oportunidades de participação igualmente distribuídas. Além disso, nunca se procurou ouvir o que a mão de obra tinha a dizer sobre qualidade ou sobre o programa destinado a produzi-la.<br>▪ Os objetivos do programa não foram bem definidos. Se foram, não chegaram a ser bem compreendidos ou, então, não foram aceitos como relevantes.<br>▪ Faltaram recursos para produzir qualidade.<br>▪ O programa era muito limitado. Havia poucas perspectivas de continuidade. Parecia mais voltado para uma situação específica (por exemplo, alcançar um objetivo – conquistar novo segmento de mercado).<br>▪ Faltaram programas de reconhecimento diretos para a mão de obra pelo esforço feito.<br>▪ Não se percebeu onde nem quando se colocariam em prática as diretrizes e as estratégias que o programa repassou à mão de obra.<br>▪ Não existia na empresa uma noção de que os defeitos hoje existentes são realmente prejudiciais. O programa também não ajudou a viabilizá-la.<br>▪ Foram detectadas muitas incoerências: entre teoria e prática; entre o discurso da administração e suas ações no dia a dia; entre a divulgação da importância da qualidade e o fato (real) de que nunca se dedicou muito tempo para estudá-la; entre a divulgação da importância da qualidade e a pressão da administração (sobretudo operacional) no fim do mês para fechar o faturamento, forçando a tudo e a todos até onde for possível. Enfim, muita palavra e pouca ação.<br>▪ O programa da qualidade tinha outros objetivos que não os da qualidade propriamente dita (em muitos casos, parecia ser feito para impressionar os outros...). |
| **FONTE DE RESPOSTAS: Gestão Tática (*Gerentes*)** |
| ▪ Faltou atenção para com os clientes.<br>▪ Faltou participação mais efetiva da alta administração no esforço pela qualidade.<br>▪ O programa não conseguiu repassar o conceito correto da qualidade para os recursos humanos da empresa. Não conseguiu, principalmente, envolver a mão de obra em uma ação comprometida com seus clientes, internos e externos. Parecia mostrar que a qualidade era algo a mais a fazer e não a ação mais importante.<br>▪ Os objetivos do programa não foram claramente definidos. Se foram, sua importância não foi explicada para a mão de obra que, por isso, não os considerou relevantes.<br>▪ Faltaram recursos para produzir qualidade.<br>▪ Faltou uma visão de longo prazo que garantisse a continuidade do programa. Ficou a ideia de que ele era passageiro – destinado a certos produtos muito importantes ou a processos críticos.<br>▪ Faltaram programas de reconhecimento direto para a mão de obra e para os gerentes.<br>▪ O programa não teve compromisso com sua efetiva implantação. As estratégias utilizadas, por exemplo, não possuíam a praticidade necessária para a imediata utilização.<br>▪ Faltou uma cultura de eliminação e prevenção de defeitos, e o programa não conseguiu criá-la.<br>▪ Foram detectadas muitas incoerências: entre teoria e prática; entre o discurso da alta administração e suas ações no dia a dia; entre divulgar que a qualidade é importante e não oferecer chances para que os gerentes se aprofundem no assunto; muita palavra e pouca decisão.<br>▪ O programa da qualidade tinha outros objetivos, que não os da qualidade propriamente dita (em muitos casos, parecia ser feito para caracterizar a gestão de determinados diretores). |

| FONTE DE RESPOSTAS: Gestão Estratégica (*alta administração*) |
|---|
| ▪ Faltou empenho da mão de obra e também dos gerentes.<br>▪ Faltou atenção para com os clientes.<br>▪ O programa falhou em repassar à mão de obra o conceito de qualidade que compromete a empresa com seu mercado.<br>▪ A mão de obra não se sensibilizou para os objetivos do programa.<br>▪ Os recursos para produzir qualidade foram mal utilizados.<br>▪ A visão de longo prazo do programa não foi entendida ("não foi visualizada").<br>▪ Houve erros na estruturação do programa em termos de praticidade: as pessoas não perceberam onde colocariam tais coisas em prática nem quando isto aconteceria (se aconteceria um dia).<br>▪ Faltou consciência necessária para eliminar quaisquer defeitos – sejam eles muito ou pouco relevantes – em todos os níveis. E o programa não foi capaz de gerá-la.<br>▪ Os gerentes usaram o programa para tentar uma promoção. E só com esse intuito. |
| **O que todos disseram (*Respostas comuns a todos os grupos*)** |
| ▪ O programa desorganizou a estrutura formal da empresa, parecendo ameaçar a hierarquia constituída.<br>▪ O programa foi direcionado apenas para ações específicas (esforço de exportação, por exemplo).<br>▪ A ação da Gestão da Qualidade foi centralizadora e não houve delegação de responsabilidades e autoridade.<br>▪ A ação da Gestão da Qualidade não foi organizada, nem planejada nem contínua. Foi aos solavancos.<br>▪ A Gestão da Qualidade não atribuiu um papel correto aos funcionários, em suas várias funções.<br>▪ A Gestão da Qualidade montou uma estrutura organizacional inadequada aos objetivos que ela mesma se propunha atingir. |

**CONCLUSÕES:**

- Prioridade ao cliente não pode ser desconsiderada.
- Cada segmento atribui a outros segmentos a culpa pelo fracasso.
- O conceito da qualidade deve ser repassado em termos do compromisso de cada funcionário – independentemente de função ou setor em que atue – com seu cliente interno em um primeiro momento.
- O compromisso com os clientes externos deve ser prioridade de todos.
- O envolvimento da alta administração é elemento crucial: sem isso, o programa não funciona.
- Os objetivos devem ser expressos de forma que pareçam envolver esforços que efetivamente valham a pena – com reflexos positivos para todos: administração, empresa e funcionários. Por isso, parece adequado ouvir a todos quando eles forem definidos.
- A existência de recursos para produzir qualidade é uma forma concreta de verificar se a administração quer produzir qualidade ou apenas fazer de conta que produz.
- O programa deve ter características tanto de curto quanto de longo prazo. As primeiras garantem a motivação para criar o programa as segundas, para consolidá-lo. Deve, também, investir simultaneamente em valores culturais (como aqueles em relação à eliminação de quaisquer defeitos – sejam importantes ou não) e em valores práticos (evidenciar a praticidade e a imediata utilização das estratégias e ferramentas da qualidade).
- Não se perdoam incoerências e contradições: ou a qualidade é muito importante, prioritária sobre o resto, ou não se faz qualidade. Atitudes que tentam conciliar interesses contrários são consideradas imperdoáveis

Talvez isso decorra do fato de que o que se quer produzir é exatamente qualidade total plena, sem meio-termo. E isso requer uma adesão total, plena, sem meio-termo; decisões firmes; ações fortes; entusiasmo; motivação.

Assim, é natural que existam dificuldades no caminho da qualidade total – tanto em desafios que precisam ser encarados e vencidos, quanto em percalços que devem ser superados.

De todo modo, os indicadores acima fornecem pistas seguras para o direcionamento do programa.

## QUESTÕES PRÁTICAS

### PROCESSOS E AGENTES DA GESTÃO DA QUALIDADE

1. Qual o objetivo básico dos sistemas de gestão?
2. Que características gerais apresentam os sistemas de gestão?
3. Que características específicas são atribuídas aos sistemas de gestão?
4. Por que são consideradas complexas as estruturas que suportam os sistemas de gestão?
5. O que caracteriza a Gestão da Qualidade em âmbito global?
6. O que caracteriza a Gestão da Qualidade em âmbito operacional?
7. Por que a operação da Gestão da Qualidade depende da prévia definição das políticas da qualidade da organização?
8. Quais as características gerais de uma política correta da qualidade?
9. A quem cabe fixar as políticas gerais da qualidade da empresa?
10. Que benefícios práticos são oferecidos por políticas da qualidade bem definidas?
11. Por que a Gestão da Qualidade Total é mais abrangente do que o modelo tradicional de Gestão da Qualidade?
12. Que elementos caracterizam o processo de Gestão da Qualidade Total?
13. Como o modelo atual de Gestão da Qualidade tem influenciado os modelos tradicionais de gerenciamento?
14. Em termos práticos, como se viabiliza o envolvimento das pessoas no empenho em produzir qualidade pelo atendimento aos três pré-requisitos básicos: objetivos, ambientes e recursos?
15. Em termos práticos, como se viabiliza o envolvimento das pessoas no esforço de produzir qualidade pelo desenvolvimento das quatro ações citadas: alterações de posturas e de estrutura, treinamento, motivação e relações de reciprocidade?
16. Que vantagens e restrições apresenta cada uma das três abordagens motivacionais listadas?
17. Que significa criar uma "cultura da qualidade" na empresa?
18. Por que é importante considerar os dois ambientes para gerar cultura da qualidade – o interno à empresa e o externo a ela?
19. Por que alterações culturais costumam ser processos que requerem muito tempo?

# 4 AMBIENTES DE ATUAÇÃO DA GESTÃO DA QUALIDADE

**OBJETIVOS DO CAPÍTULO**

*Espera-se que, ao final do texto, o leitor esteja apto a:*

- Compreender as particularidades que caracterizam a Gestão da Qualidade nos ambientes industriais e de geração de serviços, com ênfase nas diferenças entre ambos.
- Entender como a Gestão da Qualidade é estruturada em dois ambientes específicos e muito relevantes no cenário social e político de qualquer país: as pequenas empresas e as organizações prestadoras de serviços públicos.
- Assimilar os conceitos e a aplicação prática dos modelos de qualidade *in-line*, *on-line* e *off-line*.

Este capítulo analisa diversos ambientes de atuação da Gestão da Qualidade. Consideram-se os tipos de atividades produtivas desenvolvidas (produtos industriais, serviços e métodos); o porte da empresa e os chamados modelos da qualidade *in-line*, *on-line* e *off-line*, foco de classificação da avaliação da qualidade baseada em indicadores (para detalhes, ver Paladini, 2014 – Capítulo 2). Observa-se, em todos esses casos, uma unicidade de filosofia, embora haja diversidade de métodos e várias formas de desenvolver e avaliar o processo gerencial da qualidade.

**Os diferentes ambientes em que se inserem as organizações produtivas**

TEA | 123RF

tomas1111 | 123RF

Jens Brüggemann | 123RF

Tyler Olson | 123RF

## 4.1 AÇÃO DA GESTÃO DA QUALIDADE NAS DIFERENTES ATIVIDADES PRODUTIVAS

De forma muito ampla, considera-se que a Gestão da Qualidade envolve ações produtivas de três naturezas distintas: as atividades industriais, a geração de serviços e a estruturação de métodos.

| | CONCEITO | EM GERAL... | EXEMPLOS |
|---|---|---|---|
| **Atividades industriais** | ▪ São aquelas voltadas para a produção de *bens tangíveis*, ou seja, produtos que existem fisicamente, de forma concreta. | ▪ Associam-se esses produtos às fábricas (sejam cerâmicas, sejam padarias) – daí se identificarem as atividades industriais como atividades de fabricação. | ▪ Produção de carros, eletrodomésticos, roupas, azulejos, máquinas etc. |
| **Geração de serviços** | ▪ O serviço é sempre uma ação desenvolvida por terceiros, em atendimento à solicitação explícita, específica e bem definida de um usuário determinado. | ▪ Esses terceiros habilitam-se a realizar o serviço por possuírem qualificação própria (em maior ou menor grau de especialização) para tanto. | ▪ Bancos, clínicas, hotéis, comunicações (telefonia, correios etc.), transporte de pessoas, valores, bens em geral ou especiais etc. |
| **Métodos** | ▪ Ação executada por terceiros sob forma de orientação geral para a execução de um conjunto de tarefas. | ▪ Os métodos poderiam ser classificados como o processo de *transferência de informações, know-how ou tecnologia.* | ▪ Fornecimento de receitas, listagens de procedimentos a desenvolver, bulas de execução, metodologias, esquemas de trabalho, roteiros lógicos etc. |

Em termos técnicos, o produto é resultado de qualquer processo produtivo. Diferentes setores geram diferentes produtos e se dirigem a diferentes mercados.

| SETOR PRODUTIVO | PRODUTO | A QUEM SE DESTINA | CARACTERIZAÇÃO |
|---|---|---|---|
| Atividades industriais | ▪ Bens tangíveis | ▪ Consumidores | ▪ Produtos que existem fisicamente. |
| Geração de serviços | ▪ Bens intangíveis (serviços) | ▪ Usuários | ▪ Desenvolvimento de atividades a pedido de terceiros |
| Estruturação de métodos | ▪ Bens intangíveis (métodos) | ▪ Usuários | ▪ Transferência do modo de desenvolver uma atividade |

### SAIBA MAIS

- Atividades **industriais** podem envolver, também, montadoras (como no caso de carros ou de alguns eletrodomésticos), "desmontadoras" (como no caso de frigoríficos que abatem aves), processamento de insumos básicos (como beneficiamento de fumo) etc.
- Na geração de **serviços** incluem-se também atividades específicas, como no caso de cirurgias, massagens, lavação ou conserto de carros; limpeza e conservação de ambientes; segurança de pessoas ou ambientes; atividades do setor público como fornecimento de carteiras de motorista, ações de utilidade pública, saúde etc.; fornecimento de energia elétrica ou água; igrejas; entrega, distribuição e armazenagem etc.
- Na classificação de estruturação de **métodos** inserem-se as transferências de informações devidamente organizadas, analisadas, quantificadas, ponderadas, comentadas, condensadas ou ampliadas etc.; os processos produtivos decorrentes de empresas de informática, que projetam, estruturam, desenvolvem e instalam *softwares*; a assessoria técnica para a operação de equipamentos, métodos de trabalho, formação de pessoal etc.; as atividades de consultoria especializada; os programas (em rádio ou televisão) e reportagens (em jornais ou revistas) que ensinam a preparar alimentos, lavar roupas, organizar livros etc. e todos os mecanismos de licenciamento e franquia.

| | | |
|---|---|---|
| **O setor industrial** | **ENTREGA** | Um produto físico (bem tangível). |
| **O setor de serviços** | | Uma atividade desenvolvida. |
| **O setor de métodos** | | A forma de execução de uma atividade. |

Na estruturação de métodos observa-se, então, que aquilo que se fornece ou transfere é só a transferência de tecnologia. A atividade, em si, não é executada. Nesse caso, o "produto" vendido é o modo de fazer, ou seja, uma receita, uma fórmula, uma metodologia etc.

- Existem ***atividades* mistas**, que envolvem bens tangíveis e serviços, como no caso do comércio.
- Tende-se, porém, a classificar a atividade comercial genericamente como serviço, na medida em que, na verdade, o pessoal da loja não fabrica os produtos.
- A avaliação da atividade comercial, nesse contexto, envolve mais o *atendimento*.
- E aí se caracteriza fortemente a noção de serviço.

Igual dúvida persiste na atividade agrícola, em que a tendência atual é a de que a agricultura envolve a produção de bens tangíveis e inclui serviços; nos processos de reprodução de documentos; nos restaurantes e *rotisseries*; na atividade básica das agências de publicidade ou confecção de roupas sob medida – em que há serviço e bem tangível produzidos simultaneamente.

Para esses casos, o procedimento mais usual parece ser o de classificar as diversas atividades, individualmente, sem especificar um rótulo único para todas.

**FIQUE ATENTO**

Um mesmo ramo de atuação no mercado pode envolver produtos dos três tipos. É o caso das empresas na área de informática, que possuem os três tipos de processo:

- os fabricantes de computadores vendem bens tangíveis;
- os fabricantes de *software* vendem métodos; e
- as empresas autônomas de instalação e assistência técnica fornecem serviços.

Costumava-se identificar, genericamente, os resultados das atividades de fabricação, ou das atividades industriais, como produtos; os demais, como serviços (em rigor, serviços e métodos também são produtos, já que resultam de um processo produtivo). Essa identificação justifica-se na medida em que há muitas similaridades entre serviços e métodos, sob muitos aspectos. Já o termo *produto*, como sinônimo de bem tangível, é consequência da imposição da linguagem comum e de hábitos correntes.

**QUESTÃO PARA REFLEXÃO**

- Qual a característica estratégica mais relevante da produção de bens tangíveis?

## SERVIÇOS × MÉTODOS

Embora similares, os conceitos de métodos guardam uma diferença fundamental em relação aos serviços: envolvem a presença de um *terceiro elemento*. De fato:

**Prestação de serviços:**

- Há relação direta entre quem o solicitou e quem o presta. A relação acaba aí.
- **Por exemplo**: o posto lava um carro. A relação envolve, assim, o posto e o proprietário do carro.

**Desenvolvimento de métodos:**

- A relação envolve mais um elemento.
- **Por exemplo**: se a apresentadora da televisão passa uma receita ao telespectador, ele vai produzir um bolo. A pessoa que vai comer o bolo está envolvida no processo, com um papel fundamental: é ela quem vai julgar, em última análise, a receita.

Há, assim, uma diferença claramente configurada.

**QUESTÕES PARA REFLEXÃO**

- Qual a característica estratégica mais relevante da produção de serviços?
- Qual a característica estratégica mais relevante da produção de métodos?

**LIÇÕES DA PRÁTICA**

- Em termos práticos, a distinção entre serviços e métodos fica clara no caso das escolas.
- Se a meta de uma universidade é transferir um diploma a um estudante, a universidade é uma empresa de serviços. Não é o que deveria ocorrer, contudo.
- De fato, os clientes das universidades não são os alunos, mas a sociedade, para quem os futuros engenheiros, médicos ou dentistas prestarão serviços. Por isso, as escolas transferem informações, tecnologias, metodologias etc.
- Todavia, quem julga a qualidade das escolas é a sociedade, que, em última análise, vai beneficiar-se (ou não...) dos serviços dos ex-alunos.
- Quando entendida como empresa de serviços, o papel da escola é o de "fabricar" diplomas e transferi-los aos alunos. Sem dúvida, não deveria ser este o objetivo de uma escola. A sociedade é sempre o terceiro elemento envolvido no processo.

Do ponto de vista estritamente teórico, os procedimentos da Gestão da Qualidade são aplicáveis a qualquer processo produtivo. Por isso, não fariam distinção entre os processos que envolvem bens tangíveis, serviços ou métodos.

Entretanto, a prática mostra que os mecanismos de gestão em cada caso são muito diversos – principalmente confrontando bens tangíveis e serviços. Dessa forma, tem-se feito a distinção entre o processo de gestão para a situação industrial (que inclui, fundamentalmente, bens tangíveis) e para as situações de serviços e métodos.

Para o primeiro caso, tem-se adotado o nome "produtos"; para o segundo, "serviços". As duas situações – produtos e serviços – têm diferenças que precisam ser analisadas com cuidado no momento de definir o modelo de gestão a adotar.

De fato, pode-se mesmo afirmar que cada modelo de atividade produtiva envolve um processo de gestão para a qualidade, com características próprias. Há, porém, características que são comuns às várias atividades produtivas.

Procede-se aqui, inicialmente, à análise das situações específicas a cada modelo de ação produtiva; em seguida, às situações comuns aos três modelos.

## 4.2 GESTÃO DA QUALIDADE NO AMBIENTE INDUSTRIAL

O ambiente industrial envolve a produção de bens tangíveis e, por isso, tem uma característica básica específica: a possibilidade de separar, com nitidez, o processo produtivo da ação de utilização ou consumo do produto.

Dessa forma, no ambiente industrial, a Gestão da Qualidade centra-se no *processo produtivo* – a partir de onde se pode gerar um produto perfeitamente adequado ao uso. A qualidade, assim, aparece no produto, que é o resultado do processo.

O quadro abaixo evidencia as características gerais da Gestão da Qualidade no ambiente industrial.

| | |
|---|---|
| 1 | ▪ A produção e o consumo são nitidamente separados. |
| 2 | ▪ Os processos produtivos possuem informações precisas e são repetidos várias vezes. Isso os torna perfeitamente conhecidos, documentados e controláveis. Geram-se, então, as bases para a normalização e a automatização de muitos procedimentos. |
| 3 | ▪ A Gestão da Qualidade é notadamente marcada por ações em busca de melhorias no processo, que envolvem eficiência e produtividade, em um primeiro momento, e eficácia logo a seguir. Por isso, o conceito elementar da qualidade nesse ambiente é o de "ausência de defeitos"; de fato, não há como um produto adequar-se à finalidade a que se destina se possui algum tipo de defeito. |
| 4 | ▪ A avaliação da qualidade dos processos centra-se em elementos e pontos básicos de controle. Os elementos envolvem ações corretivas, preventivas e procedimentos de consolidação do processo. Os pontos básicos são situações ou componentes críticos do processo, bem definidos e caracterizados.<br>▪ Para o cliente, todo o esforço pela qualidade, feito pela organização, aparece no produto.<br>▪ Assim, ele avalia a qualidade no próprio produto – como, por exemplo, pelo suporte que a organização oferece ao produto em uso, o qual envolve informações básicas sobre uso (manuais), instalação, assistência técnica etc. |
| 5 | ▪ A Gestão da Qualidade tende a salientar as potencialidades da empresa, isto é, o que o processo sabe fazer melhor. Esses pontos fortes conferem aos produtos uma marca específica, que os diferenciará no mercado e possibilitará obter a fidelidade do consumidor. Os produtos, assim, são resultantes dos processos; por isso, concentra-se nestes últimos a atenção da Gestão da Qualidade. |
| 6 | ▪ Os processos industriais tendem a envolver elevado número de atividades de suporte (que inclui o processo produtivo) e pequena interação direta com o cliente. A Gestão da Qualidade, desse modo, volta-se para a organização do processo, até como forma de facilitar a interação com o cliente. |

**FIQUE ATENTO**

- A avaliação da qualidade dos produtos oferece uma facilidade importante: existe a possibilidade de desenvolver medições diretas, feitas no produto, que caracterizam seus elementos básicos em escalas numéricas. Há um número menor de medições subjetivas se comparadas, por exemplo, com os serviços.

A Gestão da Qualidade no ambiente industrial prioriza o processo produtivo, sem perder de vista o objetivo básico da empresa e, claro, o foco de seu negócio (XU; BLANKSON; PRYBUTOK, 2017). É compreensível que seja assim: se a meta da organização é adequar o produto ao uso, fica evidenciado que o processo se direciona para o cliente, justificando-se a execução de operações e a alocação de recursos que convirjam exclusivamente para este fim.

## CRITÉRIOS DE AVALIAÇÃO DA QUALIDADE

Caberá à Gestão da Qualidade definir o papel e, mais do que isso, a contribuição de cada atividade. Em função do *nível de participação da atividade na adequação do produto ao uso*, determina-se o grau de *prioridade* que ela requer. Este parece o critério básico da Gestão da Qualidade para definir a atenção com que deve considerar cada ação do processo produtivo.

Ao lado desse critério, a ação da Gestão da Qualidade no ambiente industrial dispõe de uma estratégia básica de atuação, que envolve a integração de todas as operações num único direcionamento e finalidade. Esse procedimento torna-se mais simples nos ambientes industriais em função da facilidade de determinar, com precisão, os procedimentos elementares que o compõem e, assim, direcioná-lo para as metas de todo o processo.

### *Gestão da Qualidade no processo*

A Gestão da Qualidade aplicada ao ambiente industrial gerou um modelo administrativo específico: a Gestão da Qualidade no processo (discutida no Capítulo 1). Em linhas gerais, podem-se observar alguns princípios fundamentais pelos quais a Gestão da Qualidade no processo industrial se guia. Esses princípios envolvem indicadores bem definidos, como se vê no quadro abaixo.

| GESTÃO DA QUALIDADE NO PROCESSO | |
|---|---|
| **Princípios Básicos** | ▪ Aumento da satisfação do cliente.<br>▪ Menor probabilidade de geração de defeitos.<br>▪ Melhoria constante nos métodos de trabalho.<br>▪ Atividades desenvolvidas sem gerar nenhum tipo de desperdício.<br>▪ Atividades geradas de forma a agregar valor ao processo ou ao produto.<br>▪ Atenção ao maior número possível de elementos do processo produtivo. |

A ação da Gestão da Qualidade em ambientes industriais fica, desse modo, bem definida quanto a dois fatores:

| | | |
|---|---|---|
| **Objetivo básico** | → | Atenção ao cliente. |
| **Estratégia para atingir o objetivo básico** | | Otimização do processo produtivo. |

## 4.3 GESTÃO DA QUALIDADE NA ÁREA DE PRESTAÇÃO DE SERVIÇOS

A área de prestação de serviços envolve a produção de serviços propriamente ditos e a estruturação de métodos.

Ao contrário do caso industrial, não há possibilidade aqui de se separar, com nitidez, o processo produtivo da prestação do serviço – ambos se confundem. Dessa forma, no ambiente de prestação de serviços a Gestão da Qualidade centra-se fundamentalmente na interação com o usuário. É nesse processo interativo que a qualidade aparece.

O setor de serviços costuma responder por parcelas significativas do Produto Interno Bruto de qualquer país, sobretudo os mais desenvolvidos, podendo chegar a cerca de 70% do PIB.

Além disso, está em contínua evolução. Por isso, a Gestão da Qualidade sempre tem procurado se adaptar a essas novas situações, como no caso de novas demandas de setores relevantes, como o de turismo (ABUAMOUDE; IBRAHIM; ALROUSAN, 2018) ou o de *fast-food*, de impacto crescente na vida das pessoas (HARUN; PRYBUTOK; PRYBUTOK, 2018).

As características gerais da Gestão da Qualidade nesse ambiente são bem definidas e envolvem implicações relevantes, como se vê a seguir.

| CARACTERÍSTICA | IMPLICAÇÕES |
|---|---|
| Produção e consumo são simultâneos. | ▪ Não há como definir onde termina uma e começa o outro. |
| Os processos produtivos não possuem informações objetivas a respeito de suas operações, que nem sempre se repetem com frequência. | ▪ A gestão desses processos deve ser altamente flexível e adaptável a momentos, situações, contextos etc. |
| O serviço não pode dispor da propriedade da estocagem. | ▪ Isso requer um modelo de gestão que torne a oferta adequada à demanda. |
| O serviço não tem como ser produzido antecipadamente; nem pode ser utilizado em momentos posteriores à sua geração. | ▪ Se ocorrerem excessos de oferta, haverá perdas – da mesma forma que haverá falta de atendimento se houver maior consumo que o esperado. Em ambos os casos, há aumento de custos.<br>▪ Cabe à Gestão da Qualidade evitar que isso ocorra, por meio de um processo de flexibilização (às vezes, nem sempre simples). |

E quais seriam as características da Gestão da Qualidade direcionada para o setor de serviços?

- A Gestão da Qualidade é notadamente direcionada para ações em busca de maior contato com o cliente, definição de seus interesses, preferências, exigências, necessidades, conveniências, enfim, tudo o que ele possa considerar relevante no processo de prestação do serviço.
- Em um primeiro momento, portanto, a Gestão da Qualidade prioriza a eficácia; a seguir, a eficiência e a produtividade. O conceito elementar da qualidade nesse ambiente, assim, é o de perfeita adaptação do processo ao cliente.
- A Avaliação da Qualidade centra-se apenas em elementos – não há pontos de controle específicos que possam ser identificados. Os elementos envolvem sempre a interação com o usuário.
- Não há como empregar ações corretivas, apenas preventivas, baseadas em situações análogas ocorridas no passado.
- A Gestão da Qualidade, dessa forma, prioriza um projeto de avaliação global, que envolve qualquer aspecto da interação com o cliente.
- Enfatiza-se, também, a busca de um aprimoramento contínuo, sempre mais próximo do que efetivamente o cliente deseja.
- O modelo preventivo destaca mecanismos de rápida adaptação do processo às exigências expressas pelo cliente. Entre outros aspectos, esses mecanismos envolvem procedimentos de rápida reação a erros e falhas de atendimento.
- Para o cliente, a avaliação do serviço depende de como ele próprio relaciona-se com a empresa – por exemplo, pelo suporte que recebe na execução do serviço (facilidades disponíveis, atenção no atendimento, pronta resposta às formulações e solicitações feitas etc.).

### PARA REFLETIR

- A avaliação da qualidade de serviços e métodos nem sempre possui mecanismos de medição direta e, no mais das vezes, envolve preferências, nem sempre bem definidas, e análises subjetivas.
- Além disso, não é possível centralizar a produção do serviço, o que, com frequência, compromete o controle pela falta de unicidade, similaridade e coerência dos métodos de avaliação. Como não há forma de inspecionar um serviço antes que ele seja prestado, nem sequer há meios de obter amostras do serviço, a Gestão da Qualidade não conta com procedimentos prévios de avaliação do serviço (ele é feito sempre ao vivo – nunca se pode recorrer a um vídeo previamente gravado... Entre outras restrições, essa característica dos serviços compromete a fixação de padrões da qualidade.
- Nesse ambiente, a Gestão da Qualidade enfatiza o direcionamento da empresa para um modelo específico de relacionamento com o cliente.

Esse aspecto confere ao modelo de atendimento uma característica específica, que diferenciará a empresa no mercado e possibilitará obter a fidelidade do usuário. Cabe observar que a qualidade resulta do modelo de interação com o cliente. Por isso, concentra-se nele a atenção da Gestão da Qualidade.

### FIQUE ATENTO

- Em serviços e métodos, ocorre pequeno número de atividades de suporte e grande interação com o cliente.
- O foco da Gestão Estratégica da Qualidade está nessas atividades "interativas".

Um elemento que altera inteiramente o processo de Gestão da Qualidade no setor de serviços é o fato de que, por estar fisicamente presente em sua geração, o cliente *interfere* na produção de serviços. O atendimento pleno ao cliente, portanto, envolve expectativas expressas por ele durante o próprio processo e requer extrema flexibilidade, criatividade e capacidade de adaptação (TAAFFE; FREDENDALL; WEISS, 2018).

A presença física do cliente durante o desenvolvimento do processo produtivo cria o que alguns autores chamam de "*co-produção*" (TENNER; DETORO, 2007; ALBRECHT; ZEMKE, 2004), um mecanismo que permite rápida realimentação do processo, mas exige elevado grau de flexibilidade no processo gerencial.

Em resumo:

| PRINCIPAIS CARACTERÍSTICAS DE SERVIÇOS E MÉTODOS |
|---|
| ▪ São intangíveis. |
| ▪ Não podem ser "possuídos". |
| ▪ Não há estoques. |
| ▪ Prevalece o ser humano como agente produtivo. |
| ▪ Sua meta operacional é a flexibilidade. |
| ▪ Enfatiza muito o valor percebido pelo usuário. |
| ▪ Depende do efeito sistêmico de novos serviços. |
| ▪ Considera-se fundamental avaliar a complexidade, a oportunidade, a conveniência e a abrangência do serviço oferecido. |

Esses itens tendem a ter valor estratégico para as organizações.

## LIÇÕES DA PRÁTICA

Costuma-se cometer alguns equívocos ao definir um modelo de Gestão da Qualidade voltado para serviços e métodos. Os mais comuns são os seguintes:

- Persiste a ideia de que há serviços menos importantes, com menor relevância e, por isso, menos dependentes de boa qualidade. Isso se nota, com frequência, em algumas áreas "menos nobres" dos bancos, como o atendimento a usuários que não possuem poder aquisitivo significativo. Para esses casos, a diferença técnica entre consumidores e clientes deve ser fortemente levada em conta.
- Acredita-se que o serviço não requer tecnologia, sendo sempre artesanal. A automação de serviços tem sido um dos fatores crescentemente lembrados para destruir essa bobagem.
- Da mesma forma, supõe-se que o serviço dispensa aporte de capital. Para diferenciar-se, investimentos de grande porte podem ser necessários.
- A prestação de serviços continua sendo associada a ações de pequena escala. Uma agência de turismo que pense assim dificilmente sobreviverá.
- Ainda há quem adote a ideia de que o serviço dispensa estudo, análise e pesquisa. Por isso, deixa-se de ganhar dinheiro com ações estratégicas.
- Por fim, pensa-se que toda avaliação em serviços é subjetiva. Como se fosse questão de subjetividade uma pessoa receber bom ou mau atendimento em uma loja, por exemplo.

A tabela a seguir resume algumas diferenças básicas entre a Gestão da Qualidade em ambiente industrial e a desenvolvida em organizações de serviços e métodos.

| GESTÃO DA QUALIDADE EM AMBIENTES INDUSTRIAIS | GESTÃO DA QUALIDADE EM AMBIENTES DE SERVIÇOS E MÉTODOS |
|---|---|
| O esforço pela qualidade aparece no produto. | O esforço pela qualidade aparece na interação com o cliente. |
| Interação com clientes via produtos. | Interação direta com clientes. |
| Elevado suporte. | Baixo suporte. |
| Baixa interação. | Intensa interação. |
| Suporte ao produto (qualidade de produto). | Suporte ao cliente (qualidade de serviço). |
| Cliente atua ao final do processo produtivo. | Cliente presente ao longo do processo produtivo. |
| Produção e consumo em momentos bem distintos. | Produção e consumo simultâneos. |
| *Feedback* (retorno do usuário sobre o produto adquirido) pode demorar. | *Feedback* imediato. |
| Expectativas menos sujeitas a mudanças abruptas. | Expectativas dinâmicas. |
| Cliente tende a não influenciar o processo produtivo. | Cliente participa do processo produtivo. |
| Resulta de um conjunto de elementos (como máquinas e pessoas, por exemplo). | Resulta mais do desempenho dos recursos humanos. |
| Condições favoráveis à padronização. | Difícil padronizar. |
| Tende a uniformizar-se a médio prazo. | Difícil ter um modelo uniforme de execução. |
| *Bens tangíveis* podem ser patenteados. | *Serviços* e *métodos* não podem ser patenteados. |
| *Bens tangíveis* podem ser protegidos em relação a seus processos de fabricação e à forma final como são disponibilizados para comercialização. | *Serviços e métodos* não podem ser protegidos. |

**FIQUE ATENTO**

- Em ambientes de serviços e métodos, mantêm-se os mesmos *conceitos* da qualidade utilizados em ambientes industriais. Todavia, mudam-se as *estratégias*.
- Bens tangíveis muitas vezes são considerados apenas como a "personificação física" de serviços. De fato, ao adquirir um litro de leite, o usuário na verdade deseja o serviço prestado pelas características nutritivas do produto.

Em termos estratégicos, a produção de serviços parece ser o setor econômico que tem maior potencial atualmente, e manterá esta posição de destaque a curto prazo. Isso embora haja, estranhamente, quem ache que investir na qualidade do serviço não vale a pena, porque serviços não produzem empregos, riqueza ou renda. Basta lembrar que a atividade produtiva de maior impacto econômico no mundo hoje – turismo – está nesta área.

Ainda em termos estratégicos, é bom lembrar que a agregação de serviços a bens tangíveis (assistência técnica a eletrodomésticos), de serviços a novos serviços (exames laboratoriais na própria clínica médica), de métodos aos serviços (restaurantes que vendem receitas) ou de métodos a bens tangíveis (manual de melhor utilização de equipamentos) é a tendência mais natural (SIM; SONG; KILLOUGH, 2010). Por isso o interesse em modelos gerenciais que agreguem os três tipos de produto (ver final deste capítulo).

## 4.4 GESTÃO DA QUALIDADE NA PEQUENA EMPRESA

Um dos maiores (dos muitos) mitos que sempre cercaram a Gestão da Qualidade refere-se ao porte da empresa. Criou-se, e persistiu por muito tempo, a ideia de que qualidade depende do porte da empresa e, mais especificamente, de que a Gestão da Qualidade é um processo exclusivo de empresas de grande porte.

Há, infelizmente, um elemento que contribui para solidificar essa ideia falsa. Existe um grande número de programas da qualidade desenvolvidos no Brasil para pequenas empresas que, implantados em muitas organizações ou mesmo em grupos de empresas, obtiveram resultados pouco animadores.

Ocorre, porém, que isso se deve à falha do programa e não das empresas que o receberam. Os dados abaixo confirmam esta tese.

### LIÇÕES DA PRÁTICA

Um estudo feito em 210 pequenas empresas dos estados de Santa Catarina, Rio Grande do Sul e Paraná entre junho de 2005 e dezembro de 2017 mostra o seguinte:

- O programa costuma chegar às cidades prometendo resolver todos os problemas das pequenas e microempresas. Cria uma expectativa que dificilmente consegue concretizar-se – até porque fornece a ideia de que, de um modo ou de outro, o programa vai dar certo. A frustração gerada a seguir é difícil de ser revertida. Este quadro tem mudado desde 2006, com a adoção de programas mais amplos de Gestão da Qualidade que contam com o apoio de universidades locais.
- Centra-se o programa em conceitos e estratégias que são muito simplificados, para fornecer uma ideia de que são fáceis de implantar e totalmente viáveis. Isso acaba por desvirtuar a correta noção da qualidade e comprometer as estratégias. O que atenua esse quadro é o fato de muitos funcionários das pequenas empresas já disporem de qualificação e, por isso, serem capazes de tocar os programas eles mesmos.
- Pesa contra tais programas a acusação de priorizar o processo de implantação e omitir esforços nas áreas de manutenção e consolidação do programa (ações após a implantação). Criou-se a ideia de que o primeiro processo – transferência do modelo de implantação – é rentável para os institutos que fornecem os programas, enquanto os outros dois (manutenção das ações e consolidação das estratégias) não o são. Por isso, prioriza-se apenas o primeiro. Isso parece que nunca mudou.
- Acusa-se o programa de tentar massificar a questão da qualidade, impondo os mesmos conceitos e estratégias a quaisquer empresas cujo único traço em comum é seu porte. Hoje, contudo, os pequenos empresários já dispõem de um senso crítico que permite evitar esse tipo de ameaça à correta Gestão da Qualidade.

Esse mesmo estudo mostra, contudo, um mérito desses programas: o de chamar a atenção das empresas de pequeno porte para a questão da qualidade, sobretudo para sua importância e vantagens.

Chega-se, porém, à conclusão de que, considerando-se o universo estudado, nas empresas em que o programa foi bem-sucedido, isso ocorreu por mérito das empresas e não pelas características do programa que, é bem verdade, alertou-as para a questão da qualidade, embora não tenha fornecido os meios adequados para viabilizá-la.

### SAIBA MAIS

- Não há como negar que existem muitos indícios de que a Gestão da Qualidade é uma realidade na pequena empresa.
- Note (apenas para citar um dado) o número crescente de empresas de pequeno porte que servem como exemplo de excelência em serviços, processos e produtos.
- Nos Estados Unidos, um número expressivo de empresas que trabalham com tecnologia de alta qualidade é de pequeno porte, uma situação que começa a repetir-se no Brasil, sobretudo nas áreas de informática (tanto *software* como *hardware*), processamento de imagens, projeto e construção de dispositivos para setores industriais específicos, serviços especializados etc.

- Contribuiu para isso o movimento da terceirização, a partir do qual muitos profissionais de empresas de grande porte, que investem em qualidade, passam a ser microempresários, carregando para as empresas que fundaram noções e prioridades aprendidas em seus empregos anteriores, e desenvolvendo-os ainda mais.
- A terceirização trouxe outro incentivo à qualidade das pequenas empresas. Ao se credenciarem para assumir parte do processo produtivo de uma grande empresa, torna-se imprescindível às pequenas organizações apresentar qualidade em processos, produtos e serviços. Isso, por si só, já justifica o investimento na área.

Há que se considerar, ainda, que qualquer empresa, independentemente de seu porte, tem objetivos de sobrevivência e crescimento. E há um senso comum de que, para sobreviver, a empresa precisa garantir que seus produtos e serviços sejam comprados – o que requer que eles possuam características de operação que os diferenciem dos demais, isto é, qualidade.

É importante notar que investir em preço é um risco imenso para a pequena empresa. De fato, trabalhando com capital de giro menor e recursos mais limitados, torna-se difícil enfrentar empresas de grande porte, que possuem condições de oferecer menores preços tanto porque possuem reserva de capital para cobrir até vendas abaixo do valor de custo quanto pelo fato de, por possuírem grande número de itens em estoque, recuperam em determinados itens o que deixam de ganhar em outros. A diversificação de produtos e a solidez financeira, dessa forma, são elementos que favorecem a grande empresa, sendo difícil para empresas menores competir nesse terreno. O mesmo se pode dizer dos prazos de entrega e, mais em geral, dos procedimentos logísticos.

Dados estatísticos das mais diferentes fontes informam que, no Brasil, os índices de mortalidade das microempresas no primeiro ano de vida situam-se entre 75% e 90%. Há vários fatores relevantes, externos às empresas, que contribuem para isso. Em geral, as dificuldades apontadas para o fracasso envolvem componentes financeiros, relativos à falta de acesso ao crédito ou dinheiro caro, e legislação que tributa a ação da microempresa de forma excessiva. Entretanto, é também verdade que muitas empresas de pequeno porte não sobrevivem exatamente porque não se diferenciam, investindo pouco em qualidade de produtos e serviços aos clientes. A concorrência, assim, rapidamente as traga.

## PARA REFLETIR

- Além do esforço de sobrevivência para manter mercados, qualquer empresa aspira crescer, o que só ocorre se ela puder contar com novos mercados.
- Isso significa desmontar situações consolidadas, o que só se dará se a empresa tiver elementos de venda superiores aos existentes.
- Como preço e prazo não funcionam aqui, resta a qualidade como única alternativa viável.
- Cabe ainda notar que qualquer empresa opera com objetivos de redução de custo e produtividade, até pelas mesmas razões acima expostas.
- E a qualidade começa exatamente com essas questões.

Deve-se ressaltar, por fim, que existem elementos que facilitam a viabilização dos processos da Gestão da Qualidade e que só pequenas empresas possuem.

## EXEMPLOS

- Visão de conjunto facilitada.
- Flexibilidade administrativa.
- Mão de obra mais facilmente envolvida.
- Decisões quase sempre abrangentes e integração entre recursos.

Há, ainda, um fato que evidencia ser mais fácil implantar qualidade na pequena empresa: muitas estratégias utilizadas nas empresas de maior porte envolvem células de produção, trabalho em pequenos grupos, minifábricas etc., ou seja, recursos que visam, exatamente, imitar pequenas empresas.

É a grande empresa buscando transplantar para si as facilidades próprias das pequenas e micro-organizações.

**COMO FAZER?**

- Qual seria o caminho mais adequado para viabilizar um processo de Gestão da Qualidade na pequena empresa?
- Resposta: mostrar as vantagens que o programa traz para a empresa.
- São vários os benefícios que o programa traz para a pequena empresa, como descrito acima.
- São várias as características das pequenas empresas que facilitam a implantação do programa da qualidade.
- Competir pela qualidade parece mais viável para a pequena empresa do que competir pelo preço. Contudo, isso exige diferenciação de serviços e produtos, ou seja, qualidade.
- O processo administrativo da pequena empresa pode ser visto como uma vantagem estratégica. E pode-se tirar partido dele para estruturar o próprio processo de Gestão da Qualidade.

**QUESTÕES PARA REFLEXÃO**

- Que atividades são mais críticas para implantar um programa de qualidade em uma pequena empresa?
- Por que tais situações ocorrem?

O contato com a pequena empresa mostra que, hoje, a importância da qualidade já está bem assimilada e consolidada. Não há por que investir nessa área. Melhor será criar um caminho para mostrar como viabilizar a produção da qualidade. Ou, ainda melhor, mostrar que as estratégias de Gestão da Qualidade podem dar certo em qualquer empresa, independentemente de área, setor ou porte. Isso a prática já cansou de provar.

## 4.5 GESTÃO DA QUALIDADE NO SERVIÇO PÚBLICO

Três questões têm sido colocadas quando se trata de analisar o ambiente do serviço público e a possibilidade de desenvolver programas da qualidade nesse contexto:

*Por que qualidade no serviço público?*
*Por que neste exato momento?*
*Como gerar qualidade no serviço público?*

A primeira questão parece apresentar uma resposta óbvia quando se começa a analisar alguns fatos apontados pela imprensa ao longo da segunda década do século XXI. São lições práticas importantes.

**AS (TRISTES) LIÇÕES DA PRÁTICA**

- Uma professora que atua no ensino básico recebe um salário até 56 vezes menor que o de um barbeiro que atua no Congresso Nacional.
- Comparado a um consumidor comum, o governo paga até cinco vezes mais por determinado produto (exemplo: o governo de um estado brasileiro adquiriu 10.000 cinzeiros, para distribuí-los nas repartições públicas estaduais. Preço de cada um: $ 7,00. No mesmo dia em que a conta foi paga, podia-se adquirir igual cinzeiro por $ 1,20 em qualquer loja da cidade). Aliás: precisava adquirir cinzeiros?

- Uma repartição pública contratou, por concurso, 10 atendentes gerais, cuja atividade básica seria fornecer informações técnicas aos usuários sobre atividades do setor. Descobriu-se mais tarde que, deles, quatro eram analfabetos (o concurso, soube-se depois, resumiu-se a uma entrevista).
- A vida útil média de carros da frota oficial de um estado brasileiro é de menos de três anos, muito inferior à média nacional. O consumo de combustível, porém, é igual ao dobro da média nacional. Em função de seu estado precário, muitos carros que continuam rodando são considerados "um perigo público".
- O custo de conclusão da duplicação da BR-101 entre Florianópolis e Porto Alegre chegou, em dezembro de 2012, a cerca de 25 vezes do valor inicialmente previsto em 2004. O atraso das obras, estimado em 10 anos, pode ceifar a vida de 4.500 pessoas que circulam nesse trecho que, pelo processo inadequado de duplicação, opera em condições precárias.

Estradas, hospitais, escolas, relações com empreiteiras e fornecedores, repartições públicas, enfim, em quaisquer áreas dos três poderes, Executivo em particular, exemplos bem conhecidos mostram que não existe nenhuma instituição, em todo mundo, que sequer chegue perto do governo em matéria da qualidade. E o contribuinte já percebeu isso: pesquisas dos mais diversos tipos e nos mais variados locais mostram que a maioria dos entrevistados considera o serviço público (nos três níveis: estadual, municipal e federal) de péssima qualidade. Essa maioria, em se tratando de saúde e segurança pública, pode beirar os 80%.

Que o governo precisa, com urgência, de programas de qualidade e produtividade, sobretudo em termos de gestão, disso ninguém tem dúvida. E já se nota, em várias áreas, certo interesse pelo assunto. Mas por que justo agora?

Algumas razões justificam o empenho do poder público em, pelo menos, começar a mostrar interesse em discutir qualidade e produtividade do seu serviço. São importantes lições da prática.

## AS (IMPORTANTES) LIÇÕES DA PRÁTICA

- A partir do retorno das eleições presidenciais, e com a criação do instituto da reeleição, mesmo considerando movimentos populares expressivos como a campanha pelas "diretas" em meados da década de 1980 e outras campanhas de reprovação aos governantes do momento, desenvolveu-se, no país, um sentimento de crítica à classe política que rapidamente se espalhou para todo o serviço público.
- Ações judiciais contra políticos na segunda década deste século ampliaram o sentimento de cobrança aos governantes e, ao mesmo tempo, de rejeição às atividades pouco produtivas e mesmo contaminadas por atividades ilegais da classe política.
- No Brasil, como de resto em outros países democráticos, ganhou corpo a ideia de que bons governantes seriam pessoas cuja experiência administrativa tenha sua gênese em atividades efetivamente produtivas, como, por exemplo, executivos de organizações bem-sucedidas na iniciativa privada.
- Todo este processo tornou o cliente (contribuinte em geral) mais exigente em relação ao serviço que o estado lhe presta. Conclusão: qualidade ganha (ou perde) votos. E não existe assunto que interesse mais aos gestores públicos do que votos.
- O déficit do governo atinge níveis alarmantes. Não existe dinheiro para nada, independentemente da importância da questão: seja saúde da população ou viagem de diplomatas ao exterior; seja habitação ou manutenção dos aviões que transportam presidentes e governadores; sejam escolas ou aquisição de fardas para soldados; sejam estradas ou verbas para comprar material básico de consumo. Aumentar tributos é uma solução que não funciona por exaustão, frequência exagerada de uso, queda de poder aquisitivo e opinião pública desfavorável. Cortes puros e simples de verbas também não produzem resultados porque, afinal, o Estado tem de atender ao contribuinte (que costuma votar). A saída é apelar exatamente para qualidade e produtividade.
- A qualidade é um elemento forte de marketing. Mais do que qualquer outro motivo, esse apelo tem forte respaldo popular. Entretanto, a publicidade em torno da qualidade não se pode restringir à conversa, requerendo-se ações concretas e bastante visíveis. O sucesso das estratégias da qualidade depende de sua efetiva utilização na prática do dia a dia.
- O desgaste da imagem dos governos, em qualquer nível, constitui-se um processo lento e consistente, que exige providências imediatas e de forte impacto. A qualidade tem poder notável para alterar esse processo.

Em resumo, esta é a hora da qualidade, quer se considere o modismo associado à questão, quer se tenha em mente o impacto que proporciona, pela necessidade urgente de economizar, pela carência crônica de recursos (e recursos os programas de produtividade podem gerar, na pior das hipóteses por combate ao desperdício), enfim, seja por quais razões que se tenha em conta.

Pode-se então passar à questão seguinte: e como estruturar um modelo de Gestão da Qualidade para o serviço público?

Inicialmente, cabe analisar alguns modelos de gestão já em uso. São referências históricas que podem e devem ser consideradas.

## VOCÊ SABIA?

- Provavelmente o país que mais investiu em qualidade no serviço público foram os Estados Unidos. Há muitos registros de programas bem-sucedidos, já implantados ou em andamento.
- Já em 1988 o governo americano criou o Federal Quality Institute (FQI), órgão encarregado de estruturar as diretrizes da qualidade para todo o serviço público federal norte-americano. Esse órgão sempre trabalhou em íntima relação com institutos de pesquisa na área da qualidade mundialmente famosos, como os institutos Juran e Deming.
- Nos estados há iniciativas até anteriores, como a criação do Ogden Service Center, em Utah em 1986. Na Flórida, em 1989, foi criado pelo governador Lawton Chiles um programa vigoroso de reformas no governo, baseado em conceitos e estratégias da Qualidade Total. E, por fim, também nos municípios há programas da qualidade em andamento.
- Um relatório do Instituto Juran, sob o sugestivo título de "O dinossauro se mexeu?", mostra os sucessos e os fracassos dos programas da qualidade no governo dos Estados Unidos. As principais conclusões desse estudo (MAIN, 2014) são listadas a seguir. Por elas, nota-se que a "proposição de que a Qualidade Total pode fazer o governo trabalhar melhor, como fez as empresas trabalharem melhor, ainda não foi inteiramente comprovada nos Estados Unidos nem em outro lugar". Entretanto, é possível listar alguns elementos básicos que mostram como a qualidade está-se consolidando no governo norte-americano.

Desde há muito se sabe que muitos aspectos das ferramentas e princípios da Gestão da Qualidade Total (TQM) podem ser aplicados ao governo, do mesmo modo como ocorre em outras atividades.

Se as dificuldades para implantar programas da qualidade são notáveis em instituições e empresas privadas, mais complexa é essa implantação pelo governo; seus resultados, contudo, têm sido animadores nos últimos 30 anos.

Até meados da década de 1990, a opinião pública não parecia propensa a se animar com a qualidade total. Aparentemente, os políticos pareciam não conquistar muitos votos com sua defesa. As eleições ocorridas nos primeiros anos deste século mostraram que esse quadro está mudando.

Hoje, a economia, a segurança e o nível dos serviços públicos são itens fundamentais em qualquer programa de governo (estadual ou federal).

## PARA REFLETIR

- A necessidade de resultados de curto prazo, a postura de confronto entre governos e oposições e a personalização da atividade política são aspectos que atuam contra a qualidade (TOMAZEVIC; SELJAK; ARISTOVNIK, 2018).
- O tamanho descomunal e a falta de controle do governo permitem que as ações pela qualidade sobrevivam de forma restrita e localizada. Por isso, observam-se resultados positivos mesmo em ambientes em que a alta administração é indiferente ou hostil aos esforços pela qualidade e, sobretudo, pela produtividade.
- Em vista do triste estado do governo, do tamanho do déficit público, do aumento dos gastos, da ineficiência do serviço – em suma, da incompetência generalizada no processo de prestação de serviços e dos próprios servidores públicos –, alguns resultados já obtidos mostram que a qualidade é viável.

Essas constatações não entram em conflito com a realidade brasileira que, contudo, apresenta algumas características que requerem análise detalhada. Com efeito, o serviço público brasileiro possui especificidades que devem ser consideradas antes de definir um modelo de Gestão da Qualidade para o setor. Os principais aspectos a considerar são, entre outros, os seguintes:

- Ainda que não totalmente por força de lei, há uma enraizada cultura de estabilidade do servidor público.
- Monopólio da prestação da quase totalidade de serviços em áreas específicas.
- Baixos salários para servidores públicos em atividades operacionais que requerem produtividade (como logística de governo) ou estratégicas (como professores).
- Falta de qualificação do pessoal e de incentivo à qualificação.
- Cultura tradicional de descaso à coisa pública.

Como decorrência desses fatos, o modelo de Gestão da Qualidade deve guiar-se por alguns princípios que já parecem consagrados pela prática, como se verá a seguir.

### COMO FAZER?

- O recurso básico de geração da qualidade é o funcionário público.
- O elemento básico de envolvimento do funcionário em programas da qualidade é a motivação.
- A estratégia básica de motivação é a estruturação de programas da qualidade voltados, em primeiro lugar, à produção de benefícios para os próprios funcionários.
- A propriedade que caracteriza a qualidade no serviço público é a transitividade: o funcionário repassa para a sociedade os benefícios (como também as restrições) de sua satisfação no trabalho. A qualidade de seu atendimento, assim, é diretamente proporcional à qualidade de suas relações com o empregador, no caso, o Estado.
- O programa deve envolver objetivos de curto, médio e longo prazos. Devem-se priorizar resultados imediatos, como, por exemplo, benefícios para os funcionários, e utilizá-los como mecanismos para gerar resultados de médio prazo, que envolvem a consolidação de melhorias de processos e serviços, e, principalmente, para investir nos objetivos de longo prazo, que implicam a alteração radical da cultura vigente no serviço público, comprometendo-o com clientes finais, ou seja, com toda a sociedade.
- É prioritária a determinação de um processo custo/benefício no serviço público. O custo de vantagens adicionais a funcionários, por exemplo, pode ser largamente compensado por benefícios de racionalização do processo administrativo.

A partir desses princípios, e baseando-se em estudos já desenvolvidos sobre o assunto, algumas constatações práticas também servem para evidenciar diretrizes de ação para a Gestão da Qualidade na atividade pública.

### DIRETRIZES DE GESTÃO DA QUALIDADE PARA A AÇÃO PÚBLICA

- Não criar expectativas em torno do programa da qualidade na esfera do governo, tanto para servidores quanto para a população. Por isso, sugere-se criar antes programas de melhoria, localizados e definidos, cujos resultados previstos sejam simples, diretos, observáveis em curto espaço de tempo e bem visíveis. A palavra *qualidade* não deve ser empregada nesses casos.
- Em qualquer dos casos, resultados obtidos em ações que envolvem esforços de funcionários devem redundar em benefícios pessoais para os envolvidos.
- Evitar atividades intensas de treinamento. Sugere-se só empregá-las para atender a aspirações e deficiências expressas pelos funcionários. Esse posicionamento não exclui programas de motivação, conscientização e mecanismos similares, que devem sempre ser desenvolvidos gradativamente, sempre em doses adequadas ao público-alvo.

- Evidenciar os benefícios gerais (além daqueles meramente financeiros) que o programa da qualidade traz para os funcionários. Sem isso, dificilmente consegue-se adesão efetiva ao programa.
- Quanto menos estardalhaço o programa tiver, melhor. Sugere-se evitar programas da qualidade tipo floresta, que possuem muito volume e base inconsistente. É melhor apelar para programas-semente, que plantam raízes sólidas nas pessoas, embora não apareçam muito.
- Querer usar programas da qualidade como publicidade política é uma atividade de alto risco, que quase sempre se volta contra o próprio governo. Com o tempo, em áreas do governo nas quais há programas da qualidade em operação, qualquer falha detectada passa a ser culpa, consequência ou responsabilidade do programa da qualidade, seja uma greve de funcionários, uma votação perdida na assembleia ou o aparecimento de um funcionário fantasma. Isto se nota tanto na opinião pública quanto na imprensa.

De resto, cabe lembrar que a estabilidade do servidor público é uma cultura ainda comum e, ao mesmo tempo, um conceito e uma prática nocivos à qualidade. Conviver com ela é sempre um entrave para a Gestão da Qualidade.

Principalmente porque desestimula o movimento rumo à melhoria, incentiva a acomodação e corrói o investimento que a concorrência naturalmente produz nas pessoas e nos setores. Igual postura observa-se em monopólios que o governo exerce sobre a quase totalidade de serviços em áreas específicas. Em ambos os casos, são situações que escapam ao controle da gestão.

Já a questão de baixos salários e da falta de qualificação do pessoal são elementos que podem ser influenciados pela Gestão da Qualidade. Observa-se, por exemplo, que o atendimento a deficiências manifestadas em treinamentos adequados a cada público-alvo é um mecanismo de motivação de elevado poder. Programas de incentivos salariais baseados em mecanismos de aumento de produtividade são igualmente recomendáveis.

**QUESTÃO PARA REFLEXÃO**

- Qual o perfil de um gerente da qualidade para uma instituição que atua no serviço público?

## 4.6 MODELOS DA QUALIDADE *IN-LINE, OFF-LINE* E *ON-LINE*

Os ambientes descritos mostram áreas globais em que a Gestão da Qualidade possui características específicas. Nesse item, outra modalidade de ambientes de produção da qualidade é considerada. Essa modalidade refere-se mais às características organizacionais das empresas.

De fato, considerando a adequação ao uso como meta da qualidade, pode-se criar uma nova estrutura na empresa. Daí a utilidade de organizarem-se três ambientes básicos da qualidade: *in-line*, *on-line* e *off-line*. Esses são os ambientes nos quais a qualidade é produzida.

### Ambiente da qualidade *in-line*

O ambiente básico de produção da qualidade é o da *qualidade in-line*. Esse ambiente enfatiza a qualidade obtida no *processo produtivo*, nas "linhas de produção", e pode ser caracterizado como um conjunto de elementos voltados para o processo de fabricação.

O ambiente da qualidade *in-line* enfatiza, inicialmente, a ausência de defeitos. De fato, a ocorrência de um defeito no produto, seja qual for sua natureza, prejudica a perfeita utilização do produto e compromete sua qualidade. Por isso, o modelo da qualidade *in-line* prioriza, fundamentalmente, os esforços para correção e prevenção de defeitos. O conceito de defeito aqui utilizado foi descrito no Capítulo 2, ou seja, defeito é a falta de conformidade que se observa em um produto quando determinada característica da qualidade é comparada a suas especificações. Um produto é classificado como defeituoso em relação a uma ou mais características da qualidade se forem identificados um ou mais defeitos a ele associados.

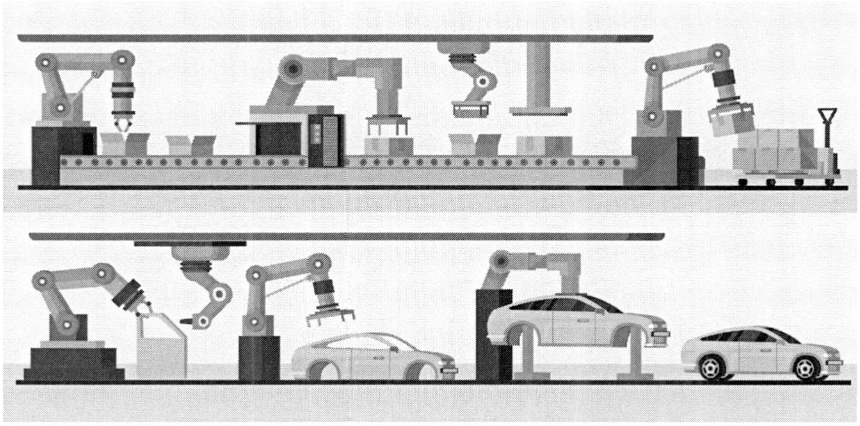

ivanmogilevchik | iStockphoto

O ambiente da qualidade *in-line*, assim, parte de um princípio que parece incontestável: não há nenhuma forma de um produto adequar-se ao uso se ele porta algum defeito. Eliminar defeitos não significa tornar o processo produtivo apto a produzir qualidade. Para passar de uma coisa a outra – de produção sem defeitos para produção com qualidade –, há vários passos a dar, como se pode ver a seguir.

| FASES DA QUALIDADE *IN-LINE* | |
|---|---|
| **1**<br>**Padrões de operação** | ■ Observar padrões de operações atuais do processo.<br>■ Determinar a capacidade de produção da empresa, isto é, valores de desempenho que efetivamente podem-se obter. |
| **2**<br>**Potencialidades do processo** | ■ Atentar para características que marcam e identificam os produtos.<br>■ Relacionar estas características com as potencialidades que o processo produtivo possui e transfere para o produto<br>■ Exemplo: a capacidade de contar com excelente qualidade de conformação em determinadas operações, o que gera produtos com capacidade de operação uniforme ou a condição de produzir, e manter, as mais diversas tonalidades em áreas externas do produto. |
| **3**<br>**Diferenciação** | ■ Priorizar pontos fortes e maximizar seu efeito sobre o produto, garantindo características da qualidade no produto, de forma a colocá-lo em situação de destaque no mercado.<br>■ Acentuar aspectos que diferenciam a empresa de seus concorrentes a partir de estratégias de operação da empresa, dos métodos de trabalho, dos materiais e dos equipamentos utilizados.<br>■ Investir em conhecimentos técnicos que possam melhorar as operações de fabricação.<br>■ Distribuir tais informações por toda a fábrica, visando gerar um esforço uniforme de melhoria. |
| **4**<br>**Produto e processo** | ■ Observar o produto como o resultado final do conjunto de operações do processo produtivo.<br>■ Fixar, como meta, a otimização do processo, não só para evitar defeitos, erros, falhas, desperdícios, retrabalhos etc. como também para desenvolver as operações na forma mais adequada possível. |
| **5**<br>**Projetos de melhoria** | ■ A partir desta fase, o produto passa a incluir elementos que caracterizam a empresa, evidenciam seus pontos fortes (ou seja, sua especialidade) e suas capacidades.<br>■ Por isso, são atividades típicas do modelo *in-line* os projetos de melhoria de operação, os programas de redução e racionalização de custos, a campanha para eliminar desperdícios, a minimização de perdas de produção por execução inadequada do trabalho etc. |
| **6**<br>**Otimização do processo** | ■ Incluir na otimização do processo as operações produtivas, que devem atingir seu melhor desempenho, e os esforços para melhorar o uso de todos os recursos utilizados na produção (energia, matérias-primas, trabalho, materiais...).<br>■ É a fase da produtividade, outra característica típica da qualidade *in-line*. |

Ao concluir as fases apresentadas no quadro, o processo está sob controle: há um gerenciamento que permite conhecer exatamente como ele opera.

Atinge-se, assim, o estágio final da qualidade *in-line*: a capacidade do processo de atender a especificações de projeto.

E até mais do que isso: o conhecimento prévio que se tem da capacidade do processo em suportar novos projetos ou, ainda, do que precisa ser feito em termos de operações, equipamentos, mão de obra ou materiais para que novos projetos sejam postos em produção, de forma a atender aos requisitos da qualidade que forem especificados.

Em resumo:

Qualidade *in-line*

← →

Processo produtivo

**QUESTÕES PARA REFLEXÃO**

- Qual a maior dificuldade prática para a viabilização dos ambientes de qualidade *in-line*?
- Qual a maior contribuição estratégica do conceito de qualidade *in-line*?

## Ambiente da qualidade *off-line*

Operações *off-line* são ações fora da linha de produção, mas inseridas no ambiente em que a linha de produção se desenvolve.

kzenon | 123RF

dolgachov | 123RF

Konstantin Pelikh | 123RF

Konstantin Pelikh | 123RF

**EXEMPLOS**

- Operações que, se necessário, podem ser acionadas. É o caso da manutenção.
- Áreas que operam continuamente, sem estarem, contudo, desenvolvendo uma operação do processo produtivo. É o caso de almoxarifados.

- Ações produtivas que afetam a linha de produção, mas não atuam diretamente na ação de pessoas ou de equipamentos, caso da organização do espaço físico, por exemplo.
- Atividades de gerenciamento e controle do processo produtivo.

olegdudko |123RF

**O TERMO OFF**

- O termo *off*, na expressão *qualidade off-line*, tem uma conotação interessante.
- Significa algo que está fora mas está dentro.
- Confronte-se esta palavra com outro termo muito usado em inglês, que também significa fora – *out*.
- *Off* tem mais o sentido de desligado, isto é, um botão que está desativado mas está dentro da área física considerada.
- Está disponível, pode ser usado – no momento, contudo, não opera.
- Se fosse *out*, o botão estaria fisicamente fora da área em questão.

As operações *off-line* são as que atuam em paralelo à linha de produção, mas têm profunda relação com ela.

## OUTROS EXEMPLOS

- A área comercial da empresa, que, afinal, põe no mercado os resultados do processo produtivo.
- A área de recursos humanos, que gerencia um elemento crítico no processo produtivo.
- A área de marketing, que pode criar novos direcionamentos para a operação do processo produtivo, e assim por diante.

Desse modo, costuma-se definir o ambiente da *qualidade off-line* como aquele em que se enfatizam as atividades não diretamente ligadas ao processo de fabricação, mas relevantes para adequar o produto ao uso que dele se espera desenvolver.

O ambiente *off-line*, assim, reúne as chamadas operações de *suporte* ao processo.

A inspiração do desenvolvimento do ambiente *off-line* é antiga. De fato, esse ambiente começou a ser estruturado e, até mais do que isso, começou a ser considerado relevante quando se consolidou o conceito de "Controle da Qualidade Total", desenvolvido por Feigenbaum nos anos 1960 (FEIGENBAUM, 2012).

Feigenbaum observou que a produção da qualidade não poderia eliminar nenhum elemento da empresa.

## FIQUE ATENTO

Se alguém desenvolve uma atividade, seja qual for, dentro da empresa, há duas alternativas:

- ela é relevante e, nesse caso, contribui de alguma forma para a utilização do produto;

***OU***

- ela deve ser desativada.

Assim, como a meta de todo o projeto da qualidade é garantir que o produto atenda – e até supere – expectativas de consumo, uma atividade que esteja sendo desenvolvida, qualquer que seja ela, deve ser alvo de esforços de melhoria.

Cabe notar que o conceito da qualidade *off-line* aparece na literatura técnica com significados diversos. O genial arquiteto da qualidade Genichi Taguchi, por exemplo, define o que ele chama de "controle da qualidade *off-line*" como "um método sistemático para otimizar o projeto do produto e o projeto do próprio processo produtivo" (TAGUCHI, 1990). É evidente a intenção de Taguchi em ressaltar o projeto como parte das ações de suporte. Além da ênfase ao projeto, este conceito envolve várias outras atividades, consideradas necessárias à produção, mas não diretamente associadas ao desenvolvimento e à execução do processo produtivo. É o caso do próprio gerenciamento do processo.

O ambiente *off-line*, assim, amplia o conceito de processo produtivo. Além das operações básicas (e diretas) das linhas de produção, passam a ser relevantes para a qualidade de produtos e serviços todas as atividades de suporte a essas operações, ou seja, as atividades indiretas de produção. A elas também se conferirão compreensíveis importância e ênfase no esforço pela melhoria constante da adequação ao uso do resultado final do processo produtivo (CHEN; PAN; CUI, 2017).

Em resumo:

Qualidade *off-line*

← →

Suporte ao processo

**QUESTÕES PARA REFLEXÃO**

- Qual a maior dificuldade prática para a viabilização dos ambientes de qualidade *off-line*?
- Qual a maior contribuição estratégica do conceito de qualidade *off-line*?

## Ambiente da qualidade *on-line*

Fica evidente, no ambiente da qualidade *in-line*, a ênfase sobre a parte "interna" da empresa – as linhas de produção, o processo de fabricação, a área em que um serviço começa a ser produzido – como a cozinha de um restaurante, por exemplo.

Já no modelo *off-line*, começam a aparecer preocupações com a área "externa" da fábrica, quando se incluem a área comercial (vendas, principalmente) e marketing como atividades de suporte ao processo produtivo.

Contudo, é evidente a necessidade de, em algum momento, desenvolver um ambiente que enfatize e concentre esforços no mercado – afinal, é lá que todo o esforço pela qualidade desenvolvido na empresa é efetivamente testado, avaliado, consolidado. E até mais do que isso – é para lá que o esforço é dirigido.

Estrutura-se, assim, o *ambiente on-line*, que trata, por excelência, das relações da empresa com o mercado. Este ambiente procura viabilizar, em termos práticos, a ênfase que se confere ao cliente no conceito da qualidade.

O ambiente *on-line*, contudo, não opera somente visando desenvolver relações da empresa com o mercado. Nem se fixa apenas na avaliação da qualidade do produto por parte de clientes e consumidores. Também não investe apenas em determinar o que o mercado deseja. Tampouco se concentra apenas em definir tendências de consumo. A essência do ambiente *on-line* é outra.

Na realidade, o conceito correto do que o ambiente *on-line* desenvolve é: o esforço feito pela empresa para captar, o mais rapidamente, possíveis alterações em preferências, hábitos ou comportamentos de consumo, e repassá-las ao processo produtivo, de forma a adaptar, no menor espaço de tempo, o processo à nova realidade do mercado. Cria-se, assim, um produto sempre adequado ao consumidor. O ambiente *on-line*, dessa forma, enfatiza a capacidade de *reação* da empresa às mudanças do mercado.

| OS PASSOS DA QUALIDADE *ON-LINE* | |
|---|---|
| **1.**<br>**Atentar para o mercado** | <br>rawpixel \| 123RF |
| **2.**<br>**Entender o mercado** | <br>Phonlawat Chaicheevinlikit \| 123RF |
| **3.**<br>**Analisar as características do mercado** | <br>Andriy Popov \| 123RF |
| **4.**<br>**Repassar as informações** | <br>Mark Bowden \| 123RF |
| **5.**<br>**Disponibilizar o produto** | <br>Katarzyna BiaÅ‚asiewicz \| 123RF |

O ambiente *on-line* parte do pressuposto segundo o qual o mercado é dinâmico, mudando com frequência suas características. Para que a empresa sobreviva, o produto precisa permanentemente estar ajustado a ele, ou seja, à demanda.

O ambiente *on-line*, assim, caracteriza-se pela reação da empresa às alterações do mercado. Quanto mais rápida a reação, mais chance de sobrevivência a empresa terá.

Cabe notar que a reação (resposta a uma dada ação) mais rápida que existe é aquela que ocorre antes que a ação (que poderia lhe dar origem) se dê. Por isso, o ambiente *on-line* investe pesado na análise de tendências de mercado, na previsão de cenários ou na análise de perspectivas imediatas de mudança do mercado – como a entrada de um novo concorrente, por exemplo.

Em Administração, este movimento corresponde à diferença entre ações reativa (a causa já ocorreu) e proativa (ação de natureza preventiva). Veja abaixo.

**UMA ANALOGIA PRÁTICA DA QUALIDADE *ON-LINE***

| EXEMPLO DE AÇÃO RÁPIDA | CAUSA | EFEITO | TIPO DE AÇÃO |
|---|---|---|---|
| Tirar o braço ao encostar em um cigarro aceso |  Olena Yakobchuk \| 123RF | 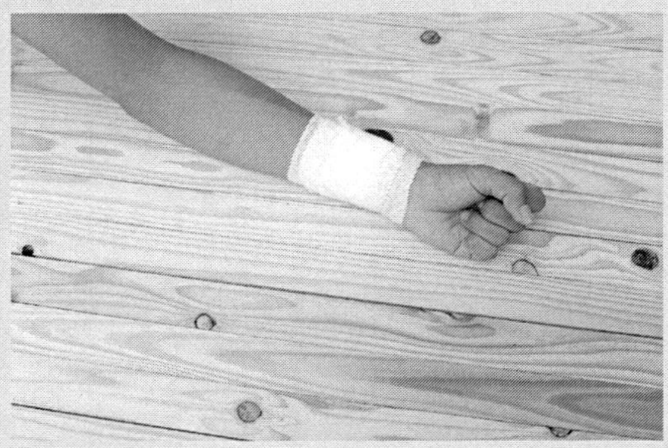 Pramot Pantadet \| 123RF | Reativa |
| Uma ação muito mais rápida: proibir fumar |  Udo Schotten \| 123RF | -------------------------------- | Proativa |

O ambiente *on-line* exige um processo de produção flexível, ágil, de fácil gerenciamento e controle, que possa viabilizar, em pouco tempo, as alterações que devem ser efetuadas no produto. Simultaneamente, o ambiente *on-line* requer um modelo de interação permanente com o mercado, viabilizado em geral por um sistema de informações sempre em funcionamento, captando informações do mercado em tempo real.

**SAIBA MAIS**

- Nesse sentido, é bom observar o significado exato da expressão *on-line*.
- Um sistema *on-line* não é apenas o que opera conectado a determinado contexto.
- *On-line significa em tempo real.*
- Ambiente *on-line* quer dizer, assim, um ambiente que recebe solicitações e as processa instantaneamente, respondendo no exato instante em que as informações são requisitadas.

**EXEMPLOS**

- Um caixa eletrônico que fornece saldos de conta-corrente conecta o cliente a uma central de informações.
- Ocorre, porém, que, quando o usuário digita certos dados (opção de saldo, número da agência, senha e número da conta, por exemplo), ele quer que seu saldo seja fornecido *imediatamente*. Não basta, portanto, o sistema estar conectado.
- Isso poderia fazer com que o saldo fosse fornecido em alguns dias, por exemplo.
- Daí a tradução correta do que significa *on-line*: em tempo real.
- Ambiente *on-line* quer dizer, portanto, ambiente conectado e fornecendo informações em tempo real, no exato instante em que elas são geradas.

Pela necessidade de reagir rapidamente ao mercado, o ambiente *on-line* liga a questão da qualidade aos *Sistemas Flexíveis de Manufatura* até por exigência da necessidade de imediatas alterações na forma como o processo opera e ao menor custo possível. Conecta, também, o conceito da qualidade com o desenvolvimento e com a operação de Sistemas de Informações, por razões compreensíveis.

O ambiente *on-line* chama a atenção para o conceito de *vida útil do produto*, agora, porém, em um novo contexto.

**LIÇÕES DA PRÁTICA**

- Tradicionalmente, a vida útil do produto era aquela que ia da compra do produto até o final de seu uso. Hoje, a vida útil do produto inclui o projeto e a fabricação.
- E vai além. Considera-se que a vida útil do produto começa no instante em que foi detectada a necessidade de viabilizar seu projeto (muito antes, portanto, da própria fabricação).
- Se alguém pensar "acho que vou fabricar um tênis", neste exato momento o relógio que contabiliza a vida útil do produto já foi acionado e começa não a andar, mas a correr (é bom não esquecer que, neste exato momento, alguém, em algum lugar, pode ter pensado a mesma coisa; ou pode já estar fazendo o projeto; ou pode já estar fabricando; ou pode já estar vendendo exatamente o que você idealizou).
- Assim, a vida útil do produto depende de informações *on-line*. Não apenas referentes a como está o mercado agora, mas principalmente quais suas tendências mais imediatas.

O ambiente *on-line*, assim, opera primeiro com tendências de mercado; a partir daí, fixa-se no modelo da qualidade do projeto do produto; a seguir, em razão das alterações observadas no mercado hoje e das tendências mais consolidadas, o processo produtivo é realimentado com as informações referentes às mudanças que o produto deve portar para ajustar-se à realidade de mercado.

Como se percebe, a variável tempo aqui é crítica. É uma questão de sobrevivência.

Em resumo:

Qualidade *on-line*

← →

Reação ao mercado

**QUESTÕES PARA REFLEXÃO**

- Qual a maior dificuldade prática para a viabilização dos ambientes de qualidade *on-line*?
- Qual a maior contribuição estratégica do conceito de qualidade *on-line*?

## UMA VISÃO RÁPIDA DO CAPÍTULO

### AMBIENTES DE ATUAÇÃO DA GESTÃO DA QUALIDADE

- De uma forma muito ampla, considera-se que a Gestão da Qualidade envolve ações produtivas de três naturezas distintas: as atividades industriais, a geração de serviços e a estruturação de métodos.
- As atividades industriais são voltadas para a produção de bens tangíveis, ou seja, produtos que existem fisicamente, de forma concreta. O processo de geração de serviços envolve a produção de bens intangíveis. As atividades relativas à estruturação de métodos dizem respeito aos tipos de ação que genericamente poderiam ser classificados como transferência de informações, *know-how* ou tecnologia. Observa-se, então, que se fornece a forma de execução de uma atividade. A atividade não é executada.
- Em resumo: produto: resultado de qualquer processo produtivo; bens tangíveis: produtos que existem fisicamente; serviços: desenvolvimento de atividades a pedido de terceiros; métodos: transferência do modo de desenvolver uma atividade.
- O que difere as atividades que geram métodos das atividades que produzem serviços é a presença, no primeiro caso, de três elementos: quem fornece tecnologia, quem adquire tecnologia para gerar um produto e quem consome o produto. Em serviço, só há dois elementos envolvidos: quem solicitou o serviço e quem o presta.
- Os conceitos da qualidade são aplicáveis a todos os produtos. O que muda são as estratégias de Gestão da Qualidade para cada caso.
- No ambiente industrial, a Gestão da Qualidade tem características bem definidas, em geral centradas no produto. O mesmo ocorre para serviços e métodos, nos quais se prioriza a interação com os clientes.
- A Gestão da Qualidade aplicada no ambiente industrial gerou um modelo administrativo específico: a Gestão da Qualidade no processo.
- Um elemento que altera inteiramente o processo de Gestão da Qualidade no setor de serviços é o fato de, por estar fisicamente presente em sua geração, o cliente interferir na produção de serviços.
- Deve-se observar que há diferenças básicas entre a Gestão da Qualidade em ambiente industrial e aquela desenvolvida em organizações de serviços e métodos.
- Costumam-se cometer alguns equívocos ao se definir um modelo de Gestão da Qualidade voltado para serviços e métodos. É relevante considerá-los, para que sejam evitados.
- É fundamental observar que a Gestão da Qualidade não depende do porte da empresa. As características da pequena empresa podem favorecer a viabilização de um programa de Gestão da Qualidade.
- Há sempre que se considerar, ainda, que qualquer empresa, independentemente de seu porte, tem objetivos de sobrevivência e crescimento. E há um senso comum de que, para sobreviver, a empresa precisa garantir a qualidade de seus produtos e serviços. É importante notar que investir em preço é um risco imenso para a pequena empresa.
- Além do esforço de sobrevivência para manter mercados, qualquer empresa aspira crescer, o que só ocorre se puder contar com novos mercados. A qualidade pode ser a chave de acesso a eles.
- Há muitos elementos presentes nas pequenas empresas que facilitam a implantação da Gestão da Qualidade.
- É evidente que os governos precisam, com urgência, de programas da qualidade e produtividade, sobretudo em termos de gestão. Há variadas razões para isto: a principal decorre da exigência da própria população.
- Para estruturar um modelo de Gestão da Qualidade no serviço público, é fundamental considerar a cultura vigente e as especificidades de atuação dos servidores públicos. Por isso, qualquer programa nesta área deve ter características próprias, específicas. A estratégia básica de motivação, por exemplo, é a estruturação de programas da qualidade voltados, em primeiro lugar, à produção de benefícios para os próprios funcionários.
- A propriedade que caracteriza a qualidade no serviço público é a transitividade: o funcionário repassa para a sociedade os benefícios (como também as restrições) de sua satisfação no trabalho. A qualidade de seu atendimento, assim, é diretamente proporcional à qualidade de suas relações com o empregador, no caso, o Estado.
- A qualidade, enquanto adequação ao uso, cria uma nova organização dos esforços dentro da empresa. Daí a utilidade de estruturarem-se três ambientes básicos da qualidade: *in-line, on-line* e *off-line*. Esses são os ambientes nos quais a qualidade é produzida.

- Caracterizam o ambiente da qualidade *in-line*: ausência de defeitos, capacidade de produção, estratégias de operação da empresa, produtividade, otimização de processos e atendimento às especificações. A qualidade *in-line* possui uma restrição importante: não considera o cliente, suas necessidades e conveniências, nem as estratégias de mercado.
- Caracterizam a qualidade *off-line*: suporte à produção; atividades que influenciam ou afetam o processo produtivo. As áreas típicas são a gestão, a organização, o marketing e os projetos.
- Caracterizam a qualidade *on-line*: relação com o mercado, percepção de necessidades ou conveniências de clientes e consumidores e, principalmente, pronta reação às mudanças.

## ANÁLISE AMPLIADA DOS AMBIENTES DE ATUAÇÃO DA GESTÃO DA QUALIDADE

### UM PROJETO INTEGRADO PARA A GESTÃO DA QUALIDADE

As diferentes ações da Gestão da Qualidade nos ambientes que produzem bens tangíveis, serviços e métodos possuem alguns traços comuns. Isso possibilita o esforço de estruturar um modelo único de Gestão da Qualidade, utilizável em qualquer processo produtivo, seja ele direcionado para bens tangíveis, seja para serviços, seja para métodos, na iniciativa pública ou privada, em empresas grandes ou pequenas ou em qualquer ramo de atuação.

Já se notou que há uma espécie de integração entre as empresas de diferentes portes. Note, por exemplo, o esforço da grande empresa em "imitar" a pequena empresa para obter suas vantagens. Pode-se generalizar essas afinidades, projetando um modelo único para o conjunto de ambientes em que a Gestão da Qualidade costuma ser desenvolvida.

O modelo integrado envolve três elementos básicos:

O direcionamento da organização para o cliente

→

Uma nova noção de perda

→

A agregação de atividades de suporte no esforço pela qualidade

### 1. Direcionamento da organização

Não há nenhum conceito teórico ou prático em qualidade que não ofereça prioridade ao direcionamento da organização para o cliente. E isso:

| | | |
|---|---|---|
| **INDEPENDE** | Do produto | ▪ Seja um bem tangível.<br>▪ Seja um bem intangível. |
| | Da organização | ▪ Seja pública, seja privada.<br>▪ Tenha porte grande, médio, pequeno ou micro. |
| | Do mercado em que atua | ▪ Competitivo<br>▪ Oligopólio<br>▪ Monopólio |
| | Do processo produtivo | ▪ Simples<br>▪ Complexo<br>▪ Automatizado<br>▪ Artesanal |
| | Enfim: de qualquer elemento que caracterize a ação produtiva ou o meio que a cerca. | |

A Gestão da Qualidade não deve limitar-se à ênfase do cliente no conceito da qualidade, mas envolver, principalmente, o esforço da empresa em compreender, exatamente, o que o cliente quer e determinar as alterações a serem processadas no processo produtivo para adequá-lo, de forma rápida e eficiente, aos requisitos da qualidade por ele determinados.

Em qualquer dos ambientes (mas com maior ênfase na área de serviços e métodos), é fundamental observar que a Gestão da Qualidade deve compreender que os resultados de suas ações serão concretizados em um contexto dinâmico, cujas características se alteram com frequência. Entre outras decorrências, essa constatação sugere a necessidade de que as organizações disponham de sistema de informações exclusivo para a qualidade. Esse sistema deve estar permanentemente direcionado para o mercado, deve considerar o processo que gera produtos e serviços a ele adequado e ao próprio modelo de atendimento que se pretende oferecer.

O sistema de gestão, portanto, considera tanto mecanismos típicos dos ambientes industriais quanto dos procedimentos de prestação de serviços e estruturação de métodos. Embora com algumas características diversas, é conveniente lembrar que na área de serviços ocorre realimentação imediata do serviço prestado. Essa realimentação, no caso de produtos, é muito mais lenta.

## 2. Noção de perda

Toda a Gestão da Qualidade trabalha com o objetivo de eliminar defeitos no processo, uma vez que não há como ajustar produtos defeituosos ao uso.

Ocorre, porém, que a ausência de defeitos não implica atendimento à finalidade a que o produto se destina.

**Isso quer dizer o seguinte:**

- Produtos ou serviços com defeito não se ajustam ao uso.
- Produtos ou serviços com defeito não possuem, por essa única característica, capacidade de atender às necessidades, conveniências ou preferências dos clientes.

Cria-se, então, um conceito de perda, que generaliza a noção de defeito. Por esse conceito:

*Perda é qualquer elemento que não aumenta a adequação ao uso (manter, apenas, pode significar perda em termos estratégicos).*

## 3. Atividades de suporte

A característica de integração da Gestão da Qualidade Total prioriza a atenção a todos os elementos da empresa, incluindo a ação dos recursos que não atuam de forma direta no processo produtivo, mas oferecem apoio, suporte ou condições de contorno para seu funcionamento. Esses recursos tanto desempenham funções específicas que atuam de forma indireta sobre o processo (caso de higiene e segurança do trabalho) quanto atividades complementares a ele (caso das áreas de vendas, publicidade e marketing).

Na área de bens tangíveis, as atividades de suporte incluem ações não diretamente ligadas ao processo de fabricação, mas relevantes para garantir a adequação do produto ao uso que dele se espera desenvolver. Na área de prestação de serviços, as ações de suporte estão direcionadas para tornar o processo efetivo de interação com o cliente o mais flexível e eficiente possível, de forma que possa estar sempre apto a se adequar às características dinâmicas que esse processo requer.

A integração das ações de suporte ao modelo gerencial confere à Gestão da Qualidade uma característica que considera relevante qualquer recurso, atividade ou função da empresa. De fato, se esses elementos compõem a organização é porque possuem capacidade de contribuir para manter ou aumentar a adequação do produto ou do serviço ao uso. Caso contrário, não há por que mantê-los.

Outro aspecto relevante para a integração do modelo de gestão nos vários ambientes refere-se ao fato de que estratégias e características aplicáveis em um ambiente podem (e mesmo devem) ser utilizadas em outro ambiente. Alguns exemplos dessa aplicação são listados a seguir.

| | | |
|---|---|---|
| **Aplicações das estratégias do ambiente industrial ao setor de serviços** | ▪ Há um conceito básico que se pode sempre considerar como válido: a qualidade deve ser gerada no processo produtivo.<br>▪ Um serviço também é resultado de um processo.<br>▪ Vale, aqui, a percepção de que a prioridade da Gestão da Qualidade é otimizar as ações voltadas para o processo produtivo, isto é, para as causas e não para os efeitos. | ▪ Estratégias de planejamento, controle, desenvolvimento e avaliação do processo produtivo, típicas do ambiente industrial, são utilizadas no ambiente de serviços.<br>▪ Com uma vantagem adicional: é mais fácil estruturar o processo para o atendimento aos clientes, pelas facilidades de interação. |
| **Aplicações das estratégias do setor de serviços para o ambiente industrial** | ▪ Gerar modelos que apressem o *feedback* dos clientes que utilizam seus produtos tem sido uma preocupação constante das empresas.<br>▪ Essa característica, típica dos serviços, tem migrado intensamente para o ambiente industrial. | ▪ Modelos flexíveis de gerência são utilizados no ambiente industrial para aproximar a empresa de seus clientes.<br>▪ O que se deseja é atingi-los de forma rápida, objetiva e, sobretudo, com a precisão que se exige de quem quer entender rapidamente suas preferências, expectativas e necessidades. |

De forma geral, pelo que se percebe, o modelo de integração trabalha em duas direções bem definidas: a industrialização dos serviços e a agregação de serviços aos produtos. Detalhando cada um deles:

### 1. Industrialização dos serviços

- Nesta primeira direção, a meta é organizar os processos produtivos que geram os serviços.
- Parte-se do pressuposto de que a fragilidade estratégica da área de serviços reside na "desorganização" da qualidade *in-line*.
- Características como a estrutura da fábrica, o *layout* do processo e a sequência lógica das operações são vantagens que facilitam o gerenciamento e o controle do processo produtivo das empresas industriais.
- Empresas produtoras de serviços querem que essas vantagens migrem para suas atividades.

### 2. Agregação de serviços aos produtos

- Como forma de apressar o repasse das informações do mercado para a fábrica, os bens tangíveis têm tido sua utilização associada a serviços de contínuo monitoramento.
- Essa ação confirma a tendência de agregar um número cada vez maior de serviços aos bens tangíveis, fazendo com que se crie um produto "misto".
- Em muitos casos, como o de eletrodomésticos e o de veículos, por exemplo, os serviços associados aos bens tangíveis têm sido considerados diferenciais estratégicos que podem representar elementos decisivos em termos competitivos.

A rigor, essas estratégias não mudam quando se trata do serviço público. Algumas adaptações talvez sejam necessárias – como sempre ocorre quando se estudam a cultura das organizações e seus reflexos sobre a Gestão da Qualidade. Considere, por exemplo, que os primeiros clientes de programas da qualidade do governo são os próprios funcionários, que repassam benefícios do programa à sociedade; falhas e defeitos no atendimento são perdas impostas aos próprios funcionários, que passam a trabalhar num ambiente que se configura nocivo a suas próprias aspirações (sem arrecadar mais e melhor, como remunerar melhor os funcionários?); e, por fim, todas as atividades de suporte ao serviço público têm importância no desempenho de todo o serviço.

Em geral, o modelo de Gestão da Qualidade é um processo integrado. Sempre que se estrutura um ambiente de atuação, há vantagens bem definidas. Todavia, sempre que se considera o ambiente isoladamente, existem desvantagens acentuadas. Veja, por exemplo, o que ocorre com os ambientes *in-line, on-line* e *off-line*.

Considerado isoladamente, cada ambiente oferece vantagens bem definidas. Essas vantagens, contudo, podem desaparecer se forem consideradas as restrições que ocorrem quando se analisam os ambientes isoladamente. Veja o quadro abaixo.

| Ambiente | Vantagens | Restrições |
|---|---|---|
| **Qualidade *in-line*:** | ▪ Atenção da empresa a si mesma.<br>▪ Prioridade a pontos críticos.<br>▪ Maximiza potencialidades e minimiza restrições.<br>▪ Produtos provavelmente sem defeitos.<br>▪ Base consistente para a produtividade. | ▪ Enfatiza pouco a adequação do produto ao uso (necessidade, conveniência do cliente). |
| **Qualidade *on-line*:** | ▪ Atenção da empresa ao cliente.<br>▪ Prioridade ao atendimento do mercado.<br>▪ Máxima adequação do produto ao uso.<br>▪ Produtos provavelmente adequados ao mercado.<br>▪ Base consistente para a sobrevivência. | ▪ Pode desconsiderar a verdadeira realidade da empresa (prometendo, por exemplo, coisas que não pode atender). |
| **Qualidade *off-line*:** | ▪ Atenção da empresa a todas as suas partes.<br>▪ Prioridade à integração de todos no esforço pela qualidade.<br>▪ Cada contribuição para a qualidade é maximizada.<br>▪ Produtos decorrentes de esforços conjuntos, com prioridade à qualidade.<br>▪ Base consistente para a harmonia da organização. | ▪ Pode isolar ou minimizar setores, relegando-os à atividade de suporte e dando-lhes papéis secundários no esforço pela qualidade. |

Daí a importância de se trabalhar os três ambientes em conjunto. Na verdade, essa é a ideia correta: cada ambiente complementa os outros dois, fornecendo, em conjunto, uma visão da Gestão da Qualidade adequada a um processo competitivo.

## QUESTÕES PRÁTICAS

### AMBIENTES DE ATUAÇÃO DA GESTÃO DA QUALIDADE

1. Qual a *diferenciação estratégica* mais relevante entre bens tangíveis, serviços e métodos?
2. Em termos práticos, em que características um *programa da qualidade* para serviços difere de outro, voltado para bens tangíveis?
3. Por que a ação de concessionárias técnicas e oficinas técnicas autorizadas insere-se na qualidade de bens tangíveis e não na qualidade de serviços?
4. Como tirar partido da interação entre o cliente e o processo no caso da prestação de serviços? Em que isso favorece a "adequação ao uso"?
5. Como se poderia estruturar o conceito de qualidade de projeto para a produção de serviços e métodos?
6. Como se poderia estruturar o conceito de qualidade de conformação para a produção de serviços e métodos?
7. Para produtos classificados como serviços ou métodos, identifique um defeito crítico, um defeito maior e uma irregularidade.
8. Quais as principais vantagens que a pequena empresa oferece para a implantação de programas da qualidade?
9. Que atividades são mais críticas para implantar um programa da qualidade no serviço público? Por quê?
10. Quais as principais vantagens que o serviço público oferece para a implantação de programas da qualidade? E quais seriam as principais restrições?
11. Exemplifique atividades que caracterizam, de forma inequívoca, os ambientes da qualidade *in-line*, *on-line* e *off-line*.
12. Considere os modelos/ambientes da qualidade *in-line*, *on-line* e *off-line* apresentados. Analisando caso a caso, determine, para cada um deles, qual a *postura gerencial* mais adequada para tirar o maior proveito de cada modelo, eliminar a maior restrição que eles podem oferecer à implantação e minimizar a maior dificuldade para o sucesso de um programa da qualidade na organização.
13. Por que é tão relevante ter um modelo integrado para a Gestão da Qualidade, que crie condições para uma perfeita interação entre os vários ambientes?

# AÇÃO DA GESTÃO DA QUALIDADE: ESTRATÉGIAS DE CONCEPÇÃO E IMPLANTAÇÃO DOS PROGRAMAS DA QUALIDADE

5

**OBJETIVOS DO CAPÍTULO**

*Espera-se que, ao final do texto, o leitor esteja apto a:*

- Confrontar as diferentes visões da Gestão da Qualidade e as implicações práticas dessas concepções.
- Compreender as estratégias que as diversas percepções da qualidade viabilizaram ao longo do tempo, de forma a selecionar quais estratégias são mais adequadas às diferentes situações de implantação.
- A partir dos conceitos e das estratégias que viabilizam a qualidade entender como são estruturados os programas que visam produzir e avaliar a qualidade nas organizações produtivas.

Atribui-se o sucesso da *concepção* da Gestão da Qualidade a dois fatores básicos: (1) a simplicidade e (2) a coerência dos conceitos que a suportam.

Já o sucesso de sua *implantação*, por meio de programas bem estruturados, deve-se, com idêntica intensidade, às estratégias e às ferramentas desenvolvidas ao longo do tempo, que, em termos práticos, viabilizaram a aplicação efetiva da Gestão da Qualidade na forma como é conhecida hoje.

Muitas das ferramentas aqui mostradas foram desenvolvidas há longo tempo; no entanto, continuam sendo usadas, agora com o apoio de mecanismos mais recentes, como é o caso do desenvolvimento de diagramas de causa-efeito a partir de aplicativos instalados em celulares.

Da mesma forma, ferramentas tradicionais têm sido utilizadas para potencializar o uso de novas estratégias de produção, como se observa no estudo da sinergia da Produção Enxuta (*Lean Manufacturing*) e dos modelos Seis Sigma com as práticas que envolvem o engajamento de recursos humanos (ver, por exemplo, Sreedharan et al., 2018 e Joghee, 2017), bem como dos métodos que unem os dois modelos, o chamado *Lean Six Sigma*, de crescente aplicação (ver, por exemplo, Honda *et al.*, 2018).

## 5.1 MÚLTIPLAS VISÕES DA GESTÃO DA QUALIDADE

A Gestão da Qualidade compreende muitos conceitos. Com efeito, fazendo uma análise de textos extraídos de livros, artigos, normas, diretrizes e procedimentos formais das empresas, nota-se grande diversidade de definições acerca da Gestão da Qualidade.

Essa variedade de conceitos interfere diretamente nos processos de implantação por razões compreensíveis. Afinal, as ações práticas da empresa decorrem de políticas, decisões e métodos que, por sua vez, refletem o entendimento que se tenha acerca do funcionamento da organização e do direcionamento que se pretende dar a ela.

Nesse sentido, pode-se listar um conjunto de definições que reflete as várias faces que a Gestão da Qualidade adquire no dia a dia das empresas. Dessas noções deriva um rol considerável de estratégias bem definidas para sua implantação efetiva. Uma seleção desses conceitos permite que se classifiquem muitas dessas estratégias.

Analisando-os, com o apoio de textos clássicos da área, observa-se que a Gestão da Qualidade é encarada de muitos modos, como se vê no quadro abaixo.

| A GESTÃO DA QUALIDADE PODE SER VISTA COMO: | EXEMPLOS |
|---|---|
| **1. Uma filosofia** | ▪ "A Gestão da Qualidade é uma filosofia empresarial que procura melhorar resultados, inclusive financeiros, de sistemas de gestão empresarial; garantir sua sobrevivência de longo prazo através de um foco consistente no aumento da satisfação de consumidores, empregados, acionistas ou fornecedores" (DOBBINS, 1995, p. 31-33).<br>▪ "A Gestão da Qualidade é uma filosofia gerencial que constrói uma organização direcionada para os clientes, dedicada a satisfazê-los através da melhoria permanente em termos de eficácia e eficiência da organização e de seus processos" (CORRIGAN, 1995, p. 61-64).<br>▪ "A Gestão da Qualidade é uma filosofia e um conjunto de conceitos e métodos empregados em toda a organização com uma visão continuamente voltada para a melhoria de produtos ou serviços oferecidos aos consumidores" (WALKER, 1995, p. 103-106). |
| **2. Um conjunto de métodos** | ▪ "A Gestão da Qualidade é o conjunto de métodos, processos e sistemas que as organizações empregam para maravilhar seus consumidores e, ao mesmo tempo, reduzir custos, recuperar investimentos e envolver seus funcionários. Tais métodos evoluem com o tempo" (EARLY; GODFREY, 1995, p. 51-55).<br>▪ "A Gestão da Qualidade é a extensão do planejamento dos negócios da empresa para incluir o planejamento da qualidade" (JURAN; GRYNA, 1991, p. 210).<br>▪ "A Gestão da Qualidade é o conjunto de métodos relativos ao planejamento e controle do trabalho, como qualquer processo de administração. A diferença é que aqui se considera o nosso trabalho e o trabalho dos outros e para os outros" (SINHA; WILLBORN, 1985, p. 58-59).<br>▪ "A Gestão da Qualidade é um conjunto de métodos colocados em prática para satisfazer, economicamente, os desejos dos consumidores" (Norma JIS-Z-8101 – Norma Japonesa sobre qualidade). |
| **3. Melhoria contínua** | ▪ "A Gestão da Qualidade é a melhoria contínua de todas as atividades" (RAU, 1995; IMAI, 2018).<br>▪ "A Gestão da Qualidade é um processo de melhoria contínua, que busca a contínua redução das variações do processo produtivo" (CULLEN; HOLLINGUM, 1998, p. 179). |
| **4. Um Serviço (ao Consumidor e aos Clientes)** | ▪ "A Gestão da Qualidade é um serviço responsável prestado ao consumidor através de um processo de trabalho continuamente melhorado" (BUCH; SHELNUTT, 1995, p. 73-77).<br>▪ "A Gestão da Qualidade é um conjunto de serviços prestado ao consumidor não apenas para satisfazê-lo, mas, antes de tudo, para seduzi-lo" (PETERS; WATERMAN, 2006, p. 19). |
| **5. Envolvimento da mão de obra** | ▪ "A Gestão da Qualidade é um processo que envolve toda mão de obra de forma sistemática para melhorar o atendimento aos clientes" (FEINBERG, 1995, p. 79-82).<br>▪ "A Gestão da Qualidade é um processo gerencial de melhoria contínua que utiliza o envolvimento da mão de obra e a aplicação de estratégias técnicas da qualidade" (HOOVER, 1995, p. 83-86). |

Como se vê, são muitas as noções utilizadas para definir Gestão da Qualidade. Elas sugerem algumas estratégias que a prática tem consagrado, e outras tantas que não se mostraram viáveis em sua implantação ou não geraram os resultados esperados.

Listam-se, a seguir, aquelas que parecem mais adequadas para estruturar um processo de Gestão da Qualidade compatível com todos os princípios e conceitos descritos neste livro.

## 5.2 ESTRATÉGIAS GERAIS DA GESTÃO DA QUALIDADE

Podem-se classificar as principais estratégias da Gestão da Qualidade tomando por base os diversos conceitos listados. Com efeito, note-se que:

| | |
|---|---|
| **Enquanto *filosofia*,** | a Gestão da Qualidade compreende estratégias relativas à concepção das ações, isto é, a natureza das ações relativas à produção e à avaliação da qualidade. |
| **Enquanto *conjunto de métodos*,** | a Gestão da Qualidade envolve ferramentas simples ou, até, mais elaboradas, destinadas a dar forma a suas ações.<br>Essas ferramentas podem estar relacionadas à definição do melhor modo de atendimento aos clientes, à redução de custos ou ao modo de envolver funcionários em processos de análise de problemas para definir suas possíveis soluções. Entre esses métodos, destacam-se, com compreensível importância, as ações de planejamento. |

| | |
|---|---|
| **Enquanto *melhoria contínua*,** | a Gestão da Qualidade abrange estratégias que visam definir a melhor maneira de executar ações produtivas.<br>Parte-se, para tanto, de situações existentes, procurando-se sempre melhorá-las. |
| **Enquanto *serviço*,** | a Gestão da Qualidade envolve estratégias destinadas, especificamente, a promover uma análise de como a empresa presta atendimento a seus consumidores e clientes, para definir como esse atendimento pode ser mais bem desenvolvido. |
| **Enquanto *envolvimento da mão de obra*,** | a Gestão da Qualidade inclui estratégias que visam desenvolver formas sistemáticas de garantir que a mão de obra esteja permanentemente comprometida com os consumidores – internos e externos. |

**FIQUE ATENTO**

- Uma observação extremamente relevante: a Gestão da Qualidade é um *processo único*. Suas estratégias, ainda que envolvam diferentes situações, diversos elementos, variados contextos e mesmo métodos distintos, guardam uma mesma filosofia de operação, em geral a da própria organização, e preservam a unicidade de seus objetivos. É compreensível que as estratégias classificadas nas categorias descritas guardem relação profunda entre si, tanto em termos conceituais quanto operacionais, bem como é natural supor que estratégias listadas em uma categoria possam ser, com pequenas adaptações, utilizadas em outra categoria. Deve-se, mesmo, reafirmar que a classificação mostrada visa proceder a uma análise "didática" das estratégias, relacionando-as ao conceito de Gestão da Qualidade com o qual parecem manter uma afinidade mais intensa.

A seguir, são listadas e discutidas algumas estratégias usuais da Gestão da Qualidade.

Sua identificação considerou duas fontes de informações. Inicialmente, publicações em periódicos qualificados na área de Gestão da Qualidade e em áreas afins. Além disso, considerou-se uma pesquisa de campo desenvolvida no Brasil a partir de 1992, tendo como base congressos, seminários, relatos de *cases* e trabalhos acadêmicos com foco em problemas práticos, quais sejam, trabalhos de conclusão de curso de graduação em diversas áreas das Engenharias, monografias de cursos de especialização, dissertações (mestrados acadêmicos e profissionais) e teses de doutorado, sobretudo na área de Engenharia de Produção.

Em particular, centrou-se atenção em quatro aspectos básicos de cada estratégia nas ações de Gestão da Qualidade:

1. Descrição de suas características
2. Exemplos de aplicação
3. Benefícios
4. Restrições de seu emprego

## 5.3 ESTRATÉGIAS RELACIONADAS À GESTÃO DA QUALIDADE ENQUANTO FILOSOFIA

As estratégias relacionadas à filosofia da Gestão da Qualidade envolvem conceitos que provocaram profundas alterações no modo de encará-la e desenvolvê-la. A produção da qualidade, a visão do processo de gestão, a concepção da ação no processo de gestão e os procedimentos de ação gerencial são as áreas em que, de forma mais evidente, essas transformações ocorreram.

### 5.3.1 Produção da qualidade

As estratégias de produção da qualidade iniciam-se, sem dúvida, pela introdução de processos conhecidos como *qualidade na origem*. A ideia dessa estratégia é relativamente simples. Trata-se de um processo que visa induzir as pessoas a produzir qualidade em suas atividades.

Para garantir o aperfeiçoamento dessas atividades, investe-se na melhoria de cada uma delas até que se consiga executá-la corretamente logo no primeiro esforço de produção, durante a execução do processo.

É considerada uma estratégia que, historicamente, deu origem à filosofia de "produção da qualidade", em substituição ao simples controle ou avaliação da qualidade, mas continua sendo considerada um grande desafio pela complexidade de sua implantação, já que se exige uma mudança de posturas, mentalidade, hábitos e comportamentos, muito mais do que simples alteração da rotina de trabalho (KIM; RHEE, 2017).

**LIÇÕES DA PRÁTICA**

- A maioria das abordagens utilizadas para desencadear processos motivacionais são exemplos dessa estratégia. De fato, a ideia básica que suporta as abordagens motivacionais é sempre a mesma: conferir nas atividades normais de produção efetiva prioridade à qualidade.
- Não há, assim, nesse esforço nenhum elemento que configure algo novo ou diferente do que sempre se fez. De certa forma, deseja-se apenas introduzir uma nova forma de pensar ou de conferir prioridade às atividades usuais do processo. A partir desse conceito inicial, podem-se desenvolver diferentes estratégias para viabilizar seu alcance.
- Nesse contexto, podem ser listados os enfoques motivacionais mais conhecidos. De fato, esses enfoques consideram o processo produtivo (ambiente em que as estratégias são implantadas) e as características da mão de obra envolvida.
- Cruzando esses elementos com políticas da organização e estilos gerenciais, definem-se cinco linhas básicas de abordagem, que podem ser identificadas como clássica, participativa, promocional, progressiva e aderente (PALADINI, 2018). Pode-se considerar que estas são cinco formas de geração da qualidade "na fonte", isto é, durante a atividade produtiva.

A qualidade na origem é muito mais uma nova forma de idealizar a ação do que uma alteração na forma de executá-la.

### *BENEFÍCIOS DA ESTRATÉGIA:*

- Os benefícios que essa estratégia traz são relevantes, na medida em que obrigam as pessoas a repensar suas atividades e a conferir novas prioridades a sua atuação habitual na organização. Essas vantagens podem expandir-se para várias áreas.
- Outro benefício visível refere-se ao fato de que não se criam conflitos, por alterações abruptas e profundas nas atividades das pessoas; não se geram expectativas que podem rapidamente frustrar-se; não há investimentos significativos, que podem inibir sua implantação; nem ocorrem processos decisórios que gerem ressentimentos, frustrações ou revoltas.

### *RESTRIÇÕES A ESSA ESTRATÉGIA:*

- Falta de mecanismos objetivos de avaliação de resultados decorrentes de mudanças conceituais.
- Observação de resultados apenas a médio e longo prazos.
- Dificuldades que se observam na implantação de procedimentos que vão, muitas vezes, contra a cultura local.

**COMO FAZER?**

- Uma forma de minimizar essas desvantagens é associar a mudança de conceitos e ideias ao processo de alterações estruturais na organização.
- Isto transmite a ideia de que não se está rompendo com o passado, ou com as tradições, mas apenas se introduzindo mudanças na condução dos negócios e das atividades da organização.

Ao mesmo tempo, é salutar criar ações de resultados visíveis a curto prazo, caso, por exemplo, dos programas 5S ou da otimização de *layouts*.

Às vezes, ações não diretamente ligadas à produção ajudam no esforço de repensar a organização. Um novo projeto do atendimento no restaurante da empresa, que facilita o processo, uma forma mais simples de processar pedidos de funcionários (relativos, por exemplo, a vales ou fornecimento de documentos) ou um novo acesso às áreas da empresa, mais simples, bonito e prático, são elementos externos à linha de produção, mas têm reflexos diretos nela.

E caracterizam a nova concepção que se pretende imprimir à organização.

## 5.3.2 Visão do processo de gestão

Estratégias que trabalham com a visão de processo tendem a ser muito mais amplas do que simples conjuntos de atividades ou conceitos. A este perfil adere com perfeição um dos mais brilhantes referenciais para a Gestão da Qualidade, qual seja, a contribuição de William Deming, um dos mais ilustres homens da qualidade de todos os tempos.

Courtesy of The W. Edwards Deming Institute®

**WILLIAM EDWARDS DEMING** (1900-1993)

Um dos maiores gurus da qualidade em todos os tempos.

Estatístico, professor universitário, autor, palestrante e consultor norte-americano.

A filosofia da qualidade de *Deming* foi desenvolvida na década de 1950 no Japão. Suas ideias só seriam efetivamente consideradas nos Estados Unidos quase 30 anos mais tarde. Inúmeros artigos publicados nas mais diversas revistas (não só técnicas, mas também de circulação geral, como *People e Newsweek)* evidenciam bem o fato de a maioria das empresas americanas, sejam industriais sejam de serviços, está colocando em prática, desde o final da década de 1970, diretrizes que vieram de organizações japonesas e estruturadas por referenciais da qualidade, como Deming.

**SAIBA MAIS**

- A importância de Deming para a Gestão da Qualidade começa no fato de ele considerar que o processo da gestão era a fonte dos sucessos ou insucessos da qualidade. Sua frase "85% dos defeitos têm causas institucionais e apenas 15% são decorrentes de falhas locais" foi fundamental para que ficasse clara a importância do processo administrativo no esforço pela qualidade. Trata-se de uma "visão" nova da qualidade que gerou muitos inimigos.
- Deming fixou referenciais muito importantes para a Gestão da Qualidade. Esses referenciais ressaltam a questão da qualidade, mas enfatizam também os mecanismos que, de uma forma ou de outra, constituem-se obstáculos para a melhoria da qualidade e da produtividade.
- Há uma ideia fundamental no projeto da qualidade de Deming: a visão de longo prazo. Textualmente: "a administração deve esforçar-se para desenvolver o negócio no longo prazo, bem longo: não basta que o negócio consiga um lucro rápido hoje" (MANN, 1992, p. 29). Nesse contexto, Deming considera que a qualidade é um elemento de consistência que permite atingir tal fim.

Deming costumava chamar a atenção para o fato de que todos os gerentes aceitavam as duas ideias: longo prazo e qualidade. Contudo, acompanhando de perto a realidade das empresas em que esses gerentes trabalhavam, notava-se a extrema dificuldade de se passar da teoria à prática. Eles pareciam acreditar que certas coisas eram válidas e viáveis só para os outros.

É possível que a concretização mais perfeita dos referenciais que Deming estabeleceu para a qualidade sejam os 14 pontos que constituem sua ideia prática e conceitual da qualidade. Os 14 pontos descritos a seguir foram apresentados em uma planilha distribuída aos participantes de um seminário sobre qualidade realizado em fevereiro de 1985, em San Diego. O encontro reunia empregados públicos: eram cerca de quinhentos servidores civis e militares da Marinha americana. De certa forma, Deming repetia o teor de um artigo publicado na revista *Business Week* em 1981. Estes eram os pontos estabelecidos por Deming, em sua versão original:

| 14 PONTOS DE DEMING | |
|---|---|
| **1** | Crie constância de propósito no sentido de melhorar produtos e serviços, dotando recursos para atender às necessidades a longo prazo em vez de lucratividade em curto prazo. |
| **2** | Adote a nova filosofia de estabilidade econômica, recusando-se a permitir os níveis de atraso, erros e acabamento defeituoso usualmente aceitos. |
| **3** | Acabe com a dependência da inspeção em massa, exigindo evidências estatísticas da qualidade, estabelecida tanto nas funções produtivas como nas de compra. |
| **4** | Reduza o número de fornecedores para o mesmo item, eliminando aqueles que não se qualificarem por evidência estatística da qualidade. Acabe com a prática de negócios baseados somente em preços. |
| **5** | Procure sempre problemas no sistema, para melhorar constantemente os processos. |
| **6** | Institua métodos modernos de treinamento para fazer um melhor uso de todos os empregados. |
| **7** | Focalize a supervisão para ajudar as pessoas a fazer um trabalho melhor. Certifique-se de que uma ação imediata seja tomada em relação aos relatórios de defeitos, exigências de manutenção, ferramentas ruins, definições de operações inadequadas ou outras condições prejudiciais à qualidade. |
| **8** | Estimule uma efetiva comunicação em dois sentidos e outros meios, que afastem o medo da organização e ajudem as pessoas a trabalhar mais produtivamente. |
| **9** | Derrube as barreiras entre departamentos, estimulando a solução de problemas por meio do trabalho em equipe, combinando esforços de pessoas que atuam em áreas diversas. |
| **10** | Elimine a utilização de metas numéricas, cartazes e *slogans* que exijam das pessoas níveis de produtividade incompatíveis com os recursos disponíveis. |
| **11** | Use métodos estatísticos para continuar a melhoria da qualidade e da produtividade, e elimine padrões de trabalho que prescrevam quotas numéricas. |
| **12** | Remova todas as barreiras que inibam o direito do trabalhador de se orgulhar do trabalho realizado. |
| **13** | Institua um vigoroso programa de educação e retreinamento, a fim de se manter em dia com as mudanças de materiais, métodos, desenho de produtos e equipamentos. |
| **14** | Defina claramente o permanente compromisso da administração para com a qualidade e a produtividade, bem como a obrigação dela em implementar todos estes princípios. |

Quase dois anos depois, já no final de 1986, Deming participou de dois seminários em Cincinnati, Ohio, e Newport Beach, Califórnia. O material promocional desses eventos trazia nova listagem dos 14 pontos de Deming (Quality Enhancement Seminars of Santa Monica, 1986):

| OS 14 PONTOS EM UM A NOVA VISÃO... | |
|---|---|
| **1** | Crie constância de propósito para obter a melhoria de produtos e serviços, com a finalidade de se tornar competitivo, permanecer no negócio e oferecer empregos. |
| **2** | Adote a nova filosofia. Estamos numa nova era econômica. A Administração ocidental deve despertar para o desafio, deve aprender suas responsabilidades e assumir a liderança na mudança. |
| **3** | Acabe com a dependência da inspeção para atingir a qualidade. Elimine a necessidade de inspeção tendo como base inspeção constante, para estabelecer a qualidade no produto em primeiro lugar. |
| **4** | Acabe com a prática de negociar tendo como base a etiqueta de preço. Em vez disso, minimize o custo total. Mude para um único fornecedor para cada item, numa relação de lealdade e confiança. |

| | |
|---|---|
| 5 | Melhore, constante e definitivamente, o sistema de produção e serviço, para melhorar a qualidade e a produtividade. Dessa forma, poderá diminuir sempre os custos. |
| 6 | Institua o treinamento no trabalho. |
| 7 | Institua liderança. A meta da liderança deve ser ajudar as pessoas, as máquinas e os equipamentos a realizar um trabalho melhor. |
| 8 | Afaste o medo, de forma que todos possam trabalhar efetivamente para a empresa. |
| 9 | Derrube as barreiras entre os departamentos. O pessoal da área de pesquisa, projeto, vendas e produção deve trabalhar como uma equipe, para prever problemas de produção e na aplicação que pode ser prevista para o produto ou serviço. |
| 10 | Elimine os *slogans*, exortações e alvos para a força de trabalho, pedindo-lhes zero defeito e novos níveis de produtividade. |
| 11 | Elimine os padrões de trabalho (quota) no recinto da fábrica. Substitua a liderança. Elimine a administração por objetivos, por números e metas numéricas. |
| 12 | Remova as barreiras que roubam do trabalhador horista seu direito de se orgulhar de seu trabalho. A responsabilidade dos supervisores deve modificar-se de simples números para qualidade. Isso significa, entre outras coisas, a abolição da classificação anual por mérito, da administração por objetivos e por números. |
| 13 | Institua um vigoroso programa de educação e de autoaperfeiçoamento. |
| 14 | Ponha todos da empresa a trabalhar pela transformação. A transformação é tarefa de todos. |

A confrontação das duas listagens permite interessantes análises. De fato, nota-se que:

- A segunda listagem menciona, insistentemente, a administração por objetivos.
- Falta, nesta segunda listagem, menção explícita aos métodos estatísticos ou ao uso da estatística.
- O termo "liderança" aparece várias vezes.
- Embora as ideias básicas de Deming não se tenham alterado, a segunda versão traz pontos modificados para melhor identificar os conceitos envolvidos e, até mesmo, para explicá-los melhor.

Apenas 20 meses separam as duas versões. Entretanto, uma confrontação de seus itens mostra que a qualidade é, mesmo, um conceito evolutivo.

De certa forma, pode-se até aceitar a ideia de que, neste caso, a própria essência da filosofia de Deming está evoluindo – e rapidamente.

Há muitos indícios apontados para esta evolução:

- Deming, em sua atividade de consultoria, recebeu muitos relatos de aplicações práticas desses pontos.
- Deming sempre foi muito requisitado em cursos e seminários. E parecia sempre optar por discutir com os participantes, em vez de ministrar-lhes ensinamentos.
- Na listagem mais recente deixam-se de mencionar, explicitamente, os métodos estatísticos. Eles parecem, no entanto, implícitos em certas posições, que revelam um tratamento objetivo das questões (no caso do ponto 10 – como medir esta produtividade? E como garantir que as melhorias sejam consistentes?).

É possível que Deming tenha percebido, entre uma e outra versão, que algumas empresas investiam em alguns aspectos específicos de seus pontos. Por exemplo: houve casos em que o sucesso da implantação de programas da qualidade parecia decorrer, apenas, da execução do controle estatístico do processo.

### 5.3.3 Concepção da ação no processo

A maneira de atuar no processo de produção de bens e serviços tem sido alterada constantemente com a introdução de estratégias gerenciais da qualidade. Uma das estratégias mais inovadoras, neste sentido, é a ***Engenharia Simultânea***, que parte da ideia de substituir o desenvolvimento sequencial, linear ou "passo a passo" do trabalho, que ocorre em etapas logicamente organizadas e cronologicamente distribuídas, por ações simultâneas, desenvolvidas não "em série", mas "em paralelo".

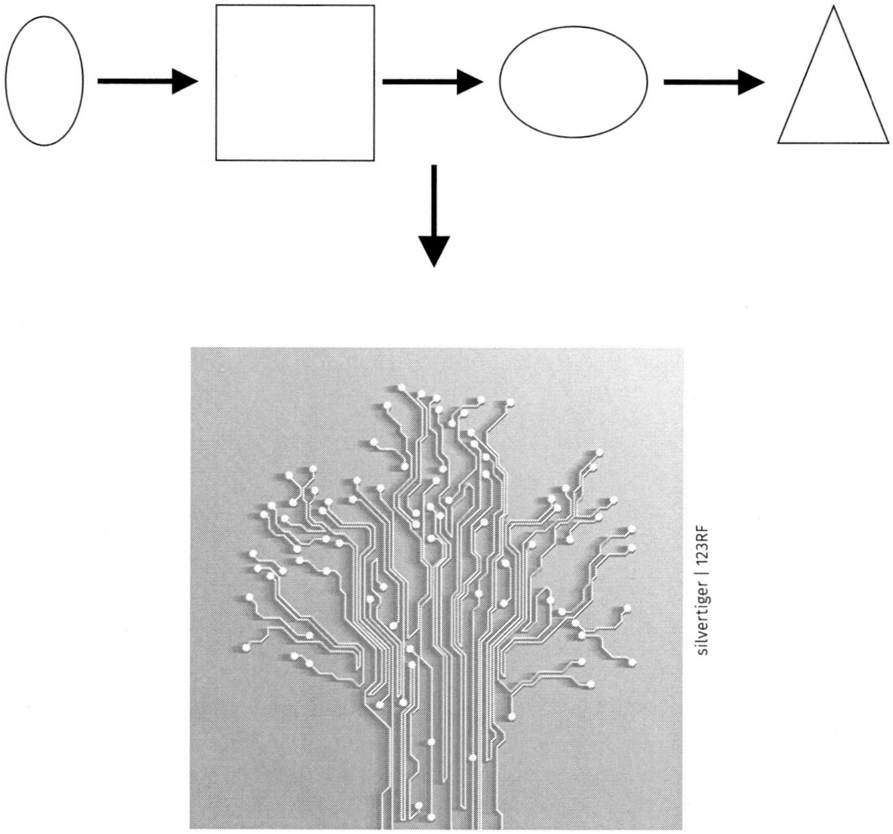


A ideia, simples, tem decorrências práticas relevantes e úteis. Percebe-se que esta simultaneidade impõe a formação de contingentes de pessoal ligado a várias áreas, já que cada ação requer uma análise ampla, considerando-se muitos pontos de vista. Geram-se atividades interdepartamentais, multiáreas, polissetoriais ou, enfim, juntando muita gente. Embora pareça complexa de ser feita, a análise ampla, com vários pontos de vista, traz inegável ganho em eficiência e eficácia para a qualidade.

**SAIBA MAIS**

- A Engenharia Simultânea introduz uma nova forma de agir na empresa: a *ação integrada*. Juntam-se, na mesma análise, pessoas que atuam na produção, nas relações com mercado ou com fornecedores ou em áreas de suporte; agregam-se atividades de projeto e de processo; trabalha-se com mecanismos de concepção, desenvolvimento ou avaliação de produtos ou serviços; analisam-se produtos em fase de projeto, em produção, ou já acabados, e assim por diante.
- Há, assim, a necessidade de que a ação seja concebida de forma organizada, integrada, considerando-se múltiplos pontos de vista e implicações.

Os benefícios da Engenharia Simultânea envolvem tanto novos hábitos a serem adquiridos (trabalho em equipes, por exemplo) quanto à otimização dos próprios métodos de trabalho.

**LIÇÕES DA PRÁTICA**

- A Engenharia Simultânea tem sido aplicada no ambiente da Qualidade On-line, em que se busca integrar o cliente no projeto do produto para adequá-lo, da melhor forma possível, às exigências desse cliente.
- Em particular, técnicas como a Análise de Valor, Benchmarking e *Quality Function Deployment* (QFD) têm empregado a Engenharia Simultânea como forma de garantir um desenvolvimento integrado, orientado para o mercado, mas tendo em vista as características da empresa.
- Pode-se aplicá-la com base em técnicas específicas para seu desenvolvimento. É o caso de modelos que visam tornar eficiente o envolvimento simultâneo de áreas diversas da empresa, como o conjunto de estruturas de coleta e o processamento de informações utilizadas para obter análises globais de determinados processos (por exemplo: a seleção de fornecedores baseada em vários critérios, que incluem diversos momentos de utilização das matérias-primas).
- Por outro lado, pode-se aplicar a Engenharia Simultânea em técnicas utilizáveis em várias áreas. É o caso da simulação, empregada para determinar projetos experimentais de produtos e serviços. Aqui pode-se considerar a interação entre as áreas de projeto de produtos com os setores produtivos ou os sistemas automatizados de produção, em que se observa a interação da área de projetos com a engenharia assistida por computador.

Informações conceituais e elementos de utilização dessa estratégia podem ser encontrados em várias referências bibliográficas, como, por exemplo, Hall (1991, p. 24-26), Pennel e Winner (1989, p. 647-655), Sprague, Singh e Wood (1991, p. 6-13), além de Wheelwright e Clark (2011) e Prasad (2010).

Em função de suas características e dos objetivos a que se propõe, a Engenharia Simultânea enfatiza aspectos úteis para a Gestão da Qualidade, como se pode ver a seguir.

**ENGENHARIA SIMULTÂNEA → GESTÃO DA QUALIDADE**

- Organização do pessoal da empresa em equipes multidisciplinares.
- Processo gerencial interativo e participativo.
- Emprego de recursos técnicos que viabilizem maior agilidade de informações em termos de fluxo, organização e de métodos de otimização de análise e de procedimentos.
- Ênfase em modelos que integrem ações de mercado, projeto e produção

Esses procedimentos são úteis para a Gestão da Qualidade e conferem a ela um caráter adequado à abrangência e à diversidade de análises com as quais ela convive.

### *BENEFÍCIOS*

Alguns benefícios que a Engenharia Simultânea traz à qualidade:

- Espírito de equipe para discussão e busca de solução para problemas (sobretudo os de processo).
- Exigência de que sejam estruturados fluxos eficientes de informações entre setores, áreas ou mesmo níveis hierárquicos e até mesmo pessoas.
- Necessidade de que a organização tenha modelos integrados de gestão e planejamento (o que deságua na Gestão Participativa).

### *RESTRIÇÕES*

- A forma "artesanal" como ela é aplicada, contudo, às vezes é vista como restrição à prática da Engenharia Simultânea.
- Muitas vezes, métodos intuitivos são usados para garantir a simultaneidade das ações de processo, quando, na verdade, tais ações deveriam ter base essencialmente técnica.

## 5.3.4 Procedimentos de ação gerencial

Existe um grande número de procedimentos que caracteriza a ação gerencial da qualidade. Há, igualmente, procedimentos que parecem ser próprios da Gestão da Qualidade e, no entanto, trazem mais restrições do que benefícios. Nessa situação encontra-se a *Reengenharia*.

A Reengenharia tem sido definida como "o repensar fundamental e a reestruturação radical dos processos empresariais que visam alcançar drásticas melhorias em indicadores críticos e contemporâneos de desempenho, tais como custos, qualidade, atendimento e velocidade" (HAMMER; CHAMPY, 1994, p. 22).

Esses autores fazem questão de destacar que essa é uma definição forte – e enfatizam palavras como "fundamental" (para se referir aos elementos básicos da organização), "radical" (para enfatizar que não se desejam mudanças superficiais mas, sim, profundas, na origem dos processos), "drástica" (para ressaltar grandes mudanças nos padrões de desempenho) e "processos" (para direcionar as mudanças para as operações fundamentais da produção).

**SAIBA MAIS**

- A Reengenharia caracteriza-se por dispor de metodologia própria. A ideia da metodologia é simples: interessa apenas o que deve ser feito; por isso, devem-se envidar todos os esforços para tal fim. Desconsidera-se o que existe; interessa apenas o que deveria existir.
- O modelo de Reengenharia mais em uso é o da Reengenharia Organizacional. Nesse modelo, parte-se do fato de que o ambiente em que a empresa atua é muito dinâmico – tanto em termos de mudanças por parte de clientes e a partir de fornecedores como de concorrentes e das próprias características gerais do ambiente econômico.
- Também o ambiente interno é dinâmico, com contínuas mudanças no perfil e nas atitudes de funcionários, de áreas, de interesses da empresa, de gerentes etc. Por consequência, mudam recursos tecnológicos requeridos ou tornados disponíveis, mudam prioridades, mudam as informações disponíveis ou necessárias, e assim por diante.
- Em face disso, a Reengenharia Organizacional propõe que a empresa disponha de alta capacidade de mudança – não para se adaptar às características dinâmicas, mas para se antecipar a possíveis alterações. Para tanto, a empresa deve estar apta para ações radicais, que envolvem trocas intensas e profundas nas operações usuais da organização.

As relações entre qualidade e Reengenharia foram definidas pelos próprios autores dos conceitos básicos da Reengenharia. Eles enfatizam alguns pontos a destacar neste confronto de conceitos:

- A Reengenharia não equivale à melhoria da qualidade, nem à Gestão da Qualidade, nem "a qualquer outra manifestação do atual movimento em prol da qualidade" (HAMMER; CHAMPY, 1994, p. 35).
- É possível que haja até aspectos comuns entre qualidade e Reengenharia (como a ênfase ao processo e ao cliente, por exemplo), mas, em geral, há muitos confrontos entre estes conceitos, sobretudo quanto à implantação.
- O principal deles é o seguinte: o processo de melhoria no âmbito da qualidade é evolutivo, permanente e gradativo; no contexto da Reengenharia, a melhoria decorre de alterações drásticas. Não se deseja melhorar o que existe, mas substituir os atuais modelos de ação por modelos rigorosamente novos.

Outra restrição da aplicação da Reengenharia à qualidade refere-se ao tratamento conferido à cultura existente localmente.

A Reengenharia "ignora o que existe e se concentra no que deveria existir" (HAMMER; CHAMPY, 1994, p. 22); a qualidade faz um diagnóstico da cultura vigente para, a partir dela, iniciar alterações e introduzir novos objetivos.

Como decorrência disso, a implantação prevista no âmbito da Reengenharia ocorre por quebra, ruptura, choque, confronto ou desconexão, enquanto a qualidade prevê etapas, passos, fases, ou seja, mudança lenta, gradual, segura e mais consistente. A experiência tem mostrado que esses confrontos tornam a Reengenharia sujeita a riscos em seu processo de implantação: o mais comum é o de se investir no novo pelo fato de ser novo. A qualidade recomenda considerar sempre os valores locais e proceder à implantação das técnicas novas sempre considerando as especificidades da realidade local.

A prática tem mostrado que mudanças de rotina são estratégias interessantes para manter a atenção das pessoas. Contudo, só a mudança lenta e gradual, própria de quem está alterando culturas e prioridades, gera transformações consistentes. E é esse tipo de transformação que a Gestão da Qualidade requer.

**LIÇÕES DA PRÁTICA**

Se trouxe restrições, a Reengenharia trouxe, também, muitas lições úteis à qualidade. Alguns exemplos de princípios que valem para ambas:

- Não investir em processos que oferecem resultados pouco expressivos.
- Não produzir implantações adequadas sem recursos suficientes.
- Associar o processo de gestão a quem tem competência para desempenhá-lo.
- Não promover alterações substanciais nas organizações se não houver, antes, mudanças conceituais nas pessoas.
- Entender e aceitar a ideia de que são as pessoas que mudam as estruturas e não o contrário.

A rigor, a ideia da Reengenharia não chega a ser prejudicial à qualidade. O maior problema, na verdade, concentra-se no fato de que se pensa, com frequência, que a introdução de choques e mudanças abruptas é suficiente para alterar a história das organizações. A qualidade, na verdade, precisa de ações concretas, permanentes, sólidas, o que a Reengenharia nem sempre gera.

Em muitas empresas, a Reengenharia desarrumou toda a estrutura, criando algo inteiramente novo. Em menos de seis meses, tudo retornou à situação original. A Gestão da Qualidade não pode operar dessa forma. Afinal, o que se deseja é, antes de tudo, posições consolidadas.

**QUESTÕES PARA REFLEXÃO**

Considerando a qualidade enquanto filosofia, identifique situações em que se requerem esforços para:

A. produzir qualidade;

B. gerar uma visão mais atual do processo gerencial;

C. criar procedimentos estratégicos para a ação gerencial.

## 5.4 ESTRATÉGIAS RELACIONADAS À GESTÃO DA QUALIDADE ENQUANTO CONJUNTO DE MÉTODOS

Enquanto forma de atuar, a Gestão da Qualidade tem lançado mão de estratégias altamente eficientes que se caracterizam, em primeiro lugar, pela simplicidade de concepção e de implantação. Alguns exemplos ilustrativos são analisados a seguir.

### 5.4.1 Procedimentos elementares de análise de problemas

Duas ferramentas que podem ser usadas para a análise de problemas são o ***diagrama causa-efeito*** e o ***diagrama-matriz.***

#### DIAGRAMA CAUSA-EFEITO

O *diagrama causa-efeito*, identificado também como gráfico de espinha de peixe ou diagrama de Ishikawa (nome de seu criador), destina-se à análise de operações e situações típicas do processo produtivo.

Seu esquema de apresentação é semelhante à espinha de um peixe: o eixo principal representa um fluxo básico de dados e as espinhas caracterizam elementos que confluem para esse fluxo fundamental.

Ficam, assim, ilustrados o conjunto de elementos principais da fase do processo sob estudo (por exemplo, causas básicas de um defeito) e os elementos que contribuem para sua formação (por exemplo, causas secundárias que conduzem às causas essenciais). Essa estrutura pode ser usada para eliminar causas que influenciem negativamente o processo ou para intensificar elementos que afetem de forma positiva um conjunto de operações.

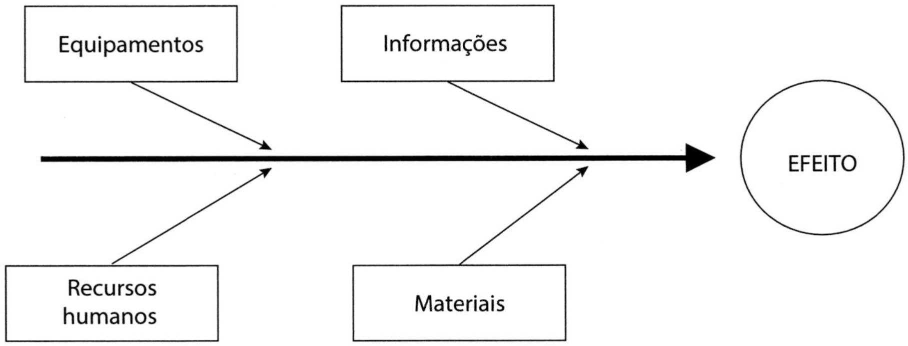


## DIAGRAMA-MATRIZ

Já o *diagrama-matriz* é uma ferramenta mais recente. A motivação para seu desenvolvimento decorre da necessidade de organizar, de forma racional e lógica, dados ou informações que descrevem uma situação.

Essa situação pode ser uma operação, uma ação, uma propriedade ou um elemento que interfira de forma decisiva no processo ou em alguma de suas fases (por exemplo, matérias-primas).

O esquema do diagrama-matriz mostra como ocorrem as relações entre os itens que compõem o processo. Relações do tipo antecedente/consequente ou causa/efeito são evidenciadas. Mecanismos próprios destacam relações relevantes e detalham como elas estruturam-se.

| **PROCESSO 1** | | **INSUMOS A** | | | | | **RESULT1** |
|---|---|---|---|---|---|---|---|
| **A1** | | **A2** | **A3** | **A4** | **A5** | | **X** |
| **OPERAÇÕES B** | B1 | Y11 | | | | | X1 |
| | B2 | | | | | Y25 | X2 |
| | B3 | | Y32 | | | | X3 |
| | B4 | | | Y43 | | | X4 |
| | B5 | | | | Y54 | | X5 |
| **RESULT2** | Z | Z1 | Z2 | Z3 | Z4 | Z5 | |

**SAIBA MAIS**

- Um exemplo clássico da utilização de diagramas-matriz compreende o desdobramento da função qualidade (QFD – *Quality Function Deployment*).
- Em particular, a construção da chamada "Casa da Qualidade" ilustra, com exatidão, o diagrama-matriz. Aqui, o diagrama especifica como ocorrem as relações entre as necessidades dos clientes e os requisitos da qualidade de produtos e serviços.

Ambos os diagramas são úteis à Gestão da Qualidade.

### *BENEFÍCIOS:*

- Eficiência da análise de problemas.
- Facilidade de utilização.

- Procedimentos que favorecem a abordagem participativa.
- Facilitam a implantação de processos gerenciais compartilhados.

*RESTRIÇÕES:*

- Necessidade de treinamento a correta participação das pessoas no seu uso.
- Não basta reuni-las em uma sala para que os dois esquemas sejam automaticamente montados e corretamente aplicados.
- Há necessidade de treinar as pessoas para que as sugestões e as propostas feitas sejam úteis.
- E consiga-se o máximo rendimento das estratégias em questão.

## 5.4.2 Procedimentos elementares de visualização de processos

Os procedimentos voltados para a visualização do processo salientam a substituição da descrição detalhada de uma situação pela imagem que a representa. Nesse caso, incluem-se histogramas, folhas de checagem, diagrama de Pareto e os fluxogramas.

### HISTOGRAMAS

Poucas estruturas são tão simples e úteis como os ***histogramas***. Na Estatística, são utilizados para representar dados. Graças ao modo elementar como ilustram o processo, é possível rapidamente visualizar a atual situação da operação e determinar eventuais variações ocorridas.

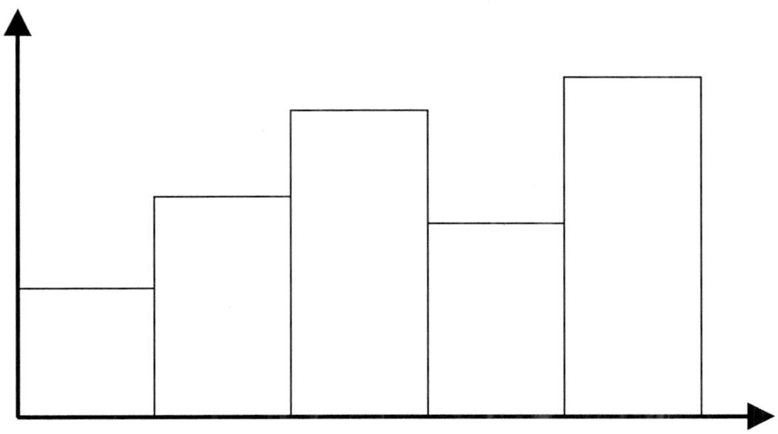

Os histogramas são instrumentos muito utilizados na Estatística clássica. Sua aplicação na Gestão da Qualidade tem um número considerável de utilidades. Em geral, sua aplicação tem reflexos na concepção e na implantação de processos gerenciais.

*BENEFÍCIOS:*

- Exemplificam como se pode descrever uma situação de forma simples e eficiente.
- Estimulam o uso de imagens como elementos básicos de descrição da realidade.
- Levam as pessoas a utilizar visões amplas dos processos para melhor entendê-los.

*RESTRIÇÃO:*

- Histogramas não relacionam os elementos que descrevem com o tempo de ocorrência, falha minimizada com o uso dos gráficos de controle (ver Paladini, 2014).

Todavia, os benefícios gerados pela forma como identificam processos e pelos reflexos que trazem na arte de gerenciá-los são mais notáveis e intensos.

## FOLHAS DE CHECAGEM

As ***folhas de checagem*** são igualmente mecanismos que permitem visualizar o processo. Ocorre, porém, que podem ser utilizadas também como mecanismo de controle. Não tendo um formato único, as folhas de checagem são projetadas conforme as necessidades e conveniências de utilização e a finalidade a que se destinam.

| *PROCESSO X* | Operação 1 | Operação 2 | Operação 3 | Operação 4 |
|---|---|---|---|---|
| Equipamento 1 | ✓ | ✓ | | |
| Equipamento 2 | | | ✓ | |
| Equipamento 3 | | | ✓ | |
| Equipamento 4 | | | | ✓ |

### LIÇÕES DA PRÁTICA

- As folhas de checagem acabam por trazer dois benefícios simultâneos: permitem não apenas visualizar o processo, mas também controlá-lo.
- Sua flexibilidade na elaboração favorece a criatividade dos usuários.
- Além disso, elas induzem ao hábito de execução das atividades com organização e contínuo controle – de fato, as folhas de checagem formulam representações gráficas que requerem uma grande organização de dados.
- Pelas características de sua montagem, a folha confere prioridade e atenção à coleta objetiva de dados, com precisão, segurança e cuidado.

Todos esses elementos têm reflexos positivos no processo gerencial.

## DIAGRAMA DE PARETO

O ***diagrama de Pareto*** é uma estrutura que migrou da área de Economia para a Gestão da Qualidade. A teoria econômica de Pareto (a maior parte da renda concentrada em poucas pessoas) foi, por analogia, introduzida na Gestão da Qualidade por Juran.

Segundo ele, alguns defeitos respondem pelo maior potencial de perda; alguns fornecedores respondem pela maior parte dos problemas; alguns serviços respondem pela maior parte da demanda; e assim por diante.

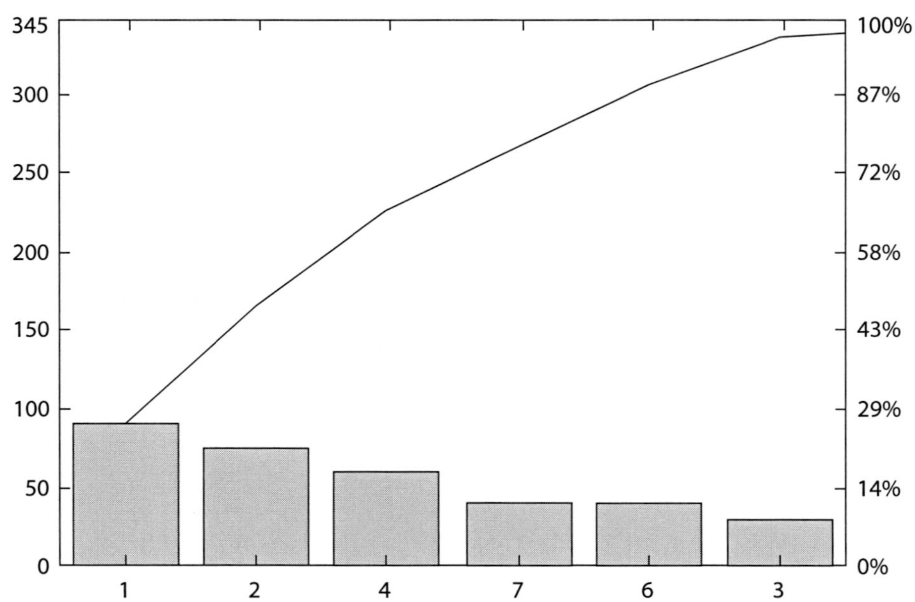

O diagrama de Pareto traz contribuições interessantes para a concepção do processo de Gestão da Qualidade. De fato, essa estratégia pode ser generalizada para situações como as que são descritas a seguir.

*BENEFÍCIOS:*

- O diagrama sugere atenção a elementos críticos do processo. Passa, assim, para a Gestão da Qualidade a noção de prioridade a determinados aspectos. O diagrama ajuda a identificá-los.
- O diagrama permite classificar (em ordem decrescente, em geral) os elementos do processo segundo a importância da contribuição de cada um deles para o processo inteiro. Permite, também, organizar esses elementos em categorias, classes ou grupos. Para a Gestão da Qualidade, fica a ideia de que é mais eficiente trabalhar de forma organizada, alocando maiores recursos a elementos (ou grupos de elementos) que mais os requeiram ou tenham condições de fornecer maiores retornos.
- O diagrama, como outras ferramentas, também investe na visualização global do processo, passando à Gestão da Qualidade a ideia de que essa visão abrangente é fundamental para decisões nesse nível, sempre de porte amplo.

*RESTRIÇÕES:*

- As restrições ao uso dessa estratégia estão mais ligadas a uma suposta falta de atenção às atividades menos relevantes mas que contribuem para o processo ou os produtos.
- O diagrama parece desprezar ações *off-line*.

Essas restrições nem sempre fazem sentido. No caso da análise de defeitos, por exemplo, as causas mais críticas recebem maior atenção. Por isso, a curto prazo, deixam de ser críticas, para darem vez a outras atividades, que passam a merecer esta prioridade, o que caracteriza o processo de melhoria (KOVACH; SHARMA, 2018).

## FLUXOGRAMAS

Por sua vez, ***fluxogramas*** são representações gráficas das fases que compõem um processo de forma a permitir, simultaneamente, uma visão global desse processo e, principalmente, das características que compõem cada uma das etapas e como elas relacionam-se entre si.

Da mesma forma que na programação computacional, os fluxogramas facilitam a compreensão do processo.

**FIQUE ATENTO**

- A contribuição que os fluxogramas conferem à Gestão da Qualidade refere-se, principalmente, à ênfase que conferem ao planejamento de atividades.
- Definindo-se as relações entre elas, fica caracterizada a ação planejada, na qual existe momento próprio de execução, pré-requisitos a atender, elementos que podem ser acionados simultaneamente e assim por diante.
- Da visão global do processo, já ressaltada em outras ferramentas, o fluxograma passa a investir na atividade em particular e em suas relações com um todo organizado.
- O planejamento é a característica básica para a implantação dessas relações.

Por outro lado, os fluxogramas ressaltam também operações críticas, que aqui são entendidas como aquelas que se situam no cruzamento de vários fluxos, identificando-se gargalos.

O fluxograma, além de localizar e destacar tais operações, oferece mecanismos de visualização do processo, de forma a viabilizar esquemas alternativos de ação.

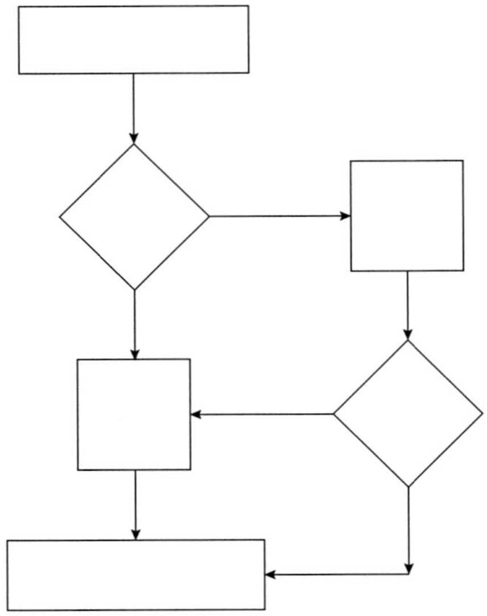

## OUTRAS FERRAMENTAS

Podem-se listar, ainda, outras ferramentas que, sem dúvida, podem oferecer contribuições similares à Gestão da Qualidade. Em geral, porém, cada uma delas tende a enfatizar algum aspecto da operação do processo, como se vê no quadro abaixo.

| FERRAMENTA | O QUE FAZ | OBSERVAÇÕES |
|---|---|---|
| **Matriz de análise de dados** | Permite visualizar um conjunto de variáveis que intervém em um processo e não apenas uma ou outra variável. | Às vezes, estudar conjuntos de variáveis pode ser mais útil do que considerar elementos individuais. |
| **Diagrama de dependência** | Uma estrutura que busca explicar como um conjunto de elementos relaciona-se entre si, mostrando quem depende de quem. | O diagrama, assim, gera fluxos lógicos, extremamente úteis para processos de decisões típicos da Gestão da Qualidade. |
| **Diagrama de programação da decisão** | Trata-se de uma estrutura gráfica em que se procura definir e classificar todas as possíveis decorrências de uma decisão. | Analisando em detalhes tais decorrências, o diagrama identifica situações não previstas, para determinar o que fazer para evitá-las ou para determinar ações que minimizem seu impacto, se tais situações forem inevitáveis. Não se trata de um procedimento que visa prever o futuro, mas determinar o que fazer em certas circunstâncias. A estrutura desse diagrama utiliza processos de expansão com base em um núcleo central. |

### EXEMPLOS

| Ferramenta | O QUE FAZ |
|---|---|
| **Matriz de Análise de Dados** | ▪ Construção da "Casa da Qualidade", estrutura básica do QFD.<br>▪ O conjunto de variáveis que esta matriz enfatiza são requisitos fixados pelos clientes, para que um produto ou serviço atenda a suas necessidades, preferências ou conveniências. |
| **Diagrama de Dependência** | ▪ Um exemplo desse diagrama foi empregado para determinar as causas da variação do desempenho de equipamentos em uma linha de produção (PALADINI, 1995, p. 79-80). |
| **Diagrama de Programação da Decisão** | ▪ Um exemplo do diagrama de programação da decisão é o chamado "método de problemas potenciais" (PALADINI, 1995, p. 87-93). |

Todas essas ferramentas têm características próprias, mas, em seu conjunto, fornecem contribuições similares à Gestão da Qualidade. E, em particular, podem ser úteis para ações bem definidas, conforme se observou na descrição de cada uma delas.

### 5.4.3 Planejamento

A ação de planejamento é essencial à Gestão da Qualidade. Juran considera, por exemplo, que a definição mais adequada de TQM envolve, exatamente, a função do planejamento como elemento básico do conceito (JURAN; GRYNA, 1991).

A importância do planejamento na Gestão da Qualidade, então, não é questão que se possa colocar em dúvida. O que se poderia discutir é como implementá-lo. Em geral, o planejamento é executado pela alta administração, embora muitas ações da qualidade sejam projetadas e desenvolvidas nas áreas de gestão operacional.

**SAIBA MAIS**

- As estratégias para o primeiro caso (alta administração) costumam inserir-se no âmbito do Planejamento Estratégico. Envolvem diagnósticos de itens básicos, como as potencialidades e as fragilidades da empresa ou as ameaças e as oportunidades externas.
- São, por essa razão, estratégias definidas que dependem muito da cultura empresarial.
- Por isso, nesse caso, tais estratégias tendem mais a criar hábitos de planejamento direcionados para questões fundamentais e metodologias para viabilizá-los.

#### PDCA

Exemplo de estratégia a ser utilizada neste contexto é o conhecido ciclo **PDCA** (SHEWHART; DEMING, 1981).

Anan Punyod | 123RF

Essa estratégia sugere que o planejamento seja aplicado de forma cíclica – envolvendo planejamento (P – *plan*), execução (D – *do*), controle (C – *check*) e Ação (A – *act*).

| **PDCA** | Parte-se de objetivos expressos no planejamento que são implantados, inicialmente, em escala experimental ou restrita a determinadas áreas ou situações. | → ← | O processo prevê o acompanhamento dessas ações de forma permanente e garante, portanto, um processo organizado de melhoria. |
|---|---|---|---|

Em termos estratégicos, o PDCA compreende um ciclo que inclui toda a companhia. Pode-se, porém, aplicá-lo a cada atividade específica, criando-se um hábito de planejamento associado a cada ação executada na empresa, em qualquer nível.

**FIQUE ATENTO**

- Para a Gestão da Qualidade, assim, o PDCA é mais um mecanismo metodológico do que um processo complexo de planejamento.
- Seu emprego no planejamento estratégico torna-se fundamental à medida que envolve decisões de alto escalão, que se refletem em toda a empresa e criam novas formas de atuação em todos os níveis.
- Além disso, oferece a vantagem adicional de direcionar o planejamento para questões realmente vitais para a organização.

## FERRAMENTAS PARA A GESTÃO OPERACIONAL DA QUALIDADE

Já as estratégias para a gestão operacional da qualidade têm alcance mais limitado; exercem, porém, forte impacto no momento da implantação e da operação da empresa. Dois exemplos que se inserem nesse contexto são os chamados diagramas seta e diagramas árvore.

### *DIAGRAMA SETA*

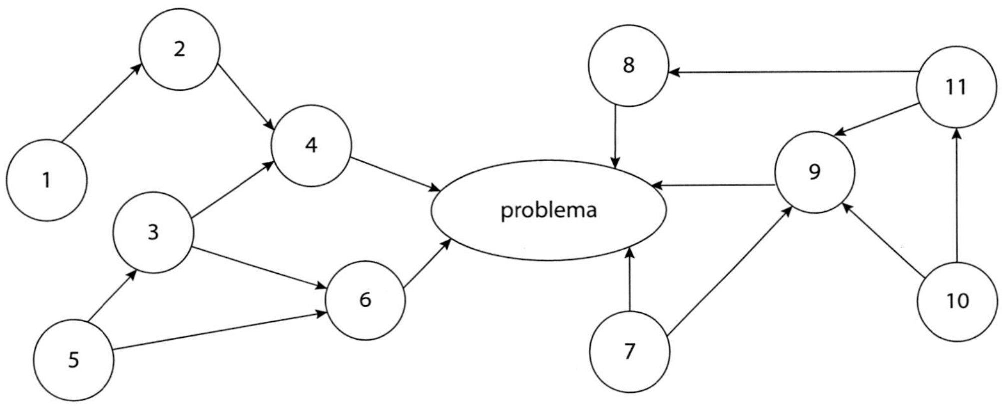


O ***diagrama seta*** é um esquema desenvolvido para programar a execução de atividades. Costuma ser associado ao modelo PERT, já que possui idêntico objetivo, embora seja desenvolvido de modo mais simples e direto.

**VOCÊ SABIA?**

O modelo PERT (Program Evaluation and Review Technique) é uma ferramenta utilizada nas atividades de planejamento, desenvolvimento e avaliação de projetos. O modelo gráfico do PERT asemelha-se a uma rede, com início e fim das ações previamente definidos. Essa ferramenta permite a visualização, de modo simples e prático, de todo o desenvolvimento do projeto. É muito comum o modelo PERT ser utilizado associado ao CPM (Critical Path Method). A diferença entre as duas ferramentas é simples: a rede PERT é probabilística, e o CPM é determinístico. Na rede PERT, o cálculo da duração das atividades considera a média ponderada de três durações possíveis de uma atividade (otimista, mais provável e pessimista). Já na rede CPM, determina-se o caminho crítico em uma sequência de atividades que não podem sofrer alteração de duração sem que isso tenha impacto na duração total de um projeto. São exemplos de projetos que podem utilizar PERT/CPM a construção de uma casa; o planejamento e desenvolvimento de um bem tangível; a construção de veículos, sejam carros ou navios; a produção de peças de publicidade ou de filmes em geral; a implantação de um sistema de informações; a escolha de um percurso para uma rota de veículos etc.

BENEFÍCIOS

- O diagrama seta possui uma exigência quanto à implantação muito útil à Gestão da Qualidade: sua utilização depende da plena disponibilidade de todas as informações relativas às ações que se deseja executar.
- O diagrama induz ao hábito do planejamento, já que requer atividades de preparo e análise de dados antes de sua efetiva utilização.
- Outro aspecto do diagrama seta, que o caracteriza como ferramenta de Gestão da Qualidade, é seu componente participativo. Isso, inclusive, o diferencia do modelo Pert.
- Não há, na montagem do diagrama, elementos incompreensíveis ou impostos: todos os dados decorrem da contribuição dos participantes do processo de sua elaboração.
- A multiplicidade de itens, que a definição da qualidade enfatiza, torna-se evidente em sua elaboração quando se considera que a equipe que deve montá-lo tem especificidades multidisciplinares, derivadas dos vários pontos de vista que se deseja obter na montagem do planejamento das ações.

RESTRIÇÕES

- O diagrama depende muito da total confiabilidade dos dados, o que exige tempo e disposição de quem vai preparar as informações para montar o diagrama.
- Também requer que haja efetiva facilidade na interpretação desses dados, o que nem sempre se vê no dia a dia das organizações.

**LIÇÕES DA PRÁTICA**

- Para minimizar especialmente a segunda restrição, a prática tem recomendado o uso de cartões, à semelhança do método *kanban* (que apresentaremos mais à frente).
- Esta ferramenta gera fácil visualização do processo de planejamento.
- Esses cartões permitem a montagem de um fluxo de trabalho, ao final do qual se atinge o planejamento das atividades, definido exatamente pelo fluxo estabelecido. Obtém-se, assim, um processo de programação de atividades técnico, participativo e eficiente.

Chama-se a atenção para o fato de que as atividades foram propostas por pessoas que estarão comprometidas com elas. Isso garante a atenção dos envolvidos com a implantação.

## *DIAGRAMA ÁRVORE*

O ***diagrama árvore*** é uma estratégia que direciona o planejamento para alvos específicos, sob a forma de objetivos gerais (o que se deseja atingir) e objetivos específicos (metas intermediárias). O diagrama árvore, dessa forma, propõe uma metodologia voltada para o alcance de metas, o que torna o processo de planejamento mais eficiente e direto.

**EXEMPLO**

Deseja-se, por exemplo, fixar um nível desejado da qualidade para produtos comprados de terceiros. O diagrama pode determinar, inicialmente, quais alcançam esse nível, quais não alcançam e, ainda, elementos críticos do processo de atendimento. A partir daí, pode-se iniciar o processo de planejamento da melhoria da qualidade dos fornecedores. Note-se: partiu-se de um objetivo e com base nele foram definidas as ações de melhoria. A ação ocorre como na figura a seguir.

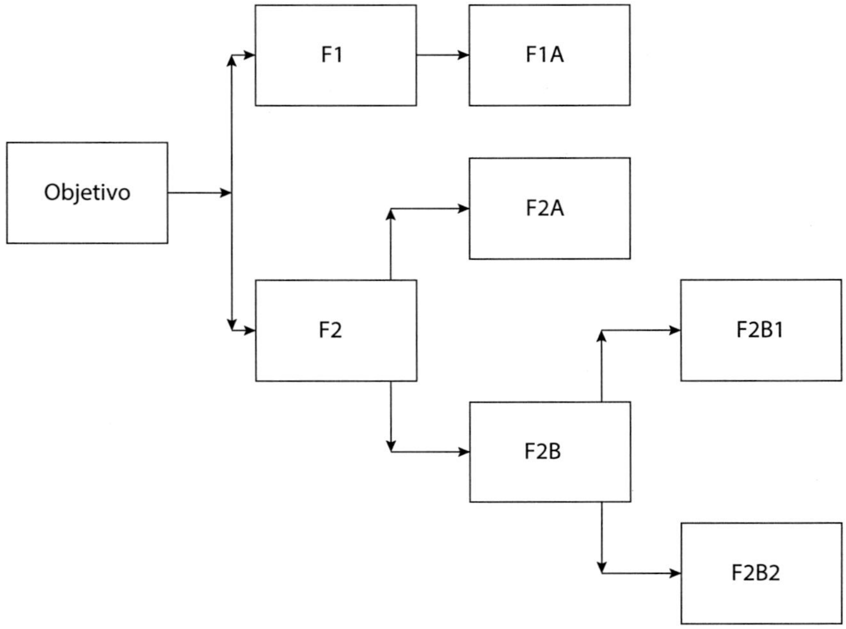


As fases do planejamento nas quais o diagrama árvore mais bem se aplica referem-se àquelas em que se trabalha com relações bem definidas entre o que fazer para atingir objetivos traçados e as ações efetivamente desenvolvidas.

**EXEMPLO**

- Diagnósticos de processo.
- Aqui, pode ser necessário maximizar a eficiência de determinadas operações que são mutuamente dependentes ou, então, que apresentam reflexos ou influências entre si.
- O diagrama pode indicar tanto o ponto de início da análise quanto os sucessos dos passos que deverão compô-la.

Esse diagrama também ressalta a questão da multiplicidade, um conceito crítico da qualidade.

**EXEMPLO**

- Considerem-se as situações que envolvem procedimentos de avaliação do produto em campo, nos quais alterações observadas em sua utilização convencional podem ser derivadas de muitos fatores.
- O objetivo está bem definido, mas alcançá-lo é uma atividade que inclui múltiplos aspectos.
- Para esses casos, diagramas causa-efeito podem ser insuficientes como mecanismos de análise, pela diversidade de elementos envolvidos. Mas o diagrama árvore contempla e minimiza essa restrição.

### 5.4.4 Automação de processos

A automação de processos no âmbito da Gestão da Qualidade pode ser analisada partindo-se de um ponto de vista bastante específico:

Quais deveriam ser a natureza e a estrutura do modelo de interação entre os elementos do processo, e, em particular, dos recursos humanos, com os mecanismos que visam informatizar certos procedimentos e operações?

Há, aqui, várias questões básicas. Inicialmente, pode-se entender que essa interação tende a considerar que um recurso pode ser substituído por outro. É o caso da automatização de uma operação, com a substituição do operador por uma máquina. Esse caso já foi discutido (PALADINI, 1999, p. 126-131).

A seguir, pode-se considerar uma interação elementar entre o homem e a máquina. É o caso, por exemplo, dos *andons*, que, como se sabe, são dispositivos usados como conjuntos de quadros luminosos que apontam, por meio de sinais de fácil identificação e simples interpretação, problemas surgidos em etapas específicas do processo.

| 1 | 2 | 3 | 4 | 5 |
|---|---|---|---|---|
| 6 | 7 | 8 | 9 | 10 |
| 11 | 12 | 13 | 14 | 15 |

O ***andon*** permite que todo mundo visualize problemas ocorridos e sinaliza detalhes que facilitam sua rápida identificação (ver detalhes na referência citada).

O desdobramento natural dessa interação compreende o ***jidoka*** ou ***autonomação***, ou, ainda, ***automação com toque humano***, o que corresponde, em certo sentido, ao controle autônomo de ações.

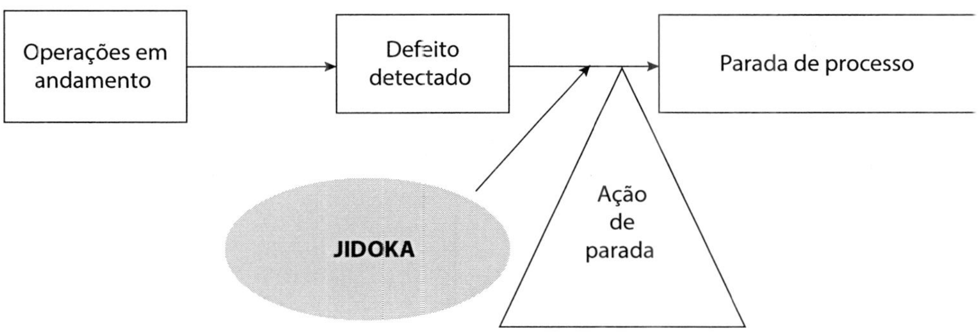


A interação caracteriza-se por um processo de decisão: o controle autônomo engloba ações bem precisas, de acordo com um plano de operações bem definido.

Ao operador cabe a decisão: quando acionar o plano e que plano escolher para cada caso. Nesse processo, ele apela para recursos computacionais (*software* ou *hardware*), ou para sistemas especialistas, para propor soluções a determinados problemas ou, ainda, para técnicas diversas de solução de problemas. Assegura-se, assim, a normalidade da produção.

## FIQUE ATENTO

- O que se pretende, aqui, é que os recursos humanos das organizações se autogerenciem controlando seu próprio trabalho (autocontrole).
- Assim, tanto se pode evitar quaisquer anormalidades tão logo elas ocorram quanto desarmar as situações favoráveis a seu surgimento.
- É um processo de automação com custos mínimos.

O passo seguinte é a introdução do computador na linha. Surgem técnicas abrangentes como mostrado a seguir.

**PROJETO ASSISTIDO POR COMPUTADOR**

Especificações básicas do projeto, agregando necessidades de mercado e potencialidades e capacidades da empresa, são definidas por meio de programas computacionais

| **Manufatura assistida por computador** | **Planejamento do processo assistido por computador** |
|---|---|
| Suporte computacional às operações de produção | O modelo de planejamento, com seus elementos e especificidades, é definido em computador |

| | |
|---|---|
| **Sistemas flexíveis de produção** | Sistemas de produção adequados a mercados em mutação permanente, extremamente dinâmicos |
| **Processos integrados de produção assistidos por computador** | Agregam, em uma única estrutura, todos os recursos envolvidos, de forma a otimizar todo o processo. |
| **Controle da qualidade assistido por computador** | Envolve operações bem definidas de prevenção de defeitos |
| **Garantia da qualidade assistido por computador** | Programas que simulam o produto em uso para gerar condições de fabricação adequadas às situações reais pelas quais o produto vai passa |

É possível que a etapa que se segue avance na direção de processos computacionais que imitem o homem em sua capacidade de pensar. Surge, então, a ***Inteligência Artificial***, definida como a arte e a ciência de fazer os computadores realizar tarefas nas quais, atualmente, as pessoas são melhores (RICH, 1994).

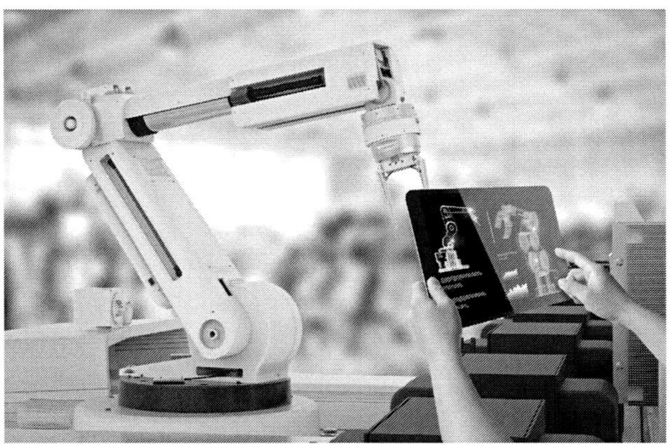

Kittipong Jirasukhanont | 123RF

**SAIBA MAIS**

Algumas definições clássicas – ainda válidas:

- A Inteligência Artificial é a parte da Ciência da Computação relacionada com o projeto de sistemas computacionais inteligentes, isto é, "sistemas que exibem características que associamos com a inteligência em seres humanos – como entender uma linguagem, aprendizagem, raciocínio, resolução de problemas etc." (BARR; FEIGENBAUM, 1996).
- Já para Winston (1987), a Inteligência Artificial é o campo das ciências da computação que conecta situações específicas a ações baseadas no comportamento humano.
- A ideia desse autor, portanto, é estruturar programas computacionais cujo desenvolvimento, ao buscar a solução de um problema, processa-se do mesmo modo como um ser humano faria naquela situação.

Esses conceitos permitem interpretações interessantes. Ao trabalhar com problemas específicos da mesma forma que um ser humano faria, pode-se identificar entre ambos, usuários e programa computacional, uma afinidade que permite cooperação mútua.

Isso facilita, sem dúvida, a ação do agente de decisão sobre o problema, já que tem, a seu lado, um dispositivo computacional que atua segundo uma metodologia semelhante à sua própria. É evidente que essa similaridade traz vantagens expressivas no tratamento do problema, sobretudo maior eficiência na busca de uma solução.

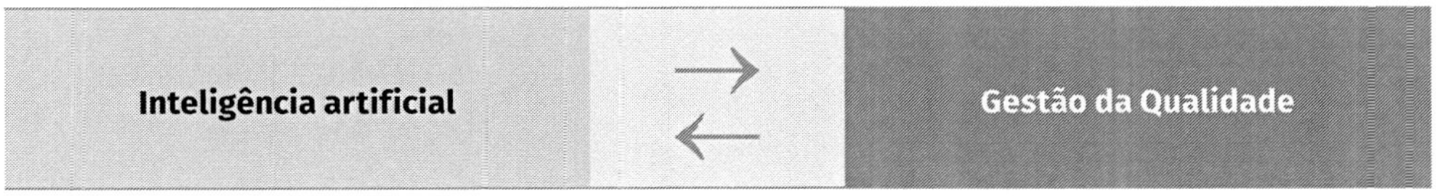


Começa a evidenciar-se, assim, a relação entre Inteligência Artificial e Gestão da Qualidade. Com efeito, a Gestão da Qualidade sempre considerou relevante a análise da ação do elemento humano no processo produtivo. Só esse aspecto já identifica áreas de interesse comum a ambas as ciências.

- Ao procurar desenvolver programas inteligentes, o que se busca, na verdade, é repassar ao computador o comportamento que se observa na ação de um operador na linha de produção.
- Ao estruturar procedimentos para tanto, procura-se, ao mesmo tempo, estudar o comportamento do homem no processo produtivo e transferir o modo de agir que ele adota para um conjunto de programas computacionais.

Essa afinidade gera muitas áreas de aplicação da Inteligência Artificial à Gestão da Qualidade.

Áreas principais:

- processos de análise de eficiência dos sistemas de produção;
- emprego da robótica na produção (visão artificial, por exemplo);
- ações básicas de planejamento da qualidade na fábrica;
- qualidade de projeto e conformação do produto;
- fatores humanos na produção e na avaliação da qualidade;
- mecanismos de gestão e acompanhamento organizacionais;
- comunicações entre o homem e a máquina;
- suporte às decisões gerenciais;
- análise de dados e informações do controle de processo.

A aplicação da Inteligência Artificial à Gestão da Qualidade pode ser vista com clareza quando se aplicam análises técnicas mais específicas, como sistemas especialistas, reconhecimento de padrões e redes neurais.

## SISTEMAS ESPECIALISTAS

***Sistemas especialistas*** são programas computacionais destinados a solucionar problemas em campos específicos do conhecimento. Sua principal característica é uma base de conhecimento que se refere ao domínio restrito em que o problema se insere.

Em geral, a construção de sistemas especialistas contempla questões específicas, que começam com uma avaliação da viabilidade do sistema. A seguir, determina-se se o problema sob estudo justifica a construção de um sistema especialista. Por fim, verifica-se a adequação de seu desenvolvimento ao problema em questão. Desde que se obtenham respostas satisfatórias a essas questões, pode-se iniciar a estruturação propriamente dita, o que ocorre segundo determinado roteiro, que envolve os estágios definidos na construção do sistema (como aqueles sugeridos por Waterman, 2006, p. 139), a seleção da ferramenta apropriada e a aquisição do conhecimento.

anyaberkut | 123RF

anyaberkut | 123RF

É relevante ressaltar que uma fase crucial do desenvolvimento de sistemas especialistas é a representação do conhecimento. Em geral, têm-se utilizado regras de produção, redes semânticas ou as chamadas "*frames*", que são uma estrutura particular de dados, usada para representar uma situação específica. O uso de sistemas especialistas baseado em regras tem sido frequente em aplicações que envolvem Gestão da Qualidade.

Uma análise superficial da literatura técnica das ferramentas listadas mostra que é grande o número de projetos específicos da área da qualidade nos quais se efetivou, com sucesso, a aplicação dessas ferramentas para a resolução de problemas relevantes.

## ALGUNS EXEMPLOS CLÁSSICOS:

- Eyada (1990, p. 613-619) desenvolveu um sistema especialista destinado a procedimentos de auditoria da garantia da qualidade que envolve tanto fornecedores como produtos em processo. Nessa área, alguns anos antes, Gipe e Jasinski (1986) fizeram uma análise da adequação de sistemas especialistas a problemas de garantia da qualidade, mostrando a viabilidade dessa aplicação. Outro sistema especialista interessante nessa área é o desenvolvido por Crawford e Eyada (1989, p. 298-302), cujo objetivo é proceder a um planejamento da alocação de recursos para o Programa de Garantia da Qualidade.
- Há registros de vários sistemas especialistas utilizados para a seleção de Gráficos de Controle (ver, por exemplo, Dagli, 1990, p. :325-343; Alexander e Jagannathan, 1986, p. 171-177 e Dagli e Stacey, 1988, p. 987-996).
- Um sistema especialista voltado para o Controle de Processos, mais geral, foi desenvolvido por Moore (1985, p. 64-67).
- Aplicações de Sistemas Especialistas em Gestão da Qualidade aparecem no texto de Zimmermann (2018).
- Brink e Mahalingam (1990, p. 455-466) e Eom e Karathanos (2018) desenvolveram um sistema especialista que avalia a qualidade da manufatura, de forma a detectar e corrigir defeitos ocorridos durante o processo de produção.
- Para detectar defeitos durante processos de inspeção, Pfeifer (1989, p. 467-476) relata o desenvolvimento de um sistema especialista e descreve o sucesso de sua utilização na Alemanha.
- No caso de processos contínuos, foi proposto um sistema especialista que detecta falhas e classifica-as – ver Dooley e Kapoor (1988, p. 875-881).
- Um sistema especialista que utiliza reconhecimento de padrões para "visualizar" peças sob inspeção foi desenvolvido em 1989 nos Estados Unidos – ver Ntuen, Park e Kim (1989, p. 491-508). Esse sistema, chamado KIMS, tem sido testado com sucesso em variados experimentos (um deles é relatado por Ntuen *et al.* (1990, p. 244-248), em que se avalia o desempenho do KIMS em tarefas de reconhecimento de imagens.
- Fard e Sabuncuoglu (1990, p. 364-372) desenvolveram um sistema especialista que procura selecionar planos de amostragem por atributos, definindo, para o caso sob estudo, qual amostragem é a mais adequada, entre a simples, a dupla ou a múltipla. Um projeto para Plano de Amostragem

Simples por Atributos baseado na Teoria dos Conjuntos Difusos foi, igualmente, proposto – ver Kanagawa e Ohta (1990, p. 13-181).

- Lee, Phadke e Keny (1989, p. 238-249) relatam o desenvolvimento de um sistema especialista para avaliar a qualidade de projeto.
- A qualidade em *softwares* é estudada por Bhushan, Goel e Kumar (2017).
- Existem sistemas especialistas que utilizam, de forma implícita, técnicas de reconhecimento de padrões. Nessa situação estão o sistema desenvolvido por Swift e Mize (1987, p. 137-141), que junta essas técnicas para proceder ao reconhecimento e à análise de gráficos de controle da qualidade do processo produtivo, e o sistema baseado em regras desenvolvido por Petkovic e Hinckle (1987, p. 306-311) para verificar especificações de projeto em aplicações de inspeção visual.

## RECONHECIMENTO DE PADRÕES

As técnicas mais adequadas para a aplicação de ***reconhecimento de padrões*** a problemas da qualidade incluem tanto o chamado enfoque baseado na teoria da decisão quanto o enfoque sintático.

### COMO FAZER?

- Veja como funciona a abordagem baseada na teoria da decisão (ou discriminante).
- Esses modelos são úteis para a Gestão da Qualidade na medida em que trabalham com conjuntos de medidas características, extraídas de padrões utilizados para referenciar a qualidade.
- O reconhecimento de cada padrão tende a ser mais útil em processos de avaliação da qualidade de produtos, processos e serviços.
- Nesse caso, aloca-se cada característica relevante à análise da qualidade em determinada classe.
- Para tanto, divide-se o espaço de características, que vem a ser o conjunto das particularidades que identificam uma classe específica de padrões.
- Desde que o padrão tenha sido transformado, por meio da extração de particularidades que o identificam, em um ponto ou um vetor do espaço de características, suas especificações são expressas apenas por valores numéricos.
- A avaliação da qualidade torna-se, assim, um processo objetivo e bem definido.

### EXEMPLOS DE APLICAÇÃO

- Modelos de avaliação da qualidade por atributos aplicados à indústria cerâmica para verificar se os azulejos produzidos estão de acordo com os padrões.
- Técnicas para determinar estimativas, ou mesmo para simular processos de aprendizagem e estruturar regras de decisão que visem definir a que classe certo padrão pertence ou, ainda, para estimar fronteiras das divisões do espaço de características (que foram desenvolvidas dentro desse enfoque).
- Aplicações mais gerais incluem problemas práticos relativos ao reconhecimento de caracteres, diagnósticos médicos, reconhecimento de áreas fotografadas por satélite, classificações de superfícies metálicas etc.
- Esses problemas têm muito a ver com qualidade.

Detectaram-se também muitos problemas de reconhecimento de padrões nos quais a informação estrutural para descrever cada padrão é importante. O processo de reconhecimento inclui não apenas a capacidade de alocar o padrão a uma classe particular (ou seja, classificá-lo), mas também a capacidade de descrever aspectos do padrão que o tornem inadequado para alocá-lo a alguma outra classe.

Um típico exemplo dessa categoria de problemas de reconhecimento de padrões é aquele relacionado ao processamento de imagens ou, mais em geral, à análise de cenas. Esse exemplo deu origem à avaliação da qualidade com base em imagens das peças (PALADINI, 1992).

### LIÇÕES DA PRÁTICA

- Para problemas típicos da qualidade, como confrontação de peças com padrões, nem sempre o enfoque baseado na teoria da decisão tem sido eficaz, nem, pelo menos, eficiente.
- O número de características e/ou possíveis descrições é usualmente muito grande, tornando impraticável a análise de cada descrição como uma classe definida. O reconhecimento de impressões digitais de uma pessoa é um exemplo adequado a esse caso.
- Não há como criar um padrão para tanto, nem definir classes específicas dentro das quais as impressões de uma pessoa se encaixem. O mesmo se dá em peças cerâmicas cujo desenho nem sempre segue um só padrão.
- Para tais situações pode-se utilizar a Abordagem Sintática, para fins de representar a informação estrutural (hierárquica) de cada padrão. Esse enfoque é estruturado de forma análoga à sintaxe das linguagens, ou seja, procura-se desenvolver uma analogia entre a estrutura dos padrões e a estrutura sintática de uma linguagem (gramática).
- Nesse processo, definem-se as primitivas de cada padrão e descrevem-se, por meio de um conjunto de regras sintáticas (ou seja, de uma gramática), suas relações dentro do padrão sob estudo. O processo de reconhecimento é desenvolvido pela efetivação de uma análise sintática (*parsing*) da "sentença" que descreve dado padrão. Desde as primeiras aplicações – feitas no reconhecimento de padrões relativos a imagens (de fotografias de satélite ou de raios X, por exemplo) –, a abordagem em questão tem apresentado resultados muito positivos.

Técnicas de reconhecimento de padrões têm sido usadas no Controle da Qualidade. Já em 1975, Wang mostrava a viabilidade de aplicar tais técnicas a um problema específico da qualidade, relacionado com a avaliação por variáveis. Há registros de trabalhos desenvolvidos posteriormente, como o de Don, Fu, Liu e Lin (1984, p. 139-146), que usaram técnicas de processamento de imagens para inspecionar a superfície de metais. Hoje, aplicativos próprios para uso em celulares captam e analisam imagens de forma rápida e precisa. Em todos esses aplicativos, o objetivo tem sido determinar níveis de reflexão da luz e classificar os materiais em diferentes categorias conforme, por exemplo, a rugosidade de sua superfície.

## REDES NEURAIS

Por sua vez, ***redes neurais*** são sistemas computacionais que atuam de forma semelhante a modelos biológicos e envolvem um elevado número de elementos interconectados que processam informações recebidas de fontes externas.

O que caracteriza essa técnica é o modelo básico que inspira todo o seu desenvolvimento e serve de fonte principal de analogia para tanto: o cérebro humano. Na verdade, parece ser uma ideia bastante natural, para a Inteligência Artificial, proceder a simulações em torno do funcionamento do cérebro diretamente em dispositivos computacionais.

### VOCÊ SABIA?

- O conceito de redes neurais baseia-se em ideias antigas. Em 1943, McCullosh e Pitts (p. 115-137) publicaram um trabalho no qual tratavam do assunto. No caso, haviam conseguido alguns resultados em cálculo lógico em mecanismos que simulavam o modo de pensar do cérebro humano.
- Há registros de pesquisas feitas nos anos seguintes, como a de Ashby (*Um projeto para o cérebro*) em 1952 e Block (sobre o famoso *The perceptron*), em 1962. O desenvolvimento efetivo da área só ocorreria na década de 1980, já que houve uma paralisação de atividades de pesquisa, na década de 70, por força da ideia de que as redes neurais eram fracas do ponto de vista computacional.
- O interesse recente pela área foi motivado pelo aparecimento de computadores digitais extremamente rápidos, capazes de simular redes consideravelmente grandes, pela necessidade de utilizar dispositivos de processamento em paralelo e pela descoberta de algoritmos poderosos, destinados à "aprendizagem" em redes, o que já vem sendo feito há muito tempo (ver, por exemplo, um dos pioneiros na área: Knight, 1990, p. 59-74).
- Em linhas gerais, a arquitetura das redes neurais caracteriza-se por um número elevado de elementos cujo processamento se dá de forma análoga ao funcionamento de neurônios; um número considerável de conexões ponderadas entre os elementos; um modelo de controle distribuído, que ocorre de modo paralelo (em contraste com o modelo clássico, do tipo sequencial) e pela ênfase às representações que permitam o desenvolvimento de aprendizagem automática na rede.

| Redes neurais | → ← | Gestão da Qualidade |
|---|---|---|

As aplicações de redes neurais a problemas na área de Gestão da Qualidade compreendem situações práticas de avaliação.

**EXEMPLOS**

- Dispositivos que acompanham o desenvolvimento de atividades normais de produção para fins de identificar quais parâmetros mais afetam todo o processo; equipamentos que checam, continuamente, o funcionamento de motores ou atividades de montagem de protótipos – confrontando permanentemente a qualidade de projeto e a qualidade de conformação.
- Outras aplicações direcionam-se para o uso de redes neurais como uma técnica alternativa às ferramentas tradicionais de reconhecimento de padrões, já que uma rede possibilita a produção de resultados de forma mais rápida e maior adequação ao projeto de solução do problema em casos específicos de avaliação por atributos.

Conceitos gerais, técnicas e aplicações sobre redes neurais estão disponíveis em variadas referências bibliográficas, como Nelson e Illingworth (1990), Knight (1990, p. 59-74), Khanna (1990) e Pao (2009).

### *BENEFÍCIOS*

- *A Inteligência Artificial possui grande potencial em relação à Gestão da Qualidade.*
- Considere-se, por exemplo, que a Gestão da Qualidade enfatiza e prioriza decisões enfrentadas por seres humanos em situações particulares. Por não dispor de um mecanismo específico para a medição de determinada característica, o agente de decisão busca identificar, na situação sob estudo, características que permitam confrontar essa situação com algum padrão. Trata-se de uma situação em que são utilizadas metodologias específicas de análise, baseadas, no mais das vezes, em procedimentos típicos dos agentes de decisão envolvidos no processo. Em uma situação como esta, um dispositivo computacional, para ser útil ao processo de decisão, precisa trabalhar de modo inteiramente similar ao próprio inspetor. Por isso, estende-se a adequação de técnicas de Inteligência Artificial a este caso.
- Além disso, há aplicações específicas. Um exemplo: a operação fundamental de toda a avaliação feita por atributos – e são muitas as avaliações desse tipo em empresas industriais ou de serviços – dá-se no processo de extração da informação do produto sob estudo. Aqui, o que se deseja é desenvolver uma forma objetiva de proceder ao "reconhecimento" dos padrões determinados para a situação em questão. É um caso em que o reconhecimento de padrões é útil e eficiente.
- A Inteligência Artificial possui notável eficiência no tratamento de questões típicas da Gestão da Qualidade. Do ponto de vista da objetividade ou da segurança das informações obtidas, percebe-se que a utilização da Inteligência Artificial pode ser extremamente útil na obtenção de uma informação mais confiável no que diz respeito à avaliação de produtos e processos, além de poder ser obtida de forma mais rápida. Numa análise ampla, esses benefícios podem compensar os custos que a implementação do sistema traz.

### *RESTRIÇÕES*

- Dificuldades naturais que as ferramentas de Inteligência Artificial oferecem a quem delas pretende utilizar-se (como a base teórica requerida, por exemplo) são restrições a considerar.
- Em muitas áreas, a Inteligência Artificial inclui técnicas relativamente recentes, ainda não totalmente testadas, o que acaba por produzir alguns resultados imprevisíveis.
- De fato, em muitas aplicações práticas, falta-lhe a consistência que a implantação efetiva e continuada gera.

O tempo está se encarregando de suprir (rapidamente, aliás) essas deficiências, já que a Inteligência Artificial está sendo cada vez mais utilizada na Engenharia da Produção e na Gestão da Qualidade.

**QUESTÕES PARA REFLEXÃO**

Considerando a qualidade enquanto conjunto de métodos, identifique situações em que se requerem esforços para:

A. desenvolver procedimentos elementares de análise de problemas;

B. estruturar ações de planejamento (sobretudo, estratégico, que é o que mais afeta a Gestão da Qualidade);

C. automatizar o processo.

## 5.5 ESTRATÉGIAS RELACIONADAS À GESTÃO DA QUALIDADE ENQUANTO MELHORIA CONTÍNUA

Para garantir a melhoria contínua das atividades produtivas, a Gestão da Qualidade tem-se utilizado de estratégias que organizam os processos, otimizam seu funcionamento e procuram sua evolução permanente. Algumas dessas estratégias são descritas a seguir.

### 5.5.1 Procedimento de organização do processo

As empresas pequenas têm características de flexibilidade e facilidade organizacional que as empresas maiores não conseguem reproduzir. A partir dessa constatação, surgiu a ideia de organizar o processo produtivo em pequenas fábricas ou centros de produção.

Há dupla vantagem nesse procedimento: ganham-se os benefícios que as empresas pequenas têm por serem mais ágeis e transformam-se setores da empresa em clientes e fornecedores uns dos outros, criando-se compromissos da qualidade entre eles.

### CÉLULAS DE PRODUÇÃO

Neste novo cenário "interno", ficam mais bem definidas as funções e as especificidades de cada setor da empresa, e, principalmente, sua relação com os outros setores. Criam-se, assim, as ***células de produção***, que possibilitam processos flexíveis de produção e minimizam os problemas que as linhas sequenciais e de grande porte traziam.

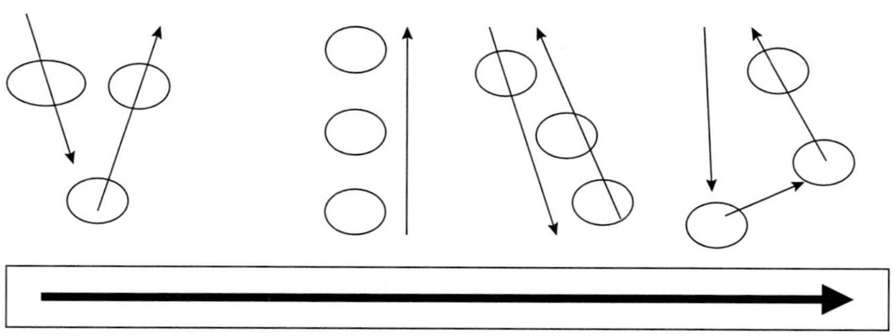

**FIQUE ATENTO**

- Com base em células de produção foi possível operar fluxos de produção de natureza contínua, que possibilitaram eliminar quebras de ritmo ocasionadas pelos esquemas de ordens de produção.
- As células de produção criam novos *layouts*, permitem o desenvolvimento de novos equipamentos, alteram completamente o conceito de movimentação de materiais (mostrando tratar-se de operações que não agregam valor ao produto ou ao processo) e geram um novo conceito de relação entre setores, baseado em ações de cooperação entre eles e não mais de independência ou de competição.

É possível, entretanto, que a noção de ***cliente interno*** seja a ideia mais útil aqui gerada, em função do fato de que reproduz no ambiente produtivo as mesmas preocupações e prioridades da Gestão da Qualidade em suas relações com o mercado. Criam-se, assim, formas de organização do processo, tanto em termos físicos quanto conceituais.

Duas outras estratégias relacionadas a essa nova organização do processo foram, sem dúvida, o ***just in time*** e o ***kanban***.

## *JUST IN TIME*

O que se observa no ambiente *just in time* é a racionalização das atividades produtivas com um direcionamento claramente definido. Por isso, o *just in time* envolve posturas gerenciais que exigem:

- objetividade e visão racional de processo;
- ações voltadas para a produção da qualidade no processo;
- ênfase no melhor aproveitamento de todos os recursos da organização (mão de obra, inclusive, e com especial ênfase);
- novas estruturas de processo e novas técnicas de produção (mais ágeis e flexíveis).

actionsports | 123RF

***Just in time*** → ← **Gestão da Qualidade**

As relações entre *just in time* e Gestão da Qualidade são evidentes. As mais relevantes referem-se à identidade de conceitos e operação que ambas apresentam, como se vê no quadro abaixo.

| | |
|---|---|
| **Quanto às operações** | ▪ Ações voltadas para a eliminação de desperdícios.<br>▪ Ações voltadas para o aumento da eficiência do processo produtivo.<br>▪ Ações que envolvem melhoramento contínuo.<br>▪ Ações que tendem a envolver todos os recursos do processo produtivo.<br>▪ Ações de longo alcance, planejadas e organizadamente executadas. |
| **Quanto aos agentes** | ▪ Operadores que desenvolvem múltiplas funções.<br>▪ Operadores com visão horizontal de empresa.<br>▪ Operadores responsáveis pela qualidade.<br>▪ Operadores que atuam de forma cooperativa e em equipe. |
| **Quanto aos processos** | ▪ Processos que envolvem lotes menores de produção.<br>▪ Processos sem elementos tradicionais de custos, como os estoques e a movimentação.<br>▪ Processos que utilizam só os recursos necessários e de forma otimizada. |

### *KANBAN*

O *kanban* é um esquema típico do ambiente *just in time*.

Utilizando dispositivos em forma de cartões ou placas, sinaliza elementos de operação que, às vezes, não são percebidos rapidamente, como quantidades e tipos de materiais e serviços em produção, em deslocamento, em espera ou em processos complementares de montagem, acabamento ou transformação.

O *kanban* utiliza-se de mecanismos para viabilizar cada operação no momento exato em que ela deve ser executada. Demanda é o elemento que regula e gerencia todo o sistema (logo, os estoques tendem a desaparecer).

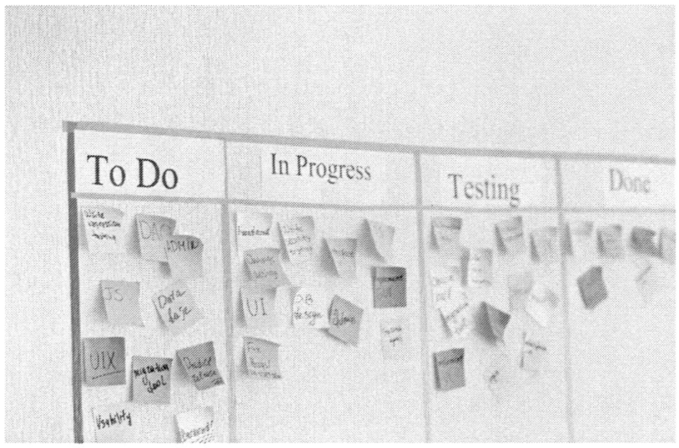


serezniy | 123RF

O *kanban* não é simplesmente uma técnica de produção. É igualmente um sistema que prioriza a produtividade e requer a reorganização de processos, de serviços e de toda a empresa. Num ambiente evolutivo, à semelhança da qualidade, o *kanban* exige que se acompanhe o desenvolvimento de cada atividade, de forma que seja possível identificar as formas de melhorá-la. Nesse sentido, o *kanban* é bem mais do que uma simples técnica que visa controlar materiais em processamento.

Dois aspectos muito destacados na literatura técnica sobre o assunto são os seguintes:

| ASPECTO PRÁTICO | EXEMPLOS |
|---|---|
| O *kanban* tem requisitos bem definidos e particulares. | ▪ Um padrão para os contêineres.<br>▪ Áreas específicas onde executam-se ações de forma mais adequada.<br>▪ Estruturas ordenadas de produção, que identifiquem demandas por tipo ou período de ocorrência.<br>▪ Ordem, limpeza, organização rigorosa e disciplina na produção. |
| Os princípios do *just in time* são visíveis no kanban. | ▪ Eliminar perdas.<br>▪ Evitar o transporte de materiais.<br>▪ Desenvolver apenas atividades associadas a sua necessidade efetiva.<br>▪ Flexibilizar a produção (processo pronto para agir quando necessário).<br>▪ Racionalizar as atividades em geral. |

## POSSÍVEIS RESTRIÇÕES

Quanto às restrições, às vezes, apontam-se as exigências do *kanban* como causa de dificuldades para sua implantação.

Em geral, citam-se as seguintes restrições:

- Utilização de padrão para os modelos de operações e suportes a elas.
- Rigor na organização do processo.
- Alterações de *layout*.

- Mudanças nos equipamentos que devem ter ajustes mínimos quando a linha de produção é trocada.
- Complexidade para visualizar a fábrica.
- Posturas excessivamente “horizontalizadas”.

Ocorre, porém, que o *kanban* possui características de operacionalidade, simplicidade e eficiência que compensam essas possíveis restrições. Uma delas é a possibilidade de utilizar *kanbans* eletrônicos, em aplicativos próprios para celulares, de fácil uso. Um exemplo desse tipo de aplicativo tem sido usado para gerenciar, controlar e organizar o estoque de medicamentos em farmácias, sobretudo para agilizar o acesso dos vendedores a determinados tipos de remédios e evitar que eles venham a faltar.

**PARA REFLETIR**

- As menores células da organização são as pessoas.
- Investir em sua melhoria significa, obviamente, melhorar o desempenho de elementos básicos da organização (elementos que têm forte impacto em toda a organização).
- Pela importância que possuem, as pessoas, assim, oferecem contribuições fundamentais à organização.
- Essas contribuições serão mais relevantes se as próprias pessoas começarem a organizar suas atividades e seu locais de trabalho.

Uma estratégia de amplo uso nesse contexto é, sem dúvida, o programa *5S*.

## 5S

Esse programa, desenvolvido na década de 1950 no Japão, tem seu nome relacionado a cinco palavras começadas pela letra *S* em japonês (*seiri*, *seiton*, *seisou*, *seiketsu* e *shitsuke*). Em vez de simplesmente traduzir esses termos para o português, procurou-se identificá-los com seu real sentido.

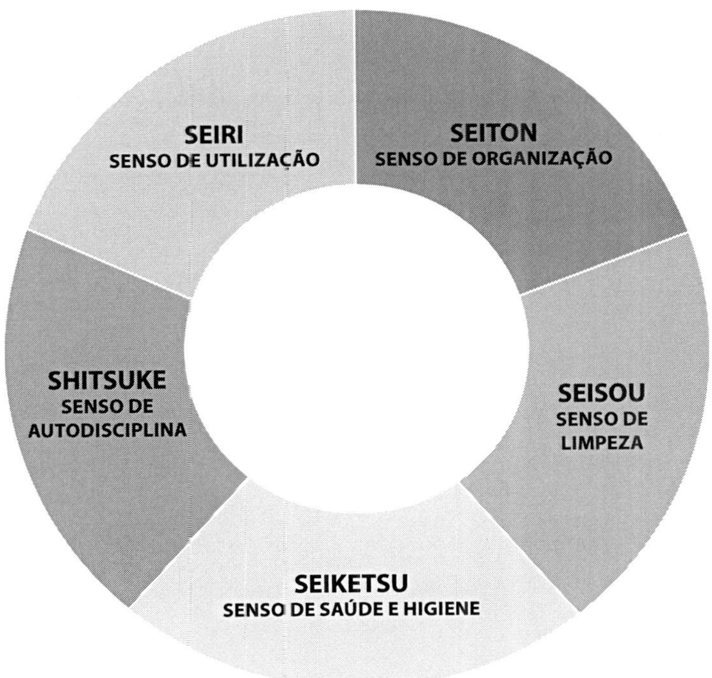


Como o programa investe em mudanças de hábitos e pensamentos, adotou-se a palavra *senso* para expressar, genericamente, esses termos (RANDHAWA; AHUJA, 2017).

A ideia é que é necessário "sentir" cada elemento e, daí, definir a necessidade de mudar atitudes e concepções. Parece tratar-se de "senso" comum o emprego dos seguintes termos para cada "S", respectivamente: utilização, organização, limpeza, saúde e autodisciplina.

| | |
|---|---|
| **Senso da *utilização*** | ▪ Arrumação ou seleção |
| **Senso de *organização*** | ▪ Arrumação, racionalização e sistematização |
| **Senso de *limpeza*** | ▪ Higiene, asseio, padronização |
| **Senso de *saúde*** | ▪ Bem-estar das pessoas e sua segurança |
| **Senso de *autodisciplina*** | ▪ Educação e comprometimento |

Detalhando:

| O SENSO DE | REFERE-SE A |
|---|---|
| **Utilização** | ▪ *Melhor utilização dos recursos da empresa, evitando excessos, desperdícios ou emprego inadequado.*<br>**Na prática:**<br>▪ Este senso tem sido associado a descartar tudo o que não atende à finalidade específica a que se destina e eliminar quaisquer fontes de desperdício.<br>**Por extensão:**<br>▪ Ele busca otimizar atividades e operações, eliminar ações puramente burocráticas, determinar o melhor uso de equipamentos, métodos, processos e sistemas. |
| **Organização** | ▪ *Organização física da empresa, com a definição de processos de alocação de bens tangíveis (layouts) e intangíveis (informações).*<br>**Na prática:**<br>▪ Este senso envolve itens como transporte interno, disposição de equipamentos e postos de trabalho, melhoria do fluxo de pessoas, bens ou dados e ordens, comunicação rápida e fácil.<br>**Por extensão**:<br>▪ Ele otimiza a ação humana (reduz o cansaço da movimentação), produz economia de tempo e agiliza processos. |
| **Limpeza** | ▪ *Conservação de ambientes de trabalho.*<br>**Na prática:**<br>▪ Inclui-se aqui a atribuição, a cada operador, da limpeza de seu posto de atividade, bem como a conscientização de que é melhor "não sujar".<br>**Por extensão:**<br>▪ Este senso investe em ambientes físicos adequados, na manutenção de equipamentos, na eliminação de fontes de quaisquer tipos de poluição (seja ambiental, seja sonora, seja meramente visual). |
| **Saúde** | ▪ *Conservação da saúde dos recursos humanos da organização.*<br>**Na prática:**<br>▪ Envolve a melhoria constante das condições de trabalho (de certa forma, este senso integra os anteriores), visando proporcionar conforto, segurança e proteção ao trabalhador.<br>**Por extensão:**<br>▪ Atenta para as condições físicas, mentais e emocionais das pessoas, zelando por toda a sua integridade. |

| | |
|---|---|
| **Autodisciplina** | ■ *Definição e à manutenção de valores (em geral, éticos ou morais, de caráter individual ou coletivo) e à atenção permanente a eles.*<br>**Na prática:**<br>■ Este senso sugere a ausência de controles e fiscalizações externas às pessoas, já que o comportamento é definido por valores individuais.<br>**Por extensão:**<br>■ Invoca o autodesenvolvimento contínuo das pessoas, a delegação de decisões e, sobretudo, a disciplina global na empresa. |

Todos esses elementos têm relação íntima com princípios e métodos da Gestão da Qualidade. De fato:

| | |
|---|---|
| **PRINCÍPIOS** | Pode-se observar a ênfase à produtividade, por meio, por exemplo, da eliminação de desperdícios. |
| **MÉTODOS** | Situam-se os processos de envolvimento dos recursos humanos na organização, com estratégias direcionadas para o desenvolvimento integral das pessoas. |

A simplicidade do programa 5S e a facilidade de obtenção de resultados práticos, visíveis e valiosos tornam-no uma importante estratégia da Gestão da Qualidade. E sugere, inclusive, um processo prático útil para começar um programa de grande porte para a produção da qualidade nas organizações

## 5.5.2 Procedimento de otimização do processo

Para otimizar o processo tem-se lançado mão de programas como ***perda zero***. Trata-se de um método que procura eliminar quaisquer defeitos, falhas ou desperdícios.

A perda zero é um programa organizado e logicamente estruturado, dividindo-se em quatro estágios:

| | |
|---|---|
| **1** | ■ Inicialmente, eliminam-se os desperdícios representados por erros, falhas, refugos, defeitos etc. |
| **2** | ■ Parte-se para a racionalização do processo, desativando-se tudo o que não for essencial para a produção. |
| **3** | ■ Perda passa a ser definida como toda falta de adequação do produto a seu uso.<br>■ O programa, então, concilia características exigidas pelo mercado com as especificidades de produção da empresa. |
| **4** | ■ Fecha o ciclo, ao conceituar como perda todo procedimento que não agregue valor ao produto. |

As duas fases iniciais do método da perda zero podem utilizar-se do chamado ***programa zero defeito***, um conjunto de ações destinadas a corrigir e prevenir a ocorrência de defeitos.

O programa zero defeito enfatiza um posicionamento conceitual útil para a Gestão da Qualidade, que parte da ideia de que todo erro é perfeitamente evitável, o que torna viável outra ideia, mais útil e eficiente: "fazer certo desde a primeira vez".

A estratégia do programa consiste em evitar a tendência natural do "errar é humano" e, portanto, compreensível e aceitável. É uma postura até mais ampla e firme do que simples esforços para prevenir defeitos – é uma atitude em direção a "não fazer nada que possa criar condições favoráveis a seu aparecimento".

**SAIBA MAIS**

- Zero defeito é um padrão de desempenho. Isso significa uma referência básica; um objetivo a perseguir, um alvo a ser atingido.
- A filosofia do zero defeito caminha na direção de atitudes (e não de ideias ou conceitos vagos). Isso pressupõe ações, comportamentos, resultados.
- As pessoas devem aceitar a ideia de que o defeito é inaceitável – não importa onde ou como ele ocorra. Não se admite, portanto, que numa situação o defeito seja tolerável e noutra, não.

- Não é verdade que as pessoas, sendo seres humanos, são sempre sujeitas a erros. As pessoas são seres vivos que evoluem continuamente; devem, por isso, aspirar à perfeição, à absoluta ausência de falhas e imperfeições.
- O movimento em direção ao zero defeito começa sempre com a observação dos erros cometidos. A seguir, questiona-se por que eles foram cometidos. A partir daí, pode-se acompanhar a evolução das causas de erros para garantir que elas não sejam criadas – e, com isso, os erros começam a ser evitados.
- Em nenhuma hipótese deve-se aceitar que o objetivo proposto seja aproximar-se de zero defeito. O objetivo proposto é: zero defeito. Portanto, o padrão de desempenho a considerar não é cometer erros próximos de zero, mas não cometer erros.

Os modelos de perda zero trouxeram benefícios relevantes para a Gestão da Qualidade, pois criaram um desafio de desempenho altamente motivador.

**POSSÍVEIS RESTRIÇÕES**

- A maior restrição do programa deriva de sua compreensão inadequada: em muitas empresas, considera-se que perda zero é uma meta como outra qualquer, não parecendo ser necessário desencadear um processo progressivo para atingi-la, com etapas intermediárias bem definidas e resultados parciais acompanhados e analisados.
- Por isso, com frequência, ela acaba como fator de frustração. Como dificuldade de implantação aponta-se, ainda, o longo tempo para atingir resultados. Em ambos os casos, há falhas de planejamento em sua implantação, tanto por não estabelecer metas parciais como por não fixar resultados que, ainda que de curto alcance, sejam imediatos e visíveis, sugerindo a possibilidade de obter outros ganhos no futuro.

**PODEMOS DESTACAR OS SEGUINTES PONTOS:**

- Talvez a verdadeira razão dessas restrições resida no fato de que muitos processos de Gestão da Qualidade insistem em visualizar o programa de perda zero como causa, quando na verdade ele é consequência de todo um conjunto de atividades (MCLEAN; ANTHONY; DAHLGAARD, 2017).
- De fato, atingir zero defeito, por exemplo, significa o sucesso atingido com uma série de ações preventivas, na linha da garantia da qualidade.
- O índice zero é muito mais um resultado dessas ações.
- Claro que pode ter sido o elemento que as motivou, mas não a causa delas.

Em resumo: perda zero é consequência; não causa de todo um processo.

### 5.5.3 Atualização do processo

A atualização do processo requer, obviamente, permanente acompanhamento e avaliação do mercado. Nesse contexto, dois elementos são essenciais porque definem a ação da empresa no meio ambiente: o concorrente e o próprio cliente. Duas estratégias são aqui usualmente empregadas: o *benchmarking* e o QFD, respectivamente, para cada elemento.

#### 1. Atualização de processos baseada em concorrentes

A estratégia mais utilizada para promover a atualização de processos baseada em concorrentes é conhecida como *benchmarking*.

Conceitualmente, *benchmarking* é um processo de melhoria no qual uma organização mede seu desempenho pela comparação com companhias consideradas "as melhores em sua classe", determinando como essas empresas alcançaram estes níveis de operação e utilizando essas informações para melhorar seu próprio desempenho. O *benchmarking* pode envolver estratégias, operações, processos e procedimentos (*QUALITY PROGRESS*, 1992, p. 20).

**SAIBA MAIS**

- O modelo mais comum para criar uma analogia de aplicação do *benchmarking* refere-se ao hábito, desenvolvido pelos exércitos aliados na Segunda Guerra Mundial, de capturar aviões, tanques ou outros equipamentos empregados pelos inimigos e analisá-los com rigor e cuidado. Procurava-se conhecer sua capacidade de operação, poder de fogo, facilidade de utilização e outras características específicas, úteis tanto para definir como destruí-los como para permitir que fossem construídos dispositivos mais potentes que eles.
- Dessa forma, os padrões de desempenho dos equipamentos inimigos passavam a ser metas de desempenho de seus próprios equipamentos. Essa é a ideia mais elementar do *benchmarking*, cujo termo significa exatamente fixar objetivos em função de referenciais ("marcas"). Essa estratégia, assim, requer o permanente acompanhamento do que fazem nossos concorrentes e constantes formas de avaliação de ações, processos, métodos, estratégias, produtos, serviços etc.

A filosofia do *benchmarking* remonta a ensinamentos antigos dos chineses, segundo os quais a arte de ganhar qualquer guerra baseia-se em apenas três pontos fundamentais, como se vê no quadro a seguir.

| | | |
|---|---|---|
| 1 | Conhecer bem o inimigo. | **Forma de atingir a meta.** |
| 2 | Conhecer bem a si próprio. | |
| 3 | Ter objetivos ambiciosos. | **Meta a atingir.** |

Dois concorrentes são particularmente relevantes no *benchmarking*. Em ambientes competitivos, a *empresa líder de mercado* é o referencial a considerar; em ambientes oligopolizados (ou até mesmo de monopólios), as empresas consideram a *si mesmas* como o mais forte concorrente, esforçando-se por superar suas próprias marcas.

Isso explica o esforço de algumas empresas estatais eficientes em superar seus níveis de faturamento, com a oferta de novos e melhores produtos.

A rigor, o *benchmarking* não possui pontos negativos à prática da Gestão da Qualidade. Se eles aparecerem, serão decorrentes de erros gerenciais usuais, como o de subestimar concorrentes ou superestimar o próprio processo. De resto, *benchmarking* é, antes de tudo, uma ideia cuja implantação requer estratégias, métodos, planos, indicadores e processos de avaliação bem definidos.

## 2. Atualização de processos baseada em clientes

É fácil observar que esta atualização é a atividade essencial da Gestão da Qualidade.

Pelo conceito da qualidade, esta atualização é a essência da atividade da Gestão da Qualidade. Sua importância, então, não se discute; o que se pode analisar é como implantá-la. É a este desafio que o *QFD* procura oferecer uma resposta satisfatória. Por sua importância, até como elemento estratégico da empresa, o QFD será descrito no próximo item.

**QUESTÕES PARA REFLEXÃO**

Considerando a qualidade enquanto melhoria contínua, identifique situações em que se requerem esforços para:

A. criar procedimentos para a organização do processo;

B. viabilizar procedimentos para a otimização do processo;

C. garantir a atualização do processo baseada em concorrentes;

D. garantir a atualização do processo baseada no mercado consumidor.

## 5.6 ESTRATÉGIAS RELACIONADAS À GESTÃO DA QUALIDADE ENQUANTO SERVIÇO A CONSUMIDORES E A CLIENTES

Atentar para consumidores e clientes sempre foi ação essencial da Gestão da Qualidade. De fato: a figura do consumidor continua sendo o elemento crítico de atenção dos modelos e dos programas de Gestão da Qualidade. Essa prioridade pode ser observada na análise das percepções que ele tenha de produtos (FANTINA, 2011); na busca pela excelência nos serviços a ele prestados (FERRI-REED, 2011) ou na avaliação da chamada "voz do consumidor" (HAMILTON; CARUSO, 2010).

Uma forma de viabilizar a prioridade a consumidores e clientes no processo de Gestão da Qualidade pode ser encontrada na estratégia conhecida como QFD. Agregada à Análise de Valor, essa estratégia pode definir tanto o que o cliente quer como o que ele considera realmente importante.

O ***desdobramento da função qualidade*** (QFD) é "um método estruturado no qual as exigências do consumidor são traduzidas em especificações técnicas apropriadas para cada estágio do desenvolvimento do serviço e do processo produtivo. O processo QFD é usualmente entendido como a percepção e o entendimento da voz do consumidor" (*QUALITY PROGRESS*, 1992, p. 26).

A figura abaixo ilustra um modelo de matrizes usuais do QFD.

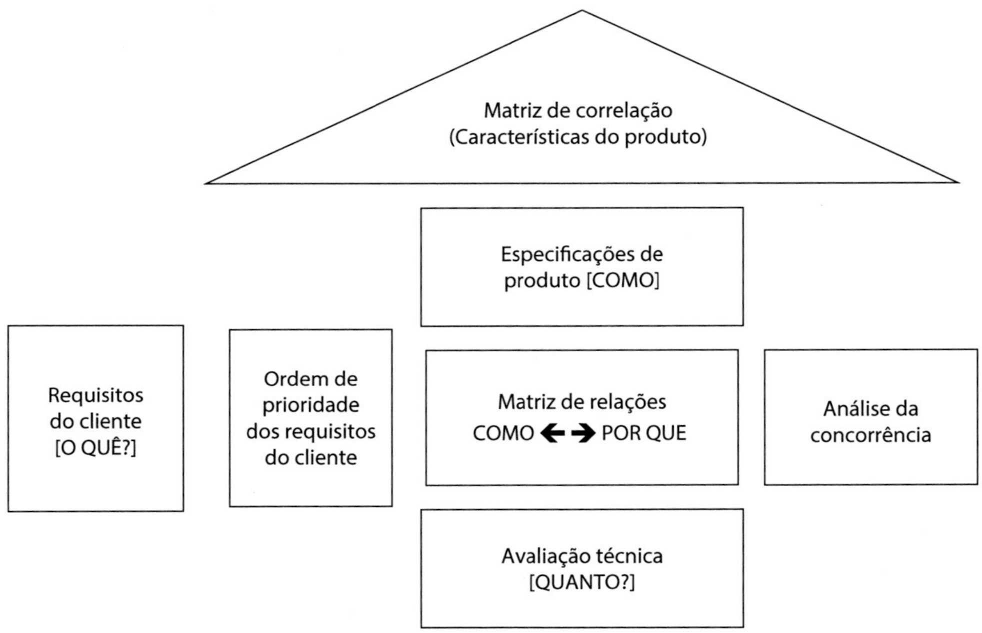


O QFD já se encontra bem documentado na literatura da área da qualidade, principalmente pela disponibilidade de textos pioneiros como os de Akao (1983) e Hauser e Clausing (1988). Foi exatamente Akao, aliás, quem propôs a divisão operacional do QFD em duas etapas:

| | | |
|---|---|---|
| **Fase de projeto** | ▪ Envolve atividades que procuram traduzir as características da qualidade determinadas por clientes e consumidores em itens de operação de produtos e serviços. | Essa fase gera três processos interativos:<br>(1) Do ambiente externo para a fábrica (informações relativas ao mercado migram para a organização).<br>(2) Do ambiente de projeto para a área operacional da empresa (decisões para viabilizar itens operacionais de produtos e serviços).<br>(3) Considerando-se todos os ambientes, avaliam-se se as características foram efetivamente obtidas. |
| **Fase de garantia da qualidade** | ▪ Envolve atividades que visam garantir o repasse, para produtos e serviços, de especificidades determinadas por clientes e consumidores. | ▪ Essa fase amplia o emprego do QFD para toda a organização, já que requer a análise de todas as atividades que, de algum modo, possam influenciar produtos e serviços, independentemente de por quem, como, onde ou por que elas são executadas. |

É interessante observar que essas etapas tornam o QFD uma estratégia que transcende o simples esforço pela qualidade. De fato, nota-se um direcionamento de toda a organização para o mercado, o que se revela uma decisão estratégica de amplo alcance.

Realmente, o QFD trabalha com elementos vitais para a organização, como o cliente, que inicia o processo ao definir o que é qualidade em determinados produtos e serviços, segundo sua visão. Utiliza, também, uma estrutura de operação (o QFD é, antes de tudo, um processo de implantação que emprega uma sequência lógica de operação, com atividades bem definidas e esquematizadas). Por fim, consideram-se as próprias funções da empresa, para as quais se requer uma forma de atender, plenamente, características específicas de demanda.

**FIQUE ATENTO**

- O QFD envolve ferramentas próprias em seu processo de implantação.
- As mais conhecidas são as que trabalham com coleta e análise preliminar de dados de mercado e as matrizes de processamento dessas informações, que transformam itens de demanda em elementos da qualidade de projeto ou qualidade de conformação.

### *BENEFÍCIOS*

- O QFD trouxe vantagens para a Gestão da Qualidade por ser uma nova filosofia de trabalho (prioridade aos clientes), uma nova metodologia para organizar e analisar dados de mercado e estratégias e ferramentas, caso, por exemplo, da conhecida "Casa da Qualidade".

### *RESTRIÇÕES*

- As restrições a seu uso apontam mais para uma possível complexidade na utilização das matrizes de tratamento das informações, na necessidade de estimar muitos parâmetros e no emprego de modelos subjetivos de avaliação de posições de mercado.
- O emprego de algumas técnicas específicas pode minimizar essas restrições. O uso de lógica difusa para determinar parâmetros da matriz básica da casa da qualidade, por exemplo, parece ser uma estratégia promissora na área.

Na verdade, O QFD sofre dos mesmos problemas usuais da área de projeto, que envolve a histórica dificuldade de o consumidor expressar corretamente o que deseja e da empresa entender o que ele está dizendo.

## ANÁLISE DE VALOR

A ***Análise de Valor*** é uma metodologia que pode ser vista como um complemento ao QFD. De fato, se o QFD identifica características de demanda e as transforma em características de produtos e serviços, a Análise de Valor confere a elas um nível de prioridade e de atenção.

A metodologia da Análise de Valor, quando aplicada à Gestão da Qualidade, investe principalmente na adequação de produtos e serviços à demanda, pela análise das funções que ele desempenha. As funções que favorecem essa adequação agregam valor ao serviço, sendo essenciais para a empresa.

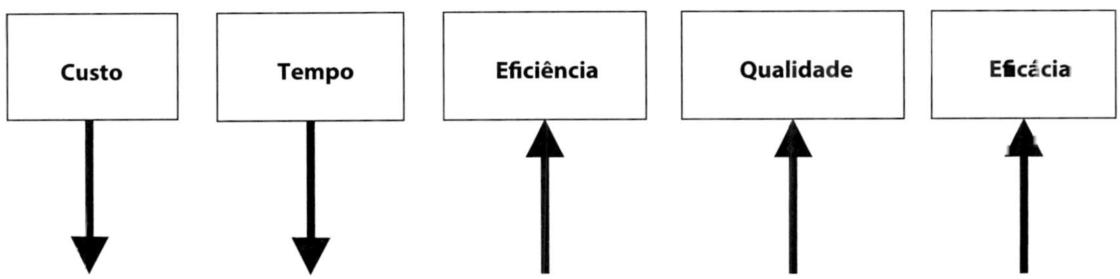

**SAIBA MAIS**

- Costuma-se atribuir ao diretor da área de Engenharia de Produto da empresa americana General Electric, Lawrence Miles, a criação da Análise de Valor, o que deve ter começado com um simples processo de revisão de custos de projeto da encomenda de determinado consumidor (Miles estudou o projeto e conseguiu uma redução de 50% nos custos). Data daí o equívoco histórico de confundir Análise de Valor com programas de redução de custos.

**LAWRENCE DELOS MILES** (1904-1985)

Engenheiro americano que criou a Análise de Valor.

Atuou na General Electric de 1932 a 1965.

Em 1962 publicou o livro *Técnicas de análise de valor e engenharia*, que se tornou mundialmente famoso, sendo traduzido para mais de 20 línguas.

*Análise de Valor* ⟵ ⟶ **Gestão da Qualidade**

Para a Gestão da Qualidade, a Análise de Valor tem contribuições específicas, muito relevantes, que envolvem posturas conceituais e ações práticas.

- **CONCEITOS**: aqui se encontra a noção de prioridade ao que é relevante para o cliente.
- **AÇÕES PRÁTICAS**: referem-se às estratégias que buscam, por exemplo, agregar valor a produtos e serviços sem aumento de custos de produção, baseando-se, sobretudo, em otimização de processos.

### *BENEFÍCIOS*

- A Análise de Valor permite à Gestão da Qualidade avaliar operações de processo: afinal, se uma operação não agrega valor ao serviço, ela não se justifica e deve ser eliminada.
- A Análise de Valor contribui para a Gestão da Qualidade, ainda, na fixação de padrões de avaliação das funções da empresa. De fato, nesse contexto, avalia-se uma função não por sua potencialidade ou por suas características, mas por sua contribuição efetiva para a qualidade final do produto ou serviço, sobretudo em termos de itens que o cliente considera relevantes ("de valor").

### *RESTRIÇÕES*

- As restrições à Análise de Valor estão associadas à sua operação e ao conceito ainda confuso de valor.
- A questão é que não se trata apenas de reduzir custos, uma situação em que facilmente se percebe e pode-se quantificar a melhoria efetivada, mas de atender ao que o consumidor tem como noção de valor, um conceito abrangente, vago e impreciso, podendo estar ligado a situações específicas ou, então, a outros aspectos do produto ou serviço, às vezes sem estar relacionado a funções essenciais.

Nota-se que são restrições similares ao QFD. Por isso, a experiência vem mostrando que as mesmas estratégias utilizadas lá podem ser aqui empregadas com sucesso.

**QUESTÕES PARA REFLEXÃO**

Considerando a qualidade enquanto serviço a consumidores e clientes, identifique situações em que se requerem esforços para:

A. identificar características do mercado consumidor (atual);

B. identificar características de possíveis clientes (mercados em potencial);

C. desenvolver bens tangíveis e serviços para os consumidores;

D. desenvolver bens tangíveis e serviços para os clientes.

## 5.7 ESTRATÉGIAS RELACIONADAS À GESTÃO DA QUALIDADE ENQUANTO ENVOLVIMENTO DA MÃO DE OBRA

A maioria das estratégias da Gestão da Qualidade visa ao envolvimento da mão de obra no esforço para produzir qualidade em processos, produtos e serviços, diante da inegável importância, e precedência, dos recursos humanos sobre os demais recursos da organização. Tem sido assim há muito tempo; vai continuar sendo assim (CUDNEY; KEIM, 2017; GUTIERREZ-GUTIERREZ; MOLINA; KAYNAK, 2018).

As estratégias nessa área dificilmente visam a um único fim: o mais comum é incluírem vários métodos, princípios, ferramentas e, é claro, resultados esperados, uma face da abrangência que caracteriza as ações voltadas para os recursos humanos.

De outra parte, o desenvolvimento de estratégias da Gestão da Qualidade sempre considera o lado humano do processo, como no caso do modelo Seis Sigma, por exemplo (HOPEN; ROONEY, 2018).

Por isso, torna-se difícil fixar um esquema para conceituar ou classificar as estratégias nessa área. Isso ocorre tanto pelas razões citadas, prioridade da questão e diversidade de fatores, como pela complexidade do elemento humano, que, por exemplo, responde de forma diferente aos mesmos estímulos em momentos diversos e pela expectativa sempre elevada de resultados que se esperam dele.

Em geral, as estratégias da Gestão da Qualidade focam sempre em um mesmo ponto: agregar o maior número de pessoas em torno dos mesmos objetivos, gerando afinidades em suas ações.

No estudo das formas para envolver a mão de obra na produção da qualidade, contudo, podem-se determinar algumas estratégias que apresentam um objetivo que tende a ter maior destaque (ou, pelo menos, maior visibilidade) em relação a outras metas implícitas. Dois exemplos são listados a seguir.

### 5.7.1 Atribuição de responsabilidades

Considere a situação em que se pretende repassar responsabilidade específica à mão de obra como forma de motivá-la e, assim, viabilizar alguns resultados específicos. Algumas estratégias são de tal forma concebidas e implantadas que esse contexto fica claramente caracterizado. É o caso da ***manutenção produtiva total*** (TPM).

A TPM é um modelo que visa ao envolvimento dos operadores de máquinas, de veículos, de aparelhos e até de *softwares* e de métodos operacionais em processos de manutenção. A estrutura organizacional desse modelo caracteriza-se pela associação dos equipamentos e dispositivos aos operadores que os utilizam, que passam a se tornar responsáveis por eles.

A TPM começa mostrando que manutenção significa manter e não corrigir, em caso de quebra. Para tanto, existem regras elementares a considerar, como as seguintes.

| | |
|---|---|
| 1 | Atentar para manutenções previstas no programa de utilização e especificações do equipamento. |
| 2 | Inserir a manutenção no planejamento da produção. |
| 3 | Fixar pessoas ou setores responsáveis pela execução da manutenção. |

Nesse último contexto configura-se a manutenção produtiva. A ideia é simples: cada operador é responsável pela conservação do equipamento a ele confiado. Ele decide quem e quando realiza a manutenção, sempre tendo em vista que é atribuição sua zelar pelo equipamento. Como consequência, a manutenção produtiva visa maximizar a eficiência do equipamento, garantindo as melhores condições possíveis de utilização.

## COMO FAZER?

- A implantação da manutenção produtiva pode utilizar-se de *checklists* (mas jamais se ater a eles, o que seria transformá-la em um procedimento meramente operacional), de processos de atendimento rápido e simples, de quadros para visualizar a operação etc.
- E amplia-se com o envolvimento dos operadores em decisões a respeito da seleção e da aquisição de novos equipamentos, substituição de parte (ou da totalidade) dos atuais e, enfim, uma nova estratégica de ação – na qual os operadores passam a gerenciar recursos referentes ao desenvolvimento da produção.

É característica da TPM a execução da manutenção em um ambiente integrado à produção, de modo permanente, efetivo e planejado. A manutenção é feita com a participação dos operadores, que têm poder de decisão sobre ela. Fica, assim, evidenciada a importância do operador na utilização (adequada) dos equipamentos. E caracterizada a atribuição das responsabilidades.

Existem semelhanças e diferenças entre TPM e qualidade. Alguns exemplos:

| | |
|---|---|
| **Semelhanças:** | ▪ A **TPM**, assim como a **Gestão da Qualidade**, enfatiza o investimento em recursos humanos, a ação do operador em cada atividade, durante seu trabalho normal, o trabalho em grupo, atentando para as contribuições individuais no processo e a eliminação de desperdícios. |
| **Diferenças:** | ▪ São prioridades da **TPM** a ação sobre recursos, o zelo pelos equipamentos, o emprego de roteiros específicos de trabalho, a adequação dos recursos ao processo e a atenção aos insumos do processo.<br>▪ São prioridades da **Gestão da Qualidade** a ação sobre o processo, o zelo pelos procedimentos, o emprego de modelos amplos e abrangentes de trabalho, a adequação do processo ao cliente e a atenção às saídas do processo. |

Como se percebe, a Gestão da Qualidade tende a incluir a TPM, indo muito além dela.

De todo modo, a TPM serve de referencial para procedimentos similares à Gestão da Qualidade, sempre se caracterizando o esforço de atribuir responsabilidades às pessoas e, com isso, garantir sua adesão e seu envolvimento à produção com qualidade.

## 5.7.2 Organização de esforços

A ação dos recursos humanos em ***equipes***, normalmente ***pequenos grupos***, é uma estratégia extremamente comum na Gestão da Qualidade.

A meta é torná-los participantes do esforço pela qualidade de forma coletiva, integrada e cooperativa.

**SAIBA MAIS**

- Este modelo de organizar ações visa conferir maior eficiência ao esforço de determinar quais melhorias são relevantes e como implantá-las.
- Surge daí o modelo organizacional da ***multifuncionalidade***, em que todos no grupo possuem uma noção do trabalho a fazer; surge, igualmente, a flexibilidade de processo: os esforços podem ser compensados ou substituídos sem perda de eficiência e, sobretudo, gera-se uma visão horizontal ampla da empresa essencial para os objetivos abrangentes da qualidade.

Muitas ações da Gestão da Qualidade podem ser mais bem executadas no ambiente dos pequenos grupos. Alguns exemplos:

- *Campanhas de conscientização* – cada membro do grupo pode ser um agente de motivação de seus companheiros.
- *Geração de novas atitudes* – decorrentes de posturas adotadas por todo o grupo, com evidentes reflexos sobre os indivíduos.
- *Treinamento* – em grupo, há intercâmbio de informações.
- *Apoio a cada pessoa* – em grupo há sentimento de ajuda e cooperação.
- *Crescimento* – o grupo visa ao desenvolvimento das pessoas.

A rigor, visto desse modo, não há restrição a essa forma de organizar as atividades da mão de obra. Com exceção, é claro, de alguns exageros localizados, que determinam, por exemplo, a superposição dos interesses dos grupos sobre os da organização, com inevitáveis conflitos e disputas nocivas ao esforço integrado da organização.

Esta última estratégia traz uma característica típica do envolvimento de recursos humanos na produção da qualidade: o reflexo desses processos em outras ações da Gestão da Qualidade.

## 5.7.3 Estratégias desenvolvidas por similaridade

Considere, por exemplo, o processo de organização de ações e esforços. A estratégia utilizada foi a de atuar com pequenos grupos. Aplicada à resolução de problemas, mais em geral, essa estratégia dá origem ao ***diagrama de similaridade***, que procura criar relações entre informações referentes a dado processo ou produto.

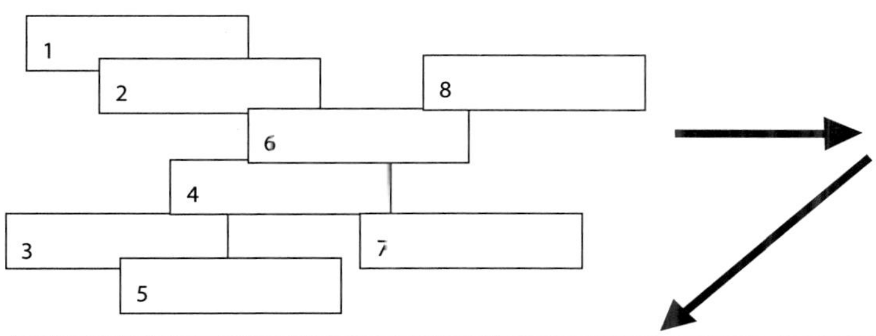


| 4 | 2 | 1 | 3 |
|---|---|---|---|
| 7 | 6 | 5 | |
| | 8 | | |
| GRUPO 1 | SUBGRUPO 1.1 | SUBGRUPO 1.2 | SUBGRUPO 1.3 |

**COMO FAZER?**

- A operação do diagrama de similaridade consiste em agrupar as informações (da mesma forma que os pequenos grupos de pessoas) tendo em vista as analogias, as semelhanças ou as identidades que guardem entre si (do mesmo modo que se emprega na constituição dos grupos – por afinidades entre pessoas).
- Por extensão, o diagrama acaba sendo utilizado por equipes que procuram soluções para determinada situação.
- A aplicação do diagrama tende a ser mais eficiente do que outras formas de análise de problemas exatamente pelo modo como se organizam as informações, de forma que possam ser construídas relações lógicas entre elas, conferindo prioridades, gerando confiabilidade e, principalmente, tornando-as efetivamente úteis. Trata-se, como se vê, da mesma filosofia do trabalho em grupo.

Outro aspecto relevante que une as duas técnicas é uma crença errônea, antiga, que se tem. A aplicação do diagrama e a discussão em grupo envolvem atenção, percepção, espírito crítico e, sobretudo, criatividade. Isso mais do que conhecimento ou lógica. Persiste a falsa ideia, entretanto, de que essas coisas são intuitivas. Na verdade, não são: requerem treinamento. Afinal, se Deus deu criatividade a todos, o fez de forma diferenciada. Desenvolver esses atributos de modo a conferir eficiência às discussões é tarefa complexa.

Em ambas as ferramentas, o treinamento é requisito fundamental para torná-las efetivamente úteis à organização. Caso contrário, pode-se ter situações improdutivas devido à construção de diagramas inconclusivos ou de atividades em grupo desordenadas – pela participação excessiva de alguns ou pela falta de participação de outros, ou, ainda, pela participação inadequada. Em todos esses casos, torna-se fácil corrigir as falhas se, antes de se aplicarem as ferramentas, preparam-se as pessoas para utilizá-las adequadamente.

As ferramentas de envolvimento dos recursos humanos costumam ter duas características básicas: simplicidade e plena compatibilidade com os princípios da Gestão da Qualidade. Isso ficou evidente na discussão anterior e torna-se mais perceptível nas ferramentas que visam induzir à participação positiva dos recursos humanos na organização.

## 5.7.4 Indução à participação positiva

Considere, por exemplo, o *brainstorming* ("tempestade de ideias"). O objetivo dessa técnica é gerar ideias em reuniões com vários participantes. Num primeiro momento, a técnica incentiva o aparecimento de todas as ideias possíveis, independentemente de seu conteúdo, alcance, validade ou viabilidade prática.

Há, desse modo, um volume inicial elevado de ideias (costuma-se dizer que o *brainstorming* é tanto mais produtivo quanto maior o número de ideias propostas em um período de tempo relativamente pequeno). De qualquer maneira, porém, busca-se sempre determinar soluções para os problemas.

Em geral, as reuniões começam sem roteiro e acabam estruturadas e organizadas, após certo tempo de uso da técnica (nota-se uma evolução positiva do grupo: tendo em vista o caos que parecem ser as primeiras reuniões, surge naturalmente a necessidade de organizá-las). Os participantes vão descobrindo formas de melhorar sua eficiência e, com isso, as ideias acabam crescendo em qualidade.

A técnica tem algumas regras básicas. As mais comuns são as seguintes:

| | |
|---|---|
| **1** | ▪ Nunca criticar qualquer ideia apresentada: busca-se a participação de todos. |
| **2** | ▪ Escrever e relacionar todas as ideias. |
| **3** | ▪ Evitar interpretar ideias apresentadas por outros participantes, anotando-as como forem sugeridas. |
| **4** | ▪ Evitar discussões ou debates em paralelo ao longo da reunião. |
| **5** | ▪ Divulgar todas as ideias, escrevendo-se, por exemplo, em locais visíveis a todos. |
| **6** | ▪ Incentivar a participação de todos. |
| **7** | ▪ Evitar que as ideias tenham "pais" ou "mães". Pode-se aproveitar a ideia de qualquer um, sobretudo com o intuito de melhorá-la. |
| **8** | ▪ Desenvolver a reunião de forma adequada aos participantes, em termos de tempo, local, clima, estrutura, forma de condução e meios de participação. |

## COMO FAZER?

A simplicidade da técnica é evidente. Sua relação com a qualidade, contudo, nem sempre é facilmente identificável, mas pode ser reconhecida de forma sutil. Alguns sinais:

- As reuniões começam desorganizadas e vão-se estruturando ao longo do tempo.
- As sugestões vão sendo analisadas, eliminadas, associadas, fundidas, agregadas, enfim, refinadas.
- A participação das pessoas vai aumentando em eficiência à medida que as reuniões vão acontecendo pelo aprendizado natural.
- É visível a natureza evolutiva da técnica, a busca contínua da melhoria, o progresso individual e o do grupo. Essa evolução é típica da Gestão da Qualidade.

A multiplicidade de aspectos fica bem evidenciada na liberdade que se confere (e até se incentiva) para as pessoas apresentarem suas ideias. E as regras ressaltam a preocupação em priorizar soluções para a organização, em vez de privilegiar os próprios indivíduos que propuseram tais soluções (como no caso da permissão para que um participante entre de carona na ideia de outro, para melhorá-la, ou na falta de incentivo que se confere à figura de "dono" da ideia). Por fim, o respeito às pessoas mostra o valor conferido aos recursos humanos, uma postura típica da Gestão da Qualidade.

É interessante notar que as estratégias que envolvem recursos humanos possuem especificidades não encontradas em outras áreas. É o caso, por exemplo, das estratégias criadas para determinado contexto ou com certo propósito, que acabam indo além deles, generalizando sua abrangência ou seus objetivos. Isso é comum no caso de recursos humanos, sempre aptos a crescer nas mais variadas e inesperadas direções. No caso da indução positiva, considera-se incluída neste âmbito uma estratégia chamada ***empowerment***, às vezes traduzida como **energização.**

- O *empowerment* parte do processo de delegação.
- Já há, contudo, diferença conceitual aqui: não se trata de conferir a subordinados apenas autoridade, mas, principalmente, responsabilidade. Segundo seus autores, sem delegação de autoridade e de responsabilidade em igual proporção, o *empowerment* fracassa (WILLIAMS, 1995).
- De fato, confiar uma ação a quem não tem autoridade para executá-la envolve sempre má administração; conferir autoridade sem cobrar responsabilidade significa falta de compromisso com resultados.

As diferenças, assim, começam a aparecer no processo de delegação. No âmbito do *empowerment*, não se deseja apenas transferir responsabilidade, mas compartilhá-la. Não há perda de controle ou a sensação de que delegar seja sinônimo de "soltar as amarras" da organização.

O *empowerment* é um processo que tipicamente se insere na Gestão da Qualidade. De fato, sua operação envolve sempre elementos típicos da TQM, como os seguintes:

| | |
|---|---|
| **Objetivos** | O processo de delegação requer que se saiba aonde chegar. |
| **Comunicação** | Todos devem saber exatamente que objetivos são esses. |
| **Padrões** | A cobrança de resultados exige processos de avaliação, para os quais se requerem padrões definidos. |
| **Exemplo** | Sempre se consegue transmitir mais pelo exemplo do que por palavras. |
| **Envolvimento do pessoal** | O relacionamento entre pessoas é a base do *empowerment*. Esse relacionamento requer adesão e pleno envolvimento. |
| **Reconhecimento** | Resultados alcançados devem merecer criterioso processo de reconhecimento. |
| **Confiança** | Confia-se nas pessoas e em sua capacidade de desempenho. |
| **Ênfase à competência** | Conferir responsabilidade ao funcionário requer que ele saiba o que deve ser feito. Isso exige programas de formação e qualificação. |

O *empowerment* é um processo progressivo de envolvimento via responsabilidade e autoridade, como toda estratégia que se insere num contexto evolutivo. Assim, era de se esperar que desse origem a novas ferramentas, de atuação mais ampla. Foi o que ocorreu, aqui, com o aparecimento do modelo ***Zapp!***, desenvolvido por Byham (1992).

Byham partiu do princípio de que dividir responsabilidades com as pessoas não poderia significar abrir mão dessas responsabilidades. Torna-se importante, assim, oferecer apoio às pessoas, sem tirar-lhes a responsabilidade. Isso pressupõe que as pessoas assumam tais responsabilidades, em suas ações individuais, em seus setores. E significa ir além do mínimo a fazer. Quer dizer, por exemplo, conhecer e entender tudo o que ocorre a seu redor; imprimir objetivos a suas áreas de atuação; tomar decisões; envolver as pessoas e direcioná-las para objetivos adequados; acompanhar e avaliar desempenhos – seus e dos outros etc.

Byham imaginou, corretamente, que ao transferir responsabilidades as pessoas poderiam ter uma ação limitada e restrita por um lado, ou, por outro, ampla e abrangente, que envolvesse, por exemplo, estes aspectos listados. A segunda hipótese, contudo, só seria válida se as pessoas tivessem um poder interno, que poderia ser transferido a elas por um processo de energização. Surge, então, o *Zapp!*, que vem a ser exatamente "uma força que energiza as pessoas".

| PRINCÍPIOS DO ZAPP! | | |
|---|---|---|
| Manter a autoestima. | → | Energia interna |
| Ouvir e responder com atenção e simpatia. | → | Relacionamento adequado |
| Pedir ajuda sempre que necessário. | → | Interação positiva |

Simultaneamente, pode-se identificar outra força, chamada ***Sapp!***.

| *ZAPP!* | × | *SAPP!* |
|---|---|---|

O *Sapp!* seria uma força negativa, decorrente de confusão de conceitos e estruturas, como as seguintes:

| | | |
|---|---|---|
| Falta de confiança nas pessoas. | → | *SAPP!* |
| Dificuldades de comunicação na empresa. | → | *SAPP!* |
| Desorganização das atividades que conduzem à falta de tempo para resolver problemas ou estudar questões relevantes. | → | *SAPP!* |
| Burocracia. | → | *SAPP!* |
| Falta de reconhecimento das ações desenvolvidas. | → | *SAPP!* |
| Regulamentação em excesso e sem sentido. | → | *SAPP!* |
| Conflitos pela paternidade de ideias. | → | *SAPP!* |
| Recursos inadequados ou insuficientes para desenvolver atividades. | → | *SAPP!* |

Esses elementos transmitem forças negativas às pessoas, ou seja, transmitem *Sapp!*.

Como diferenciar os dois ambientes?

| SAPP! | | ZAPP! |
|---|---|---|
| ■ As atividades que as pessoas desenvolvem pertencem à organização. | | ■ As atividades pertencem a quem as realiza. |
| ■ Faz-se tudo o que for solicitado, mas apenas isto. | | ■ As pessoas responsabilizam-se pelo que fazem. |
| ■ Confere-se pouca importância ao trabalho das pessoas. | X | ■ As pessoas sentem que seu trabalho é importante. |
| ■ Não se requer participação de ninguém. | | ■ Considera-se participação um assunto fundamental e imprescindível para a empresa. |
| ■ Não se oferece nenhum retorno do trabalho feito. | | ■ Há sempre uma realimentação das atividades realizadas. |
| ■ Não se associam pessoas às ações. | | ■ Relacionam-se pessoas e atividades. |

Para a Gestão da Qualidade, a lição que fica é muito simples: é papel do gestor criar ambientes *Zapp!*, garantindo e consolidando as condições favoráveis a seu surgimento, e evitar tudo o que possa conduzir a situações *Sapp!*.

Para tanto, deve ele garantir recursos, poder de decisão aos grupos e às equipes, programas de formação e qualificação de pessoal, envolver e motivar pessoas, promover mecanismos de reconhecimento, acreditar e investir no desenvolvimento integral das pessoas, enfim, energizar positivamente pessoas e ambientes.

É importante observar que considera-se o seguinte: "De longe, quem exerce a maior influência sobre o *Zapp!* é o supervisor ou gerente ao qual o funcionário se reporta diretamente" (BYHAM, 1992, p. 133).

Fica claro, assim, o papel reservado ao gerente. Ações da Gestão da Qualidade que favorecem o *Zapp!* sempre envolvem a caracterização de um direcionamento.

**COMO FAZER?**

- Prioridade de resultados e de formas de avaliá-los (por exemplo: mecanismos quantitativos de avaliação).
- Competência (por exemplo: conhecimento de métodos e de estratégias de ação).
- Recursos (por exemplo: meios de executar as atividades).
- Interação permanente (por exemplo: troca de informações sobre os resultados alcançados).
- Participação constante (por exemplo: grupos que incluem gerentes e diretores).

Todas estas ações sugerem que a Gestão da Qualidade acaba sempre priorizando ações integradas de envolvimento.

## 5.7.5 Ações integradas de envolvimento

É notável o relacionamento entre as estratégias voltadas para o envolvimento dos recursos humanos na organização. Às vezes, esse relacionamento é requerido pela própria estrutura da ferramenta. Com efeito, em algumas situações, determinadas técnicas acabam por exigir o desenvolvimento de ferramentas que complementem suas características para facilitar o processo de implantação.

Um exemplo, nesta linha, ocorre quando se percebe que existem técnicas, como o *brainstorming*, que geram ideias, mas não o fazem de forma organizada. Pode-se, então, usar uma técnica conhecida como ***SETF***, cujas letras mostram as iniciais de seus quatro elementos básicos.

O objetivo da *SETF* é priorizar elementos que entram em um processo de decisão.

**EXEMPLO**

- Um grupo deve decidir por qual alternativa deve iniciar o processo de implantação de soluções para determinado problema. A estratégia envolve a priorização das alternativas disponíveis, mediante a análise de cada uma.

A caracterização da ferramenta, contudo, está associada aos parâmetros utilizados para proceder a esta priorização, que são descritos abaixo:

| | | |
|---|---|---|
| ***S*** | *SEGURANÇA* | ▪ Envolve a análise de riscos associados às alternativas, sejam aqueles relativos a danos pessoais ou à organização. |
| ***E*** | *EMERGÊNCIA* | ▪ Avalia o nível de urgência da solução do problema e o tempo de implantação das alternativas propostas, bem como o tempo de respostas decorrente da aplicação dessas alternativas. |
| ***T*** | *TENDÊNCIA* | ▪ Avalia a tendência do problema. Nesse caso, considera-se se o problema pode agravar-se, se tende a diminuir seus efeitos etc. |
| ***F*** | *FACILIDADE* | ▪ Avalia a viabilidade da imediata execução da alternativa proposta, sua dependência a outros fatores etc. |

Observa-se aqui, claramente, como as ferramentas direcionadas para os recursos humanos interligam-se, gerando ações integradas de envolvimento.

De forma mais ampla, nota-se que as estratégias que buscam o envolvimento dos recursos humanos na qualidade têm características específicas e gerais, ao mesmo tempo. No primeiro caso, porque se direcionam para ações determinadas; no segundo, porque incluem uma variedade de objetivos e uma complexa rede de resultados das reações diversas decorrentes da aplicação das estratégias.

Em nenhuma outra área, contudo, fica tão evidente a ênfase no processo gerencial como nessas estratégias. De fato, selecionar o que aplicar depende de cada caso, de cada situação, de cada resultado esperado. Para evidenciar tanto a multiplicidade de ações quanto a relevância da ação gerencial envolvida, procurou-se identificar algumas estratégias já empregadas nesta área, sempre envolvendo ações interdependentes.

Identificaram-se seis grandes grupos em que essas estratégias podem ser incluídas. Esses grupos envolvem:

| | | |
|---|---|---|
| 1 | **Visão da organização** | Os esforços para se criar uma visão global da organização, única e integrada. |
| 2 | **Formas de atuação** | As diversas formas de operação da organização. |
| 3 | **Atenção ao indivíduo** | Os mecanismos direcionados para cada pessoa da organização. |
| 4 | **Direcionamento do trabalho** | Os alvos para onde convergem as múltiplas atividades do processo produtivo. |
| 5 | **Interação** | As formas de interação entre os recursos humanos da organização. |
| 6 | **Recursos** | A viabilização e a disponibilização dos meios para implantar as estratégias propostas. |

A listagem a seguir é o resultado dessa pesquisa, que identificou múltiplas estratégias de envolvimento adotadas em diferentes casos e selecionou 111, consideradas representativas de cada grupo.

## 1. VISÃO DA ORGANIZAÇÃO

- Criar uma visão comum a todos os membros da empresa.
- Fixar, como compromisso da administração, prioridade às pessoas, na condição de recursos mais importantes da organização.

- Investir na competência e na motivação das pessoas.
- Utilizar cinco princípios básicos para garantir o envolvimento das pessoas: fixação e divulgação de objetivos; disponibilidade de recursos; ambiente de trabalho e clima organizacional adequados; oportunidade de crescimento profissional; e pessoal e motivação permanente.
- Tornar consistente a ideia de que os problemas devem ser resolvidos e não apenas identificados.
- Tornar a organização homogênea – eliminar áreas privativas (de refeições ou estacionamentos, por exemplo).
- Defender a organização.
- Conferir flexibilidade às estruturas e rigidez aos objetivos.
- Gerenciar o processo produtivo como um sistema de identidade de objetivos: aqueles da organização e aqueles dos indivíduos.
- Pautar todo o modelo de gestão pelo exemplo pessoal e organizacional.
- Estruturar e tornar bem visível a liderança no topo da organização (BALDONADO, 2017).
- Incentivar o trabalho planejado.
- Mostrar que, se *nem sempre* se pode fazer apenas o que se gosta, *nunca* se podem desenvolver atividades que não valham a pena.
- Oferecer plena clareza em questões básicas da organização (por exemplo, salários).
- Evitar participação nos lucros (cujo cálculo é sempre muito "nebuloso"); incentivar prêmios bem definidos para níveis elevados de desempenho.

## 2. FORMAS DE ATUAÇÃO

- Valorizar todos os funcionários.
- Trabalhar em equipe.
- Investir em processos que tornem as pessoas aptas a trabalhar em equipe.
- Atuar com base em princípios e políticas bem definidos.
- Gerar estabilidade e segurança, mas incentivar o risco e o arrojo, em doses certas.
- Conferir, às pessoas, tarefas relevantes e compatíveis a seu desempenho.
- Oferecer desafios.
- Eliminar tudo o que possa prejudicar a realização de qualquer atividade.
- Ajustar as atividades às pessoas, considerando aspectos como potencial, capacidade e aptidão.
- Quando possível, proporcionar flexibilidade do horário de trabalho.
- Gerar procedimentos disciplinares progressivos, com justiça e imparcialidade.
- Envolver os recursos humanos pela participação (ações individuais), abrangência (não excluir ninguém) e compulsoriedade (pessoal inadequado não será mantido).
- Operar com programas de promoção bem caracterizados.
- Estabelecer políticas claras.
- Administrar políticas de modo uniforme.
- Compartilhar informações.
- Permitir o sucesso – e ficar feliz com ele; compreender o fracasso – e garantir que, em situações similares, ele não mais ocorrerá.
- Oferecer liberdade de decisão, ação e forma de atuar. Contudo, sempre cobrar resultados.
- Não criar sistemas de acompanhamento e avaliação que pareçam desenvolvidos para vigiar pessoas.
- Não associar aos funcionários atividades fora de seus hábitos sem prévio aviso e explicação da eventual necessidade de desenvolvê-las (por exemplo, não reter pessoas após o expediente sem aviso antecipado).
- Esperar respostas.

- Incentivar a personalização de áreas de atuação e ambientes de trabalho.
- Atentar para a seleção correta de pessoal. Isso evita os desgastes das remoções.
- Definir atribuições, obrigações, responsabilidades e autoridade adequadas a cada caso.
- Inspirar, permitir e incentivar a criatividade e a inovação dentro de determinados intervalos e sempre segundo as políticas da organização.
- Estabelecer valores e parâmetros claros para o processo de avaliação. Fornecer os elementos gerais que compõem cada processo de avaliação sobre o desempenho.
- Apresentar desafios e situações novas de forma constante.
- Apresentar oportunidades de desenvolvimento das pessoas pelo acesso às atividades mais relevantes, de maior alcance e responsabilidade.
- Desenvolver programas de retribuição ao desempenho de forma simples, compreensível, clara, com elementos objetivos e bem definidos, sempre associados a questões relevantes, de forte impacto sobre a organização, de preferência visíveis e de fácil percepção. Os objetivos do programa devem ser viáveis, realistas e compatíveis com o pessoal envolvido, e para cada objetivo deve ser fixado o nível de desempenho proposto ou esperado. A avaliação deve ser feita sob a forma de medidas previamente definidas. Quantifica-se o desempenho e podem-se, então, associar gradações a ele (por exemplo, fraco, regular, bom, excelente). Associa-se cada objetivo a um grupo bem definido de pessoas, de quem se espera o empenho para alcançá-lo. Garante-se, por fim, forte divulgação do programa, de forma a tornar claro como se podem obter os benefícios listados.

## 3. ATENÇÃO AO INDIVÍDUO

- Confiar nas pessoas e expressar, com forte ênfase e visibilidade, essa confiança.
- Escutar sempre. E antes de qualquer outra ação.
- Gerar oportunidades de contato pessoal.
- Valorizar cada indivíduo.
- Valorizar, com ênfase, os méritos, as conquistas, as vitórias e os sucessos.
- Criar oportunidades de crescimento pessoal e desenvolvimento da confiança.
- Aceitar as pessoas como elas são; reforçar as pessoas pelo que elas são e não pelo que gostaríamos que fossem. Assim começa o processo de transformação.
- Priorizar a lealdade nos dois sentidos – de cima para baixo e vice-versa.
- Saber o que as pessoas estão fazendo, em forma, conteúdo, objetivo etc.
- Investir na motivação e no entusiasmo.
- Eliminar discriminação e preconceito de qualquer natureza quanto a educação, comunicação oral, comunicação escrita, bens que as pessoas possuem ou dispõem (veículo, casa ou apartamento, local em que residem), naturalidade ou nacionalidade, forma de se apresentar (vestimentas ou aparência física), estado civil ou filiação, ideologia, preferências religiosas, políticas ou de esporte etc.
- Reconhecer o trabalho feito.
- Comemorar sucessos alcançados.
- Evitar tratamento inadequado (por exemplo, irreverências).
- Priorizar o tratamento justo e adequado às pessoas.
- Identificar a organização com a família.
- Promover o relacionamento integrado e harmonioso.
- Garantir um ambiente de trabalho adequado – saudável, seguro e agradável.
- Priorizar a segurança do local de trabalho.
- Proporcionar oportunidades de crescimento a todos.
- Defender os funcionários.

- Eliminar processos que categorizam funcionários.
- Elevar a autoestima de todos.
- Deixar que as pessoas sejam o que são, respeitando individualidades.
- Atentar para a melhor "condição de operação" das pessoas. Por exemplo: eliminar ansiedades, oportunidades de estresse, excesso ou falta de expectativas e de confiança.
- Lutar, sempre, contra a frustração e contra o desânimo.
- Evitar situações em que as pessoas se sintam rejeitadas, criticadas, humilhadas ou, simplesmente, relegadas a posições secundárias ou de isolamento.
- Conferir valor ao trabalho de rotina, às atividades básicas, ao pessoal de chão de fábrica ou às ações mais simples.
- Investir na satisfação das necessidades pessoais.
- Investir no contínuo aperfeiçoamento das pessoas – por exemplo: desenvolver programas de educação formal; treinamento na empresa e externamente; disponibilizar material de aprendizagem; garantir que cada treinamento feito por um funcionário seja repassado aos outros.
- Possibilitar que as pessoas descubram os talentos, as aptidões, as preferências e as habilidades que possuem.
- Incentivar, encorajar e propor às pessoas as formas para viabilizar seu crescimento profissional.
- Criar programas de incentivos e retribuição ao crescimento profissional.
- Há muitas formas de reconhecer desempenhos, iniciativas, ações ou bons resultados. Alguns exemplos: agradecimento (oral ou escrito); menção elogiosa diante de outras pessoas; agradecimento, direto, pessoal, sem alarde; menções honrosas por escrito, afixadas em murais, publicadas em jornais internos ou externos; certificados, placas, diplomas ou outras formas indeléveis de reconhecimento, entregues formalmente, em ocasiões especiais; benefícios materiais (viagens, jantares, ingressos para espetáculos etc.); folgas; camisetas, bonés, crachás, *buttons*, distintivos ou outros sinais externos de reconhecimento e distinção etc. Há sempre uma forma criativa de expressar como se valorizam as pessoas que geram resultados positivos para seu grupo, para sua área de trabalho e para a organização.

## 4. DIRECIONAMENTO DO TRABALHO

- Priorizar o cliente: inicialmente, o interno; a seguir, o externo.
- Valorizar a posição profissional.
- Evitar regras em excesso, priorizando só o que for relevante.
- Não associar o trabalho a um castigo.
- Não permitir que sugestões, reclamações ou posicionamentos fiquem sem resposta.
- Responder também se as pessoas pedirem apoio, aprovação, orientação, sugestões ou simples opinião.
- Cumprir o que for proposto, prometido ou fixado como meta ou objetivo.
- Investir nas iniciativas pessoais.
- Fixar e divulgar intensamente as instruções gerais da organização. Essas instruções devem ser claras, objetivas e precisas.
- Ter em mente que as estratégias de desenvolvimento do trabalho participativo devem envolver as pessoas e não, apenas, agregá-las ao processo.
- Lutar contra o tédio, a rotina mal explicada, a repetição sem sentido e a falta de inovação.

## 5. INTERAÇÃO

- Incentivar a comunicação aberta.
- Viabilizar sistemas eficazes de comunicação.
- Priorizar aspectos positivos, e não negativos.

- Incentivar novas ideias e acolher bem as que aparecerem.
- Permitir que as pessoas se encontrem.
- Ser acessível e viabilizar o acesso aos outros.
- Aceitar as pessoas como são – mas não se acomodar com isso.
- Aceitar formas de comportamento – mas adequá-las à organização.
- Compreender valores, crenças e padrões éticos – mas deixar claro que a organização tem direito de ter seus próprios parâmetros.
- Oferecer dimensão positiva aos conflitos.
- Utilizar reuniões com regularidade, rapidez, objetividade e sem regras fixas e imutáveis de operação.
- Pautar o relacionamento pela paciência, respeito e atenção.
- Elogiar. Criticar. Promover. Punir. Entretanto, sempre com equilíbrio.
- Ter senso de humor.
- Utilizar processos de reciprocidade de incentivos sob a forma de novos padrões de desempenho.
- Vincular padrões de desempenho às formas de retribuição ao empregado.

## 6. RECURSOS

- Viabilizar recursos para o desenvolvimento do trabalho de forma produtiva, eficiente, segura e adequada às condições de quem o executa.
- Proporcionar recursos para que o trabalho seja feito.
- Proporcionalizar os resultados aos recursos oferecidos.
- Proporcionar oportunidades de incentivo (salarial, de carreira ou de trabalho) a todos, igualmente.
- Criar ambientes adequados de trabalho, tendo em vista o local de instalação de atividades e de toda a empresa.
- Criar condições gerais para que os ambientes sejam adequados ao trabalho, atentando para circulação de ar, cores, proteção contra intempéries etc.

### FIQUE ATENTO

- A utilização de quaisquer dessas estratégias depende de uma variedade de fatores.
- Em geral, a cultura da empresa tende a ser o mais relevante.
- Até porque a própria utilização de estratégias acaba por revelar que cultura se impõe no momento.

### LIÇÕES DA PRÁTICA

Estes são os Princípios Normativos da Matsushita Electric (Panasonic) para a área de recursos humanos:

1. Respeito.
2. Recompensas.
3. Comunicação.
4. Cortesia.
5. Discussão.
6. Negociação.
7. Consenso.
8. Lealdade aos empregados.
9. Socialização.
10. Treinamento.
11. Poucas ordens diretas.
12. Pensamento em ações de longo prazo.
13. Esperança no futuro.
14. Liberdade inovadora.
15. Permanência no cargo.
16. Condições estáveis.

17. Responsabilidades claramente atribuídas.
18. Recepção especial aos novos funcionários.
19. Muitos sorrisos.
20. Muitos "obrigado" e "por favor".
21. Delicadeza e consideração.
22. Receptividade a críticas.
23. Ajuda generosa na aposentadoria.
24. Dedicação.
25. Determinação.
26. Disciplina.
27. Esforço no trabalho.

Se essas são as estratégias mais indicadas para outras empresas, é um caso a discutir. Contudo, no caso da Panasonic, o resultado observado foi compensador: moral em alta, sempre, na empresa.

Por fim, pode-se considerar que a qualidade influenciou áreas diversas que tratam dos elementos humanos – nas empresas ou fora delas. Um exemplo disso é a chamada ***teoria do pensamento criativo***, uma estratégia proposta e desenvolvida por Alex Osborn. Segundo esse autor, o homem evolui em autodisciplina à medida que segue ou cria padrões, sempre no esforço de melhorá-los (OSBORN, 1987). Nesse esforço, em função da diversidade de características que as pessoas possuem, ocorrem diferentes níveis de crescimento, mas sempre é possível criar, melhorar, progredir.

Essas ideias são típicas da qualidade. E, note-se, um programa da qualidade gera oportunidades para disseminar formas de pensamento criativo, ou seja, além da transfusão de ideias, há, aqui, a criação de ambientes adequados à viabilização da implantação da técnica.

## COMO FAZER?

- Operacionalmente, o pensamento criativo de Osborn concretiza-se em estratégias que buscam incentivar o homem a pensar seguindo um direcionamento que o leve à criatividade.
- A proposta, portanto, é levar as pessoas a estar sempre inquietas com a situação atual e atentas para oportunidades de melhoria.
- O pensamento criativo, assim, parte exatamente do conceito de Melhoria Contínua e o viabiliza por meio de técnicas que podem envolver várias etapas.

Um exemplo dessas etapas é mostrado no roteiro a seguir:

| ETAPA | AÇÃO | EXEMPLO |
|---|---|---|
| 1 | Identificar a oportunidade de **modificar**. | ▪ O que parece não estar adequado ao conjunto? |
| 2 | Definir o que pode ser melhorado por processos de **simplificação** ou **minimização** | ▪ Há itens que podem ser suprimidos sem prejuízo ao conjunto? |
| 3 | Definir o que pode ser melhorado por processo de **substituição** | ▪ Há itens que ficariam melhores com outros materiais ou em outro lugar? |
| 4 | Definir o que pode ser melhorado por **rearrumação**. | ▪ Um item será mais bem executado se for trabalhado por outra pessoa, com outros componentes ou em outra sequência de operação? |
| 5 | Definir o que pode ser melhorado por processo de **reversão**. | ▪ Um item será executado de forma melhor se as operações forem desenvolvidas em ordem inversa em relação ao que se faz hoje? |
| 6 | Definir o que pode ser melhorado por **combinação** | ▪ Um item será mais bem executado se as operações forem desenvolvidas simultaneamente? Ou caso se combinarem duas ideias ou dois objetivos? |
| 7 | Definir o que pode ser melhorado por processo de **nova utilização**. | ▪ Um item será mais bem aproveitado se for usado de uma nova forma? |

**FIQUE ATENTO**

- Observe que o próprio roteiro sugere a aplicação do pensamento criativo em sua formulação.
- Com efeito, pode ser que essas questões não sejam adequadas a determinada situação.
- Há, assim, em primeiro lugar, a necessidade de estruturar a metodologia de trabalho, criando formulações mais adequadas.
- Abre-se a oportunidade para o uso de técnicas como o *brainstorming*, para definir tais formulações.

Caracteriza-se, desse modo, o processo de integração de conceitos e métodos entre estratégias. O que não deixa de ser um processo típico da Gestão da Qualidade.

**QUESTÕES PARA REFLEXÃO**

Considerando a qualidade enquanto envolvimento da mão de obra, identifique situações em que se requerem esforços para:

A. garantir correta atribuição de responsabilidades;
B. viabilizar uma adequada organização de esforços;
C. aproveitar ações similares desenvolvidas em outros programas e estratégias;
D. desenvolver bens tangíveis e serviços para os clientes.

## UMA VISÃO RÁPIDA

### PROGRAMAS DA QUALIDADE

- A Gestão da Qualidade é uma noção que compreende muitos conceitos. Analisando-os, observa-se que a Gestão da Qualidade é encarada como uma filosofia, um conjunto de métodos, melhoria contínua, um serviço (ao consumidor e a clientes) e envolvimento da mão de obra. As várias noções utilizadas para definir Gestão da Qualidade produziram algumas estratégias que a prática tem consagrado.
- Essas estratégias possuem uma caracterização bem definida. Possuem ferramentas específicas. E geram benefícios ao processo da Gestão da Qualidade, quando implantadas. Contudo, carregam consigo, também, algumas restrições que devem ser consideradas.
- As estratégias relacionadas à Gestão da Qualidade enquanto "**filosofia**" envolvem produção da qualidade (como, por exemplo, qualidade na origem), uma nova visão do processo de gestão (como, por exemplo, a visão introduzida por Deming), uma concepção específica da ação gerencial no processo produtivo (caso, por exemplo, da engenharia simultânea) e procedimentos de ação gerencial (como, por exemplo, a ideia de Reengenharia).
- As estratégias relacionadas à Gestão da Qualidade enquanto "**métodos**" envolvem procedimentos elementares de análise de problemas (duas ferramentas que podem ser usadas para a análise de problemas são o diagrama causa-efeito e o diagrama-matriz), procedimentos elementares de visualização de processos (neste caso incluem-se os histogramas, as folhas de checagem, o diagrama de Pareto e os fluxogramas. Incluem-se também, aqui, as matrizes de análise de dados, o diagrama de dependência e o diagrama de programação da decisão), ações de planejamento, especialmente o planejamento estratégico (incluindo-se aqui ferramentas como o PDCA, diagramas seta e diagramas árvore), automação de processos (onde entram modelos simples de automação, caso, por exemplo, dos *andons* e autonomação, ou mais complexos, como o projeto assistido por computador), a manufatura assistida por computador, o planejamento do processo assistido por computador, os sistemas flexíveis de produção, os processos integrados de produção assistidos por computador, o controle da qualidade assistido por computador e a garantia da qualidade assistida por computador. Nessa área, contudo, parece que a Inteligência Artificial surge como o conjunto de ferramentas mais promissoras, envolvendo sistemas especialistas, reconhecimento de padrões e redes neurais.

- Em termos de estratégias relacionadas à Gestão da Qualidade enquanto "**melhoria contínua**", citem-se os procedimentos de organização do processo, nos quais se destacam as células de produção, o conceito de cliente interno e técnicas como o *just in time* e o *kanban*. O 5S deve ser aqui também considerado. Citem-se, ainda, os procedimentos de otimização do processo, em que se destaca a ideia de perda zero e o programa zero defeito. Já a atualização de processo trabalha com duas estratégias – *benchmarking* e QFD, visando atualizar o processo com base nos concorrentes e clientes, respectivamente.
- As estratégias relacionadas à Gestão da Qualidade enquanto "**serviço a consumidores e clientes**" envolvem exatamente o QFD e a Análise de Valor.
- As estratégias relacionadas à Gestão da Qualidade enquanto "**envolvimento da mão de obra**" visam a comprometer os recursos humanos para o esforço de produzir qualidade em processos, produtos e serviços, diante da inegável importância, e precedência, dos recursos humanos sobre os demais recursos da organização. As estratégias nessa área dificilmente visam a um único fim: o mais comum é incluírem vários métodos, princípios, ferramentas e, é claro, resultados esperados, em face da abrangência que caracteriza as ações voltadas para os recursos humanos. Por isso, torna-se difícil fixar um esquema para conceituar ou classificar as estratégias nessa área.
- Algumas estratégias para o envolvimento dos recursos humanos apresentam um objetivo de maior destaque, como a atribuição de responsabilidades (em que se inclui a TPM), e a organização de esforços, em que se incluem as estratégias do trabalho em equipes ou pequenos grupos, dentro da noção de multifuncionalidade. As estratégias desenvolvidas por similaridade envolvem ferramentas como o diagrama de similaridade, a indução à participação positiva (casos do *brainstorming* e da energização). Em termos de ações integradas de envolvimento, o SETF surge como uma ferramenta que tem gerado bons resultados.
- De forma mais ampla, observa-se que as estratégias que buscam o envolvimento dos recursos humanos no empenho pela produção da qualidade têm características específicas e gerais, ao mesmo tempo. No primeiro caso, porque se direcionam para ações determinadas; no segundo, porque incluem uma variedade de objetivos e uma complexa rede de resultados das diversas reações decorrentes da aplicação das estratégias.
- Identificaram-se seis grandes grupos em que essas estratégias podem ser incluídas. Estes grupos envolvem: (1) os esforços para criar uma visão global da organização, única e integrada; (2) as diversas formas de operação da organização; (3) os mecanismos direcionados para cada pessoa da organização; (4) os alvos para onde convergem as múltiplas atividades do processo produtivo; (5) as formas de interação entre os recursos humanos da organização; e (6) a viabilização e a disponibilização dos meios para implantar as estratégias propostas.
- A qualidade influenciou áreas diversas que tratam dos elementos humanos – nas empresas ou fora delas. Um exemplo disso é a chamada teoria do pensamento criativo, uma estratégia proposta e desenvolvida por Alex Osborn, segundo o qual o homem evolui em autodisciplina à medida que segue ou cria padrões, sempre no esforço de melhorá-los.

## UMA ANÁLISE AMPLIADA PARA O VIÉS PRÁTICO DOS PROGRAMAS DA QUALIDADE

### AS ESTRATÉGIAS DA GESTÃO DA QUALIDADE

Não faz sentido considerar que a descrição ou a análise das estratégias da Gestão da Qualidade sejam elementos de natureza teórica. Na verdade, essas estratégias são métodos práticos de implantação da própria Gestão da Qualidade nas organizações. Ocorre, porém, que sua utilização sofre alterações em função de componentes locais, como é o caso da cultura da empresa, do tipo de produto ou serviço com o qual a organização opera, a natureza dos equipamentos e dos métodos de trabalho, as especificidades da mão de obra etc. Daí tornar-se interessante analisar alguns casos práticos de implantação tanto para visualizar como ocorreram essas adaptações como, principalmente, para considerar os resultados obtidos.

Apresentam-se aqui três conjuntos de exemplos, que envolvem empresas japonesas, americanas e brasileiras, com as quais se obteve contato direto. Nelas, o conceito da qualidade e o processo de gestão caracterizam-se claramente: as estratégias utilizadas adquirem cores próprias e, mais importante, os resultados obtidos são altamente compensadores, mostrando tanto a validade das estratégias da Gestão da Qualidade quanto os benefícios de sua aplicação.

#### CONJUNTO 1: Os exemplos que vêm do Japão

O Japão é, sem dúvida, o país que melhor fornece exemplos de estratégias em Gestão da Qualidade. Isso vale tanto hoje quanto ao longo da história recente da qualidade. Selecionou-se, aqui, apenas uma pequena amostra, que compreende um grupo de empresas visitadas naquele país que tinham algo a ensinar aos curiosos brasileiros que mantiveram contato com elas.

**EMPRESA 1**

***Principais produtos:***

- Materiais sanitários, válvulas, banheiros, espelhos, cozinhas, aquecedores, saunas, pias, piscinas, cerâmicas para enfeites, mármores artificiais e outros materiais de construção.

***Características gerais:***

- Empresa de cerca de 7.700 funcionários, fundada em 1917. Suas vendas são da ordem de 20 bilhões de ienes por ano e seus produtos são produzidos em sete fábricas. A fábrica visitada situa-se em Chigasaki, nas proximidades de Tóquio.

***Referenciais de ação:***

- Nessa fábrica, o índice de devolução de produtos situa-se na faixa de 0,01%.
- Há cerca de cem equipes da qualidade atuando ativamente, e a empresa desenvolve esforços consideráveis na área de treinamento de pessoal – sobretudo em termos de processos de fabricação, dinâmica de grupo e segurança.
- Não se adota o sistema *just in time*, optando-se por um sistema de lotes de produção.
- O programa de sugestões funciona bem: em média, cada funcionário oferece uma sugestão viável por semana, que acaba sendo adotada. Ao salário médio pago na companhia é acrescido um bônus de 50% do salário, o que totaliza 18 salários por ano.
- Trata-se de uma empresa que parece adotar uma linha mais "ocidentalizada" de Administração da Produção, com pouca ênfase às técnicas japonesas, como o *kanban* e o *just in time.*
- Suas estratégias de Gestão da Qualidade são claras e incluem a qualidade como meio de manter a liderança do mercado e o investimento nos recursos humanos como elemento básico para garantir o alcance desse objetivo.

**EMPRESA 2**

***Principais produtos:***

- Assentos e bancos para equipar veículos produzidos pela Toyota, para quem a empresa vende sua produção.

***Características gerais:***

- É uma empresa do grupo Toyota, que está instalada em Gotemba, no sopé do Monte Fuji. Trata-se de uma empresa com cerca de 300 funcionários, instalada numa área de 21.000 metros quadrados, que apresenta uma linha diversificada, com cerca de 200 variedades de bancos, produzindo aproximadamente 800 assentos por dia.

***Referenciais de ação:***

- Seu sistema *kanban* é perfeito e, a cada 15 minutos, 20 unidades são enviadas para a fábrica da Toyota, por meio de um sistema de transporte que envolve apenas três caminhões.
- O Planejamento e Controle de Produção trabalha com planos de produção que chegam à fábrica 9 dias antes do início de sua execução. A partir daí, o PCP desenvolve-se pelo sistema *kanban*.
- A fábrica opera em turno único.
- Os índices da Qualidade são surpreendentes. Em média, ocorrem três defeitos a cada 170.000 unidades produzidas.
- O plano de sugestões funciona adequadamente, com uma média de 20 sugestões viáveis, por pessoa, a cada mês.
- A empresa paga cerca de 17 salários por ano.
- A companhia tem planos de benefícios que abrangem cupons para compra de livros, auxílio para alimentação e vários tipos diferentes de ajuda, como, por exemplo, despesa total com transporte.
- O ambiente da fábrica, festivo, revela a opção da empresa por estratégias promocionais.
- Revela, também, a filosofia de "deixar a fábrica trabalhar sozinha".
- Há muitas placas indicativas de níveis de produção e qualidade, cartazes, faixas, *andons* luminosos, enfim, a qualquer momento e de qualquer ponto, sabe-se o que está ocorrendo em cada fase da produção.
- *O layout* da fábrica é móvel, o que torna a produção bastante flexível.
- O uso do *kanban* na empresa vem desde 1980. Começou-se por imposição da Toyota; posteriormente, começaram a achar a ideia excelente. Foram precisos cinco anos para o sistema funcionar adequadamente. A empresa considera a qualidade como seu ponto forte e a eficiência como seu desafio permanente.

## EMPRESA 3

***Principais produtos:***

- Dispositivos de controle de processos, instrumentos analíticos, equipamentos de processamento de dados (sobretudo microcomputadores), instrumentos de medida, equipamentos para a aeronáutica, sistema de controle de edifícios e equipamentos náuticos.

***Características gerais:***

- A empresa foi fundada em 1915 e conta, hoje, com 8.000 funcionários. Sua atuação pode ser considerada como a de desenvolvimento de tecnologia de ponta. Cerca de 50% de sua produção é exportada. No Japão, a companhia tem fábricas em Tóquio, Kofu, Ome e, além disso, possui fábricas nos Estados Unidos, Singapura, Coreia, Brasil e Noruega, além de escritórios comerciais espalhados por quase todo o Japão e mais 12 países. A fábrica visitada situa-se em Tóquio, junto ao escritório central da companhia. O salário médio dos funcionários está relacionado ao desempenho da companhia no ano anterior. Atualmente, a empresa paga cerca de 20 salários por ano

***Referenciais de ação:***

- A companhia tem baseado sua atuação em estratégias que apontam para três direções básicas: qualidade, pioneirismo e contribuição à sociedade.
- No que diz respeito à qualidade, ela tem desenvolvido conceitos próprios que são repassados aos funcionários por meio de treinamentos intensivos.
- Durante a visita à companhia, foram apresentados três esquemas básicos nessa área: o Programa QPI (*Quality & Productivity Improvement*), o Programa de Equipes da Qualidade e o Esquema de Sugestões. Os três assuntos foram resumidos em textos colocados à disposição de todos os funcionários.
- No caso do primeiro programa (QPI), seu desenvolvimento baseia-se em quatro princípios básicos: (1) a prosperidade da companhia depende do melhor trabalho, e dele depende melhor vida e maior satisfação dos próprios operários; (2) o custo e a qualidade são dois lados de uma mesma moeda; a qualidade deve vir sempre em primeiro lugar, pois ela ajuda a reduzir custos; (3) todos têm clientes – dentro e fora da fábrica; é sua tarefa satisfazê-los da melhor forma possível; e (4) todos devem ser e estar envolvidos na ação pela qualidade
- Faz parte desse programa, ainda, um sistema de produção baseado no *just in time*.
- Esse sistema tem sido apresentado em seminários e publicado em revistas especializadas em Administração da Produção, como um modelo de sistema de produção adequado à implementação da filosofia de priorização da qualidade, somada à racionalização da produção.
- Os demais programas, ainda que tratem de aspectos mais específicos, trazem os sinais claros da política da companhia, que, indiscutivelmente, considera a qualidade de seus produtos como meta prioritária.

## EMPRESA 4

***Principais produtos:***

- Máquinas copiadoras, impressoras e fac-símiles.

***Características gerais:***

- Companhia fundada em 1970, com 1.200 funcionários. A fábrica visitada situa-se em Atsugi, em uma área de 90.000 metros quadrados, onde são produzidas 22.000 máquinas copiadoras por mês. A fábrica é toda automatizada, incluindo-se, aí, diversos robôs que atuam na área de produção. Toda a companhia tem cerca de 10.000 funcionários, espalhados em fábricas e escritórios comerciais pelo Japão.

***Referenciais de ação:***

- A estratégia básica da empresa pode ser resumida em três linhas básicas: fazer bem feito e em tempo curto, zero defeito e redução de custos.
- O ambiente de fábrica mostra uma área limpa, onde cerca de cinco quilômetros de linha de montagem, toda automatizada, refletem a ideia de que o ambiente de trabalho deve ser limpo e alegre.
- Chama a atenção a baixa idade média dos funcionários: 33 anos, os homens, e 21 anos, as mulheres.
- A companhia introduziu uma rotina: ao chegarem, pela manhã, os funcionários fazem ginástica, com música; logo depois há uma reunião geral, seguida de reuniões no local de trabalho, para a discussão do plano de atividades para aquele dia.

- Há um rígido planejamento de admissão de funcionários na companhia. Segundo esse planejamento, em outubro são definidas as vagas; seguem-se seis meses de treinamento informal e, em abril do ano seguinte, são admitidos os funcionários selecionados, que passam por 10 dias de atividades de integração, seguidos de um mês de treinamento na empresa.
- Há incentivos financeiros para residência, transporte e para a família do operário, e motivacionais, como treinamentos e programas específicos.

## EMPRESA 5

***Principais produtos:***

- Empresa com produtos diversificados, concentrando-se mais em câmeras fotográficas, maquinarias de oficinas, produtos ópticos e copiadoras.

***Características gerais:***

- É uma das grandes companhias japonesas, que exporta produtos para todo o mundo. Suas fábricas estão espalhadas, além do Japão, por países como Estados Unidos, Canadá, França, Austrália e Singapura. No total, a companhia tem cerca de 30.000 funcionários, sendo 20.000 no Japão. A fábrica visitada situa-se em Toride, a 60 quilômetros de Tóquio. Ela emprega cerca de 2.000 funcionários, com uma área de 260.000 metros quadrados. Os produtos fabricados são copiadoras e impressoras a *laser*; nas proximidades, existe outra fábrica, que produz aparelhos de *fax*. Na fábrica visitada são produzidas copiadoras em cores, a *laser*, sendo a maior fábrica do mundo desse tipo de produto. A produção da fábrica situa-se na casa das 75.000 copiadoras (pequenas) por mês, atingindo um faturamento de mais de 300 bilhões de ienes anuais. A idade média dos funcionários é de 30 anos.

***Referenciais de ação:***

- A estratégia empregada pela Gestão da Qualidade parte de uma diretriz básica: "fazer as coisas certas sempre, aperfeiçoando-se, durante o trabalho, os métodos para tanto".
- Sua operacionalização ocorre por meio de um sistema específico de produção, batizado como *Continuous Production System* (CPS).
- Esse sistema tem por objetivo básico obter contínua melhoria de todas as atividades de produção da empresa.
- Seus méritos dizem respeito ao envolvimento de todos nesse esforço, divulgação e clara interpretação dos objetivos a serem alcançados e resultados de melhoria convertidos em vantagens financeiras para os empregados.
- Foram quatro as etapas para o desenvolvimento desse sistema: (a) *Viabilidade*: desenvolvimento do sistema e estudos da viabilidade de utilização efetiva; (b) *Decisões*: implantação efetiva segundo um roteiro derivado de decisões políticas da empresa; (c) *Eliminação de perdas*: desenvolvimento de atividades relativas à eliminação de perdas e redução de erros e refugos; e (d) *Tentativa de se chegar ao sistema ideal*: programa de melhorias e incentivo ao talento para descobrir novas formas de aperfeiçoar o sistema. Espera-se que essa fase dure para sempre.
- Além disso, existem programas de caixa de sugestões e equipes da qualidade. Segundo as estatísticas, há cerca de 200 sugestões/pessoa/ano viáveis e em condições de serem implantadas ou já em utilização. Para as sugestões mais importantes em termos de melhorias, qualidade, redução de custos ou similares, há uma tabela de prêmios, que varia de 150 a 50.000 ienes. Além disso, há prêmios especiais de 100 mil e 300 mil ienes, acompanhados de medalhas de prata e de ouro, respectivamente.

## EMPRESA 6

***Principais produtos:***

- Componentes para automóveis.

***Características gerais:***

- Esta companhia possui fábricas em Obu e Anjyo, cidades situadas próximo a Quioto. A fábrica visitada foi a de Obu, onde se produzem partes do motor de veículos da Toyota, Matsuda, Ford (EUA), além de outras companhias japonesas. A companhia foi fundada em 1938 e conta com 1.000 funcionários na fábrica visitada e 3.000 funcionários no total. As vendas da companhia são da ordem de 9 bilhões de ienes por ano.

***Referenciais de ação:***

- Desde 1985 a companhia adota o sistema Toyota de produção e, em especial, o sistema *kanban*. Há mais de 300 equipes da qualidade funcionando na empresa, que envolvem, no total, cerca de 2.100 funcionários.
- O objetivo básico das equipes da qualidade é contribuir com sugestões que melhorem/desenvolvam a empresa.
- As equipes da qualidade atuam segundo um plano tipo PDCA. São atividades das equipes da qualidade reuniões, estudos, atividades de melhorias, troca de informações, participação em decisões formais, recreação e atividades sociais.
- A vida de uma equipe segue sempre o mesmo roteiro: a equipe é formada, escolhe o líder, registra a equipe, seleciona o que discutir e começa a trabalhar.
- O que chama a atenção nessa fábrica são os níveis de estoque, extremamente baixos. Assim, para o produto acabado, há cerca de quatro a sete horas de estoque; para produtos em processo, duas a quatro horas.
- Para a matéria-prima, vinda de companhias do grupo ou de terceiros, há cerca de um dia de estoque.
- O sistema de sugestões funciona bem, com cerca de 50 sugestões/pessoa/ano. A participação dos funcionários em equipes da qualidade ou programas de sugestões, ou ambos, é de mais de 90%.

## EMPRESA 7

***Principais produtos:***

- Componentes para automóveis.

***Características gerais:***

- Essa empresa foi fundada em 1941. Sua fábrica principal, que foi exatamente a selecionada para visita, fica em Kariya, prefeitura de Aichi, próximo a Nagoia. Além dessa fábrica, existem outras em Okazaki, Kohda, Higashi e Todomisaki. Fora do Japão, a companhia tem empresas nos Estados Unidos (Arlington Heights Illinois), Brasil (São Paulo), França (Cholet), além de representantes em Chicago (EUA) e Dusseldorf (Alemanha). A fábrica visitada tem 4.400 funcionários. Seus produtos básicos (que são também das outras fábricas) são máquinas e peças para automóveis, bem como produtos mecatrônicos. Entre as máquinas, figuram moedores, *transfers*, máquinas de montagem automática, instrumentos de medidas e controle.

***Referenciais de ação:***

- A empresa adotou, em 1981, um sistema de Controle da Qualidade Total que concentrou esforços na atenção total ao cliente, em produtos de alta tecnologia e qualidade, em treinamento de pessoal e redução de custos. A ideia básica transmitida aos operários é a de que se devem resolver problemas assim que eles aparecem.
- Em 1984, começaram a ser criadas as equipes da qualidade, que se engajaram no plano Z84 (Z: última letra, representando a última chance, ou seja, agora é necessário agir; 84: número de alternativas criadas para os problemas mais urgentes).
- Esse plano baseou-se na análise do tipo *por que se ganha/por que se perde*, de modo a identificar pontos fracos, para reforçá-los, e pontos fortes, para consolidá-los.
- Tal plano produziu efetivo aumento da capacidade das pessoas de criarem resultados positivos. Vários sistemas estão em uso na fábrica, como TPM (*Total Productive Maintenance*), FMS (*Flexible Manufacturing System*), FMC (*Flexible Manufacturing Cells*), FTL (*Flexible Transfer Line*); para o controle da Qualidade, foram desenvolvidos sistemas como FTA (*Failure Tree Analysis*) e FMEA (*Failure Mode Effective Analysis*).
- Como os nomes demonstram, são sistemas específicos para a produção e tentativas de melhorá-lo com base em análises efetivas do processo produtivo. Todos esses sistemas encaixam-se em um programa mais amplo, conhecido como TIPROS (*Toyoda Integrated Production System*).

## EMPRESA 8

***Principais produtos:***

- Componentes elétricos para veículos.

***Características gerais:***

- Empresa com mais de 1.000 funcionários, situada em Anjyo, perto de Nagoia. Sua área total é de 40.000 metros quadrados. Os operários são jovens: a idade média é inferior a 30 anos. A produção diária da empresa supera

300.000 peças e o controle é feito em 100% das peças acabadas. Os índices da qualidade oscilam entre cinco e 20 peças defeituosas por milhão para o produto acabado e, dentro da fábrica, a inspeção interna detecta cerca de 30 peças por milhão como defeituosas.

***Referenciais de ação:***

- A estratégia da empresa é criar produtos que estejam um passo à frente dos concorrentes. Para tanto, aliam-se tecnologia, qualidade e custos baixos. A empresa adota um sistema da qualidade, que visa aumentar a qualidade dos produtos, induzindo à formação de equipes da qualidade e à gradual eliminação de todo e qualquer refugo na empresa.
- A meta de cada grupo é, em seu local de trabalho, tornar a linha de produção mais confiável e eficiente. A companhia tende a priorizar a qualidade desde o projeto; no entanto, seu acompanhamento mais efetivo dá-se na linha, onde há um sistema de Controle Estatístico da Qualidade totalmente automatizado.
- Há, na fábrica, muitos gráficos mostrados como *andons*, que exibem o desempenho das linhas de produção.
- São esquemas bastante ilustrativos, que mostram metas a serem alcançadas em termos de eficiência, qualidade e custos.
- A companhia tem vendido uma imagem agressiva aos funcionários em termos de ação na fábrica: a ideia básica é a de administrar por ataque, não por defesa.

## EMPRESA 9

***Principais produtos:***

- Freios para automóveis.

***Características gerais:***

- Companhia com nove fábricas no Japão e filiais nos Estados Unidos (Los Angeles), Bélgica (Bruxelas), Singapura, México (Cidade do México) e Taiwan. A fábrica visitada situa-se em Kariya, perto de Nagoia. Dos 8.000 funcionários da empresa, cerca de 1.000 estão nessa fábrica. Essa empresa pertence ao grupo Toyota. Foi fundada em 1949 e sua diretriz básica é "Qualidade Primeiro", dando bem a ideia da ênfase que a qualidade representa para a companhia. O produto principal da fábrica visitada são os freios para automóveis. São produzidos mais de 7 milhões de peças por mês, sendo 50% de freios, 40% de equipamentos de controle e segurança do motor e o restante peças de suspensão dos veículos.

***Referenciais de ação:***

- O programa "Qualidade Primeiro" dá forte ênfase aos recursos humanos da organização. Incentiva-se a formação de equipes da qualidade, há programas de treinamento específicos, que vão desde o aprendizado de técnicas específicas de produção até programas de conversação em inglês.
- Existe, ainda, programação social que envolve as famílias dos operários, conhecida como *Group Family Festival*, realizada periodicamente.
- A empresa adota o Sistema Toyota de Produção, enfatiza o *just in time* e apresenta índices da qualidade bastante satisfatórios, na faixa de cinco peças defeituosas por milhão de peças acabadas e 20 peças defeituosas por milhão de peças em processo.
- Muitos *andons* são usados na linha de produção. Existe, inclusive, padronização de cores, que possibilita a plena identificação de estágios do processo ou a ocorrência de problemas na linha. Assim, por exemplo, luzes azuis indicam troca de ferramenta; amarelas, problemas com qualidade; roxo, chamar o supervisor; laranja, parada para manutenção; vermelho, falhas na máquina; verde, fim de produção; e branco, algum funcionário está sendo chamado.
- A companhia tem, ainda, um plano de benefícios bem definido e os salários são muito variáveis, dependendo do tempo de casa que o operário tem e da função que ele ocupa.

### LIÇÕES DA PRÁTICA

- Uma análise detalhada das estratégias da qualidade utilizadas no Japão, como nos casos vistos, leva a concluir que elas dependem, em implantação, da cultura local. Isso, porém, não é válido para o Japão apenas, é válido para qualquer situação.
- O mesmo pode-se dizer em face das áreas de atuação ou mesmo do contexto em que se desenvolvem as organizações. No primeiro caso, há de se ressaltar os problemas derivados da concorrência acirrada, encontrada nos mercados em que as empresas japonesas atuam (em geral, fora do país); no segundo, situações de "falta de espaço", dependência externa elevada, perdas brutais decorrentes da Segunda Guerra Mundial e, ao mesmo tempo, determinação, qualificação e motivação de seus operários.
- Se a qualidade está na raiz do milagre japonês, é normal considerar-se que seu modelo de gestão (e, consequentemente, suas estratégias) foi bem-sucedido. Isso pode ser correto, mas também é correto observar que as estratégias em questão se utilizaram de facilidades que a cultura local já possuía, como, por exemplo, o hábito de trabalhar em grupo, que viabilizou modelos participativos de gestão sem maiores traumas.
- Além disso, elas são implantadas em um ambiente macro favorável – seja em termos de governo seja da alta administração das organizações, ambos empenhados em produzir qualidade.

As estratégias de Gestão da Qualidade no Japão parecem possuir alguns pontos em comum. Esses pontos incluem:

- os processos de envolvimento da mão de obra (em geral, com o uso de pequenas equipes da qualidade);
- o componente contínuo de todos os programas (em geral, fala-se em melhoria permanente ou progresso constante);
- a organização do processo produtivo de forma eficiente; a ênfase à produtividade; a simplicidade nas ações;
- a abertura para novas ideias;
- o movimento *top-down* (envolvimento efetivo da alta administração) e *down-up* (participação de todos).

Interessante é que essas características não parecem mudar ao longo dos anos. Com crise ou sem ela...

## CONJUNTO 2: os modelos norte-americanos

As estratégias de Gestão da Qualidade implantadas nos Estados Unidos parecem ter uma característica básica, que marca o próprio conceito da qualidade: são essencialmente evolutivas. Na década de 1970 – talvez até meados da década seguinte –, eram estratégias estritamente reativas, visando apresentar uma resposta à altura do desafio japonês. Vencida essa fase, as empresas norte-americanas passaram a consolidar posições e a garantir seu futuro. Metidas em um ambiente de acirrada concorrência e de liberdade de mercado, a qualidade surgiu como a opção natural e plenamente viável para garantir sua sobrevivência. Em muitos casos, pareceu ser a única via disponível. O tempo provou que era mesmo.

Há vários indícios de que a revolução da qualidade é fato consumado. E os melhores exemplos vêm, exatamente, da área de Gestão da Qualidade. Segundo a revista *Business Week*, o currículo das faculdades de Administração de Empresas já se modificou de forma clara, tendo sido inseridas disciplinas na área de Gestão da Qualidade, refletindo uma demanda do "mercado" que aguarda os alunos dessas instituições. No campo da estrutura formal das organizações, um cargo intitulado "vice-presidente da qualidade" ou "supervisor da qualidade" ou equivalente, vem sendo contínua e crescentemente implementado. A avaliação feita para o prêmio Malcolm Baldrige, criado em 1987 (em resposta ao prêmio Deming do Japão), tem enfatizado falhas gerenciais – cuja análise vem sendo desenvolvida de forma séria e detalhada. (Uma prova de que a revolução norte-americana precisou ser feita às carreiras: o prêmio Deming é, exatamente, 30 anos mais velho que o Malcolm Baldrige.)

No caso norte-americano, a Gestão da Qualidade tem sido desenvolvida com muita ênfase nas pequenas indústrias.

Considere, por exemplo, uma pequena empresa que trabalha na área de digitalização de imagens situada em Dallas, no Texas, hoje com 32 funcionários. Atuando em digitalização de imagens para tecidos e confecções, a empresa tem tecnologia considerada única no mundo. Sua estratégia básica: o processo tem de ser projetado para gerar produtos que garantam a satisfação de todas as necessidades do cliente – principalmente aquelas que ele nem percebe ou sequer formula.

Outro exemplo marcante: a maioria dos prêmios Baldrige concedidos a partir do ano 2000 foi para pequenas ou médias empresas. Em 2010, o nome do programa foi alterado para Programa de Excelência de Desempenho Baldrige.

Uma alteração significativa na área da gestão com a introdução da qualidade foi a mudança de estilo. Segundo Paul H. O' Neill, presidente da Aluminum Co. of America, "uma vítima típica dessa consciência será o estilo de gestão burocrático, comando e controle, tradicional modelo americano. No futuro, os gerentes precisarão ceder poder e responsabilidade aos empregados, ou seja, aos que mais podem contribuir pela qualidade". Essa revolução pode ir além: "Na Europa, onde os especialistas afirmam que há uma defasagem de dez anos em relação aos Estados Unidos, há a necessidade de uma revolução semelhante. A habilidade artesanal do Velho Mundo precisa ceder lugar às estratégias que não somente destacam a precisão, mas também a velocidade e o serviço".

Ao longo do tempo, vêm sendo percebidas algumas falhas no modelo norte-americano de Gestão da Qualidade.

## EXEMPLOS

- Falta de comprometimento da alta administração das empresas.
- Falta de consistência das estratégias de envolvimento da mão de obra.
- Falta de delegação de responsabilidades dos funcionários pelas gerências.

As estratégias de Gestão da Qualidade norte-americanas possuem uma característica interessante: são extremamente diversificadas. Envolvem empresas que atuam nas mais diferentes áreas (como bancos, lojas, restaurantes, companhias de transporte, serviço público etc.). Essa diversidade gerou estratégias ricas e variadas, voltadas para as mais diferentes situações.

## LIÇÕES DA PRÁTICA

As estratégias de Gestão da Qualidade parecem abranger, nos Estados Unidos, fundamentalmente os seguintes aspectos:

- Melhoria da produtividade por meio da melhoria da qualidade.
- Ações para enfrentar – e superar – concorrentes (*benchmarking*).
- Ações estratégicas da companhia baseadas em qualidade.
- Reação às pressões de mercado (estratégias de adequação de produtos e serviços ao uso).
- Desejo e, até mais do que isso, necessidade de obter um prêmio como o Baldrige.
- Ações em ambientes de restrições de recursos (caso, por exemplo, do serviço público).
- Utilização da TQM como forma de administrar a empresa.
- Treinamento direcionado, participativo em sua formulação e em seu desenvolvimento, para todos os níveis.
- Trabalho em equipes, de preferência, multidisciplinares.
- Planos e incentivos à qualidade e à produtividade.
- Disposição para mudar a forma de gerenciar, pensar e, até mesmo, de trabalhar.
- Compromisso de todo o corpo gerencial com qualidade.
- Ações gerenciais prolongadas e duradouras, de longo prazo.
- Emprego de técnicas, ferramentas e estratégias em grande número, combinadas, complementares ou não, e não de apenas uma ou duas técnicas para gerar resultados rápidos.
- Esforço permanente, intenso e prioritário para atender ao cliente, para entender o que ele quer e para melhorar o atendimento com base nisso.
- Estratégias com objetivos ao mesmo tempo amplos e de longo prazo, mas também atentos a itens mínimos de adequação ao uso.
- Processo permanente de avaliação, objetiva e quantitativa.
- Atenção aos detalhes para medir os progressos em relação a esses objetivos.
- Integração dos objetivos específicos da qualidade com as estratégias básicas da empresa.

Há um ponto comum em todas essas estratégias: atendimento adequado ao cliente. Ainda que pareçam voltadas ao público interno, as estratégias norte-americanas de Gestão da Qualidade acabam sempre direcionadas para clientes e oferecem, a eles, total prioridade. Já em 1995, Juran chamava a atenção para a forma como as empresas americanas utilizavam estratégias de Gestão da Qualidade. O que não parece ter sofrido grande mudança desde então.

## COMO FAZER?

- As estratégias são usadas para exterminar a raiz de um problema, não apenas para corrigir o problema em si; o objetivo é impedir que o erro ocorra novamente.
- A eliminação da variação está no centro das ferramentas da qualidade; variação é sinônimo de defeito.
- Como outros componentes da qualidade total, as estratégias são simples e sensatas, mas sua aplicação não é fácil, pois elas interferem na forma como as empresas se acostumaram a fazer as coisas.
- Grande parte da força de trabalho norte-americana tem um baixo nível de instrução para usar as novas ferramentas de TQM, mesmo as mais simples; daí o investimento em treinamento.
- Algumas estratégias parecem tão poderosas que dão a impressão de poder ser utilizadas sozinhas, isoladas da Gestão da Qualidade Total; esse comportamento é um erro a evitar.
- Modelos de avaliação que envolvem indicadores objetivos da qualidade (PALADINI, 2014), incluindo objetivos, métodos e resultados esperados são sempre recomendados; há registros de inúmeros exemplos bem-sucedidos.

Sendo o setor que mais sofreu o ataque das concorrentes japonesas, as empresas montadoras de veículos norte-americanas são aquelas que fornecem os melhores exemplos em termos de estratégias de Gestão da Qualidade. Em linhas gerais, Ford, General Motors e Chrysler saíram do mesmo lugar, enveredaram por vias diversas para atacar os mesmos problemas e acabaram tendo resultados satisfatórios.

A primeira estratégia tentada pela Chrysler, logo seguida pelas demais, quando os carros japoneses invadiram os Estados Unidos, foi pressionar o governo para criar reserva de mercado. O governo reagiu à proposta com completa indiferença. Ponto para a qualidade. A seguir, apelaram para os norte-americanos, com uma mensagem de "patriotismo": americano tem de comprar carro americano. Os consumidores ignoraram a mensagem, entendendo que o que interessa é a qualidade do produto e não sua procedência. Ponto para a qualidade. As empresas, então, sem outra opção disponível, voltaram-se para si próprias – e resolveram mudar todo o seu processo gerencial, especialmente em termos de alta administração. Mais um ponto para a qualidade. A seguir, dividiram e especializaram suas fábricas, trabalhando com pequenas equipes e investindo pesado em eficiência e produtividade, compreendendo que o problema real estava em suas casas e não no governo. Outro ponto para a qualidade. Essas empresas são, hoje, apontadas como exemplo de aplicação da Gestão da Qualidade Total (TQM).

O assunto estaria encerrado se não houvessem sido cometidos tantos erros no passado. Exemplos destas situações:

- As empresas têm porte grande e estrutura pesada.
- A cultura reinante vai levar tempo para ser alterada.
- Os produtos possuem projeto inadequado ao mercado atual, fruto de uma acomodação de anos.

Situações assim levam tempo para se alterarem, mas a revolução começou e rendeu bons frutos.

## SAIBA MAIS

Outra estratégia interessante foi a da Hewlett-Packard, que criou o "HP Way", um programa de Gestão da Qualidade baseado em cinco preceitos:

- confiança e respeito às pessoas;
- investimento em contribuições e realizações das pessoas;
- integridade e honestidade nos negócios;
- alcance de objetivos pelo esforço de todos e pelo trabalho em equipe; e
- estímulo à flexibilidade e à inovação.

Na verdade, esses valores foram definidos na década de 1950; valem até hoje e são adequados à Gestão da Qualidade Total (MAIN, 2014). A empresa admite que seu sucesso em termos de produtos e avanços tecnológicos deve-se à consolidação dessa filosofia. Talvez a única alteração processada nos anos 80 foi a mudança do estilo gerencial, hoje mais direcionado para o mercado e mais leve.

Os resultados, foram descritos num relatório do Juran Institute, cuja primeira versão data de 1995 (JURAN, 1995): "Com sua cultura receptiva, com seus objetivos amplos, como a liderança sustentadora, a HP, como um todo, tem se saído extremamente bem nos negócios e como empresa da qualidade. As vendas, os lucros e o desempenho das ações da empresa no mercado, apáticos na década de 80, recuperaram-se notavelmente na década de 90, quando outros fabricantes de computadores estavam com problemas. A HP tornou-se rápida e inteligente no lançamento de produtos bem-sucedidos, como as impressoras DeskJet e LaserJet, a nova série 700 de estações de trabalho baseadas nos processadores RISC e o PC Palmtop 95LX".

É a partir de exemplos como estes que deriva a constatação de que o modelo norte-americano da qualidade pode ter partido de uma posição bem posterior à dos japoneses, mas avançou em uma velocidade tal que parece não só ter recuperado o tempo perdido como, também, estar-se colocando à frente dos tradicionais rivais.

## CONJUNTO 3: A contribuição de empresas brasileiras

É confortador saber que o Brasil já dispõe de empresas que podem servir de exemplo na área da Gestão da Qualidade. E isso independentemente de seu porte ou área de atuação.

De fato, o relato de aplicações de estratégias de Gestão da Qualidade no Brasil começa a aparecer com certa frequência. Em geral, elas tendem a enfatizar a aplicação de técnicas específicas. É o caso, por exemplo, do 5S.

### EXEMPLOS

- Uma grande companhia brasileira do setor siderúrgico criou um programa 5S voltado para o combate ao desperdício. A empresa conseguiu identificar cerca de oito milhões de dólares em bens patrimoniais e pequenos itens de consumo em excesso em seus armários, almoxarifados e instalações industriais.
- Uma grande empresa brasileira do setor de produção de alumínio, entre os muitos resultados tangíveis e intangíveis conseguidos, destaca-se um número significativo no combate a acidentes do trabalho: o número de acidentes no período de um ano, num certo setor da empresa, caiu de 147 para 0.
- Uma companhia energética estadual, privatizada nos anos 1990, introduziu o programa 5S e obteve resultados significativos no combate ao desperdício e na melhoria do clima organizacional. As assistentes sociais da empresa passaram por um processo de reflexão profunda e redefiniram seu papel na empresa e na comunidade a partir da constatação do potencial transformador do 5S.
- Uma empresa de construção civil usou o 5S, com sucesso, para alavancar seu programa da Qualidade e Produtividade. Os níveis de motivação e de produtividade melhoraram muito suas relações com o mercado. A filosofia embutida no programa despertou, nas diversas unidades de negócio da empresa, iniciativas de restauração da dignidade do ser humano: reeducação para a higiene pessoal, alfabetização na obra e preocupação com a ecologia são alguns dos efeitos imediatos observados.

Outro bom exemplo das possibilidades do 5S na preparação das pessoas para o trabalho em equipe foi dado por uma empresa brasileira que atua no setor de mineração. Segundo relato da própria empresa:

- ***Relato***: incomodada com a lentidão que caracterizava os seus serviços, manutenção de equipamentos nas áreas de produção, uma equipe da empresa resolveu melhorar o atendimento aos clientes. Com o trabalho ficou demonstrado que o 5S quebra paradigmas e aumenta a produtividade de dinossauros mecânicos. Os resultados envolveram melhoria de desempenho da área e levou o grupo a conquistar o primeiro lugar na III Olimpíada do 5S, com o seguinte trabalho:
- ***Problema escolhido***: lentidão na manutenção de equipamentos no campo por falta de ferramental adequado, entre outras causas, gerando queda na disponibilidade das escavadeiras e perdas na produção, além de esforço físico desnecessário dos mecânicos e desmotivação de toda a equipe.
- ***Solução***: a equipe criou e construiu, com sucata, um *trailer* de sete metros quadrados contendo as ferramentas e equipamentos necessários para a manutenção no campo e equipado com luz elétrica e água. Quando a oficina de campo recebe chamada para consertar uma escavadeira, o *trailer* é acoplado a um caminhão e levado até o local. Desta forma, os mecânicos têm à mão todo o ferramental que precisam, dispensando idas e vindas à oficina e trabalhando com conforto.
- ***Resultados***: redução de hora/máquina parada em manutenção e das perdas na produção; melhor aproveitamento dos mecânicos; diminuição do cansaço físico e maior motivação da equipe.

Entre as empresas brasileiras que podem ser utilizadas como padrão de Gestão da Qualidade, deve-se citar a Xerox do Brasil, Prêmio Nacional da Qualidade em 1993. A revolução na Xerox começou no início da década de 1980. Nesse momento, pareceu bem claro para a empresa a necessidade de mudar seu direcionamento em relação ao mercado. O desafio era por maior competitividade. A Xerox entendeu que só poderia alterar sua situação nesse aspecto se fizesse mudanças radicais e profundas, não apenas superficiais. Compreendeu-se que era hora de mudar "a forma de administrar seu negócio", única maneira de se tornar competitiva. O reflexo prático dessa compreensão determinou que o comando do programa da qualidade se fixasse na alta administração (superintendente da empresa).

Um aspecto altamente relevante (e didático, para processos similares) foi a percepção de que as alterações necessárias não iriam ocorrer de um momento para outro, do dia para a noite. Essa compreensão estava diretamente ligada à área em que a empresa sentiu que deveria ocorrer sua transformação mais profunda: a cultura da organização. Os reflexos dessas mudanças, assim, atingiram crenças, hábitos, comportamentos, valores. E isso tanto no piso de fábrica quanto na ação da média gerência (e principalmente aí). O alcance das mudanças foi definido desde o começo: deveriam incluir todos os operários, níveis, setores, áreas e funções da organização. Afinal, tratava-se da "Qualidade Total".

A questão da mudança foi um fator decisivo na história da Xerox do Brasil. A empresa aplicou um processo de *benchmarking* e percebeu alguns aspectos que mostravam que a qualidade era um imperativo imediato. De fato, a Xerox compreendeu, claramente, o seguinte:

- Muitas empresas norte-americanas e europeias, tidas como concorrentes ou simplesmente referenciais para a Xerox, passaram a considerar a qualidade como elemento crucial de sucesso de suas atividades.
- As empresas concorrentes japonesas tornaram-se extraordinariamente bem-sucedidas. Os próprios executivos japoneses reconheciam que seu sucesso era devido (e suportado) por um processo gerencial bem definido, disciplinado e profundamente alicerçado em políticas, diretrizes e conceitos da qualidade.
- Em resumo: mudar ou afundar...

Ainda nos anos 1980, a alta administração da Xerox Corporation aprovou o conceito da Qualidade Total para a organização, criando um grupo de trabalho que deveria propor as estratégias para implementar tal conceito. Integravam esse grupo representantes da alta administração e das administrações locais, dos vários países onde a empresa atuava (XEROX CORPORATION, 1993). Criou-se a figura do vice-presidente da qualidade, que deveria desenvolver e implantar os programas da qualidade em escala mundial. Ao conjunto dessas estratégias conferiu-se o nome de "Liderança através da Qualidade".

O objetivo básico dessas estratégias era tornar a melhoria da qualidade um processo normal na empresa, de forma tal que cada serviço ou produto oferecido a clientes (internos e externos) os atendessem plenamente e até superassem suas expectativas. As estratégias associadas ao programa envolviam processos de solução de problemas, melhoria da qualidade, *benchmarking*, envolvimento de pessoal, formação de fornecedores e, sobretudo, envolvimento de clientes.

Em linhas gerais, estes foram os princípios que a Xerox adotou para definir suas estratégias de Gestão da Qualidade:

- *Satisfação total dos clientes*: a satisfação dos clientes, como a prioridade número um da empresa, deve impulsionar constantemente as discussões, as decisões, as ações, o planejamento e os dispêndios determinados pela administração, bem como os processos operacionais da empresa.
- *Satisfação total dos empregados*: o envolvimento criativo e emocional de todos os empregados deve ser captado para elevar a satisfação dos empregados ao padrão médio do ramo. O envolvimento dos empregados deve continuar a melhorar, a fim de alcançar uma posição de liderança em satisfação dos clientes, pois o comportamento e o moral dos empregados constituem um indicador relevante, que afere como os clientes se sentirão quanto aos produtos e serviços Xerox no futuro. A satisfação dos empregados foi elevada, tornando-se prioridade de toda a empresa.
- *Comportamento gerencial modelar*: um conjunto harmônico de padrões modelares de gerência é usado como base para selecionar pessoas para promoção. Processos eficazes de orientação deveriam ser implantados, para ajudar os gerentes a amadurecer em sua habilidade de produzir qualidade.
- *Orientação para o mercado*: os gerentes devem utilizar, de modo eficaz, as expectativas dos clientes para tomar decisões e estabelecer objetivos, em vez de fundamentar seu julgamento em sua experiência pessoal
- *Excelência do processo*: a Xerox deve continuar seus esforços para documentar, padronizar e melhorar, continuamente, seus processos de trabalho que produzem resultados comerciais.
- *Redução de erros*: a Xerox deve aumentar o uso de medições do rendimento de processos de trabalho e registrar o número real de erros que são produzidos, a fim de acumular os dados necessários para identificar e eliminar as causas básicas dos problemas.
- *Desdobramento da política*: a Xerox deve aplicar processos que permitam a todos os empregados, como indivíduos, mostrar como seu trabalho contribui para o alcance dos objetivos da empresa. Esse processo permitirá que a organização confirme o alinhamento dos esforços com o que deles se espera.

- *Metas para produtos e serviços aos clientes*: a Xerox deve estabelecer metas revolucionárias para a melhoria contínua de todas as competências-chave, em termos de competitividade, que apoiam seus produtos e seus serviços, com base nas exigências de seus clientes.
- *Comparação com referenciais de excelência*: essa atividade (*benchmarking*) deve ser estendida como prática, por meio de todos os níveis e em todas as funções da organização.
- *Treinamento em qualidade e aplicação*: a Xerox deve desenvolver mais a capacidade de todos os empregados na utilização de ferramentas da qualidade, para ajudar a melhorar os resultados.
- *Ambiente físico de trabalho*: a Xerox deve aprimorar o ambiente de trabalho necessário para satisfazer aos empregados e contribuir para aumentar sua produtividade.

Nos anos 1990, a Xerox definiu uma nova abordagem para organizar a empresa. Essa abordagem visa transformar a organização em um conjunto de "comunidades de trabalho produtivas". Ela objetiva projetar a organização para o futuro, transformando-a em um conjunto harmonioso de trabalho, pessoas, informações e tecnologia. As oito estratégias implementadas por essa abordagem são:

- *Unidades microempresa*: reprojetar as unidades de trabalho para que elas abranjam processos de trabalho completos, se possível, dentro da equipe de trabalho central.
- *Autogestão*: repotenciar as pessoas para projetar ou reprojetar em seus próprios processos e práticas de trabalho, inclusive fluxogramas e atribuições. Onde for possível, retirar os papéis de supervisão (um gerente poderia ter várias equipes) e treinar o gerente para ser orientador, consultor, apoiador e pessoa de recurso.
- *Pessoas multifuncionais*: estimular e recompensar pessoas para o aprendizado de habilidades diferentes. Isso não só transforma as pessoas em recursos mais valiosos, como proporciona às equipes a capacidade para sua própria reconfiguração. A estratégia também introduz o aprendizado como parte do trabalho, o que constitui uma fonte de motivação e recompensa para as pessoas.
- *Condições-limites mínimas mais claras*: restringir o número de entraves externos à autonomia da unidade, focalizando um número pequeno de processos-chave dentro da unidade, bem como os resultados da unidade.
- *Projeto da organização partindo da unidade microempresa*: virar de cabeça para baixo o processo de projeto da organização. Em vez de sempre projetar de cima para baixo, começar com a unidade microempresa que lide diretamente com o cliente, produto, e serviço e, em seguida, trabalhar para fora.
- *Participação nos benefícios*: criar sistemas que permitam às pessoas compartilhar os benefícios de seus esforços e criatividade, não apenas financeiramente, mas, também, pelo reconhecimento e pelo crescimento.
- *Aplicação contínua de ferramentas da qualidade*: fazer com que as comunidades de trabalho produtivas empreguem ferramentas da qualidade, para aprimorar seu trabalho e criar o senso de titularidade dos processos. Essas ferramentas tornam-se mais valiosas quando podem ser aplicadas a um processo de trabalho completo, em vez de um pedacinho dele. Tal abordagem também reduz o número de equipes de melhoria da qualidade necessárias para tratar de problemas interfuncionais, a fim de reparar o sistema funcional.
- *Uso de tecnologia da informação e sistemas de trabalho baseados em conhecimentos*: fazer uso intensivo da tecnologia documental da empresa para apoiar essas novas comunidades de trabalho – inclusive sistemas de trabalho baseados em conhecimentos, documentos com inteligência, redes etc.

Com o quadro definido na organização, a Xerox do Brasil iniciou seu programa da qualidade, cuja estrutura incluiu quatro etapas:

1. conscientização e aprendizagem, por meio de treinamento;
2. aplicação dos conceitos apreendidos;
3. incorporação dos conceitos no modo de trabalhar; e
4. aplicação de conceitos e de processos da qualidade aos objetivos da empresa (exemplos: estratégias de satisfação de clientes e de empregados).

Estratégias localizadas foram empregadas com sucesso, como o programa de sugestões (*People*), trabalhos em grupo e o *brainstorming*.

Os seguintes princípios foram definidos para a empresa, como consequência das novas políticas da qualidade (MOURA, 1993):

- O sucesso de nosso negócio depende de clientes satisfeitos (prioridade 1).
- Buscamos a qualidade e a excelência em tudo o que fazemos.

- Esperamos um retorno adequado sobre nossos investimentos.
- O desenvolvimento tecnológico é a arma para manter a liderança no mercado.
- Valorizamos nossos empregados.
- Comportamo-nos responsavelmente como cidadãos corporativos.

As estratégias para a Gestão da Qualidade passaram a ser definidas com base nesses princípios e desdobram-se em ações referentes, por exemplo, ao estilo gerencial participativo; ao sistema de informação bem estruturado sobre a empresa e o mercado; ao acompanhamento do desempenho do empregado, com avaliações e reconhecimentos, e aos salários e aos benefícios competitivos em relação ao mercado.

Em 2018, a Xerox viu vários de seus produtos ganharem os mais importantes prêmios de qualidade no mundo, como o prêmio BLI (concedido às suas impressoras).

## LIÇÕES DA PRÁTICA

- As primeiras experiências brasileiras bem-sucedidas em Gestão da Qualidade começaram ainda nos longínquos anos 1980. Primeiro com empresas industriais que investiram em processos de exportação. A concorrência no mercado externo e a exigência crescente dos consumidores dos países destinatários das exportações foram os primeiros grandes referenciais para o aprendizado da produção da qualidade no Brasil.
- Todos os programas de produção da qualidade no Brasil tiveram a priorização do cliente como meta. E as principais estratégias visavam os funcionários das próprias empresas, com programas de satisfação e motivação de empregados, coerentes com a meta maior estabelecida, já que as empresas os consideravam "clientes internos".
- Trabalho em grupo, pesquisas motivacionais dirigidas aos empregados e por eles respondidas, equipes de satisfação de empregados (semelhante aos grupos de satisfação de clientes), programas de formação e qualificação e muitos outros itens em termos de filosofia e práticas de políticas de recursos humanos foram empregados, sempre com o objetivo de aprimorá-los e torná-los superiores aos do mercado. Especialmente em relação, claro, a seus próprios concorrentes.
- Nunca se abandonaram as estratégias destinadas a reduzir defeitos em processos de fabricação. Programas como o Seis Sigma tiveram ampla aceitação no Brasil.
- Muitas empresas do setor de serviços, a começar pelos bancos, começaram a investir em programas de qualidade. No início, utilizando claras analogias aos modelos de Gestão da Qualidade industrial, mas, mais tarde, criando características próprias.
- Inúmeras empresas correram atrás da certificação. Primeiro, a ISO 9000. Depois, das atualizações das normas e das novas normas que foram surgindo (RAMU, 2018).
- Cabe, ainda, citar as enormes contribuições para a consolidação da qualidade no Brasil vindas das pequenas e médias empresas. Elas mostraram que a produção da qualidade não depende do porte da empresa.

Como se vê, os exemplos são muitos. Em todas as áreas, para empresas de todos os portes. Referenciadas em diferentes fontes (por exemplo, Bernardo *et al.*, 2017). E o aumento do número desses exemplos tende a facilitar, ainda mais, a consolidação das estratégias da qualidade implantadas com sucesso. É o efeito dominó positivo

Muitos desses exemplos refletem situações vividas já há alguns anos. Parecem referir-se a uma realidade distante. Mesmo assim, é importante considerá-las. Por um lado, isso é interessante porque se pode agora, fazer uma avaliação mais precisa do que ocorreu com as empresas, sobretudo se estiver sendo avaliada a consistência dos programas da qualidade, coisa que, na verdade, também se consegue com exemplos recentes. Por outro lado, é relevante citar exemplos que, em dado momento, produziram resultados altamente positivos para as empresas. Em certos casos, essas experiências, ainda que ocorridas em períodos agora quase remotos, em Engenharia de Produção, como em muitas outras áreas, criaram novos conceitos para a Gestão da Qualidade, válidos ainda hoje. Por isso, merecem ser citadas e estudadas. Afinal, não é verdade que, um século depois, ainda se afirma que Taylor tinha mesmo razão?

Um dado mais atual: pesquisa realizada pelo Núcleo de Garantia da Qualidade da Universidade Federal de Santa Catarina (UFSC), concluída em 2019, em 905 empresas, mostra que a maioria delas investe em algum tipo de inovação. E o dado mais interessante: das empresas que investem em inovação, 75% tiveram crescimento rápido. Mas o dado que mais interessa no presente contexto: 92% dispõem de programas de Gestão da Qualidade bem estruturados.

## QUESTÕES PRÁTICAS

### PROGRAMAS DA QUALIDADE

1. A Gestão da Qualidade incorpora várias abordagens (uma filosofia; um conjunto de métodos; o processo de melhoria contínua; um serviço; e o esforço pelo envolvimento da mão de obra).
   a) Qual dessas abordagens parece ser a de melhor utilidade prática para o processo de Gestão da Qualidade?
   b) Qual delas requer maiores cuidados gerenciais em sua implantação?
   c) Qual delas traz maiores reflexos práticos sobre toda a organização?
2. 
   a) O fato de envolver vários conceitos é uma característica que contribui para uma aplicação mais abrangente da Gestão da Qualidade?
   b) Essa característica é vista como uma dificuldade em sua utilização prática?
3. As estratégias da Gestão da Qualidade possuem caracterização bem definida. Qual critério adotar para selecionar a mais adequada ao momento vivido por uma organização?
4. Analise as estratégias a seguir relacionadas. Para cada uma delas:
   a) descreva o contexto em que podem ser aplicadas;
   b) determine suas características principais;
   c) liste os resultados esperados de sua utilização efetiva;
   d) selecione os benefícios estratégicos mais usuais;
   e) identifique dificuldades para seu efetivo emprego.

- Qualidade na origem
- Engenharia simultânea
- Reengenharia
- Diagrama causa-efeito
- Diagrama-matriz
- Histograma
- Folhas de checagem
- Diagrama de Pareto
- Fluxograma
- Matrizes de análise de dados
- Diagrama de dependência
- Diagrama de programação da decisão
- PDCA
- Diagramas seta
- Diagrama árvore
- *Andons*
- Autonomação
- Projeto assistido por computador
- Manufatura assistida por computador
- Planejamento do processo assistido por computador
- Sistemas flexíveis de produção
- Processos integrados de produção assistidos por computador
- Controle da qualidade assistido por computador
- Garantia da qualidade assistida por computador
- Inteligência Artificial
- Células de produção
- Cliente interno
- *Just in time*
- *Kanban*
- 5S
- Perda zero
- Programa zero defeito
- *Benchmarking*
- QFD
- Análise de Valor
- TPM
- Multifuncionalidade
- Diagrama de similaridade
- *Brainstorming*
- Energização
- SETF
- Teoria do pensamento criativo

5. Como determinar o que significa valor para nossos consumidores? E para os clientes?
6. Por que se atribui tanta importância às estratégias que visam envolver os recursos humanos das organizações? E por que se diz que as estratégias nesta área visam, em geral, a várias finalidades simultaneamente?
7. Por que parece ser tão difícil criar uma classificação geral para as estratégias que visam envolver recursos humanos da organização?
8. O que se requer das pessoas para desenvolver um adequado trabalho em equipes? Quais suas vantagens? Quais as dificuldades gerenciais que acarreta?
9. Quais os benefícios práticos da indução à participação positiva? Por que ela é mais eficiente que a ação por coação?
10. Por que, na prática, observa-se que as estratégias que buscam o envolvimento dos recursos humanos no empenho pela produção da qualidade têm características específicas e gerais, ao mesmo tempo?
11. Considere cada uma das estratégias apresentadas para o envolvimento dos recursos humanos.
    a) Quais parecem mais adequadas a nossa realidade hoje?
    b) Quais vêm perdendo força?
    c) Quais possuem maior potencial?
    d) Quais exercem maior impacto estratégico sobre a organização?
    e) Existe uma característica comum a todas elas – ou, pelo menos, à maioria delas?

# 6 UMA VISÃO GERAL DA GESTÃO DA QUALIDADE

**OBJETIVOS DO CAPÍTULO**

*Espera-se que, ao final do texto, o leitor esteja apto a:*

- Construir uma visão geral da Gestão da Qualidade tal qual a entendemos hoje.
- Entender a distinção entre gestão de qualidade e Gestão da Qualidade.
- Estruturar as relações corretas entre Gestão da Qualidade e Gestão da Produção.
- Avaliar quais as perspectivas mais imediatas da Gestão da Qualidade.

De certa forma, este livro lista várias propostas para a construção de um processo de Gestão da Qualidade. Neste capítulo, procura-se definir, como se fossem conclusões, o que a implantação prática dessas propostas deixou como constatação efetiva. E, como perspectivas imediatas, as recomendações para o desenvolvimento de um modelo cada vez mais consistente para a Gestão da Qualidade.

A primeira conclusão refere-se à necessidade de definir uma nova relação entre Gestão da Qualidade e Gestão da Produção.

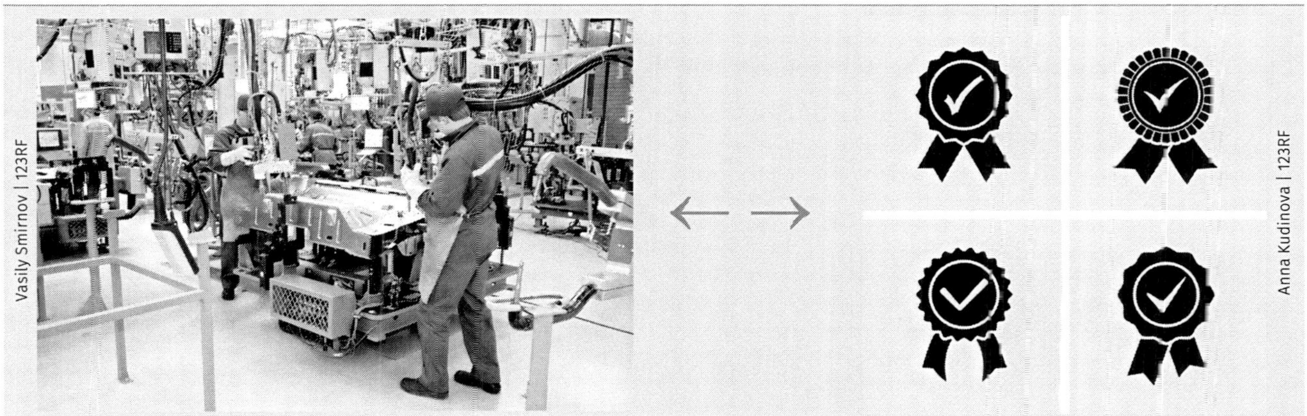


De fato, a Gestão da Qualidade parece passar, nesse momento, por uma fase de transição rumo a uma situação de maior consolidação. Essa fase pode ser caracterizada exatamente como a da definição da relação entre a *Gestão da Qualidade* e a *Gestão da Produção*.

Até um passado recente, parecia muito claro que a Gestão da Qualidade era uma área da Gestão da Produção, bem caracterizada e com contornos bem definidos. E, principalmente, tinha características claramente operacionais. Ocorre que a qualidade passou a ser uma variável estratégica das organizações. Em vez de decidir entre produzir e produzir com qualidade, as empresas hoje decidem entre produzir com qualidade e colocar em risco sua sobrevivência. Por consequência, a Gestão da Qualidade passou a ser uma ação estratégica das organizações. E isso mudou sua relação com a Gestão da Produção de forma radical.

É possível dizer que a perspectiva mais provável da Gestão da Qualidade é a alteração de sua abrangência: ela passará a conter a Gestão da Produção. Sem dúvida, é uma mudança considerável. O primeiro passo para essa mudança envolve uma diferenciação muito sutil: a distinção entre gestão *de* qualidade e Gestão *da* Qualidade.

## 6.1 GESTÃO DA QUALIDADE E GESTÃO DE QUALIDADE

*Existe diferença entre Gestão da Qualidade e gestão de qualidade?*

*Veja o quadro.*

| GESTÃO DE QUALIDADE | GESTÃO DA QUALIDADE |
|---|---|
| ▪ *Gestão **de** qualidade* é um bom processo de gestão.<br>▪ Em qualquer área.<br>▪ Gestão de qualidade é algo geral. | ▪ A *Gestão **da** Qualidade* é a gestão de algo bem definido, chamado qualidade.<br>▪ Gestão da Qualidade é uma área técnica da organização. |

A inclusão do artigo "a" na expressão *gestão de qualidade* transforma-a em algo específico: Gestão da Qualidade.

Uma primeira conclusão a considerar é como ocorre essa especificidade. Gerir qualidade significa garantir que produtos e serviços sejam adequados ao uso a que se destinam.

Destacando: ***Adequação ao uso.***

Mostrou-se, aqui, que essa adequação depende de múltiplos itens e deve evoluir. Como não se sabe, em princípio, quais itens refletem de forma mais bem caracterizada essa adequação, considera-se que todos sejam relevantes – se assim não fosse, deveriam ser eliminados por representar custos extras ou perdas para a organização. Por outro lado, como se sabe, o mercado muda; a qualidade, então, precisa ser dinâmica o suficiente para mover-se sempre no sentido de evoluir.

Conclui-se, desse modo, que a Gestão da Qualidade envolve toda a organização e desenvolve-se ao longo do tempo, de forma contínua e progressiva. Ela é, portanto, abrangente e evolutiva. Não é um esforço temporário, mas algo que se faz sempre, ou seja: a Gestão da Qualidade é, antes de tudo, uma característica que identifica a organização e, por isso, confunde-se com ela. Só poderia, assim, ser ampla e permanente.

**SAIBA MAIS**

- Tendo em vista a relação entre sistemas de produção e sistemas da qualidade, como mostrado no final do Capítulo 2, verifica-se que o processo gerencial do segundo representa um aperfeiçoamento do processo que abrange o primeiro. Pelas características discutidas, percebe-se que a meta da Gestão da Qualidade é conferir qualidade inclusive ao processo de gestão.
- A Gestão da Qualidade confere uma ênfase crucial ao modelo gerencial das organizações, tanto do ponto de vista conceitual quanto do histórico ou do estrutural. E, sobretudo, é importante notar que as especificidades da Gestão da Qualidade vão muito além dela própria, centrando-se em todo o processo de gestão da organização.
- Em outras palavras: o que se deseja, na verdade, é estruturar um processo de gestão de qualidade, ou seja, gestão com qualidade.

Pode-se pensar, e é correto fazê-lo, que a Gestão da Qualidade possui componentes técnicos que requerem a figura de um "gerente da qualidade". Essa questão foi discutida neste livro e até estruturaram-se suas características básicas (Capítulo 3).

Ocorre, porém, que se é verdade que, de certa forma, o gerente da qualidade personifica a função "Gestão da Qualidade", ele não possui exclusividade sobre ela. Deve-se mesmo pensar que todo gerente da organização deve ser um gerente da qualidade (até para que possa ser considerado um gerente de qualidade em sua área de atuação). Questões técnicas ligadas à qualidade (como planos de amostragem ou definição de ferramentas de envolvimento de pessoal, por exemplo) são decididas por quem mais conhece o assunto – o gerente da qualidade. Entretanto, não se pode restringir a questões técnicas todo o processo de Gestão da Qualidade.

Chega-se, então, a uma conclusão que pode parecer contraditória e, por isso, precisa ser bem entendida: a Gestão da Qualidade é um processo abrangente, que envolve e afeta todo o processo gerencial da organização (com ênfase especial, é claro, na alta administração). Ela não pode ficar restrita a uma gerência da qualidade. Contudo, da mesma forma, não prescinde dessa função, por razões técnicas.

A Gerência da Qualidade, assim, desempenha as funções técnicas próprias de sua área. Ela define, por exemplo, quais tipos de controle deverão ser feitos na linha de produção. Contudo, suas ações envolvem todos os setores da empresa.

**PARA REFLETIR**

- A Gestão da Qualidade é uma função que guarda similaridade com áreas como segurança do trabalho e conservação do patrimônio ou setor financeiro.
- Quando utilizam recursos financeiros da empresa, em viagens de trabalho, por exemplo, todos os funcionários adaptam-se a normas bem definidas, independentemente de área ou setor. Cada cargo pode ter especificidades – como limites de gastos, por exemplo –, mas todos se sujeitam às mesmas normas de prestação de contas.
- Isso fica fácil de entender. Deveria ocorrer o mesmo com a qualidade, mas nem sempre é verdade. No fundo, tudo depende do grau de prioridade que se confere a ela.

A Gestão da Qualidade, portanto, altera o modelo gerencial da organização. Entende-se por que se pode defini-la como a *nova dimensão da Gestão da Produção.*

## 6.2 GESTÃO DA QUALIDADE E GESTÃO DA PRODUÇÃO

As considerações feitas mostram, em linhas gerais, como a Gestão da Qualidade se identifica e até engloba a Gestão da Produção. Podem-se, ainda, considerando os elementos discutidos neste livro, listar alguns indicativos específicos dessa adequação.

Para cada um dos itens abaixo, um conjunto de observações pode ser feito, a título de conclusões do estudo feito até aqui.

### *Conceitos básicos da Gestão da Qualidade*

Em relação aos ***conceitos básicos da Gestão da Qualidade***, considere o seguinte:

- Os conceitos da qualidade aqui utilizados são extremamente abrangentes. Com efeito, sempre se pode questionar o que favorece a adequação ao uso, e encontrar-se-á, como resposta, que são todos os elementos que compõem processos, produtos e serviços. Nesse momento, a Gestão da Qualidade passa a envolver toda a organização e a identificar-se com a gestão de toda a organização. Da mesma forma, o processo gerencial inclui os múltiplos itens que compõem a qualidade de produtos e serviços e sua evolução ao longo do tempo, com um processo de acompanhamento, análise e realimentação.
- O conceito da Qualidade Total reforça e amplia esse posicionamento. De fato, a "Gestão da Qualidade Total" está completamente voltada para o consumidor; pela abrangência do conceito, envolve todos na organização sem excluir rigorosamente nada nem ninguém. Parece evidente que, com esse grau de importância e de amplitude, suas atividades são desenvolvidas a partir das grandes metas da empresa, fixando-a no mesmo nível das políticas globais. Aqui, a Gestão da Qualidade identifica-se com a ação da alta administração da organização e confere a ela um direcionamento bem definido.

## Perspectiva histórica da Gestão da Qualidade

Em termos da ***perspectiva histórica da Gestão da Qualidade***, cabe observar o seguinte:

- No Capítulo 1 procurou-se mostrar, considerando escolas notáveis da história da Administração no século XX, que as raízes da Gestão da Qualidade encontram-se em conceitos, estratégias, diretrizes e postulados que caracterizaram cada um desses movimentos. Buscou-se, inicialmente, obter melhor compreensão do processo de Gestão da Qualidade pela análise dos fundamentos de políticas, diretrizes, técnicas e ferramentas que usualmente são por ela utilizadas. Visava-se, também, garantir a correta aplicação de mecanismos importantes no processo de gestão.
- Essa análise mostra que a Gestão da Qualidade procurou desenvolver-se tendo em vista o que hoje se considera, a julgar pela experiência prática de nossas empresas, "acertos" e "erros" das teorias da Administração ao longo do tempo. E evidencia, sobretudo, que as estratégias e as ferramentas da Gestão da Qualidade foram fortemente influenciadas pelas escolas da Administração, pelas posições dos pensadores que as estruturaram e até mesmo pelas críticas que sofreram. Fica, assim, estabelecida uma identidade histórica bem definida: afinal, considera-se a Gestão da Produção parte da Administração, embora tenha características técnicas e operacionais mais específicas. A Gestão da Qualidade, portanto, obteve suas raízes na ciência-mãe da Gestão da Produção.

## Processo e agentes da Gestão da Qualidade

Tendo em vista o ***processo e os agentes da Gestão da Qualidade***, pode-se observar o seguinte:

- Coerente com suas próprias raízes, a Gestão da Qualidade utiliza-se do mesmo conceito de Gestão que a Administração emprega. À semelhança da Gestão Financeira ou da Gestão do Pessoal, a Gestão da Qualidade tem suas próprias características e seus próprios agentes. Ocorre, porém, que o conceito da qualidade confere a ela uma abrangência que outros modelos de gestão não possuem.
- Há perfeita identidade de objetivos entre a Gestão da Produção e a Gestão da Qualidade. Ambas buscam a sobrevivência da organização e sua contínua evolução. Note, contudo, que a Gestão da Qualidade tem uma abordagem conceitual que enfatiza, como nenhuma outra na Engenharia da Produção ou na Administração, os elementos estratégicos da organização, porque formata um modelo de relação com o mercado. De fato, a qualidade é instrumento básico de sobrevivência das organizações e o processo evolutivo uma de suas características fundamentais. Esse enfoque conceitual está presente em todas as suas estratégias e ferramentas. Por isso, pode-se concluir que a Gestão da Qualidade tem condições de estruturar o mais estável e o mais consolidado sistema de gestão das organizações.
- Novamente aí a noção de abrangência aparece em toda sua plenitude, principalmente no sentido de envolver todas as áreas e todas as pessoas da empresa, tenham ou não envolvimento direto com o setor produtivo.
- Os agentes de decisão, de transformação e de consolidação da Gestão da Qualidade são elementos que há tempos a Gestão de Produção prioriza. Ocorre que a Gestão da Qualidade define, para eles, papéis e características muito mais amplos e bem mais consistentes que os modelos tradicionais de Gestão da Produção.

## Ambientes de atuação da Gestão da Qualidade

Considerando os ***ambientes de atuação***, podem-se listar os seguintes elementos como relevantes:

- Talvez até antes que a Gestão da Produção diversificasse sua área de atuação, ou, na pior das hipóteses, simultaneamente, a Gestão da Qualidade saiu do ambiente industrial e migrou para as áreas de serviços e de métodos. Igualmente, invadiu pequenas empresas, destruindo a ideia de que a qualidade era alguma coisa reservada para organizações de grande porte. Criou, desse modo, cores universalizadas, compatíveis com a abrangência de seus conceitos e métodos. Tem, portanto, cacife para atuar em qualquer processo de produção.

- Os conceitos da qualidade *in-line*, *on-line* e *off-line* evidenciam a amplitude de atuação da Gestão da Qualidade. Fica a impressão de que toda a Gestão da Produção está inserida no ambiente *in-line*, com alguns prolongamentos no ambiente *off-line*. Na prática, nem sempre é assim, e se a Gestão da Produção hoje se relaciona com áreas como marketing, por exemplo, é justamente pela preocupação de levar a figura do consumidor para dentro da fábrica.

### *Estratégias de concepção e implantação da qualidade*

Já analisando as ***estratégias de concepção e implantação da qualidade***, pode-se chegar às seguintes constatações:

- Uma análise das áreas em que foram divididas as estratégias mais usuais da Gestão da Qualidade, segundo a classificação proposta, evidencia sua vocação para um processo gerencial mais amplo do que aqueles fixados apenas em processos produtivos. De fato, há grupos de técnicas dirigidas para métodos de trabalho ou para a avaliação de atividades específicas, que enfatizam mais o processo produtivo, mas há também ferramentas mais abrangentes, que envolvem, por exemplo, a filosofia da organização e a melhoria contínua de todos os seus procedimentos, em quaisquer de seus setores ou de suas divisões. Dentro de um mesmo conjunto, como no caso do envolvimento dos recursos humanos, há estratégias voltadas para a ação produtiva, mas há, também, técnicas de maior alcance, que envolvem, por exemplo, a concepção que as pessoas têm dos objetivos globais da organização. Conclui-se, assim, que as estratégias usuais da Gestão da Qualidade vão além das estratégias tradicionais da Gestão da Produção e até parecem englobá-las ou, pelo menos, conferir a estas últimas (estratégias da Gestão da Produção) nova dimensão.
- Parece não haver um conjunto de estratégias que seja mais utilizado, quando se comparam os grupos aqui propostos. O que mostra que a Gestão da Qualidade tende a atuar em várias direções, simultaneamente, em um processo que visa à administração da organização como um todo.
- Muitas estratégias da Gestão da Qualidade envolvem, em seu próprio desenvolvimento, ações administrativas. Considere-se, por exemplo, o diagrama causa-efeito. Sua construção é um exemplo de gestão participativa. Todas as contribuições são aceitas; todas são julgadas, *a priori*, relevantes: não se julgam previamente as sugestões e incentivam-se ideias que concorram para elementos mencionados ou que sejam deles decorrentes. Por outro lado, a meta da ferramenta, em si, é fazer um diagnóstico de parte do processo para gerar uma ação efetiva, para eliminar um efeito ou para garantir sua consolidação. Ou seja: gerenciá-lo.
- A Gestão da Produção sempre enfatizou os recursos humanos da organização. É natural que seja assim, até por vocação da Engenharia de Produção.
- A Gestão da Qualidade reúne estratégias que oferecem uma resposta à altura dessa importância, criando soluções que superam as técnicas tradicionais da Gestão da Produção.

## 6.3 COMPONENTES OPERACIONAIS DA GESTÃO DA QUALIDADE

Ainda que a Gestão da Qualidade tenha nascido com vocação tipicamente estratégica, suas estruturas e seus processos requerem que ela disponha de elementos operacionais para viabilizar suas ações. Considerando as diversas análises desenvolvidas neste livro, podem-se determinar alguns componentes operacionais relevantes fundamentais à prática da Gestão da Qualidade.

Analisando cada um dos aspectos básicos considerados, podem-se fazer as constatações seguintes.

***Quanto ao suporte conceitual, aos processos de gestão e aos ambientes de atuação***

- Os mecanismos operacionais da Gestão da Qualidade são todos perfeitamente coerentes com os conceitos da qualidade aqui formulados. Não há nenhuma técnica com base de ação que entre em conflito, por exemplo, com a questão da evolução contínua.
- As técnicas de Gestão da Qualidade visam, fundamentalmente, gerar facilidades para o desenvolvimento do próprio processo gerencial, permitindo que, de forma eficiente, ele atinja seus objetivos.

- Têm sido observados casos práticos de implantação da Gestão da Qualidade, seguindo uma ideia de diversidade de aplicação de conceitos e de métodos. Nos mais diversos casos analisados (alguns dos quais aqui citados), ficou evidenciado que o que se altera, de um ambiente de implantação para outro, são as técnicas utilizadas. Os objetivos não mudam nem a filosofia de operação dos sistemas da qualidade. Uma conclusão evidente é a viabilidade de aplicação de conceitos e das técnicas de Gestão da Qualidade para diferentes situações.
- É a interação com o cliente que gera as características operacionais mais relevantes no modelo de Gestão da Qualidade nos serviços e nos métodos quando confrontados com bens tangíveis.
- O mecanismo que parece ser mais eficiente para a implantação de programas da qualidade no serviço público é a transitividade, conforme descrito. O maior risco para programas nessa área é a criação de expectativas. O maior entrave é a cultura, que ainda persiste, de estabilidade do pessoal, que reduz o compromisso existente entre desempenho e permanência na atividade.
- A Gestão da Qualidade na pequena empresa é menos complexa que em empresas de grande porte em termos de estruturação e desenvolvimento prático. A pequena empresa tem vantagens operacionais que não podem ser desprezadas.

**FIQUE ATENTO**

- Os ambientes da qualidade *in-line*, *on-line* e *off-line* referem-se a funções a desempenhar.
- Não requerem, por isso, estruturas físicas específicas para cada um deles.

### *Quanto às estratégias de concepção e implantação da qualidade*

- A classificação proposta visa identificar áreas em que a Gestão da Qualidade desenvolve suas atividades usualmente, ressaltando-se dois aspectos operacionais:
  1. Todas as estratégias listadas são coerentes com os conceitos da qualidade aqui fixados (na verdade, utilizam-nos como "referência de operação").
  2. É notável a simplicidade de compreensão da noção básica de cada estratégia, a facilidade de utilização e a viabilidade de executar avaliações objetivas de seus resultados.

- No âmbito operacional, as estratégias listadas no capítulo anterior tendem a guardar relação entre si, em termos geralmente, de complementaridade, de correção de alguma deficiência, de detalhamento de alguma fase, de ampliação de enfoque ou da área de atuação, do desenvolvimento de facilidades ou mesmo da redução de dificuldades de aplicação.
- Defende-se, aqui, a ideia de que o conjunto de estratégias que melhor fornecerá ferramentas operacionais à Gestão da Qualidade é a Inteligência Artificial. A área de sistemas especialistas é a interface mais vistosa nesse contexto.
- Justifica-se esse posicionamento, entre outras razões, por uma adequação conceitual entre as áreas e a necessidade de atualizarem-se, permanentemente, direcionamentos e ações da Gestão da Qualidade. De fato, a Gestão da Qualidade tem seu desenvolvimento associado a ambientes altamente dinâmicos e fortemente competitivos, o que exige mecanismos objetivos de avaliação do processo gerencial (que lida com variáveis nem sempre mensuráveis).

Esses elementos, ainda que operacionais, têm impacto estratégico para a organização, já que alteram seu modelo de atuação no mercado. Isso é compreensível.

Alguns pontos devem ser destacados:

- A melhor definição para a qualidade é, exatamente, uma nova relação com o mercado, seja ele composto por consumidores seja por clientes.
- É bom não esquecer que essa diferenciação entre os consumidores e os clientes, aliás, proposta pela Gestão da Qualidade, já é, por si só, uma forma de ampliar o próprio conceito de mercado, o

que torna o impacto desses mecanismos gerenciais ainda mais estratégico, ou seja, mais ligado à sobrevivência das organizações.

## 6.4 CARACTERÍSTICAS GERAIS DA ATUAL GESTÃO DA QUALIDADE

Tendo em conta os conceitos e as estratégias que passou a adotar, bem como em face da nova relação que estabelece com a Gestão da Produção, pode-se observar que a Gestão da Qualidade tem características bem específicas, diferentes da visão que tradicionalmente se conferia à área. Listá-las ajuda a entender como o modelo está estruturado agora.

### *Quanto aos conceitos básicos da Gestão da Qualidade*

- Considera-se, aqui, que a Gestão da Qualidade requer referenciais que direcionem suas ações. Os mais relevantes envolvem o conceito da qualidade que se adota em cada organização. Propôs-se um conceito específico, "adequação ao uso", e seus desdobramentos naturais em relação à sociedade como um todo e ao ambiente em que a empresa está presente. Conclui-se que o processo de gestão deve ser desenvolvido tendo em vista esses três direcionamentos: clientes e consumidores; sociedade; e meio ambiente.
- A primeira preocupação da Gestão da Qualidade em termos conceituais refere-se à necessidade de corrigir equívocos na concepção da qualidade, já que se trata de um termo de domínio comum. A preocupação básica é evitar os reflexos práticos do uso de conceitos equivocados acerca da qualidade: atitudes, posições, comportamentos e posturas que limitam o esforço pela qualidade; que prejudicam seu alcance e benefícios; que tornam o empenho pela qualidade algo dispensável, ineficiente ou até mesmo desnecessário. Por isso, compreende-se tratar-se de uma meta básica da Gestão da Qualidade o esforço de selecionar, divulgar e consolidar, em toda a organização, o conceito correto da qualidade. É importante observar que o elemento crítico a considerar não é, em si, cada situação identificada como equívoco, mas o fato de reduzir a qualidade a apenas um determinado elemento ou a um item do produto ou serviço.
- A Gestão da Qualidade deve partir do pressuposto de que a qualidade envolve dois elementos básicos: um conjunto de aspectos a considerar simultaneamente (componente "espacial") e um processo de alterações conceituais que ocorrem ao longo do tempo (componente "temporal"). Surgem daí as noções da qualidade enquanto *multiplicidade de itens* e *processo evolutivo*. À Gestão da Qualidade caberá operacionalizar ambos os aspectos, que podem ser considerados como dois referenciais básicos para suas atividades: no primeiro caso, trata-se de definir o conceito correto da qualidade; no segundo, trata-se do direcionamento do processo para a qualidade total.
- A consolidação conceitual abrange a criação da chamada "cultura da qualidade", um esforço fundamental da Gestão da Qualidade para que seja atribuído à qualidade seu verdadeiro valor. O primeiro passo para a criação da cultura efetiva da qualidade é fixar seu conceito correto.
- Os conceitos corretos da qualidade sempre priorizam o cliente. O conceito de Juran ("adequação ao uso") é perfeito, nesse contexto. Com a vantagem adicional de reunir nele ambos os aspectos – evolução e multiplicidade.
- O conceito da qualidade total atua em duas dimensões: (1) inclui todos os requisitos que produtos e serviços devem ter para adequar-se plenamente às necessidades, às preferências ou conveniências dos clientes; e (2) coordena os elementos da empresa cujas diversas contribuições se direcionem para essa coordenação. As dimensões confluem para conceito de "melhoria contínua" (aumento do grau de ajuste do produto à demanda) que caracteriza a Gestão da Qualidade Total.
- Se a qualidade for corretamente definida, a Gestão da Qualidade Total e a Gestão da Qualidade, em sua forma usual, tornam-se a mesma coisa. O termo *Total*, aqui, serve apenas para chamar a atenção para o conceito da qualidade empregado.
- A função organizacional básica da Gestão da Qualidade Total é o planejamento. Pelas próprias características desse tipo de planejamento, observa-se que esse modelo enfatiza o desenvolvimento do planejamento da qualidade na empresa em nível global, com a participação de departamentos, segundo suas características específicas. Ressalta-se, ainda, por conta desse conceito, a inclusão de todos os processos, de todas as áreas, de todas as pessoas, de todos os setores ou de todas as funções da empresa, não só aqueles considerados como diretamente vinculados à produção.

**VOCÊ SABIA?**

- No ambiente da Gestão da Qualidade, cabe ao controle da qualidade atuar como uma atividade de confrontação entre os padrões definidos e os níveis obtidos em processos, em produtos e em serviços.
- Utiliza-se aqui, como referencial básico para a fixação dos padrões, as exigências, as necessidades, as preferências ou as conveniências do consumidor.
- Isso altera o papel "histórico" que o controle da qualidade desempenhava nas organizações.

O desdobramento do conceito de "adequação ao uso" para "atenção à sociedade como um todo" é uma exigência própria da generalização que o próprio conceito da qualidade impõe.

Uma fase intermediária dessa generalização ocorre quando se considera o conceito de cliente e sua diferença em relação ao consumidor.

É compreensível que a fase seguinte seja a da globalização da ação produtiva.

### *Quanto às perspectivas históricas*

- A Gestão da Qualidade formulou seu modelo básico considerando o próprio desenvolvimento das escolas clássicas da Administração. Nelas, ela aprendeu o que fazer e como fazer, o que evitar, a que atribuir relevância e o que desconsiderar. Esse arcabouço histórico foi, sem dúvida, uma vantagem fundamental para a Gestão da Qualidade.
- Em alguns casos, a Gestão da Qualidade apenas redirecionou muitas das estratégias que as escolas da Administração formularam. Essa reformulação envolve vários elementos, como a análise da ação dos recursos humanos em face da Administração Científica e a estrutura do modelo gerencial tendo em vista os princípios de Urwick.
- Em outros casos, a Gestão da Qualidade buscou nas posições de confronto um referencial para suas próprias estratégias. Diante da visão simplificada que a Administração Científica tinha dos recursos humanos nas organizações, foram propostas estratégias abrangentes de envolvimento, que resultaram num processo de integração amplo e complexo. Como se percebe hoje, contudo, essa integração é fundamental para a qualidade.
- Concluir que as bases da Gestão da Qualidade residem na ciência da Administração, em seus vários estágios de desenvolvimento, é um elemento vital para sua própria consolidação.

### *Quanto ao processo e aos agentes da Gestão da Qualidade*

- A identidade de objetivos entre a organização e suas partes, bem como a profunda interação com o meio ambiente, são elementos que tornam a Gestão da Qualidade um processo de gestão por excelência. E a noção de Sistema da Qualidade permite a definição de uma estrutura adequada para viabilizar esse processo.
- O sistema de gestão é mais amplo do que sistemas físicos que compõem a organização. Sua abrangência fica ainda mais evidente no caso da Gestão da Qualidade, pela própria natureza desse tipo de gestão.
- O processo de Gestão da Qualidade torna-se facilitado se, antes, for criado um sistema da qualidade. De fato, a operação desse sistema requer a definição da política da qualidade da organização. A Gestão da Qualidade envolve a implementação dessa política. E evidencia uma relação bem definida. Conclui-se que não existe Gestão da Qualidade sem que se definam, antes, as políticas da qualidade da organização.
- A Gestão da Qualidade requer três elementos bem definidos: as *normas*, os *métodos* e os *procedimentos*. Sua perfeita operação depende disso, já que sua eficiência e sua eficácia decorrem de como se desenvolvem as atividades da organização, tanto no âmbito estratégico (em que se definem as normas) quanto no tático (em que se selecionam os métodos) e no operacional (em que se concretizam os procedimentos).
- A Gestão da Qualidade possui duas direções de atuação: ao mesmo tempo em que afeta a alta administração da organização, o que revela sua atuação com abrangência global, ela atua no processo

produtivo, para determinar tanto as políticas da qualidade quanto as operações produtivas básicas que a geram.

- A ação da Gestão da Qualidade apresenta três áreas básicas. Inicialmente, há uma área *técnica*, que inclui conceitos, ferramentas e estratégias da qualidade em si; a seguir, há uma área *administrativa*, que visa integrar todos os recursos da organização em um esforço único para a qualidade; por fim, há uma área de *interação com o mercado*.
- A Gestão da Qualidade:
  1. confere maior abrangência à funcão tradicional de gestão;
  2. introduz a ideia de evolução contínua;
  3. envolve compromisso com a atividade planejada.

- O aspecto fundamental dessas características é que elas impõem um comportamento a quem gerencia a qualidade, isto é, para cada característica há uma ação claramente identificada.
- Numa análise geral, considerando-se esses elementos, ficam evidenciadas três ações fundamentais:
  1. O esforço da Gestão da Qualidade em incluir todas as áreas e todas as pessoas da empresa, ainda que não tenham envolvimento direto com o setor produtivo.
  2. Prioridade que se confere a modelos de avaliação que contemplem uma análise permanente das operações do processo e sua contribuição para a adequação do produto ou do servico ao uso a que se destina.
  3. A incorporação do planejamento como uma atividade rotineira do processo de gestão.

- A Gestão da Qualidade possui vários agentes de implantação. Consideraram-se, aqui, três deles como fundamentais: um agente de decisão, um agente de transformação e um agente de consolidação.
- O conceito de gerente da qualidade tem sido bastante generalizado. Considera-se que essa função seja exercida por uma pessoa ou por um grupo de pessoas; uma área administrativa ou um setor técnico etc. Foram fixadas características bem específicas para a função.
- Parece evidente que o relacionamento humano é a característica mais crítica e crucial. Crítica pela importância; crucial pela dificuldade de obtenção e de exercício efetivo. É, também, o elemento mais difícil de ser avaliado, pela multiplicidade de aspectos que envolve e pela subjetividade que encerra. É possível que a percepção do mercado e a capacidade de interação sejam adquiridas pela experiência prática, ao longo dos anos.
- No entanto, a capacidade de relacionamento humano reúne traços marcantes da personalidade humana – tende a vir do berço. Isso envolve posições do tipo: ou as pessoas dispõem dessa característica ou não dispõem. Para a definição do ajuste de uma pessoa (ou grupo de pessoas) à função de gerente da qualidade, assim, não se investe na produção dessa característica, mas na descoberta de quais pessoas a possuem. E no esforço de aprimorá-la...
- A questão do envolvimento dos recursos humanos é crucial para a Gestão da Qualidade e adota-se a posição de que esse é o maior desafio da área.

## PARA REFLETIR

- A cultura existente na organização é o elemento determinante para o sucesso da implantação e da consolidação de programas da qualidade.
- Daí considerar-se que a mais importante atribuição conferida à Gestão da Qualidade seja a de transformar a qualidade em um valor para todos os integrantes da organização, de forma que suas ações sejam pautadas por ela. Isso é válido tanto no ambiente em que a organização atua quanto em sua própria estrutura.
- Esse elemento gera um modelo relevante de implantação da Gestão da Qualidade, qual seja o da utilização de processos de transformação que têm, como ponto de partida, a realidade existente e, como alvo, a realidade desejada.

A história da Gestão da Qualidade permite também ressaltar seus pontos positivos, avanços e acertos, assim como pontuar algumas falhas.

## LIÇÕES DA PRÁTICA

As falhas da Gestão da Qualidade permitem concluir que sua implantação exige:

- participação da alta administração;
- adoção do conceito correto da qualidade;
- atenção aos clientes;
- exemplos dentro e fora da organização, em todos os níveis;
- igual envolvimento de todos;
- objetivos bem definidos, compreendidos e relevantes;
- recursos para produzir qualidade;
- continuidade do programa;
- programas efetivos de reconhecimento dos esforços;
- aplicabilidade do programa (compromisso com a prática);
- consideração de todo defeito como uma desgraça – sem atenuantes;
- eliminação de incoerências;
- não direcionamento do programa para áreas específicas;
- descentralização de ações;
- geração de ações organizadas, planejadas e contínuas;
- manutenção da estrutura formal nas fases iniciais do programa – a seguir, estruturação do organograma conforme os objetivos do programa;
- atribuição de papéis e funções compatíveis com o perfil de cada funcionário;
- montagem de uma estrutura organizacional adequada aos objetivos fixados.

### *Quanto aos ambientes de atuação:*

- Há diferentes ambientes em que a Gestão da Qualidade tem sido aplicada. Deriva desses processos práticos de implantação uma conclusão que parece contraditória: a Gestão da Qualidade dispõe de unicidade conceitual e até mesmo de filosofia de atuação, ainda que recorra a diversos métodos, a variadas estratégias e a múltiplas ferramentas para desenvolver e avaliar a qualidade nas organizações. Observe, aliás, que foi graças a essa variedade de ambientes de aplicação que a Gestão da Qualidade conseguiu avançar em múltiplas direções, criando-se muitas técnicas que a viabilizaram no dia a dia dos processos produtivos.
- Essa unicidade conceitual permitiu a estruturação de um modelo integrado, bem como viabilizou elementos de intercâmbio entre os vários ambientes considerados.
- A Gestão da Qualidade foi analisada em três contextos básicos: as atividades *industriais*, a geração de *serviços* e a estruturação de *métodos*. Associou-se o segundo ao terceiro contexto e considerou-se que as duas situações básicas – produtos e serviços – têm diferenças a examinar no momento de definir o modelo de gestão a adotar.
- A diferença mais importante no modelo de Gestão da Qualidade aplicado a bens tangíveis, quando comparado a bens intangíveis, inclui a interação com o cliente.
- Procurou-se aqui evidenciar bem essa distinção, chamando a atenção para o fato de que, no caso da atividade industrial, existe elevado suporte produtivo e pequena interação; no caso de serviços e métodos, ocorre exatamente o contrário. É possível que as demais diferenças decorram exatamente daí.
- Os modelos *in-line*, *on-line* e *off-line* são complementares. Considerar-se um único deles ou, como ocorre com frequência na prática, enfatizar excessivamente um em detrimento dos demais é um erro que custa caro à Gestão da Qualidade. Em geral, porque direciona seus esforços para alvos inadequados.

### *Quanto às estratégias de concepção e implantação de programas da qualidade:*

- A diversidade de conceitos sobre qualidade tornou necessária a seleção de uma definição básica a ser utilizada em determinados contextos, fixando-a como referencial básico para as ações da Gestão da Qualidade. Já a existência de múltiplos conceitos para caracterizar o processo da Gestão da Qualidade torna visível a variedade de direcionamentos que ela assume e não há, aqui, necessidade de considerar-se uma definição como indicativo de atuação da área. Na verdade, esses diversos conceitos enfatizam o grande número de aplicações viáveis e, até mesmo, de implantações efetuadas, nas mais diferentes situações. E isso parece muito positivo.

A variedade de conceitos utilizados para identificar a Gestão da Qualidade determina uma variedade de ações relativas ao próprio processo de gestão. A metodologia adotada para a execução dessas ações caracteriza as estratégias da Gestão da Qualidade. Observe que há três grupos básicos de estratégias nesse contexto.

| NATUREZA DA ESTRATÉGIA | CARACTERÍSTICAS | EXEMPLOS |
|---|---|---|
| *Estratégias específicas da Gestão da Qualidade* | São estratégias desenvolvidas para ações características da Gestão da Qualidade em qualquer de suas áreas (procedimentos de gestão, planejamento, avaliação, controle etc.). | Planejamento e controle de processos (em geral, com o uso de gráficos de controle). |
| *Estratégias de outras áreas que migraram para a Gestão da Qualidade* | São estratégias de diversas áreas utilizadas na Gestão da Qualidade por processos de analogia, adaptação ou aplicação em situações específicas. | Diagrama de Pareto (analogia aos modelos de economia desenvolvidos por Vilfredo Pareto); equipes da qualidade (adaptação dos mecanismos de dinâmica de grupo); histogramas (dispositivos estatísticos utilizados em processos de análise de dados). |
| *Estratégias decorrentes de conceitos ou teorias de várias áreas* | Referem-se às estratégias estruturadas a partir de teorias desenvolvidas em diversas áreas. Em geral, essas estratégias direcionam-se mais à filosofia de funcionamento do sistema de gestão. | Conceitos e métodos da Gestão da Qualidade derivam de conceitos e métodos de ciências consolidadas como Administração, Economia, Sociologia, Estatística, Pesquisa Operacional ou Teoria de Sistemas. |

**VOCÊ SABIA?**

- Várias ferramentas, conceitos e métodos muito empregados nas ações da Gestão da Qualidade vieram de outras ciências.
- Alguns exemplos são mostrados a seguir.

| | | |
|---|---|---|
| **Da Administração** | → | Veio a maioria das estratégias de envolvimento de recursos humanos da organização. |
| **Da Economia** | → | Foram retirados mecanismos de análise dos custos da qualidade, tanto em termos da qualidade de projeto quanto da qualidade de conformação. |
| **Da Sociologia** | → | Procedem conceitos que consolidaram a chamada cultura da qualidade. |
| **Da Estatística** | → | Foram estruturados os modelos de análise de dados, como no caso dos diagramas de similaridade, e os processos de inferência, como no caso dos planos de amostragem. |
| **Da Pesquisa Operacional** | → | Derivam os mecanismos de modelagem utilizados em processos de planejamento. |
| **Da Teoria dos Sistemas** | → | Deriva a estrutura utilizada para definir as relações entre as funções e as atividades de produção da qualidade. |

**SAIBA MAIS**

- Esses três tipos de estratégia são utilizados com frequência quase idêntica.
- De fato, a Gestão da Qualidade já tem hoje uma estrutura formal que garante a consolidação de suas próprias estratégias – a tal ponto que já se pode exportá-las para outras áreas (modelos de pesquisa operacional sobre análise de riscos, por exemplo, têm utilizado o mesmo princípio das curvas características de operação, até então típicas da teoria da amostragem).
- Esse movimento migratório tem compensado o intenso emprego de conceitos e de estratégias de outras áreas na própria Gestão da Qualidade, o que confere certo equilíbrio ao "número" de utilizações dos três tipos de estratégia. De qualquer modo, os conjuntos de estratégias do segundo e do terceiro tipos ainda são os mais comuns, o que ressalta bem o caráter *multidisciplinar* da Gestão da Qualidade.

Pode-se listar uma conclusão referente a cada um dos cinco grupos de estratégias listadas no capítulo anterior:

**1. Gestão da Qualidade → Filosofia**

- A grande contribuição de Deming para a qualidade (numa visão simplista e até pouco verdadeira) talvez seja a de enfatizar os métodos de gestão como a base da implantação da qualidade nas organizações. Nesse sentido, os elementos fundamentais do projeto da Qualidade de Deming mudaram pouco ao longo do tempo – o que mostra coerência entre posições e consistência nas ideias. Entretanto, a noção de evolução está bem clara em pontos específicos, que precisaram ser acrescentados, retirados, detalhados, ampliados, divididos, reunidos e assim por diante. Enfim, melhorados. Continuamente.

**2. Gestão da Qualidade → Métodos**

- A objetividade e o direcionamento das estratégias que compõem a Gestão da Qualidade, enquanto conjunto de métodos, ficam bem evidentes caso se considere que elas propõem um planejamento baseado em níveis, em situações ou nos elementos críticos de operação dos processos; ou, então, no padrão de atendimento de clientes e de consumidores; ou, ainda, na transformação de especificidades de mercado em itens que compõem produtos e serviços e na análise de situações em que intervém uma variedade de fatores, o que poderia tornar essa análise uma atividade consideravelmente complexa. De forma mais geral, trata-se de procedimentos que incluem as relações entre demandas (às vezes, estruturadas de forma imprecisa) e as formas de atendê-las (de modo organizado, eficiente e planejado). As estratégias nesse âmbito, assim, atentam para métodos de atividade (ambiente micro) considerando sempre o atendimento global da organização ao mercado (ambiente macro).

**3. Gestão da Qualidade → Melhoria contínua**

- De certa forma, pode-se dizer que o *just in time* é um processo no qual estão cristalizadas muitas estratégias de Gestão da Produção. Utiliza-se, em princípio, da mesma ideia de produção direcionada para o atendimento da demanda que caracteriza o esquema das células de produção, embora aqui se empregue uma visão mais ampla. As regras básicas do *just in time* são: (1) produz-se o que for necessário, (2) quando for requerido e (3) apenas quanto for preciso. Embutidos nessas regras aparecem os conceitos da qualidade, do planejamento e da atenção ao mercado. No primeiro caso, consideram-se as características que o produto deve ter, priorizando-se as especificações da demanda no processo produtivo; no segundo, considera-se que as atividades só são executadas se o planejamento as tiver previsto e as requerer naquele momento; no terceiro, fica definido o ambiente básico em que o *just in time* busca suas informações fundamentais de operação. É evidente, em todos esses conceitos, a ênfase no cliente, para o qual o processo passa a ser orientado.

**4. Gestão da Qualidade → Serviços aos consumidores e clientes**

- O conjunto de estratégias ligadas à Gestão da Qualidade, enquanto serviço a consumidores e clientes, é de importância crítica. Nesse sentido, o desdobramento da função qualidade (QFD), apesar de algumas dificuldades de operação, tem-se mostrado uma ferramenta relevante e útil. Note, aliás, que o QFD é considerado uma ferramenta *on-line*, na medida em que visa, essencialmente, determinar como se processará a "reação" da empresa às alterações de exigências, preferências, conveniências, posturas ou outras manifestações de clientes e consumidores. O QFD, na verdade, criou mecanismos objetivos para guiar essa reação na direção correta e na intensidade adequada.

| 5. Gestão da Qualidade → recursos humanos |
| --- |
| ▪ O envolvimento dos recursos humanos na ação pela qualidade é a área em que existe maior número de estratégias desenvolvidas. É, também, a área em que ocorre maior interligação de estratégias e de técnicas. A importância desse envolvimento, sobretudo em termos da dependência dos resultados da Gestão da Qualidade em relação a essa área, justifica a relevância. |

Como visto, a Gestão da Qualidade possui indiscutível abrangência e notável importância. Por essas razões, tende a englobar a Gestão da Produção. Ou, pelo menos, conferir a ela uma nova prioridade. Em qualquer dos casos, fica claro o impacto que a qualidade produz na organização.

É por essas e outras que a Gestão da Qualidade é uma questão estratégica para a organização. Afinal, trata-se de sua própria sobrevivência.

## 6.5 ANÁLISE BREVE DAS PERSPECTIVAS DA GESTÃO DA QUALIDADE

Em função da quantidade e da diversidade dos aspectos aqui discutidos, da amplitude do tema e do número de propostas formuladas, parece evidente que há um elenco considerável de recomendações que podem ser estruturadas para a continuidade do processo de melhoria da Gestão da Qualidade.

Dessa forma, de modo geral, podem-se selecionar as seguintes análises como uma ilustração das ***perspectivas imediatas*** para a área de Gestão da Qualidade:

- A concepção e a estruturação do modelo de Gestão da Qualidade dependem fortemente do conceito da qualidade adotado. No presente texto, esse conceito foi considerado um dos referenciais básicos desse modelo. Sugere-se, como perspectiva nessa área, o desenvolvimento de análises complementares que apontem para novas definições, que, por consequência, podem indicar novos referenciais de atuação da área. Deve-se notar que o conceito da qualidade é dinâmico por natureza – aliás, ele acompanha as alterações em termos de desejos, necessidades ou conveniências de clientes e consumidores. Por isso, cabe atentar continuamente para o suporte conceitual da qualidade, sobretudo com o intuito de atualizá-lo sempre (KARUNA, 2018).
- Podem-se analisar outras teorias da Administração e encontrar-se-ão raízes de outros conceitos e estratégias da Gestão da Qualidade. Citem-se, por exemplo:
  1. A abordagem estruturalista da Administração, que envolve o Modelo Burocrático de Organização e a própria Teoria Estruturalista;
  2. A abordagem neoclássica da Administração, dentro da qual se encontra a Administração por objetivos; e
  3. A abordagem sistêmica da Administração.

  - **No primeiro caso:** trabalhos de pensadores como Max Weber, Karl Mannheim ou Talcott Parsons são relevantes e têm afetado a Gestão da Qualidade em aspectos como a estrutura do processo administrativo e as relações da empresa com a sociedade.
  - **No segundo caso:** pode-se considerar que teorias clássicas podem ser redimidas de seus erros e, por isso, devem ser reavaliadas. Em particular, devem-se considerar aqui os trabalhos de autores como Peter Drucker e George Odiorne, que redimensionam conceitos que a própria Gestão da Qualidade parece, em alguns momentos, ter rejeitado.
  - **No terceiro caso:** considere-se o vigoroso trabalho de Ludwig von Bertalanffy, que criou a estrutura que melhor se adapta aos processos de produção e avaliação da qualidade. Esses pequenos exemplos mostram que a análise das raízes históricas da Gestão da Qualidade é fundamental para melhor entendê-la e, sobretudo, aplicá-la corretamente.

- O estudo do processo de gestão é um desafio permanente. Entende-se que essa análise deve ser contínua e sempre envolver novos elementos (SNEE; HOERL, 2018), sobretudo se considerarmos os desafios globais que nossas organizações produtivas enfrentam (WATSON *et al*, 2018).

- Um exemplo a considerar: os fornecedores desempenham um papel de agente da qualidade extremamente relevante. Do ponto de vista gerencial, possuem estrutura própria, que muitas vezes difere do modelo adotado pela empresa que deles adquire produtos ou serviços. Incluí-los como agentes do processo de Gestão da Qualidade é uma recomendação que deve ser feita.
- São muitos os ambientes em que a Gestão da Qualidade adquire cores próprias e, por isso, merecem ser estudados. Só para citar um exemplo: a atividade comercial.
- Há, aqui, componentes tanto de bens tangíveis quanto de bens intangíveis. Uma análise nesse contexto manteria o suporte conceitual, mas, com certeza, produziria características práticas de análise útil e relevante.
- Considerou-se aqui um grande número de estratégias da Gestão da Qualidade, mas nem de longe a listagem foi esgotada.
- Há outras técnicas relevantes, sobretudo do ponto de vista gerencial, que merecem consideração. É o caso, por exemplo, da análise do campo de forças e das cartas de tendências.

**COMO FAZER?**

- Pelo que se viu até agora, a operacionalização da Gestão da Qualidade aponta para investimentos que criem mecanismos de seleção de estratégias de implantação da Gestão da Qualidade. Estas posturas práticas sugerem um esquema que considere as atividades a desempenhar e as ferramentas mais adequadas para tanto. Por exemplo:

**Imagine que as atividades propostas sejam destinadas a:**

- priorizar os problemas;
- permitir a descrição do problema em termos de sua especificidade, onde e quando ocorre e sua extensão;
- estabelecer um quadro completo de todas as possíveis causas do problema;
- confirmar a causa básica do problema;
- desenvolver uma solução efetiva e aplicável e estabelecer um plano de ação; e
- implementar a solução e estabelecer o necessário procedimento de retroalimentação e os respectivos gráficos.

**Para esses casos, a experiência propõe as seguintes ferramentas:**

- fluxograma, **brainstorming** e diagrama de Pareto;
- diagrama de Pareto e histograma;
- diagrama de Ishikawa e **brainstorming**;
- diagrama de dispersão e diagrama de Pareto;
- gráficos de controle e **brainstorming**; e
- gráficos de controle, diagrama de Pareto e histogramas.

O Brasil já é um país fértil em experiências (bem ou malsucedidas, não importa) na área de Gestão da Qualidade.

A recomendação de acompanhar o desenvolvimento de tais experiências e de analisá-las é de importância evidente, sobretudo porque envolve nossa realidade e, mais do que isso, nossa cultura da qualidade.

Como visto, há muito que fazer. No entanto, não são exatamente o caráter evolutivo e o compromisso com a melhoria contínua que caracterizam a Gestão da Qualidade?

## 6.6 DEZ DIRETRIZES PARA O FUTURO IMEDIATO DA GESTÃO DA QUALIDADE

*Qual o futuro da qualidade no Brasil?*

Primeiro, uma pequena reflexão. Falar sobre futuro tem, pelo menos, uma vantagem e uma desvantagem.

### *A VANTAGEM:*

- É como a previsão do tempo.
- Amanhã haverá períodos de chuva e períodos de melhoria em algumas áreas.
- Quais períodos? Quais áreas? Isto eles não informam.
- É difícil confirmar, de imediato, o que se afirma.
- Posso fazer uma previsão para daqui a 10 anos. E as pessoas vão ter que acreditar ou esperar 10 anos, para verem se estou certo.

### *A DESVANTAGEM:*

- É a mesma coisa que fincar poste em banhado.
- **Pouca consistência das afirmações feitas.**

Assim, falar sobre o futuro reserva sempre duas armadilhas a quem se propõe a tanto:

- **Insegurança** (por falta de confirmação).
- **Injustificabilidade** ou **abstração** (por falta de fundamentação, principalmente, prática)

Mas ainda tem mais um problema: **O desafio da viabilidade.** Posso **antever o futuro analisando o que será e o que não será viável** nos próximos meses ou anos. Isto já foi feito no passado. Muitas vezes. E deu errado muitas vezes.

### *COMO MINIMIZAR ESSAS CILADAS?*

Talvez tentando responder à seguinte pergunta:

- O que eu estou fazendo hoje e vou continuar fazendo em um futuro imediato?

*Esta postura evita aventuras e sustenta o raciocínio por simples questão de inércia.*

**Quais as preocupações atuais?**

- WhatsApp;
- Uber;
- Quarta Revolução Industrial;
- iPhone;
- Qualidade de Vida;
- Sustentabilidade;
- impacto social da qualidade;
- redes sociais.

**Mas por que WhatsApp?**

- Porque pode chegar a 40% o volume das vendas feitas pelo WhatsApp de qualquer rede de sapatarias.

**Mas por que Uber?**

- O Uber é apenas uma das dimensões da economia compartilhada. Claro, a mais visível e a mais barulhenta.
- Porque economia compartilhada é tema de 120% das conversas de qualquer empresário do setor de serviços.
- Porque a economia compartilhada está ameaçando o negócio desse empresário.

**Mas por que Quarta Revolução Industrial?**

- Porque, em 1998, a **Kodak** tinha 170.000 funcionários e era responsável por 85% de todo o papel fotográfico vendido no mundo.

- No curso de poucos anos, o modelo de negócios da empresa desapareceu e ela abriu falência.
- O que ocorreu com a Kodak vai acontecer com um sem-número de indústrias nos próximos dez anos – e a maioria das pessoas não enxerga que isso já está chegando.
- Você podia imaginar em 1998 que apenas três anos mais tarde nunca mais iria registrar fotos em filme de papel?

**Mas por que iPhone e suas contínuas versões novas?**

- Por que a Apple mostrou como se introduzem inovações sem agredir o mercado, seja por razões práticas ou culturais.

**Mas por que Qualidade de Vida?**

- Porque esta é a prioridade das pessoas.

**Mas por que Sustentabilidade?**

- Porque esta é a prioridade das pessoas que os governos tiveram que correr atrás para se manterem no poder.

**Mas por que impacto social da qualidade?**

- Por que esta é a prioridade do mercado.

**Mas por que redes sociais?**

- Um supermercado em Florianópolis colocou a picanha em promoção a R$ 19,90 o quilo. Em 30 minutos, o estoque de 120 kg esgotou-se. Por causa das redes sociais.

*CONCLUSÃO:*

- Como será a qualidade no futuro?

**Usando o mesmo raciocínio:**

- Quais revoluções já estão em andamento?
- Quais continuarão a se desenvolver em futuro imediato?
- Estas são as diretrizes da Gestão da Qualidade para o futuro imediato.

## DIRETRIZES PARA O FUTURO IMEDIATO DA GESTÃO DA QUALIDADE

1. O que antes era **diferencial** hoje é **pré-requisito**.
    - Exemplos: domínio de inglês ou familiaridade com aplicativos e ferramentas de informática ou de comunicação.

2. O **consumidor** ganhou **voz**. Ele se faz ouvir.
    - Logo: ele berra por meio de redes sociais e a empresa não tem como fazê-lo calar-se. Precisa ouvi-lo.

3. O número de **intermediários** nas transações entre demanda e oferta tende a ser zero.
    - Logo: necessidade de criar estruturas, processos de gestão e operações cada vez mais enxutas para compensar eventuais custos de intermediação (que os aplicativos da vida, como o Uber, não têm).
    - Exemplo: programas do tipo "mais por menos". Eficiência crescente.
    - Não haverá espaço para ineficiência.

4. **Agilidade** nas ações da empresa.
    - Exemplo: monitorar concorrentes continua sendo crítico.

5. O bom **atendimento**, ao invés de sair da moda, tornou-se ainda mais importante. Sobretudo em serviços.
   - Exemplo: hotéis × Airbnb.

6. Atenção permanente à **qualidade de vida, sustentabilidade** e **impacto social** das ações da empresa.
   - Exemplo: meio ambiente e estilo de vida "saudável".

7. Soluções **práticas** e simples.
   - Exemplo: manual de operação agregado à própria operação.

8. **Inovar** sempre. Sem perder contato com as características culturais do consumidor.
   - Exemplo: as contínuas versões novas do iPhone.

9. A **comunicação** é feita sempre usando linguagens pelas quais o consumidor tem gosto, domínio e confiança.
   - Exemplo: WhatsApp.

10. Novo conceito da qualidade: opções para viabilizar a **relação** entre **organização** e o **mercado**.
    - Logo: qualidade = decisões.

## UMA CONCLUSÃO MUITO CLARA:

- Qualidade não tem segredo.
- Qualidade é o exercício do óbvio.

Estas eram duas verdades que se mantiveram ativas em um passado recente e nos dias de hoje. E se preservarão assim... Por um longo tempo.

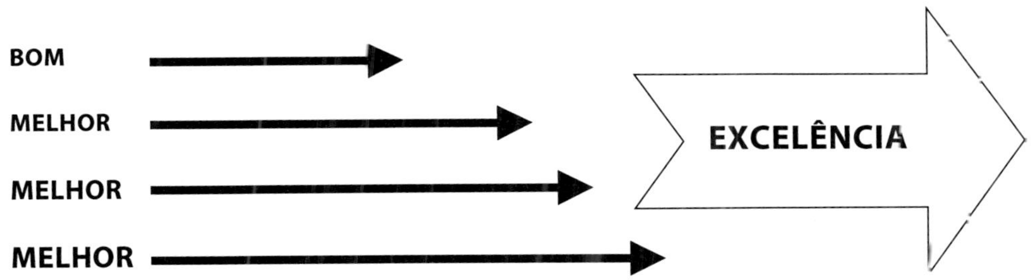

# REFERÊNCIAS BIBLIOGRÁFICAS


ABUAMOUD, Ismaiel; IBRAHIM, Amal; ALROUSAN, Ramzi M. Measuring tourists' satisfaction and loyalty: a perception approach. *Quality Management Journal*, v. 25, n. 2, 2018.

AKAO, Yoji. Quality function deployment. *Quality Progress*, Oct. 1983.

ALBRECHT, Karl.; ZEMKE, Ron. *Service America*. Homewood: Dow Jones-Irwin, 2004.

ALEXANDER, S.; JAGANNATHAN, V. Advisory system for control chart selection. *Computers Industrial Engineering*, v. 10, n. 3, 1986.

ANDERSON-COOK, Christina M. Optimizing in a complex world: a statistician's role in decision making. *Quality Engineering*, v. 29, n. 1, 2017.

AQUILANI, Barbara; SILVESTRI, Cecilia; RUGGIERI, Alessandro; GATTI, Corrado. A systematic literature review on total quality management critical success factors and the identification of new avenues of research. *The TQM Journal*, v. 29, n. 1, 2017.

ASHBY, William Ross. *Design for a brain*. New York: Wiley, 1952.

BALDONADO, Arthur M. Servant leadership: learning from servant leaders of the past and their impact to the future. *International Journal of Management Sciences and Business Research*, v. 6, n.1, 2017.

BARR, Avron; FEIGENBAUM, Edward. A. *Handbook of artificial intelligence*. Reading: Addison-Wesley, 1996. v. 1.

BECKFORD, John. *Quality: a critical introduction*. 3. ed. New York: Routledge, 2010.

BERNARDO, Samuel Moreti; ANHOLON, Roseley; NOVASKI, Olívio; SILVA, Dirceu; QUELHAS, Osvaldo L. G. Main causes that lead strategies to decline at execution phase: an analysis of Brazilian companies. *International Journal of Productivity and Performance Management*, v. 66, n. 3, 2017.

BESTERFIELD, Dale H. *Quality control*. New Jersey: Prentice Hall, 2011.

BHUSHAN, Megha; GOEL, Shivani; KUMAR, Ajay. Improving quality of software product line by analysing inconsistencies in feature models using an ontological rule-based approach. Expert Systems, v. 35, n. 3, June 2018.

BLOCK, Harry D. The Perceptron: a model for brain functioning. *Rev. Mod. Phy* 34, 1, 1962.

BRINK, J. R.; MAHALINGAM, S. *An expert system for quality control in manufacturing*. Tampa: USF Report, 1990.

BUCH, Kimberly K.; SHELNUTT, William. UNC Charlotte measures the effects of its quality initiative. *Quality Progress*, July 1995.

BYHAM, William C. *Zapp! O poder da energização*. Rio de Janeiro: Campus, 1992.

CHEN, Zhenlu; PAN, Rong; CUI, Liron. An economic off-line quality control approach for unstable production processes. *Quality Engineering*, v. 29, n. 4, Dec. 2017.

CHIAVENATO, Idalberto. *Introdução à teoria geral da administração*. 9. ed. São Paulo: Manole, 2014.

CORRIGAN, James P. The art of TQM. *Quality Progress*, July 1995.

CRAWFORD, Kyle A.; EYADA, Osama K. A prolog based expert system for the allocation of quality assurance program resources. *Computers Industrial Engineering*, v. 17, n. 1, 1989.

CROSBY, Phillip. Zero defects. *Quality progress*, Feb. 1992.

CUDNEY, Elizabeth A.: KEIM, Elizabeth, M. The changing role of quality in the future: required competencies for quality. Professionals to succeed. *Journal for Quality and Participation*, v. 39, n. 4, 2017.

CULLEN, Joe; HOLLINGUM, Jack. *Implementing total quality*. Bedford: IFS Publications; New York: Springer, 1998.

DAGLI, Chian H. Expert systems for selecting quality control charts. *USF Report*, Tampa, Florida, 1990.

DAGLI, Chian H.; STACEY, R. A prototype expert system for selecting control charts. *International Journal of Production Research*, v. 26, n. 5, 1988.

DOBBINS, Richard D. A failure of methods, not philosophy. *Quality Progress*, July 1995.

DON, H. S.; FU, K. S.; LIU, C. R.; LIN, W. C. Metal surface inspection using image processing techniques. *IEEE Trans. on Systems, Man and Cybernetics*, v. SMC. 14, n. 1, 1984.

DOOLEY, Kevin John.; KAPPOR, Shiv Gopal. A rule-based system for classifying faults in continuous processes. *Recent Developments in Production Research*, 1988.

EARLY, John; GODFREY, Blanton. But it takes too long... *Quality Progress*, July 1995.

EMERSON, Harrington. *The twelve principles of efficiency*. New York: D. Van Nostrand, 1912.

EOM, Sean; KARATHANOS, Demetrius. The role of expert systems in improving the management of processes in total quality management organizations. *SAM Advanced Management Journal*, Sept. 1996. Disponível em: http://www.freepatentsonline.com/article/SAM-Advanced-Management-Journal/19045406.html. Acesso em: jun. 2018.

EOQ – European Organization for Quality. *Glossary of terms used in quality control*. Rotterdam: EOQC, 1972.

EYADA, Osama K. An expert system for quality assurance auditing. *ASQC Quality Congress Transactions*, San Francisco, 1990.

FANTINA, Robert. *Your customers' perception of quality*: what it means to your bottom line and how to control it. New York: Taylor & Francis, 2011.

FARD, Nassar S.; SABUNCUOGLU, Ihsan. An expert system for selecting attribute sampling plans. *International Computer Integrated Manufacturing*, v. 3, n. 6, 1990.

FAYOL, Jules Henri. *Administração industrial e geral*. São Paulo: Atlas, 1990.

FEIGENBAUM, Armand V. *Total quality control*. 4. ed. (Achieving productivity, market penetration, and advantage in the global economy). New York: McGraw-Hill, 2012.

FEINBERG, Samuel. Overcoming the real issues of implementation. *Quality Progress*, July 1995.

FERRI-REED, Jan. Driving customer service excellence. *Journal for Quality and Participation*. v. 33, n. 4, 2011.

FLEURY, Afonso Carlos C.; FLEURY, Maria Teresa. *Aprendizagem e inovação organizacional*. São Paulo: Atlas, 1995.

FLEURY, Maria Teresa. O desvendar da cultura de uma organização. In: FLEURY, M. T.; FISCHER, R. M. *Cultura e poder nas organizações*. São Paulo: Atlas, 1989.

FORD, Henry. *Minha vida e minha obra*. New York: D. Van Nostrand, 1940.

GARVIN, David. What does product quality really mean? *Sloan Management Review*, Fall 1984.

GILBRETH, Frank Bunker. *Primer of scientific management*. Easton: Hive, 2010.

GIPE, J. P.; JASINSKI, N. D. Expert system applications in quality assurance. *ASQC Quality Congress Transactions*, 1986.

GOETSCH, David L.; DAVIS, Stanley. Quality management for organizational excellence: introduction to total quality. 8. ed. Englewood Cliffs: Prentice Hall, 2016.

GOODMAN, John A. Taking the wheel. *Quality Progress*, Feb. 2012.

GUPTA, Mohender Pal. Management of quality standards. *Total Quality Management* (TQM), v. 1. 2018.

GUTIERREZ-GUTIERREZ, Leopoldo J.; MOLINA, Vanesa B.; KAYNAK, Hale. The role of human resource-related quality management practices in new product development: a dynamic capability perspective. *International Journal of Operations & Production Management*, v. 38, n. 1, p.43-66, 2018.

HAGENAU, Bruce; UBER, Richard. 10 steps to improvement. *Six Sigma Forum Magazine*, v. 17, n. 2, 2018.

HALL, Donald. Concurrent engineering: defining terms and techniques. *IEEE Spectrum*, July 1991.

HAMILTON, Marc; CARUSO, Bob. High priority. *Quality Progress*, ASQ, Feb. 2010.

HAMMER, Michael; CHAMPY, James. *Reengenharia*. Rio de Janeiro: Campus, 1994.

HARRINGTON, H. James. *Process improvement*. New York: McGraw-Hill, 2011.

HARUN, Ahasan; PRYBUTOK, Gayle; PRYBUTOK, Victor R. Insights into the antecedents of fast-food purchase intention and the relative positioning of quality. *Quality Management Journal*, v. 25, n. 2, 2018.

HAUSER, John R.; CLAUSING, Don. The house of quality. *Harvard Business Review*, 1988.

HAYS, David W. Quality improvement and its origin in scientific management. *Quality Progress*, May 1994.

HONARPOUR, Amir; JUSOH, Ahmad; NOR, Khalil M. Total quality management, knowledge management, and innovation: an empirical study in R&D units. *Total Quality Management & Business Excellence*, v. 1, n. 1, 2017.

HONDA, Ana Carolina.; BERNARDO, Vitor Zanetti; GEROLAMO, Mateus Cecílio; DAVIS, Mark M. How lean Six Sigma principles improve hospital performance. *Quality Management Journal*, v. 25, n. 2, 2018.

HOOVER JR., Herbert W. What went wrong in U.S. business's attempt to rescue its competitiveness. *Quality Progress*, July 1995.

HOPEN, Debora. Finding a moment to change the future. *Journal for Quality and Participation*, v. 33, n. 4. 2011.

HOPEN, Debora; ROONEY, James J. Human side of Six Sigma: dealing with dysfunction. *Six Sigma Forum Magazine*, v. 17, n. 3, 2018.

IDOWU, Oluwafemi Emmanuel. Understanding organisational culture and organisational performance: are they two sides of the same coin? *Journal of Management Research*, v. 9, n.1, 2017.

IMAI, Masaaki. *Gemba Kaizen: a commonsense approach to a continuous improvement strategy*. 3. ed. McGraw- Hill, 2018.

JACOBSEN, Joseph. *Sustainable business and industry*: designing and operating for social and environmental responsibility. 3. ed. Milwaukee: American SQ Press, 2017.

JENKINS, Gwilym. *Quality control*. Lancaster: University of Lancaster, 1981.

JIS-Z-8101. *Quality concepts*. Tóquio: JICA Press, 1981.

JOGHEE, Ravichandran. *Control chart for high-quality processes based on Six Sigma quality. International Journal of Quality & Reliability Management*, v. 34, n. 3, 2017.

JURAN, Joseph M. *Juran institute report*. New York: Free Press, 1995.

JURAN, Joseph M.; GRYNA, Frank. *Controle da qualidade handbook*. São Paulo: Makron Books- McGraw- Hill, 1991. v. 1

KANAGAWA, Akihiro; OHTA, Hiroshi. A design for single sampling attribute plan based on fuzzy sets theory. *Fuzzy Sets and Systems*, v. 37, n. 2, 1990.

KARUNA, Pande. Quality management: today and tomorrow. *Quality Management Consultants*, v. 3, n. 7, p. 30-34, Jan. 2018.

KEIM, Elizabeth. Rethinking the basics: tips for using lean improvement methods. *Journal for Quality and Participation*, v. 41, n.1, 2018.

KHANNA, Tarun. *Foundations of neural networks*. Reading: Addison-Wesley, 1990.

KIM, Tohyun; RHEE, Mooweon. Structural and behavioral antecedents of change: status, distinctiveness, and relative performance. *Journal of Management*, v. 43, n. 3, 2017.

KNIGHT, Kevin. Connectionist ideas and algorithms. *Communications of the ACM*, v. 33, n. 11, 1990.

KOVACH, Jamison; HUTCHINS, Holly M. *Time for action* (problem-solving strategy). Milwaukee: Quality Progress, 2011.

KOVACH, Jamison V.; SHARMA, Pratibha. Impeding progress. *Quality Progress*, ASQ, Mar. 2018.

LEE, Newton S.; PHADKE, Madhav S.; KENY, Rajiv. An expert system for experimental design in off-line quality control. *Expert Systems*, v. 6, n. 4, Nov. 1989.

MAIN, Jeremy. *Guerras pela qualidade*. Rio de Janeiro: Campus, 2014.

MANN, Nancy R. *As chaves da excelência*. São Paulo: Makron Books, 1992.

McCULLOSH, Warren S.; PITTS, Walter. A logical calculus of the ideas immanent in neural nets. *Bulletin of Math Biophys.*, v. 5, 1943.

McLEAN, Richard S.; ANTHONY, Jiju; DAHLGAARD, Jens J. Failure of continuous improvement initiatives in manufacturing environments: a systematic review of the evidence. *Total Quality Management & Business Excellence*, v. 28, n. 3, 2017.

MELÈSE, Jaques. *Gestion par les systemes*. Puteaux: Hommes et Techniques, 1993.

MILES, Lawrence Delos. *Techniques of value analysis and engineering*. New York: McGraw-Hill, 1962.

MONTGOMERY, Douglas C.; JENNINGS, Cheryl L.; PFUND, Michele E. *Managing, controlling, and improving quality*. 3. ed. Hoboken: Wiley, 2018.

MOORE, Robert. Expert systems for process control. *Tappi Journal*, June 1985.

MOTTA, Fernando C. Prestes; VASCONCELOS, Isabela F. Gouveia. *Teoria geral da administração*. 3. ed. São Paulo: Cengage Learning, 2006

MOURA, José A. Marcondes de. *Os frutos da qualidade*: a experiência da Xerox do Brasil. São Paulo Makron Books, 1993.

NATARAJ, Sukrut; ISMAIL, Mohammed. Quality enhancement through first pass yield using statistical process control. *International Journal of Productivity and Quality Management*, v. 20, n. 2, 2017.

NELSON, Marilyn MCord. M.; ILLINGWORTH, Will T. *A practical guide to neural nets.* Reading: Addison-Wesley, 1990.

NTUEN, Celestine. A.; PARK, Eui H.; KIM, Jung H. KIMS: a knowledge-based computer vision system for production line inspection. *Computers Industrial Engineering*, v. 16, n. 4, 1989.

NTUEN, Celestine A.; PARK, Eui H.; PARK, Young H.; KIM, Jung H.; SOHN, Kwang H. The performance of KIMS image recognition tasks. *Computers Industrial Engineering*, v. 19, n. 4, 1990.

OSBORN, Alex. *O poder criador da mente.* São Paulo: Ibrasa, 1987.

PALADINI, Edson P. *Controle de qualidade por atributos.* 1992. Tese (Doutorado) – Universidade Federal de Santa Catarina, Florianópolis.

PALADINI, Edson P. *Gestão da Qualidade no processo.* São Paulo: Atlas, 1995.

PALADINI, Edson P. *Qualidade Total na prática.* 2. ed. São Paulo: Atlas, 1999.

PALADINI, Edson P. *Avaliação estratégica da qualidade.* 2. ed. São Paulo: Atlas, 2014.

PALADINI, Edson P. Gestão estratégica da qualidade: princípios, métodos e processos. 2. ed.: A qualidade e as lições da crise. São Paulo: Atlas, 2018.

PAO, Yoh Han. *Adaptive pattern recognition and neural networks.* 7. ed. Reading: Addison-Wesley, 2009.

PENNEL, J.; WINNER, R. Concurrent engineering: practices and prospects. *IEEE Global Telecom. Conf. Exhibition*, Dallas, v. 1, Nov. 1989.

PERSIC, Anton; MARKIC, Mirko; PERSIC, Marko. The impact of socially responsible management standards on the business success of an organization. *Total Quality Management & Business Excellence*, v. 29, p. 225-237, Feb. 2018.

PETERS, Thomas J.; WATERMAN Jr., Robert H. *In search of excellence.* New York: Collins Business Essentials, 2006.

PETKOVIC, D.; HINCKLE, E. B. A rule-based system for verifying engineering specifications in industrial visual inspection applications. *IEEE Transactions on Pattern Analysis and Machine Intelligence*, v. PAMI-9, n. 2, 1987.

PFEIFER, T. *Knowledge-based fault detection in quality inspection: software for manufacturing.* IFIP, 1989.

PRASAD, Brian. *Concurrent engineering fundamentals*: integrated product development. 7. ed. New Jersey, Prentice Hall, 2010. v. 2.

PULAKANAM, V. Responsibility for product quality problems in sequential manufacturing. Quality Management Journal, v. 18, n. 1, Milwaukee, 2011.

QUALITY PROGRESS. *The quality glossary.* Milwaukee, Feb. 1992.

RAMU, Govind. Ready or not: the basics behind ISO 9001:2015 and advice for organizations transitioning to the revised standard. *Quality Progress*, Milwaukee: ASQ Press, Jan. 2018.

RANDHAWA, Jugraj; AHUJA, Inderpreet Singh. 5S implementation methodologies: literature review and directions. *International Journal of Productivity and Quality Management*, v. 20, n. 1, 2017.

RAU, Herbert. 15 years and still going... *Quality Progress*, Milwaukee, July 1995.

RICH, David. Practice makes perfect. *Quality Progress*, Milwaukee, Jan. 2012.

RICH, Elaine. *Inteligência artificial.* São Paulo: McGraw-Hill, 1994.

SCHMUTTE, J.; THIELING, J. Addressing the new quality control standards. *The CPA Journal*, v. 80, n. 1, 2010.

SCHONBERGER, Richard. *Técnicas industriais japonesas.* São Paulo: Pioneira, 1984.

SELAND, Darryl. Finding the best quality approach. Quality Magazine, v. 15, n. 1, Jan., 2018.

SHEFFREY, T. The bright side of failure. *Quality Progress*, Feb. 2011.

SHEWHART, Walter; DEMING, William E. *Statistical methods from the viewpoint of quality control improvement.* Washington: Graduate School, Department of Agriculture, 1981.

SIM, K. L.; SONG, C. J.; KILLOUGH, L. N. Service quality, service recovery, and financial performance: an analysis of the US airline industry. *Advances in Management Accounting* (18): 27-53, 2010.

SINHA, M. N.; WILLBORN, W. O. *The management of quality assurance.* New York: Willey, 1985.

SMITH, Jim. Face of quality: blast the change process. *Quality Magazine.* Feb. 2011.

SNEE, Ronald D.; HOERL, Roger, W. The future of quality. *Journal for Quality and Participation*, v. 40, n. 4. Jan. 2018.

SPRAGUE, Richard A.; SINGH, Kiran Jot; WOOD, Richard T. Concurrent engineering in product development. *IEEE Design & Test of Computers*, Mar. 1991.

SREEDHARAN, V. Raja; BALAGOPALAN, Anjana.; MURALE, Vee; ARUNPRASAD, Pye. Synergising lean Six Sigma with human resource practices: evidence from literature arena. *Total Quality Management & Business Excellence*, 2018. DOI: 10.1080/14783363.2018.1439374.

SWIFT, Jill A.; MIZE, Joe. Development of an expert systems for pattern recognition and analysis. *IEEE Integrated Systems Conference Proceedings*, 1987.

TAAFFE, Kevin; FREDENDALL, Lawrence; WEISS, Rebecca. Managing service-specific and open-posting block sizes when allocating operating room time. *Quality Management Journal*, v. 25, n. 1, Jan. 2018.

TAGUCHI, Genichi. *Engenharia da qualidade em sistemas de produção*. São Paulo: McGraw-Hill, 1990.

TAGUCHI, Genichi; ELSAYED, Elsayed A.; HSIANG, Thomas C. *Quality engineering in production systems*. New York: McGraw-Hill, 1990.

TAYLOR, Frederick Winslow. *Shop management*. New York: Harper & Brothers, 1903.

TENNER, Arthur R.; DETORO, Irving J. *Total quality management*. 3. ed. Reading: Addison-Wesley, 2007.

TIGANI, Omer Abdel Aziz El. A. A. E. Get on board. *Quality Progress*, Feb. 2012.

TOMAZEVIC, Nina; SELJAK, Janko; ARISTOVNIK, Aleksander. The interaction between occupational values and job satisfaction in an authoritative public administration organization. *Total Quality Management & Business Excellence*, v. 29, p. 58-73, Feb. 2018.

URWICK, Lyndall Fownes. *The elements of administration*. New York: Harper & Brothers, 1943.

XEROX CORPORATION. *A world of quality*: the timeless passport. Xerox quality solutions. Rochester: Xerox Press, 1993.

VINING, Geoff. Essential elements for quality improvement programs. *Quality Engineering*. v. 23, n. 4, Dec. 2011.

XU, Lu; BLANKSON, Charles; PRYBUTOK, Victor. Relative contributions of product quality and service quality in the automobile industry. *Quality Management Journal*, v. 24, n. 1, 2017.

WALKER, H. Fred. Texas Instruments and Iowa State University's experience with the university challenge program. *Quality Progress*, July 1995.

WALTON, Mary. *O método Deming de administração*. Rio de Janeiro: Saraiva, 1989.

WAND, Chao; ZHOU, Shiyu. Process tracking and monitoring based on discrete jumping model. *Journal of Quality Technology*, v. 50, n. 2. 2018.

WANG, Paul P. On pattern recognition and quality control. *IEEE Trans. On Systems, Man and Cybernetics*, 1975.

WATERMAN, Donald. *A guide to expert systems*. Reading: Addison-Wesley, 2006.

WATSON, Gregory H.; SÖRQVIST, Lars; KEIM, Elizabeth M.; RAMANATHAN, Narayanan. Quality confronts global challenges of the coming century. *Journal for Quality and Participation*, v. 40, n. 4. Jan. 2018.

WHEELRIGHT, Steven; CLARK, Kim B. *Revolutionizing product development*: quantum leaps in speed efficiency and quality. New York: Free Press, 2011.

WILLIAMS, Ruth L. *Como implementar a qualidade total na sua empresa*. Rio de Janeiro: Campus, 1995.

WINSTON, Paul H. The commercial debut of artificial intelligence. In: QUINLAN, J. Ross (Coord.). *Applications of expert systems*. Sidney: Addison-Wesley, 1987.

WOODAL, William H. l Bridging the gap between theory and practice in basic statistical process monitoring. *Quality Engineering*, v. 29, n. 1, 2017.

ZIMMERMANN, Hans Jurgen. Fuzzy sets, decision making and expert systems. Norwell: Kluwer Academic Pub., 2018.

10 1 2 3 4 5 6 7 8 9
2022